통섭적 목회 패러다임

교회성장학과 선교적 교회론의 아름다운 만남

김신구 지음

통섭적 목회 패러다임

지 은 이 · 김신구
펴 낸 이 · 성상건
편집디자인 · 자연DPS

펴 낸 날 · 2023년 4월 7일
펴 낸 곳 · 도서출판 나눔사
주　　소 · (우) 10270 경기도 고양시 덕양구 푸른마을로 15
　　　　　301동 1505호
전　　화 · 02)359-3429　팩스 02)355-3429
등록번호 · 2-489호(1988년 2월 16일)
이 메 일 · nanumsa@hanmail.net

ISBN　978-89-7027-927-5-03230

값 15,000원
잘못된 책은 바꾸어 드립니다.

하나님 나라를 위한 참된 교회성장의 길

통섭적 목회 패러다임

교회성장학과 선교적 교회론의 아름다운 만남

김신구 지음

나눔사

황덕형
(서울신학대학교 총장)

　　김신구 목사님께서 근래 주장되어왔던 두 가지 중요한 신학적 논의를 통섭적으로 다룰 수 있는 길을 추구하였다는 것 자체가 매우 큰 의미가 있습니다. 더욱이 모든 사람이 알고 있듯이 교회성장학과 선교적 교회론은 상호 간 배치되는 관점에서 일어났던 교회갱신 운동이라고 할 수 있습니다.

　　잘 알려진 대로 교회성장학은 교인을 집중시켜 끌어모으는 방식에 의한 것이고, 반대로 선교적 교회론은 세상으로 나아가는 파송에 집중하는 그런 방식이 주된 철학이라고 이해된 것입니다. 이 두 상반되는 동기에 의존한 철학적 지평들을 통섭적으로 살피는 것은 참으로 창의적인 발상이라고 할 수 있습니다. 그런데 거기서 더 나아가 김신구 목사님은 한국교회 내 있었던 왜곡의 차원도 함께 깊이 고려했다는 점에서 높이 치하하고 싶습니다. 현장 집중적 태도에서 얻어진 현실 개념이 새롭게 사물을 파악할 수 있는 인지적 통로를 개방하였음을 보여주었기 때문입니다. 우리가 추구해야 할 혁신의 모범이라고 할 수 있을 것입니다.

김신구 목사님의 통섭적 목회 패러다임이 추구하는 길, 우리 교회의 현실에서 추구해야 할 목표인 "내적 성장과 외적 성장, 내적 변화와 외적 증거의 조화와 균형"을 찾으려 했다는 의도는 이 저서 속에서 잘 증거되고 있음을 확인할 수 있었습니다. 다름 아니라 교회 성장과 선교의 확장을 하나님 나라의 성장이라는 성서적 비전의 실현에서 발견하고 있기 때문입니다.

　　아무쪼록 현장 목회자가 이만큼 깊이 있는 통찰을 제시하였다는 것은 한국 신학계를 위해서도 귀한 공헌이라고 생각하면서 현재 교회의 상황을 고민하면서 새로운 길을 추구하는 모든 진지한 목회자와 신학자에게 일독을 권고합니다.

최동규
(서울신학대학교 교수, 교회성장대학원장)

최근에 급변하는 한국 사회에서 그리스도인들 앞에 벌어지고 있는 목회와 선교 현실은 불안하고 어둡습니다. 미래를 향한 방향이 모색되고 대안이 제시되어야 하지만, 누적된 문제로 인해 침체와 쇠퇴의 늪에서 좀처럼 헤어 나오지 못하고 있습니다. 이런 상황에서 뜻있는 여러 학자와 현장 실천가들이 문제 해결의 실마리를 찾고 새로운 도약의 마중물을 만들기 위해 고군분투하고 있습니다. 학자들은 선교적 교회론에서 그 가능성을 모색하고 있고, 실천가들은 그것을 운동으로 만들기 위해 노력하고 있습니다.

그런데 선교적 교회론과 운동은 완결된 그 무엇이 아닙니다. 짧은 기간에 확정된 모범 답안이 아니라 토론과 적용, 성찰의 과정을 통해 발전하는 것이야말로 그 교회론과 운동의 본질입니다. 사실, 그 어떤 학문적 성과와 실천의 열매도 한두 사람에 의해 뚝딱 만들어지는 법이 없습니다. 그런 학문과 운동은 얼마 지나지 않아 내적인 역동성을 잃고 무너지고 말 것입니다. 최근에 한국에서 학문적으로나 실천적으로 다양한 시도와 목소리가 나오고 있는 점은 주목할 만합니다. 서구 학자들의 이론을 앵무새처럼 반복하는 것만으로는 충분하지 않습니다. 서구의 이론이 도움이 되는 것은 사실이지만, 이제는 한국 상황에서, 한국 교회에 적합한 선교적 교회론과 실천 운동이 일어나야 합니다. 이를 위해서는 좀 더 창의적인 노력이 많이 필요합니다. 그리고 창의적인 이론과 실천이 서로 맞물린다면 그 과정과 분위기 속에서 문제를 극복하고 미래를 향한 올바른 방향을 발견할 수 있을 것이라 확신합니다.

이런 점에서 김신구 박사님의 학문적 결실은 매우 의미가 있습니다. 지금까지 교회성장학과 선교적 교회론을 이원화하여 전혀 상관이 없는 것처럼 인식해 왔지만, 김 박사님은 박사 학위 논문을 통해서 두 학문의 선교학적 근원을 따져서 서로 상생할 수 있음을 밝혀냈습니다. 오늘날 한국의 목회 상황에서 절실하게 필요한 것이 통섭적 목회 패러다임이라고 보고, 이 두 개의 학문적 영역을 어떻게 공유할 수 있는지를 다룬 것입니다. 이제 학위 논문으로 제출된 것을 일반인들이 쉽게 읽을 수 있는 책으로 출판하게 되었는데, 이 책은 현재 각 지역 교회가 직면한 문제를 극복하고자 고민하는 목회자와 신학생들에게 큰 도움이 될 것입니다. 이 책은 목회 철학을 설정하고, 목회 방법의 틀과 방향성을 모색하는 데 많은 통찰을 줄 것입니다. 또한 앞으로 이 책에 기초하여 좀 더 실천적인 목회 방법에 관한 저서가 나오면 좋겠습니다.

박보경

(장로회신학대학교 교수, 세계선교학회 회장)

김신구 박사님의 책, "하나님 나라를 위한 참된 교회성장의 길, 통섭적 목회 패러다임: 교회성장학과 선교적 교회론의 아름다운 만남"이 마침내 출간되어 많은 분께 제공될 수 있다는 것에 진심으로 기쁜 마음입니다. 사실 저는 신학적으로 건강하고 균형 잡힌 교회성장이론이 제시되어야 할 필요성을 오랫동안 느끼고 있었습니다. 그런데 그의 박사학위 논문을 처음 접했을 때 참으로 방대하면서도 시의적절한 연구가 진행된 것을 확인하고서는 매우 반가웠습니다. 더구나 이 방대한 연구가 마침내 단행본으로 작업 되어 세상 앞에 나온 것에 대해 너무나도 기쁘게 생각합니다.

역사적으로 1970년대부터 북미대륙을 휩쓸었던 교회성장이론은 끌어들이는 모델로서의 교회를 강조해왔습니다. 또 이 이론은 세계적으로 놀라운 부흥성장을 이루는 공헌도 하였습니다. 그러나 교회성장이론은 지역교회의 또 다른 차원인 흩어지는 모델의 관점을 잃어버리는 아쉬움도 남겼습니다. 그래서 2000년대 초에 새롭게 등장한 선교적 교회론은 그동안 교회성장이론이 놓쳤던 흩어지는 모델로서의 교회론을 강조하게 됐습니다. 하지만 선교적 교회론 또한 흩어지는 패러다임을 너무 강조한 나머지 교회성장이론이 중요하게 생각하였던 모이는 차원의 교회 모습을 간과하기도 하였습니다.

사실, 참다운 교회의 모습은 모이고 흩어지는 모습 모두가 조화를 이루며 존재해야만 합니다. 하나님의 교회는 모이기를 힘써야 하지만, 동시에 세상을 위한 존재로서 흩어져야 한다는 말입니다. 다시 말해서 부름받아 파송 받은 하나님의 백성 된 교회는 예배와 코이노니아를 통해 모이는 존재이면서 세상의 빛과 소금의 역할을 다하기 위해 세상 속으로 흩어지는 선교적 존재라는 뜻입니다. 그렇기 때문에 교회가 본래의 존재론적 정체성을 가지기 위해서는 모이는 패러다임과 흩어지는 패러다임의 조화가 굉장이 중요합니다. 그런데 김 박사님의 이 책이 이러한 교회론적 균형을 '통섭적 목회패러다임'이라는 학문적 이름으로 제시하고 있다는 것을 발견하고 놀랐습니다. 특히 이 책이 말하는 통섭적 목회 패러다임의 큰 가치는 '교회성장'이나 '선교' 그 자체가 목적이 아니라 '하나님의 나라'(Kingdom of God)를 목적으로 삼고 있다는 점입니다.

이런 의미에서 이 책은 변혁기에 와 있는 한국교회에 제시할 만한 균형 잡힌 교회론을 정립하고 있습니다. 바로 여기 교회성장이론과 선교적 교회론의 통합이 일어나고 있습니다. 바라기는 이 책이 모이고 흩어지는 두 패러다임의 건강하고 건전한 균형을 통해 하나님의 나라를 자신들의 목회 현장에서 구현하기를 희망하는 모든 목회자와 그리스도인에게 큰 도전이 되길 진심으로 바랍니다.

이수식
(서울신학대학교 설교학 박사, 교회네트워크신문 칼럼니스트)

현대신학에서 '교회성장학'과 '선교적 교회론'에 대한 각각의 책은 쉽게 접할 수 있습니다. 그러나 이 두 가지 이론의 합일점을 찾아 상호 보완적이고 유기체적으로 결합해 건설적 균형을 이룬 서적은 찾기 어렵습니다. 이러한 연구 논리는 어느 방향으로도 치우치지 않으려는 건강한 교회론, 곧 모이는 교회와 흩어지는 교회의 내외적 균형을 통해 참된 교회성장을 설파한 책을 발견하기가 매우 어렵다는 말입니다. 하지만 이런 고민은 김신구 박사님의 이 책, 『하나님 나라를 위한 참된 교회 성장의 길, 통섭적 목회 패러다임: 교회성장학과 선교적 교회론의 아름다운 만남』을 통해 말끔히 해결됩니다.

특히 그는 왜 이것이 하나님 나라의 참된 교회성장인지를 하나님 나라, 곧 하나님 나라의 성장적 관점에서 이해한다는 점에서 매우 놀랐습니다. 그래서 이 책은 단지 개체 교회성장 또는 교파별 성장만 추구하는 집단적이고 이기적인 종교적 성장이 아니라 근본 하나님의 나라가 성장해야 한다는 복음주의적 관점을 견지합니다. 또한, 김 박사님은 지금껏 한국교회가 내세 중심적이었음을 지적하고, 현세적 하나님 나라의 구현도 함께 주장함으로써 내세와 현세가 조화로운 하나님 나라를 강조합니다. 엄밀히 말하면, 근본 하나님 나라의 복음은 내세와 현세가 불가분리적이라는 것이 그의 성장신학에 진하게 녹아있습니다. 이런 점에서 이 책은 내적 성장(변화)이 외적 성장(증거)으로 나타나기를 원하는, 그래서 참된 교회와 목회를 꿈꾸는 많은 신학생에게 좋은 목회 신학적 가르침이 되리라고 저는 생각합니다.

그뿐만이 아니라 지역사회가 당면한 여러 시대 문화적 상황에서 하나님의 자녀다움, 예수 그리스도의 제자다움을 나타내는 성육신적, 선교적, 그리고 성경적 세계관을 겸비한 비판적 목회를 추구하는 수많은 현장 목회자에게도 훌륭한 지침서가 되리라고 확신합니다. 다소 이질적 이론으로 간주되었던 두 학문을 연결주의적으로 융합하여, 본디 '교회성장'과 '선교'가 하나님 나라를 위한 유기체적 동역 관계라는 신학적 정의가 어떻게 가능한지를 연구한 통섭적 목회 패러다임은 현대 신학자들에게도 깨달음과 학문적 도전의 단초가 되리라고 생각합니다.

아무쪼록 김신구 박사님의 연구를 통해 한국교회가 모이는 교회의 거룩성과 흩어지는 교회의 사도성이 균형 있게 드러나 왜곡된 세속적 성장주의가 아닌 성육신적이고 참된 선교적 교회로 성장, 확장하기를 바라며 일독을 적극 추천합니다. 아울러 앞으로 김 박사님의 연구 활동과 목회 사역도 한국신학과 한국교회 및 세계신학과 세계교회에 큰 유익을 끼치는 선한 영향력의 행보로 이어지기를 진심으로 기원합니다.

서문

어릴 적 교회는 제 삶의 아지트였습니다. 모태 신앙인이라서 그렇기도 했지만, 그냥 그때는 교회가 참 좋았습니다. 하교를 알리는 교정의 음악과 함께 곧장 발걸음을 옮긴 곳이 교회였으니까요. 교회 선생님들을 비롯해 형, 누나, 동생들과 신나게 찬양하고, 동그랗게 둘러앉아 즐겁게 놀이도 하고, 해가 질 테면 교회 식당에서 끓인 라면을 게걸스럽게 흡입하면서 서로는 행복한 추억을 쌓았습니다. 하지만 교회라고 해서 좋은 일만 있었던 건 아닙니다. 때때로 의견이 맞지 않아 수틀리는 일이 있으면 티격태격 싸우기도 했고, 예배당을 연애당이라고 할 만큼 절제력이 부족한 사춘기생들의 이성적인 문제도 많았습니다. 그때마다 목사님과 전도사님 그리고 선생님들의 야단 소리도 자주 들리곤 했었죠. 하지만 어찌 되었든 형제, 자매와의 다툼으로 불쾌한 마음이 남아 있는 것이 도저히 견딜 수 없어서 눈물로 회개하고, 그래서 서로를 다시 품고 이해하다 보니 교회는 끈끈한 우리성으로 단단해졌던 기억이 있습니다.

더러는 이런 일도 종종 있었습니다. 교회 간다는 이유로 불신자 부모님들의 공공연한 반대와 고성이 동네에 울려 퍼지는 일 말이죠. 요즘에는 상상조차 하지 못할 교회 앞 마당에서 싸움입니다. 그런데도 교회가 좋던 당시 청소년들과 청년들은 매 맞기를 추억 삼아 여전히 교회로 모였고, 그렇게나 발끈거렸던 불신자 부모님들은 없어진 자기 자녀들을 찾으러 쏜살같이 교회로 찾아오시거나, 되레 그들이 신자가 될 만

12

큼 1990년대 중반까지 한국교회는 감격스러운 부흥과 성장의 행복기를 보냈습니다. 하지만 이후 한국교회는 어느 한 시점도 찾지 못할 만큼 침체하여 헤어나지 못하는 안타까운 상황에 부닥쳐 있습니다. 그런 제게 고향과도 같은 하나님의 교회가 무너지는 것이 마음 아파 잠 못 이룬 날도 많았습니다. '한국교회, 어떻게 해야 할까, 하나님! 제발 우리의 교회가 회복되게 해주세요.' 그러다가 어느덧 요즘 우리 사회에서 별 존경 받지 못하고 손가락질이나 받는 목회자가 돼 버렸습니다. 제 인생에서 교회에 대한 좋은 추억은 초등학교(당시 전 국민학생이었지만) 시절이 최고점이었던 것 같아 아련하기만 합니다. 이제 한국교회, 어떻게 해야 할까요?

20여 년간 목회 현장에 몸담고 있다가 하나님과 교회에 대한 사랑이 요동쳐 다시 학업에 올랐습니다. 그래서 배운 신학적 사고를 현장에 접목하고자 박사학위논문을 썼습니다. 이 책은 제 박사학위논문인 "교회성장학과 선교적 교회론에 기초한 통섭적 목회 패러다임 연구"(서울신학대학교, 2022)를 재가공하여 낸 연구 글입니다. 학술서적인 만큼 일반 성도님들이 읽기에는 분명 어려운 글이나 신학과 현장의 벌어진 틈을 메워 균형과 조화를 이루고자 하는 목회자와 시대 문화적으로 적절한 목회신학적 관점과 대안을 얻고자 하는 신학자와 신학생들에게는 소장을 넘어 다독을 권하고 싶은 책입니다. 무엇보다 이 글은 사뭇 다르게 이해하는 두 교회운동 이론을 교회론적 관점에서 결합한 융합 연구입니다.

사실 이 연구를 시작한 동기는 한국교회의 성장신학이 외적 성장에만 초점을 둬 실용주의적 방법론에 빠져있는 데다가 대부분 한국교회는 보수적인 복음주의 신학에 머물러 기독교와 세상을 이분법적으로 이해하는 사고에서 헤어나지 못하기 때문입니다. 게다가 한국교회의 성장신학은 전통적인 교회성장학자들의 목회신학적이고 선교신학적인 관점에서도 많이 변질했습니다. 한편, 최근 한국교회에서 선교적 교회론이 회자하면서 모이는 교회 운동보다 흩어지는 교회 운동을 강조하다 보니 대사회적인 차원에서 공공성과 변혁에 대한 주제와 연구가 활발한 상황입니다. 하지만 본디 교회는 모이고 흩어지는 교회의 양면을 모두 가지고 있습니다. 그리고 이 둘은 초대 기독교 공동체에도 여실히 드러납니다. 그래서 사도행전의 저자 누가는 이를 절대 분리하여 이해하거나 논하지 않습니다. 이 말은, 교회는 예수 그리스도와 한 몸을 이룬 거룩공동체로서 모이고 흩어지는 두 가지 형태가 조화와 균형을 이뤄야 한다는 말입니다. 그러니까 존재론적으로 거룩한 변화를 경험한 개인과 공동체는 절대 내적이고 외적인 면 모두에서 통일된 하나의 정체성을 가지고 살아갈 수밖에 없습니다.

그렇다면 모이는 교회 운동과 흩어지는 교회 운동의 구분과 신학적 연구는 가능하나 둘은 하나님 나라를 위해 협력할 수 있지 않을까요? 단지 이론적이고 체계적인 구분을 위해 둘을 따로 살폈다면, 이제 둘은 하나님 나라의 궁극적인 성장을 위해 손을 맞잡을 수 없을까요? 그래서 목회 현장에 대해 건강한 안내와 섬김을 추구하는 신학이길 원한다면 사뭇 다르게 이해되었던 두 이론을 협력 관계로 승화시키는 연구가 필요하다고 생각한 것입니다. 그 연구가 바로 이 책입니다.

지금 한국교회의 모습은 극단적입니다. 하나는 기존의 목회 구조를 띤 조직화한 자립 교회이고, 하나는 존립조차 어려운 미자립 교회입니다. 여기서 미자립 교회가 80%입니다. 이에 한국의 수많은 목회자는 이중직 목회의 필요성에 대해 열띤 논의 중입니다. 기존의 교회 형태에서 선교적 교회, 선교적 개척과 분립, 그리고 이중직 목회에 대한 관심이 많습니다. 이런 상황에 놓인 한국교회에 적합한 목회 패러다임은 무엇일까요? 그래서 모이는 교회 운동인 교회성장학과 흩어지는 교회 운동인 선교적 교회론의 호혜적 결합을 시도한 것입니다.

필자로서 바람이라면, 이 책을 통해 오늘날 교회공동체가 사도행전적 교회로 거듭나는데 유익하면 참 좋겠습니다. 최근 놀라운 사건으로 애즈베리대학교(Asbury University)의 모습을 부흥으로 이해하는 반면, 다른 한쪽에서는 현세적 하나님 나라의 관점에서 사회적 영향력에 대한 질문과 함께 지나친 열성주의에 빠지지 않도록 신중해야 한다는 지적 섞인 목소리도 들리고 있습니다. 하나, 그 어떤 신학적 통찰과 비판적 사고도 성령에 의해 통제되고 조명되어야 한다는 점을 간과해서는 안 됩니다. 따라서 학문적 깊이와 넓이의 수준이 높다고 할지라도 하나님의 일은 근본 삼위 하나님께서 주도하셔야 한다는 점을 깊이 유념하여 역사적으로 이끌어 오신 하나님의 선교 섭리와 교회 운동을 재탐구하고, 그래서 시대 문화적으로 적절한 목회 패러다임이 무엇인지 살피는 것은 현대를 살아가는 모든 교회와 그리스도인의 현명한 자세일 것입니다.

끝으로 추천사를 허락해주신 황덕형, 최동규, 박보경 교수님, 그리고 함께 위로와 격려로 박사과정을 잘 마친 이수식 박사님께 깊이 감사드리며, 현재의 목회적 상황을 고민하면서 성경적 본질로 극복하려는 모든 목회자와 신학자 그리고 신학생들에게 이 책을 드립니다.

2023년 3월
봄 내음과 온기가 생명을 일깨우는
푸르름의 계절에

참된 교회를 꿈꾸는 자 김신구

차 례

제1장 여는 말

제2장 신약의 복음과 하나님 나라 그리고 교회

제3장 교회 운동가들에게 듣는 신학과 대화

참고문헌

<표 목차>

[그림 목차]

제1장

여는 말

제1장 여는 말

　이 글의 목적은 현대 기독공동체가 본질적인 목회를 추구하면서 건전하고 건강한 교회성장을 이룰 수 있도록 성경에서 말하는 목회 패러다임을 도출하는 것이다. 그래서 이 글은 교회의 존재론적 본질과 사명을 고찰하고자 교회 운동의 두 축인 교회성장학(church growth)과 선교적 교회론(missional ecclesiology)을 살핀다. 특히 두 이론을 대표할 만한 학자들의 견해를 중심으로 살펴보고 이를 서로 비교·분석한다. 이런 절차를 밟는 이유는 두 학문 모두 선교신학적 관점의 교회 운동이라는 공통점이 있을 뿐 아니라 교회성장과 선교(또는 통전적 선교)의 관계를 동일선상에서 이해하는 '통전사적 궤도'(holistic-historical Orbit)[1]의 관점 때문이다. 이 용어는 연구 과정에서 필자가 창안한 것으로 먼저 간략히 설명하면, 궁극적인 차원에서 교회성장과 선교는 우선성의 논의 주제라기보다 '하나님 나라'(Kingdom of God)를 위한 유기적이고 절대적인 상호 협력 관계로 봐야 한다는 뜻이다.

---

1 먼저 통전사적이라는 말은, 하나님 선교의 두 방향, 곧 '하나님-교회-세상'(하나님의 선교는 교회를 통해서 전개된다는 선교의 방향)과 '하나님-세상-교회'(하나님의 선교가 교회를 통해 전개되기도 하지만, 하나님의 전적 주권으로 직접 세상의 선교를 전개하신다는 선교의 방향)에 대한 선교신학의 역사적 흐름을 모두 포괄하는 개념으로 구속사적이고 약속사적인 선교신학을 아울러 필자가 이 연구에서 명명한 단어다. 통전사적 궤도는 3장 2. 하나님 선교(*Missio Dei*)의 두 방향(135-143쪽)을 참조하라.

이런 관점에서 '통전사적 궤도'라는 용어에는 두 가지 큰 의미를 담고 있다. 하나는 관계적 측면에서 교회성장과 선교의 관계를 좀 더 확장된 통전적 역사관[2]의 관점으로 재이해하는 것이고, 다른 하나는 학문적 측면에서 교회성장학과 선교적 교회론을 통전적 선교신학의 관점에서 하나로 묶으려는 변론의 의미다. 이런 뜻이라면 두 학문의 건설적 협력은 가능하다. 물론 초기 교회성장학의 선교 개념이 좁은 개념으로 이해되긴 했으나, 그런데도 교회성장학은 선교적 교회의 정신을 이미 담고 있다. 그뿐만이 아니라 교회성장학은 선교적 상황에서 꽃피운 실천적 학문임을 고려할 때 선교적 교회의 태동과 발전에도 영향을 끼친 것이 사실이다.

하지만 잘 알려진바 교회성장 운동사의 가장 큰 문제는 근대주의적인 사고와 함께 개체 교회 중심적 성장과 물량주의, 그리고 실용주의적 방법론을 지나치게 강조함으로써 수단과 목적이 전도(顚倒)되었다는 점이다. 그 결과 교회성장 운동은 크리스 텐덤(Christendom) 방식의 대형교회 운동으로 이어졌고, 전통적 교회 중심의 기독교 세계라는 큰 오점을 남기게 되었다. 안타까운 것은 이런 역사적 잘못을 낳았음에도 불구하고 왜곡된 교회성장 운동에 영향을 받은 한국교회는 여전히 끌어모으는(attractional)[3] 방식의 외적 성장을 추구하고 있다는 점이다. 하지만 엄밀히 말하면, 이런 사고는 교회성장학 창시자들의 선교적 사상과 비교하더라도 상당히 변질하고 편협한 것이다. 한마디로 오늘날 한국교회의 목회는 왜곡된 성장신학을 가지고 있으며, 외적 성장 중심의 가시적 유혹에 빠져 그 균형을 잃은 지 오래다. 따라서 한국교회는 교회성장학 창시자들의 신학을 재고찰하여 이를 올바로 이해할 필요가

---

2 신경규, "선교적 교회론의 과제에 관한 통합적 고찰," 「선교신학」 제39집 (2015): 265; 신경규, "통전적 관점에서 본 두 선교신학의 합치성 모색," 「선교와 신학」 제29집 (2012): 213.
3 마이클 프로스트·앨런 허쉬, 『새로운 교회가 온다』, 지성근 역 (서울: IVP, 2016), 28.

있다. 아울러 개체 교회의 수적 성장만 고집할 것이 아니라 어떤 교회로 성장할지에 대한 교회론적 고찰도 절실하다.

이런 한국적 상황에서 좀 더 본질적인 교회를 제시한다면 최근 회자하는 선교적 교회(missional church)를 들 수 있다. 왜냐하면 선교적 교회는 단지 교회성장학의 약점을 보완하기 위한 대안적 교회를 넘어 '참된 교회'(the true church)[4]로 도약하기 위한 성경적이고 역동적인 교회의 모델로 알려졌기 때문이다. 달리 말하면, 초기 교회성장 운동의 선교적 순수성을 잃어버린 대형교회 운동으로의 집착, 곧 근대주의적인 실용주의와 방법론적 사고는 기독교의 궁극적인 목적과 본질적인 사명을 진두지휘할 것이 아니라 하나님 나라의 성장을 위한 하위 개념으로 활용되어야 한다.

하지만 아직 한국교회에서 선교적 교회의 적용과 전환은 녹록지 않아 보인다. 한국에서 선교적 교회에 관한 학문적 연구가 본격화한 지 약 19년[5] 정도를 지나고 있는데도 논의의 흐름은 북미 GOCN(the Gospel and Our Culture Network, 복음과 우리 문화 네트워크, 이후 'GOCN')의 선교적 교회론을 전수하는 과정으로 방향 제시나 통전적 선교를 위한 외부적 활동 연구가 대부분이다. 물론 선교적 교회 개척에 대한 이론과 사례 연구가 진행되고 있어 발전하고 있지만, 아직은 초기 단계다. 선교적 교회가 교회성장 운동의 역사를 지켜보면서 좀 더 깊고 광범위한 신학적 견해를 가진다면 이제 한국에서 선교적 교회는 실제적인 적용을 통해 본질적 성장 가능성을 연구한 결과와 검증이 계속해서 이루어져야 할 시기로 보인다.

따라서 이 글은 이러한 현실적 요청 앞에 두 학문을 주장한 창시자

---

4 찰스 벤 엥겐, 『하나님의 선교적 교회』, 임윤택 역 (서울: CLC, 2014), 8-9.
5 강아람, "포스트코로나 시대의 '선교적 교회론' 고찰," 「선교신학」 제60집 (2020): 10-11.

들의 공통점과 합일점을 이해하고, 이를 상호보완적으로 재결합함으로써 건강하고 균형 잡힌 목회 패러다임을 제시하려는 연구다. 이는 초기 교회성장학의 순수했던 선교 정신을 올바로 이해하면서 선교적 교회와의 건설적인 협력을 통해 본질 중심의 교회성장을 추구하기 위해서다. 이런 뜻에서 이 글이 중시하는 키워드는 '통섭'(consilience)이라는 단어다.

여기에 담긴 세 의미를 간략히 언급하면, 1) 선교신학적으로 학문 간 상호보완과 협력을 위한 교점적 연계, 2) 통전사적으로 구속사적 선교신학(redemptive-historical missiology)과 약속사적 선교신학(promise-historical missiology)[6]의 합일을 통해 교회성장과 선교를 함께 추구하는 동역자적 균형 성장, 3) 한국적으로 전통적·보수적 복음주의 신학에 기초한 한국교회가 본질적 교회를 추구하도록 방향을 전환하고, 참된 성장을 이루기 위한 점진적 도약이다. 한마디로 이 글은 옛것을 버리고 새것을 취하자는 것이 아니라 과거와의 호혜적 만남을 통해 '참된 교회의 성장'(the growth of a true church)을 추구하자는 것이다.

그러므로 이 글을 통해 기대할 수 있는 것은 크게 두 가지로 정리할 수 있다. 하나는 통전사적 관점에서 두 교회 운동 이론의 건설적인 협력이고, 다른 하나는 한국교회의 건강한 목회를 위해 성경에 부합하는 균형 잡힌 성장신학을 정립하여 한국교회 공통의 문제 해결을 위해 본질 중심의 목회 패러다임과 방법론을 제시하는 것이다. 다시 말해, 현상학적으로 교회성장은 그리스도의 재림까지 간과할 수 있는 것이 아니다. 그 이유는 교회와 선교의 본질적인 관계성 때문에 둘은 서로 떼려야 뗄 수 없는 동역자적 관계에 놓여 있기 때문이다.

---

6 구속사적 선교신학과 약속사적 선교신학에 대해서는 3장 3. 136-138쪽을 참조하라.

그렇다면 피터 와그너(C. P. Wagner)가 말한 대로 "신성한 실용주의"[7]
는 선교적 교회와의 협력을 통해 하나님 나라의 성장을 가져올 수 있
지 않을까? 설령 실용주의적 방법이 아니더라도 교회성장학에는 선교
적 교회의 정신이 전무한가? 이런 질문과 함께 이 장에서는 기독공동
체의 여러 가지 문제점을 살펴보고, 한국적 상황에서 두 학문 간 연계
성과 협력 가능성에 대해 살펴보겠다.

1. 현대 기독공동체의 문제점과 우리의 목적

1995년 876만 명 정도[8]였던 한국 기독교는 2005년에 14만 명가
량 감소하여 약 862만 명[9]으로 집계되었다. 그중에서도 개신교인 중 가
나안 성도의 비율은 23%로 2012년 이후 아주 많이 증가했다.[10] 개신
교의 인구 고령화는 총인구보다 다소 빠르게 진행되었고, 2008년부
터 2017년까지 교회별 교인 수는 계속 감소했다. 하지만 목사 수는 증
가했다. 특히 교회학교의 경우 2007년부터 10년간 30~40% 감소했
는데, 그중 소년부 감소율이 47%로 가장 높이 나타나 다음 세대가
위협받는 실정이다. 아울러 1995년 한국 사회 안에서 종교인과 무종
교인의 비율은 비슷했지만, 2015년 무종교인은 56%, 종교인은 44%로
무종교 시대로 향하는 것으로 보인다.[11] 따라서 필자는 이런 상황을 고
려하여 이 연구를 진행하게 된 이유를 설명하면서 한국교회의 성장둔
화와 침체를 가져오는 대표적인 문제점을 교회 운동의 차원에서 여섯

---

7 피터 와그너, 『교회성장전략』, 명성훈 역 (서울: 나단, 1992), 28.
8 통계청, 행정구역/성/연령별 종교인구 (kosis.kr) 자료갱신일 2007년 5월 22일
9 통계청, 성/연령/종교별 인구-시군구 (kosis.kr) 자료갱신일 2017년 1월 26일
10 목회데이터 연구소, "가나안 성도(가나안 교인) 비율," 2019년 8월 21일 자
11 목회데이터 연구소, "한국인의 종교 현황, 종교 분포," 2019년 6월 12일 자

가지로 지적하겠다.

첫째, 한국교회는 유례없는 부흥성장과 함께 순수한 신앙적 열정으로 헌신의 길을 걸어왔지만, 수적 성장에 대한 열망적 자극에 심취하여 최근까지도 교회 건물의 비대화와 양적 성장을 꿈꾸고 지향해왔다. 한국교회의 급성장이 세계적인 시선을 끈 것은 사실이지만, 건강하지 못한 교회론에서 비롯된 부흥성장은 돌이키기 어려운 부작용도 함께 초래했다. 이는 한국교회뿐 아니라 전통적인 교회 중심적 성장 운동을 전개해왔던 세계 기독교의 공통문제로 남아있다.

둘째, 기독공동체가 침체하게 된 근본 원인은 균형을 잃은 성장신학, 곧 외적 성장 중심의 사고 때문이다. 사실 외적 성장을 추구한다는 것은 하나님 나라의 확장이라는 관점에서 당연하지만, 내적 성장은 간과하면서 외적으로만 화려하고 거대해지려는 맘모니즘 사고는 교회 됨의 거룩함을 포기한 것이나 다름없다. 이것은 근대주의적 사고에 입각한 물질적 가치관의 전형적인 모습일 뿐이다. 그런데 여기서 중요한 것은 과거 교회성장 운동의 역사적 병폐를 견제한 나머지 외적 성장 자체를 비본질적인 것으로 간주하는 것 또한 왜곡된 성장신학이라는 것이다. 두말할 것 없이 건강한 성장신학은 내적이고 외적인 것이 서로 균형을 이루어야 한다.

다시 말해서 올바른 균형 성장을 이루려면 내적 성장과 외적 성장이 서로 유기체적으로 작동함으로써 상호의존적이어야 하고, 본질적이고 존재론적인 의미에서 내적 변화가 외적 증거로 드러날 수 있어야 한다. 더 나아가 기독교의 올바른 성장은 하나님 나라의 성장을 추구하는 것으로 내세적인 것과 현세적인 것을 균형을 통해 창조 세계의 온전한 구원을 구현하는 것이어야 한다.

그러나 성장의 관점에서 유념해야 할 것은 자연신학적인 생물학적 성장을 교회성장의 대전제로 삼아서는 안 된다는 것이다. 물론 성경에는 외적 성장의 근거가 많다. 하지만 그러지 말아야 하는 이유는 지난 대형교회 운동의 병폐가 이를 증명할 뿐만 아니라 기독교 역사에서 교회는 숱한 고난과 박해로 흩어질 수밖에 없었던 상황을 겪으면서도 성장했기 때문이다. 물론 흩어지는 교회에 대한 선교적 해석의 차이는 있겠으나 생물학적 성장을 개체 교회 성장의 기준으로 못 박는 것은 정당화될 수 없다. 그래서 찰스 벤 엥겐(Charles van Engen)은 교회성장을 양적 차원에서 평가하려는 편협한 시각을 교정하기 위한 유의미한 주장으로[12] 참된 교회의 표지를 결과가 아닌 '열망적 수적 성장'(the yearning for growth)이라는 말로 제안했다.

한편, 하워드 스나이더(Howard A. Snyder)는 교회성장의 관점에서 선교적 교회의 통전적 모습을 성령의 열매와 연결하는데, 그는 "예수 그리스도의 성품, 곧 성령의 열매는 공동체 안에서 성장하며, 교회는 이 열매를 통한 복음의 책임성을 가지고 세상 속으로 들어가야 한다."라고 말한다.[13] 곧 "교회의 공적 제자도의 유효성은 교회 내적인 삶이 반영된 것으로, 사랑과 은혜가 뿌리라면 공적 제자도는 그 열매이다."[14] 또한, 최동규 교수(서울신학대학교 교회성장대학원장)는 선교적 교회의 성장에 있어서 "성령의 역사와 뜨거운 영성은 필수적이며… 성령의 활동을 중심으로 한 뜨거운 영성의 공동체가 될 때 하나님의 구원 활동은 지속한다."라고 말한다.[15]

---

12 최동규, "교회성장의 새로운 방향 설정을 위한 시론: 선교적 교회성장의 개념 정립을 위하여," 「선교신학」 제32집 (2013): 242; 박보경, "통전적 관점의 교회성장과 전도," 「선교신학」 제7집 (2003): 145.
13 하워드 스나이더, 『교회 DNA: 우리 시대 교회는 예수 DNA를 가졌는가?』, 최형근 역 (서울: IVP, 2006), 266.
14 Ibid.
15 최동규, "웨슬리의 신학과 사역을 통해서 본 선교적 교회 성장의 원리," 「선교신학」 제55집 (2019): 421.

결국, 본질적인 교회 성장으로 내적 성장과 외적 성장, 내적 변화와 외적 증거가 서로 균형을 이루는 성장을 다르게 표현하면 '선교적 성장'이라고 말할 수 있다. 그리고 그 외적 형태는 '하나님의 선교적 활동'으로 이해할 수 있다. 따라서 참된 교회의 성장은 선교적 본질이 드러나는 성장을 의미한다.

셋째, 한국교회는 교회성장학과 선교적 교회에 대한 충분한 이해 없이 방법론적으로 활용하려는 것처럼 보인다. 이럴 때는 아무리 신학적 담론과 방향 그리고 실천적 모델들이 올바로 제시되더라도 그 역시 왜곡될 여지가 역력하다. 물론 학문은 계속 발전해야 한다는 과제를 안고 있기에 한계점도 있을 수 있으나, 그보다 먼저 주의해야 할 것은 학문이 올바로 소임을 다했는데도 여전히 현장에서의 왜곡된 이해와 적용은 과거의 잘못을 답습할 가능성만 높다는 점이다.

예를 들면, 한쪽에서는 건강한 교회성장을 중시하면서 개체 교회의 수적 성장만 주장한다거나 다른 한쪽에서는 교회의 어려운 상황은 고려치 않고 선교적 본질만을 강조하면서 선교하지 않는 교회를 향해 비판만 한다면, 이는 이미 교회성장과 선교의 관계를 이분법적으로 해석하는 잘못을 범하는 것이나 다름없다. 물론 각각의 주장이 다 틀린 것은 아니지만, 문제는 이 둘을 분리하여 한쪽은 중시하고, 다른 쪽은 경시하는 인식과 태도다. 이러한 사고방식은 교회와 선교의 본질적 관계성에 대한 이해 부족에서 비롯된 것이다.

잠시 짚어볼 것은, 이런 말이 교회성장은 내적 차원으로, 선교는 외적 차원으로 이해해야 한다는 뜻은 아니다. 하지만 개체 교회의 성장에 있어 내적 차원과 외적 차원을 구분하여 이해할 때 성장은 내적 의미로, 선교는 외적 의미로 이해할 수 있다는 말이다. 행여 이런 사고가 선교적 교회의 관점을 축소하는 것처럼 여겨질지 모르나 이를 내적 동력과 외적 증거의 개념으로 이해한다면 오히려 선교적 교회의 관점을 지지하는 입장이 될 수 있다. 달리 말해, 이 말은 해석학적으로 교회성장을 내부적 의미로, 선교를 외부적 의미로 이해해야 한다는 뜻이 아니라 현재 한국교회의 목회관이 이마저도 충분히 이해하지 못하고 있음을 지적하는 말이다. 마치 '교회가 이런 상황인데, 무슨 선교냐?'라는 식의 이분법적 사고에서 나온 주장들이 그것이며, 이는 그 반대 상황이라도 마찬가지다. 물론 산재해 있는 목회 현장의 어려움은 이해하지만, 이런 태도가 장기화하면 교회공동체의 정체성은 점점 상실하게 되고, 그 결과로 빚어지는 지속적인 침체는 기독교의 부정된 미래만 전망케 만든다.

넷째, 이것은 선교적 교회 운동과 한국적 상황에 관한 것으로, 하나님의 선교는 세상의 샬롬에 큰 관심을 두기 때문에 최근 지역교회들은 지역사회에 관한 관심과 여러 사회적 활동을 병행하고 있다. 이것은 '통전적 선교신학'(holistic mission theology)이 가진 외부적인 성격에서 나온 것 같다. 그러나 지속적인 교회 감소[16]를 절감하면서도 사회적 책임에 따른 외부 사역을 계속 감행하는 것은 매우 어려운 일이 아닐 수 없다. 더구나 이를 선교적 교회의 대사회적인 의미보다 교회의 외적 성장을 위한 전략의 일환으로만 활용한다면 사실상 이것은 선교적 교회의 의미가 왜곡된 것이라고 말할 수밖에 없다.

그뿐만이 아니다. 최근 신학계에서 선교적 교회에 관한 연구가 활발해지면서 통전적 선교를 위한 외부적 활동과 지역사회에 대한 관심이 높게 나타나는데, 이런 현상은 상대적으로 내실에 대한 관심이 덜한 것은 아닌지 의문스러운 부분이다. 물론 선교적 교회론은 신학적·실천적 틀을 갖춰가는 진행형 단계이고, '미셔널'(missional)의 강조는 올바르나 이를 강조하는 과정에서 모이고 흩어지는 교회론적 균형이 깨

---

16 최승현, "전국 교단 총 374개, '대한예수교장로회'만 286개," 「뉴스앤조이」 2019년 1월 2일 자

진다면 선교적 교회 운동은 교회성장 운동의 전철을 밟게 될지도 모른다. 이는 선교적 교회론도 하나의 교회론처럼 신학적 담론과 지향점에서 그칠지 모른다는 현실적 우려에서 하는 말이다.

다섯째, 이것은 통전적 선교신학의 한계점에 대한 것으로, 먼저 이에 대한 이해를 위해 그 배경을 살펴보는 것이 좋겠다. 세상을 하나님의 선교적 무대로 인식한 것은 1910년 에든버러 세계선교대회(Edinburgh World Missionary Conference)를 기점으로 존 모트(John R. Mott)의 『이 세대 안에 세계의 복음화』(the Evangelization of the World in This Generation)를 통해서였다. 이후 선교적 인식이 급변한 것은 1952년 IMC(International Missionary Council, 국제선교협의회, 이후 'IMC') 빌링겐 선교대회에서 요하네스 호켄다이크(J. C. Hoekendijk)가 제시한 전통적 선교관의 문제와 칼 하르텐슈타인(Karl Hartenstein)의 '하나님의 선교' 개념이 공식 채택되면서부터였다. 이는 전통적 교회 중심의 선교에서 '삼위일체 하나님의 선교'(The Mission of the Triune God)로 기존의 패러다임을 전환할 것을 요구하면서 교회 간 협력과 연대에 대한 논의와 함께 에큐메니컬 운동이 본격화된 계기가 되었다.[17] 그러나 이것은 현대 선교신학의 관점을 새롭게 정립하는 변혁의 사건임과 동시에 복음주의와 에큐메니컬 진영의 첨예한 논쟁의 시작점이기도 했다.

하지만 1961년 뉴델리에서 IMC와 WCC(World Council of Churches, 세계교회협의회, 이후 'WCC')의 통합 이후, 1975년 WCC 나이로비 제5차 대회에서는 복음화와 인간화가 모두 중요하다는 '통전적 선교신학'의 개념이 주목받게 되었다.[18] 이후 WCC는 선교와 전도에 대한 공식

---

17 임희모, "에딘버러 선교사대회와 한국교회의 선교신학 정립: 1910년 에딘버러 세계선교사대회 100주년 기념 2010년 한국 대회 자료집을 중심으로," 「선교신학」 제27집 (2011): 256.
18 김태연, "1910년-2010년 현대 선교의 흐름 평가-자비량/전문인 선교의 입장에서," 「신학과 선교」 제36권 (2010): 13.

성명서로 1982년 중앙위원회에 의해 승인된 "선교와 전도: 에큐메니컬 확언"(Mission and Evangelism: An Ecumenical Affirmation) 문서를 통해 예수의 복음은 '영적인 복음'과 '물질적인 복음'을 분리하지 않고, 이 둘을 포함한다는 통전적 선교의 신학적 당위성을 주장했다.[19] 이런 과정을 거치면서 통전적 선교에 대한 두 진영의 합일점은 2000년대에 접어들어 더욱더 확고해졌고, 이로써 복음전도와 사회적 책임의 우선성 문제는 더 이상 논의의 대상에서 제외되었다.

그런데도 이것이 가진 한계점을 지적하면, 통전적 선교신학은 구원의 문화를 복음의 문화로 확장했다는 놀라운 업적을 남긴 것으로 평가되지만, 발단에서 알 수 있듯이 그 성격이 외부적인 것에 초점이 맞춰져 있다는 점이다. 그래서 선교적 교회를 지향하는 교회들은 주로 통전성을 온전성(integrity)의 의미보다 외부적 의미로 이해하는 것처럼 보인다. 그런데 이런 인식과 함께 살펴볼 것은, 현재 한국교회는 답보상태를 넘어 침체하고 있다는 사실이다. 다시 말해, 거룩한 역동성이 메말라가는 상태에서 외부적인 통전성의 강조는 내부적 동력을 약화할 뿐만 아니라 남은 에너지마저 고갈시켜 침체를 더 가속할 수 있다는 말이다. 이는 앞서 지적했던 '교회가 이런 상황인데, 무슨 선교냐?'라는 말의 연장선에서 하는 말이 아니라 상황이 이러하므로 통전적 선교의 사명을 잘 감당하기 위해서는 통전성의 담긴 온전성의 내적 의미도 균형 있게 강조해야 한다는 말이다.

이렇듯 한국교회의 상황은 올란도 코스타스(Orlando E. Costas)가 설파한 통전적 교회성장(wholistic church growth)의 조건처럼, 하나님의 주권에 대한 교회의 신앙적 결단에서부터 재점검이 필요하다. 특히 이것

19 세계교회협의회, "선교와 전도: 에큐메니컬적 확언," 세계교회협의회, 『통전적 선교를 위한 신학과 실천』, 김동선 역 (서울: 대한기독교서회, 2007), 56.

은 한국교회의 신앙 저변에 있는 이기적이고 개인적인 기복신앙과 왜곡된 번영신학을 보면 알 수 있다. 또한, 극명하게 갈리는 정치적 이념과 갈등은 교회공동체뿐만 아니라 대사회적 코이노니아(κοινωνία)를 이룸에도 큰 걸림돌이 되고 있다. 이런 상황인데도 외부적인 통전적 사역을 강조하는 것은 신학적 당위는 세울지 모르나 실제로 이를 통해 한국교회가 얼마나 건강하게 성장할지는 의문이다. 이런 생각은 통전적 선교신학의 강조와 실천을 멈추자는 것이 아니라 건강한 통전적 선교신학을 위해 '온전성'의 의미를 올바로 이해해야 한다는 말이다.

따라서 교회공동체의 본질적 성장을 위해서는 모이는 교회의 내적인 통전과 흩어지는 교회의 외적인 통전이 서로 균형을 이루어야 한다. 이것은 한국교회의 개인주의적인 신앙 형태나 내부적이고 공동체적인 단절을 극복하기 위한 대안을 넘어 본래 교회는 유기체적인 공동체임을 강조하기 위해서 하는 말이다. 그래서 필자는 이 글에서 이러한 뜻을 '교회론적 통전성'(ecclesiastical wholeness)[20]이라는 신학적 용어로 명명하고자 한다. 이에 대해 간략히 언급하면, 지금까지 설명한 것처럼 본디 교회는 모이는 공동체임과 동시에 흩어지는 공동체로서의 조화를 이루어야 한다는 말이다.

여섯째, 기독공동체의 관점에서 통전성에 대한 균형의 의미는 강단(신학)과 현장(목회) 사이에서도 제기된다. 맥가브란 당시에도 세계선교신학은 자유주의 신학이, 현장에서는 보수주의 신학이 환영받았는데, 이런 신학적 틈은 그때만이 아니라 오늘날의 신학과 현장을 향해서도 얼마나 상호 간 소통이 원활한지 재질문케 한다. 비유적으로 신학을 메시지라고 한다면, 목회는 강단에서 전수한 건강한 신학을 교회의 안과 밖에서 구현하는 사회적 행위를 통해 그 영역을 확대해 나가야 한

---

20 교회론적 통전성에 대해서는 6장 4. 283-288쪽을 참조하라.

다. 이것이 강단과 현장의 통전성이며, 선교적 교회의 목회여야 한다. 하지만 실제로 현대 기독공동체는 신학과 현장 간의 공동체적 통전이 잘 이루어지지 않고 있다.

한국 기독교에서 강단과 현장은 대체로 그 관점이 서로 다르거나 설령 같더라도 그 속도 차로 인해 거리가 너무 벌어져 있다. 순서상으로는 신학적 논의가 실천에 앞설 수밖에 없지만, 한국교회는 이 정도로 이해될 만한 상황이 아니다. 통상적으로 "몸과 마음이 따로 논다"라는 말처럼 한국 기독교는 남원북철(南轅北轍)을 방불케 한다. 그 틈을 좁히기 위해 직면할 현실적 어려움은 이해하지만, 오늘날의 기독교는 '신학의 현장화'와 '현장의 신학화'를 위해 얼마나 큰 노력을 기울이고 있는지 진지하게 고민해야 한다. 이것을 먼저 극복하지 못한다면 교회의 존재론적 정체성이나 본질적 성장을 전망하기란 어렵다. 이럴 경우 현실 교회들은 선교적 본질은 인정하면서도 실제로는 교회운영과 성장에 발목이 묶일 것이고, '성육신적 교회'(incarnational church)는 이상으로 남게 될 것이다. 따라서 '교회성장'이라는 말은 낡고 해어진 주제가 아니라 그리스도께서 재림하실 때까지 계속 해야 할, 그리고 존립을 위해서라도 간과할 수 없는 매우 중요한 과제다.

그뿐만이 아니라 아직 선교적 교회의 구체적인 사례를 현장에서 찾는 것도 쉽지 않다. 이 말은 선교적 교회 개척으로 출발하여 선교적 목회가 잘 이어지고 있는 현장 교회의 발견이 매우 어렵다는 뜻이다. 물론, 이미 나온 여러 사례 연구나 새롭게 선교적 교회를 개척하는 사례들도 조금씩 생겨나고 있으나 이러한 시도에는 머뭇거림이 분명히 있고, 소개된 교회 중에는 선교적 교회의 관점에서 재발견된 교회도 많다. 더구나 여러 연구 중에는 중복 사례도 있다. 아울러 소개된 교회가 사역의 방향 전환이 이루어진 때(사역 철학의 전환이든, 새 담임목사의 청

빙이든)로부터 선교적 교회론의 관점에서 잘 출발했는지도 사실상 불분명하다. 이런 상황에서 선교적 교회는 개념의 불확정성과 이에 대한 성과를 현재로서는 파악하기가 어렵다.[21] 이것은 선교적 교회론이나 선교적 교회 운동에 문제가 있다는 뜻이 아니다. 건강한 선교적 교회 운동이 활발하게 이루어지려면 그만큼 신학과 현장 간 공동작업의 기회가 적극적으로 마련되어야 한다는 말이다.[22] 이런 뜻에서 필자는 한국교회의 목회적 본질과 성장을 위해 교회성장학과 선교적 교회론을 함께 살펴보려는 것이다.

따라서 이 글의 논지는 하나님 나라와 성장, 하나님의 선교, 통전사적, 교회 운동사적 관점에서 교회성장학과 선교적 교회론의 협력은 가능하고, 현대 선교신학적 관점에 부합하는 목회 패러다임도 도출할 수 있다는 것이다. 더 나아가 이를 통해 하나님 나라를 추구하는 참된 교회의 성장을 기대할 수 있다는 것이다. 재차 말하지만 그래서 이 글이 중시하는 단어가 바로 '통섭'이다. 그래서 이 연구는 과거에 대한 답습이 아닌 현대신학과의 만남을 통해 목회 현장에 적합한 지혜를 얻어 신학과 현장의 틈을 좁히려는 통전신학적이고 실천신학적인 방법론적 연구다. 정리하면, 이 글의 목적은 교회성장학과 선교적 교회론의 신학적 공통점을 기초로 성경신학적인 통섭적 목회 패러다임을 도출하는 것이다.

---

21 이후천, "한국에서 선교적 교회론의 접근방법들에 대한 선교학적 성찰," 「선교와 신학」 제30집 (2012): 50.
22 이런 목적으로 2022년 10월 17일부터 18일까지 양일간 서울신학대학교 교회성장대학원(원장 최동규 교수)에서 실시한 콘퍼런스가 있다. 이 콘퍼런스는 "건강한 교회를 위한 분립 개척 / 선교적 개척"이라는 주제로 진행되었고, 한국교회의 선교적 교회 운동을 위한 분립 개척 및 선교적 개척의 사안들과 현장 개척자들을 강사로 세워 현장 목회자들에게 실제로 접근하고자 했다. 이 콘퍼런스의 의의는, 한국 최초로 신학대학교가 주최가 되어 진행한 선교적 교회 운동이라는 점이다.

2. 연구 방법과 범위

이 글은 교회성장학과 선교적 교회론을 주창한 신학자들의 견해를 기초로 결과물을 도출하기 때문에 기본적으로는 문헌 연구(literature review)를 통해 진행한다. 2차로는 살펴본 두 이론의 신학적 공통점을 도출하기 위해 비교분석연구(comparative analysis research) 과정을 거친다. 3차로는 그 공통점을 중심으로 새로운 패러다임을 도출하기 때문에 이 글은 응용연구(applied research)에 속한다.

또한, 연구 과정에서는 두 이론의 주장을 살피는 것을 넘어 이러한 견해가 나오게 된 배경으로서 세계선교신학의 흐름과 통전적 역사관을 살피며, 나아가 한국교회의 상황에 대해서도 살핀다. 그리고 이 연구는 목적을 달성하기 위해 연구자의 주관이 개입하기 때문에 현상학적 접근법(phenomenological approach)을 통한 질적 연구라고 볼 수 있다. 이 글은 교회 운동의 두 학문을 기초로 결과물을 얻기 때문에 자료가 거의 없는 새로운 것에서의 출발은 아니다. 따라서 수정이 가미된 근거이론 연구(grounded theory research) 방법을 준용할 것이다. 이 말은 이 글이 코드 절차(cording procedures)가 필요한 연구는 아니므로 부호화 작업은 하지 않는다는 뜻이다.

그러나 연구목적을 위한 일반적 범주는 세 가지로 정리할 수 있다. 나열하면, 1) 통시적 관점에서 교회성장학과 선교적 교회론은 교회 운동(church movement)이라는 하나의 범주에 속한다. 2) 통전사적 관점에서 구속사적 역사신학과 약속사적 역사신학은 서로 협력해야 한다. 3) 하나님 나라의 관점에서 두 학문은 '하나님 나라의 성장'을 위한 동역자적 관계로 발전할 수 있다는 것이다. 따라서 이 글의 핵심은 통전사적 관점에서 교회성장학과 선교적 교회론의 통섭적 합일은 왜곡된 보수적 복음주의 신학에 빠진 한국교회가 하나님 나라를 위한 본질적 교회로 성장하는 데 도움을 줄 수 있다는 것이다.

여기서 이 연구가 근거이론 방법을 준용한다는 말을 좀 더 살피면, 일반적인 근거이론은 연구 대상 안에 이론의 내재를 강조하면서도 연구자의 주관이 배제된 좀 더 객관적인 이론을 모색하지만, 캐시 차마즈(Kathy Charmaz)는 현실 세계에서 연구자의 관점이나 전 이해에서 벗어난 객관적 이론이 불가능하다고 보면서도 동시에 객관화를 추구하기 때문에 주관적 견해를 인정한다.[23] 그래서 차마즈는 실용주의와 구성주의의 관점을 통합한 구성주의 근거이론(constructivism grounded theory)을 주장한다. 이런 차원에서 이 글은 구성주의의 내면성과 실용주의의 방법론을 함께 다루는 과정에서 연구자의 주관성이 개입된다. 동시에 자못 다르게 이해되는 두 학문을 상호보완적으로 절충하여 재해석한 다음 통합적 패러다임을 모색한다는 점에서 근거이론 연구라고 볼 수 있다. 한마디로 이 연구는 주관성과 객관성을 모두 고려한다.

따라서 이 연구는 구성주의 근거이론의 방법론적 논쟁점인 반영성과 공동구성의 문제를 연구 과정과 결론에서 잠식시킨다. 결과에 대한 구성주의 근거이론의 준거는 신뢰성(credibility), 독창성(originality), 공명성(resonantness), 유용성(usefulness)의 네 가지인데, 이 연구는 현실교회에 대한 선교신학적·실천신학적 목회 패러다임을 모색한 것이므로 반영성이 고려될 수밖에 없다. 그 때문에 이 연구는 위의 네 가지 준거 기준을 모두 충족한다. 나아가 포스트모던 시대의 목회 현장을 살펴야

---

23 차마즈는 질적 연구의 주요 연구 방법인 구성주의 기반 이론의 개발자로, 캘리포니아 소노마 주립 대학의 사회학 교수이자 프로그램 책임자로 활동했다. Kathy Charm az, *Constructing Grounded Theory: A Practical Guide through Qualitative Analysis* (Thousand Oaks, CA: Sage, 2006), 10; 이병옥, "영등포교회출신 목회자들의 관점에서 본 방지일의 선교와 목회," 「선교신학」 제57집 (2020): 165에서 재인용.

하므로 상황적 분석(situational analysis)도 고려한다.

이에 대해 간략히 언급하면, 사회적 상황과 구조적 이해로부터 근거이론을 주장한 학자는 아델 클라크(Adele E. Clarke)다. 이런 차원에서 교회는 기본적으로 시대 문화나 이데올로기에 영향을 주고받는 현존적 공동체다. 다시 말해, 교회는 사회적 상황과 구조적 이해와 분리되어 존재할 수 있는 공동체가 아니라는 말이다. 따라서 이 글은 본질적 교회성장을 추구하기 때문에 상황화의 관점에서 의도적인 실용주의적 방법을 모색하며, 세계선교신학의 동향과 교회 운동의 역사를 살핀다. 그 때문에 이 글은 클라크의 구조주의 근거이론(structuralist ground theory)의 성격도 내포한다. 이런 점을 근거하여 이 글은 다음과 같이 전개된다.

1장은 현대 기독공동체의 문제점과 우리의 목적, 연구 방법과 범위를 통해 선교신학적이고, 통전사적이며, 한국적인 상황에서 두 학문 간 연계성과 협력 가능성에 관해 설명한다. 이것을 근거로 연구의 필요성과 가치를 논하고 그 핵심을 명시한다.

2장에서는 예수의 복음과 하나님 나라, 초대교회 공동체의 모습, 바울의 복음과 선교전략에 대해 살핀다. 이것은 연구의 결과물을 얻기 위한 근본적인 고찰이면서 동시에 두 학문이 얼마나 성경적 당위성을 가지는지에 대한 선행적 탐색이다. 그러나 범위는 신약으로 제한한다. 그 이유는, 1) 예수 복음의 직접적인 언급, 하나님 나라, 성령과 교회 공동체 그리고 목회신학적, 선교신학적 측면 등 이 모두를 좀 더 선명하게 들여다볼 수 있는 것이 신약이기 때문이다. 2) 두 교회 운동 모두가 추구하는 대표구절이 마태복음 28장 19-21절이기 때문이다. 3) 신약만으로도 연구의 결과물을 얻을 만하기 때문이다. 그러나 언급해 둘 것은 하나님의 선교는 신구약 구분 없이 66권 성경 전체에 흐르는 중심사상임을 밝힌다.

3장에서는 교회성장학과 선교적 교회론에 크게 영향을 끼친 대표적인 학자들의 신학적 견해를 살펴볼 것이다. 먼저 교회성장학자들은 원 창시자로 제한하는데, 그 이유는, 1) 교회성장학의 순수했던 선교 사상과 관점을 재고찰하기 위함이고, 2) 교회성장 운동사의 역사적 잘못을 의도적으로 피하기 위함이다. 따라서 살펴볼 학자는 교회성장학의 아버지라고 불리는 도널드 맥가브란(Donald A. McGavran)과 그의 뒤를 이은 피터 와그너 그리고 크리스티안 슈바르츠(Christian A. Schwarz)다. 다음으로 살펴볼 선교적 교회론자는 북미 GOCN에 영향을 끼쳤던 레슬리 뉴비긴(Lesslie Newbigin)을 비롯하여 하워드 스나이더, 찰스 벤 엥겐으로 제한한다. 그 이유는 세 학자 모두 교회와 선교의 관계를 불가분리의 관계로 이해하고 교회를 사랑하기 때문이다. 이 말은 이 연구가 중시하는 '통섭'의 개념과도 가깝다. 또 이러한 접근은 보수적인 신학을 가진 한국교회의 상황에서 선교적 교회를 좀 더 소개하려는 의도도 담고 있다.

하지만 이 연구의 한계를 말하면, 각 신학자의 견해에 기초하여 두 이론의 장점과 공통점에만 집중한다는 점이다. 이 말은 교회성장학의 약점과 선교적 교회론에서 뺄 수 없는 GOCN에 대한 내용은 따로 언급하지 않겠다는 말이다. 왜냐하면 필자의 의도는 창시자들을 비롯하여 각 이론을 대표할 만한 학자들의 신학적 견해에 집중함으로써 그들의 신학적 사상을 중심으로 건설적 협력을 유도하려는 것이기 때문이다. 또 한 연구에서 두 이론과 관련된 내용을 모두 담아내기란 사실상 그 범위가 매우 넓기 때문이다. 다르게 표현하면, 이미 알고 있는 교회성장학의 신학적 약점을 다시 파헤친다거나 한국기독교의 침체 상황에서 이제 출발 단계인 선교적 교회론의 성장 가능성에 대한 결과와 검증을 재촉한다면 이 연구가 추구하려는 '통섭'의 의미는 약해지기 때문이다. 이런 뜻에서 이 장 마지막 절에서는 통합적이고 통전사적으로 두 학문의 건설적 합일을 유도할 것이다.

4장에서는 두 학문의 신학자들이 주장한 신학적 공통점을 네 가지 주제로 설명한다. 나열하면, 1) 삼위일체 하나님의 주권성, 2) 교회성장과 선교의 유기적 관계성, 3) 성경적 세계관의 비판적 실재론, 4) 종말론적 관점의 선교신학적 교회론이다.

5장에서는 두 학문의 신학적 공통점을 근거로 통섭적 목회의 여섯 가지 원리를 도출한다. 나열하면, 1) 소명과 사명의 성육신적 정체성, 2) 의존과 변화에 의한 역동성, 3) 양육과 번식을 통한 재생산, 4) 복음전도와 삶의 균형을 통한 소통, 5) 구분과 연대의 역설적 공존, 6) 초문화와 상황화를 통한 변혁이다. 이 원리는 Ⅵ장을 도출하기 위한 토대가 되면서 그 방향을 제시한다.

6장에서는 통섭적 목회 원리를 적용할 만한 여섯 가지 핵심 요소와 구체적인 적용점에 대해 논한다. 나열하면, 1) 선교적 리더십, 2) 성령·예배·은사 중심적 역동성, 3) 선교적 훈련과 사역, 4) 통전적 소통, 5) 공존적 지역성, 6) 변혁적 미래 지향성이다. 아울러 한국적 상황에 적합한 목회방법론에 대해서도 언급한다.

7장은 이 연구의 결론으로 전체를 아우르는 요약과 필자의 제언을 기술한다. 그리고 이 연구를 통해 창안한 용어들, 곧 '통전사적 궤도,' '통전사적 도식,' '교회론적 통전성'을 재차 강조하면서 마무리한다.

정리하면, 이 글은 신학과 현장의 틈을 좁히기 위한 실제적이고 실천적인 접근으로서 두 학문을 건설적으로 결합한 융합적 연구이다. 따라서 이 글은 기본적으로 두 학문의 신학적 공통점에 주목한다. 그러나 이미 오랜 시간을 거친 두 학문을 한 연구로 모두 소화해낸다는 것

은 쉽지 않으므로 최대한 각 학문의 특성이 잘 드러나는 핵심 용어들
을 사용하여 두 학문을 소개할 것이다.

신약의 복음과 하나님 나라
그리고 교회

제2장 신약의 복음과 하나님 나라
그리고 교회

　이 장에서는 예수의 복음과 하나님 나라, 초대교회 공동체의 모습, 사도 바울의 복음과 선교전략에 대해서 살핀다. 이 주제들은 성경적 목회를 올바로 이해하기 위한 가장 근원적인 관찰임과 동시에 성경신학적인 목회 패러다임을 도출하기 위해서다.

　특히 성경은 예수 복음의 중심 주제인 '하나님 나라의 복음'을 신비함에 감춰진 비가시적인 것으로 기록하지 않는다. 복음은 역사 안에서 실제로 구현하는 가시적이고 현존적인 하나님 나라로 표명한다. 그래서 성경적 복음은 축소주의적이거나 개인주의적인 사고와 신앙까지 반성케 한다. 이런 맥락에서 톰 라이트(N. T. Wright)는 예수의 육화로 전해진 하나님의 복음이 단순히 신자가 믿음에 의해 '천국에 이르는 법' 정도의 수단적이고 방법론적인 가르침만을 위한 것이 아님을 지적한다.[24] 예수의 복음은 자신 때문에 하나님 통치의 나라가 이미 임했고 성취될 것이라는 실존적이고 미래적인 종말론적 의미를 담고 있다. 나아가 온 창조 세계가 하나님과 화해하는 이스라엘 공동체의 메시아적 염원과도 깊이 관계된다. 그래서 복음의 실존적 의미는 도래할 하나님 나라

24　톰 라이트, 『톰 라이트가 묻고 예수가 답하다』, 윤종석 역 (서울: 두란노, 2013), 229.

의 초점과 청사진으로서 예수의 십자가 돌아가심으로 인해 소멸하는 것이 아니라 그리스도의 부활을 통해 선명하게 드러난다.

복음에 담긴 하나님 나라의 총체적 의미는 '주님의 기도'(Lord's Prayer, 마 6:9-13; 눅 11:2-4) 중 "뜻이 하늘에서 이루어진 것 같이 땅에서도 이루어지이다"라는 문장에서도 살펴볼 수 있다. 쉽게 살펴볼 수 있듯이 주님의 기도에는 인간의 세속적 경험의 의미와 하나님 나라의 미래적이고 종말론적인 의미가 함께 담겨 있다. 특히 마커스 보그(Marcus J. Borg)는 여기서 말씀하는 '하늘의 뜻'을 이집트의 속박에서의 해방, 바빌론의 포로 생활에서의 귀환, 정의와 평화로운 세상, 위험에서의 구출, 치유와 건강한 삶, 옛 구습에서 벗어난 새로운 삶, 근심과 두려움에서 벗어남, 모든 피조물의 안녕이라는 총체적 의미로 이해한다.[25] 그러니까 예수 복음에 나타난 하나님 나라는 하나님의 통치가 내세적인 것만이 아닌 세상의 전 영역에서 현재화하는 것으로 개인·사회·국가 그리고 온 창조 세계에 임하시는 창조주의 구원과 회복에 대한 전망이다.[26] 따라서 모든 교회와 그리스도인은 이런 결론에 도달하게 되는데, 하나님 나라야말로 그리스도의 궁극적인 사명임과 동시에 종말론적 성령공동체인 교회와 그리스도인의 존재론적 본질이라는 것이다.

따라서 지상의 모든 교회와 그리스도인은 하나님 나라의 표상과 표지로서 예수 그리스도의 삶, 초대교회 공동체의 삶의 방식, 사도 바울의 선교전략과 그 모습을 닮아 하나님 통치의 나라를 선포하고 구현하는 존재여야 한다. 그럼으로써 이 땅의 모든 교회공동체와 그리스도인은 본질적으로 선교적 존재가 된다.

---

25 마커스 J. 보그, 『그리스도교 신앙을 말하다』, 김태현 역 (서울: 비아, 2014), 109.
26 김대옥, "하나님 나라 도래 현실로서 예수가 선포한 희년의 특징 고찰," 「신학사상」 제174집 (2016): 12.

1. 예수의 복음과 하나님 나라

구약의 예언이 현존과 선포로 나타난 것은 하나님의 아들 예수 그리스도를 통해서다. 복음서에는 여러 구절에서 구약의 예언이 그리스도를 통해 현재화할 것이라고 밝히고 있다. 그 내용을 살피면, 마태복음 1장 1절에서는 "아브라함과 다윗의 자손 예수 그리스도의 계보"로, 마가복음 1장 1절에서는 "하나님의 아들 예수 그리스도의 복음의 시작"으로, 누가복음 2장 10절에서는 "다윗의 동네에서 나신 구주, 곧 그리스도 주"로, 요한복음 1장 14절에서는 "성육신하신 독생자"라는 기록과 함께 복음의 시작을 알린다. 특히 마가복음 1장 14절에는 예수께서 전하신 것이 '하나님의 복음'(τὸ εὐαγγέλιον τοῦ θεοῦ)이라고 명시한다.

그러면 예수께서 전하신 이 복음의 구체적인 의미는 무엇일까? 그것은 이스라엘이라는 한 공동체에서 시작하여 온 열방과 창조 세계 전체를 회복하고 다스리시는 하나님 통치의 왕적 개념이다. 이 의미는 다음의 다섯 가지 주제를 통해 좀 더 자세히 살펴볼 수 있다.

첫째, 예수의 복음은 '하나님의 나라'(ἡ βασιλεία τοῦ θεοῦ)[27]가 이미 도래하였음을 의미한다(마 4:17; 막 1:15; 눅 4:43). 마가는 그의 복음서 1장 15절에서 "때가 찼고 하나님의 나라가 가까이 왔으니…"라고 기록함으로써 예수께서 전하신 하나님의 복음이 '하나님 나라'임을 밝힌다. 이런 뜻에서 후커(M. D. Hooker)는 '하나님의'를 주어적 소유격으로 이해하여 "하나님으로부터 전해 오는 좋은 소식"으로 해석한다. 말하자면, '하나님의 나라'는 "하나님으로부터 기원하는 복음"이라는 뜻으로 예수 복음의 기원이 곧 '하나님'이라는 진술이다.[28] 좀 더 설명하

---

27 김종성, "예수 전승에 나타난 하나님 나라에 대한 선교적 이해: Q자료를 중심으로," 「선교신학」 제39집 (2015): 149.

28 M. D. Hooker, *The Gospel According to Saint Mark* (Peabody, Mass: Hendrickson, 1992), 54;

면, 메시아의 과업은 하나님의 구원과 통치가 이루어지는 나라를 선포하는 것이고, 예수의 현존과 언행은 자신을 통해 성부의 통치가 이 땅에서 실현됨과 동시에 그분의 나라가 가까이 와 있음을 뜻한다.

여기서 하나님의 나라가 '가까이 와 있음'과 함께 살펴볼 수 있는 것은 이것과 평행을 이루는 '때가 찼고'(πεπλήρωται ὁ καιρὸς) 라는 표현이다. 이 문장의 해석은 크게 두 가지인데, 하나는 "결정적인 순간이 도래하였다"라는 견해고, 다른 하나는 "옛 시대가 끝났다"라는 견해다. 이 둘 중 전자를 지지하는 학자는 헤르만 리델보스(H. N. Ridderbos), 로버트 귤리히(R. A. Guelich), R. T. 프란스(R. T. France), 래리 허타도(L. W. Hurtado), 양용의 등이고,[29] 후자를 지지하는 학자는 마커스 보그다.[30] 이런 관점들은 하나님의 나라가 예수를 통해 인류 역사로 들어오고 있다는 의미에서 '대단히 가까워졌다'라는 시간적 개념으로 이해한다.[31] 한마디로 예수 그리스도 복음의 시작은 하나님 나라의 현존적 임재 사건이다.

둘째, 예수의 복음은 사탄이 통치하는 악의 시대가 끝나고 '하나님 통치의 시대'가 열렸음을 의미한다. 하나님의 통치로서 그 나라의 도래는 한 시대의 끝으로서 하나님 나라와 대조되는 부정된 시대의 종말론적 시점도 함께 가리키는, '실현되어 가는 종말론'(realizing eschatology)[32]으로서 초월성과 내재성의 긴장[33] 안에서 전개된다. 하지만 이것의 의미는 부정된 시대의 완전한 종말을 말하는 것은 아니다. 마가복음 1장 15절에서도 옛 시대의 끝이 아직 도래하지 않은 완성될

신현우, "예수의 하나님 나라 선포: 마가복음 1:14-15 연구," 「신약연구」 통권 35호 (2014): 382에서 재인용.

29 신현우, "예수의 하나님 나라 선포," 381.
30 Ibid.
31 Ibid; 스캇 맥나이트, 『예수 왕의 복음』, 박세혁 역 (서울: 새물결플러스, 2017), 151.
32 에두아르트 로제, 『신약성서신학』, 박두환 역 (서울: 한국신학연구소, 2002), 50.
33 김종성, "예수 전승에 나타난 하나님 나라에 대한 선교적 이해," 148.

하나님 나라에 대한 근접 미래로서 '이미 그러나 아직'(already but not yet)으로 해석하기 때문이다. 따라서 예수 복음으로 시작된 하나님의 통치는 미완성된 상태로서 사탄의 권세는 완전한 패배에 이르지 않았고, 그의 나라는 무너지는 과정이다. 그래서 복음의 시작은 완전한 패배를 안 어둠의 세력들이 거세게 발버둥 치며 믿는 자를 삼키기 위해 주위를 열렬히 살피는 시대가 도래했다는 의미다(벧전 5:8-9). 하지만 예수 복음의 참 의미는 죽음을 이기시고 부활하실 예수 그리스도에 대한 소망과 승리의 선취적 개념이 먼저다.

이처럼 복음이 하나님 통치의 시작으로서 하나님 나라의 선포라는 관점은 누가복음 1장 12-13절에서도 살펴볼 수 있다. 이 희망은 예수께서 본격적인 사역에 진입하시기 전 사탄을 제압하시고 승리하실 때 천사들에게 수종 받는 장면에서 선제적으로 나타난다. 특히 마태는 그의 복음서 4장 1-11절에서 '기록된 말씀'(the written word)으로 사탄을 물리치신 메시아를 기록한다. 그는 11절에서 사탄을 향한 그리스도의 선포로 "주 너의 하나님께 경배하고 다만 그를 섬기라"라는 메시지를 통해 하나님 통치의 시대가 열림과 동시에 어두운 세력의 끝도 같이 드러냄으로써 하나님 나라가 예수를 통해 구체적으로 실현되고 있음을 종말론적으로 묘사한다. 또한, 마태복음 12장 28절에서도 예수의 축귀가 성령을 통해 가능해짐을 선언함으로써 그리스도의 사역이 혼자가 아닌 성령과의 동역으로 전개되고 있음을 기록한다.

결국, 예수께서 전하신 하나님의 복음은 삼위 하나님 나라의 복음으로서 성부·성자·성령 하나님께서는 그 나라의 구현을 위해 면밀하게 협력하신다. 성부께서는 성자를 '보내시고'(mittere), 성자께서는 보내심에 대한 순종으로 성육신하시며, 성령께서는 교회와 그리스도인을 세상으로 보내심으로써[34] 자신의 나라를 이루어가신다.

---

34 김은수, "왕의 복음과 선교적 제자도: 마태복음을 중심으로," 「선교신학」 제58집 (2020): 124.

특히 28절에서 "그러나 내가 하나님의 성령을 힘입어 귀신을 쫓아내는 것이면 하나님의 나라가 이미 너희에게 임하였느니라"라는 구절에서 '이미 임했다'($\epsilon\phi\theta\alpha\sigma\epsilon\nu$)라는 말은 '이미 실현된 종말'을 뜻한다. 이런 의미에서 스캇 맥나이트(Scot McKnight)는 사탄의 왕국을 괴멸하신 예수께서 하나님 나라의 도래를 믿으셨다고 말한다.[35] 그래서 예수의 축귀는 이미 예언되어 확정된 하나님 통치와 그 나라의 실제적 현시(顯示)다.

셋째, 예수의 복음은 성자의 성육신과 고난을 통해 '하나님 나라의 새로운 사회'를 선포하신다. 예수께서는 아브라함에게 주어진 땅, 백성, 왕에 관한 약속으로부터 다윗에게 주어진 영원한 왕과 나라에 관한 약속, 샬롬과 정의, 마음에서 우러난 토라 준수의 예언자적 전망에 이르기까지 모든 것과 그 이상의 것을 '하나님 나라'라는 표현 안에 집약시킨다.[36] 이에 대한 이해로 예레미야 33장 20-21절을 살펴보면, 복음은 다윗의 후손을 통한 이스라엘의 회복으로서 다윗과 맺은 언약이 성취되는 보증 사건이다.[37] 그런데 중요한 것은, 예수께서는 하나님께서 행하실 그 나라의 일을 위해 이사야 61장에 기록된 '고난받는 종'의 노래를 인용하시고, 그 종의 모습을 자신에게 적용하셨다는 점이다(눅 4:18-19).[38] 다시 말해서 하나님 통치의 새로운 사회는 예수 그리스도의 성육신과 더불어 고난을 통해 형성되는 사회인 것이다.

이처럼 '고난받는 종'을 통해 하나님의 나라가 도래한다는 것은 마가복음 14장 25절에서도 나타난다. 포도주를 대하시는 예수의 모습은 하나님의 나라에서 새것으로 마시는 날까지 절대로 마시지 않겠다는

---

35 스캇 맥나이트, 『예수 왕의 복음』, 152.
36 Ibid., 152.
37 신현우, "예수의 하나님 나라 선포," 385.
38 스캇 맥나이트, 『예수 왕의 복음』, 153.

단언으로 표현된다(막 14:25). 그러나 예수의 포도주 거절은 십자가에 못 박하시기 전까지이고(막 15:23), 못 박히신 이후 포도주를 취하신 것(막 15:36)은 하나님 나라의 도래가 십자가 고난과 직접 연결되어 있음을 뜻한다.

또한, 마가복음 9장 1절에는 하나님 나라가 권능으로 임하는 것을 볼 사람이 있을 것이라는 예언과 함께 영광스러운 모습으로 변화하신 예수의 모습이 등장하는데(막 9:2-3), 이는 예수 부활 이후의 모습을 미리 보여주신 것으로, 마가복음에서 하나님 나라는 십자가 고난을 거친 다음 부활을 통해 도래함을 암시한다.[39] 이에 대해 홍기영 교수(나사렛대 명예)는 거룩한 십자가 정신과 순결한 수난이 없이는 제국주의적 선교 형태를 답습할 뿐 진정한 의미의 선교적 교회는 존재할 수 없다고 말한다.[40] 결국, 참 복음의 승리는 십자가 사명의 완수와 부활을 통해 완성된다.

한편, 예수께서는 하나님 나라의 새로운 사회가 성령의 임재로 가능함을 선언하시면서 그 이후의 모습을 구체적으로 선포하신다(눅 4:18). 그 모습은 '온 백성에게 미칠 큰 기쁨의 좋은 소식'(눅 2:10)으로 "가난한 자들에게 복음을 전하게 하시려고 포로된 자와 눌린 자에게는 자유를, 눈먼 자에게는 다시 보게"하는 사회적 회복과 치유를 통해 "주의 은혜의 해"를 가시화한다. 특히 예수께서 이사야서 61장을 자신에게 적용하신 것은 1세기 이스라엘 현실사회에서 가난하고 억압받았던 이들을 향한 자유와 해방의 소식으로, 고대 이스라엘의 사회적 이상이었던 희년 실천이 예수의 메시아적 사명의 핵심임을 일러 준다. 이처럼 예수의 희년 선포[41]는 전통적 개념인 50년의 시간적 주기를 넘

---

39 신현우, "예수의 하나님 나라 선포," 393.
40 홍기영, "선교적 교회론의 관점에서 본 선교," 한국선교신학회 편, 『선교적 교회론과 한국교회』 (서울: 대한기독교서회, 2015), 209.
41 김대옥, "하나님 나라 도래 현실로서 예수가 선포한 희년의 특징 고찰," 7-8.

어 성육신을 통해 즉각적이고 상시적인 희년의 실천으로 구현된다. 이는 국가적 차원의 정책이라기보다 공적이고 사적인 전 영역의 총체적인 회복으로서 '복음적 희년'을 의미한다. 그래서 희년은 당시 모세 율법에 메여 있었던 유대교적 가치관을 극복하고, 예수 복음의 능력 안에서 이스라엘에 대한 약속을 성취함으로써 완성해간다. 또한, 김균진 교수(연세대 명예)는 "성령으로 충만한 예수는 천상의 신비한 비밀이나 우주의 원리를 가르치기 위함이 아니라 레위기 25장의 희년을 선포한다."라고 말한다.[42]

같은 맥락으로 존 하워드 요더(John H. Yoder)는 누가의 관점에서 예수 신학의 중심을, "희년 실천은 취사선택의 문제가 아니라 천국을 위한 선결 과정에 속한 것"[43]이라고 주장하면서 예수의 복음을 '원형회복'의 사역으로 이해한다. 곧 예수를 통해 나타난 복음의 궁극적인 실존은 희년적 차원에서 이스라엘에 대한 오랜 빚의 탕감이요 '포괄적 죄용서'의 선언이다. 이런 의미에서 죄용서의 범위는 개인적 차원을 넘어 희년원칙, 완전한 부채탕감, 하나님의 새로운 출애굽 성취에 따른 우주 안도의 한숨으로까지 확장된다.[44] 그러나 하나님 나라로서 희년적 사회를 이루어가시는 예수의 모습에는 그리스도께서 지셔야 할 고난을 전제한다.

넷째, 예수의 복음은 하나님 나라의 시민권으로서 '하나님의 소유된 백성'으로 부르시고 선언하신다. 누가복음 6장 20-26절은 신명기 28장에 기록된 '복'과 '화'를 끌어와 '밖'과 '안'에 있는 이들을 교차적으로 구별하는데, 이런 구별은 하나님 나라의 시민권이 담고 있는 급진적 전도를 확인하게 한다.[45] 또한, 예수께서는 회개하지 않은 고을

42 김균진, 『역사의 예수와 하나님의 나라』 (서울: 연세대학교 출판부, 2010), 163.
43 존 하워드 요더, 『예수의 정치학』, 신원하·권연경 역 (서울: IVP, 2007), 118, 128.
44 톰 라이트, 『하나님은 어떻게 왕이 되셨나』, 최현만 역 (평택: 에클레시아북스, 2013), 318.
45 스캇 맥나이트, 『예수 왕의 복음』, 153.

을 꾸짖으시면서 가버나움 백부장의 믿음에 대한 탄복과 대조한다(마 11:20; 눅 10:13 이하). 이를 통해 볼 때 하나님의 나라는 선택적 선민사상이 아닌 보편적 선민사상을 가지고 구현되며,[46] 따라서 복음은 족속과 민족을 초월하는 보편적이고 우주적인 차원의 소식으로 세상의 모든 민족을 부르신다.

그리고 복음이 담고 있는 선택은 하나님 백성에 대한 굳은 의지로서 제자들을 찾고 부르신 예수의 모습에서도 나타난다. 특히 예수께서 부르신 대상은 학교로부터 공인된 자들이 아니었다. 예수께서는 그저 이런저런 자들을 향해 "나를 따르라"(막 1:17, 2:14)라고 말씀하셨다. 이것은 어떤 학파나 기관을 설립하고 추종자를 만들어 그의 세력을 확장하려는 지배적이고 통제적인 개념을 거부한다. 마가복음 1장 17절에 "내가 너희로 사람을 낚는 어부가 되게 하리라"라는 구절은 누가복음 9장 60절의 "너는 가서 하나님의 나라를 전파하라"라는 구절과 연결된다. 따라서 부름을 받은 자들이 예수의 제자가 된다는 것은 하나님 나라의 선포자로서 하나님의 대사(ambassador)·표지(sign)·대리자(agent)가 되는 거룩한 임명식이라고 볼 수 있다. 이렇게 임명된 열두 사도의 파송 장면(마 10장)은 출애굽 당시 모세가 이스라엘 12지파를 형성한 것과 구조적인 평행을 이룬다.[47] 이는 열두 보좌에서 이스라엘 열두 지파를 심판할 것(마 19:28)이라는 구절을 통해 12라는 수가 어떤 특별한 그룹이 아닌 전 이스라엘을 염두에 두고 있음을 증명한다.[48] 정리하면, 복음의 부름은 보편적인 부름이요 우주적인 선교 대위임령으로 주어진다(마 28:18-20).

다섯째, 예수의 복음은 메시아 공동체인 교회의 '선교적 사명'을 고

46 김종성, "예수 전승에 나타난 하나님 나라에 대한 선교적 이해," 148.
47 김은수, "왕의 복음과 선교적 제자도," 126.
48 에두아르트 로제, 『신약성서신학』, 72.

취한다. 여기서 교회가 메시아 공동체인 이유는 예수께서 베드로의 신
앙고백을 들으신 후 이 반석 위에 음부의 권세를 이기는 자신의 교회
를 세우시겠다는 선언에서 살펴볼 수 있다(마 16:18). 물론 공간복음서
에서 '교회'라는 단어는 두 번밖에(마태복음에서) 발견되지 않지만,[49] 다
른 복음서와는 달리 마태는 예수의 천국과 교회의 관계를 언급한다.

이에 김은수 교수(전주대, 선교신학)는 마태의 관점에 대해서 말하기
를, 마태는 교회를 역사 안에서 그리스도를 통해 구체적으로 나타나는
메시아적 공동체로 이해했다고 말한다. 그래서 그는 예수께서 제자들
이 자신을 메시아로 인정했을 때 비로소 교회설립을 밝히셨기 때문에
교회는 그리스도의 왕적 능력의 결과로 발생한 공동체라고 설명한다.[50]
따라서 교회의 설립과 확장은 메시아 공동체의 본질적 사명인 하나님
의 선교와 연결될 수밖에 없다. 예수께서는 성부께서 자신을 보내신 것
처럼 제자들을 세상으로 보내셨고(요 20:21), 제자들은 지상명령에 순
종하여 제자의 재생산을 지속함으로써 하나님 나라의 성장과 확장을
위한 하나님의 선교에 동참한 것이다.[51] 물론 예수께서 '하나님의 선교'
라는 말을 직접 사용하신 것은 아니지만, 제자들에게 하신 말씀은 복
음의 증거가 되어 모든 민족을 제자 삼으라고 명령하셨기 때문에 그분
의 지상명령은 선교적 관점에서 메시아 공동체와 밀접히 관계된다(마
28:18-20; 막 16:15; 눅 24:46-48).

이런 차원에서 맥가브란은 성령의 능력으로 세상 모든 사람을 설득
하여 예수 그리스도의 제자로 만들고 교회의 책임 있는 구성원으로 만
드는 것이야말로 하나님께 대한 충성이라고 말한다.[52] 또한, 조지 헌터

---

49 Ibid., 73.
50 김은수, 『현대 선교의 흐름과 주제』(서울: 대한기독교서회, 2018), 295-298; 김은수, "왕의
   복음과 선교적 제자도," 132.
51 홍기영, "선교적 교회론의 관점에서 본 선교," 213.
52 도널드 맥가브란, 『교회성장 이해』, 최동규 외 4인 역 (서울: 대한기독교서회, 2017), 35.

(George G. Hunter III)도 예수 그리스도의 제자를 만드는 것이야말로 사도적 목표로서 전도주의의 올바른 정의이며, 이를 위해서는 그리스도를 따르는 자가 되어 자기 삶과 관계, 그리고 세계에서 그리스도의 힘과 의지에 따라 살면서 그리스도의 몸에 연합한 믿음의 공동체를 이룰 수 있어야 한다고 강조한다. 그래서 복음주의란, 교회가 예수의 삶과 화목, 그리고 회중 안에서 예수를 따를 기회를 의도적으로 제공하는 것이라고 주장한다.[53] 그 때문에 예수의 복음은 교회의 선교적 사명을 고취하며, 교회는 그 사명의 구체적인 실현으로 복음전도와 제자의 재생산을 통해 하나님의 선교에 동참하는 메시아의 공동체인 것이다.

결국, 하나님께 대한 충성과 복음전도에 대한 맥가브란과 헌터의 초점은 예수 그리스도의 신실한 제자로 만드는 것이며, 하나님의 선교는 교회의 가장 중요한 사명이 된다. 그래서 이들은 '예수 그리스도의 제자 삼는 일'을 경시하는 하나님의 선교 사상을 반대한다.[54] 이런 뜻에서 맥가브란은 "세례가 없으면 교회성장도 없다!"라고 말하면서 세례교인의 수치를 교회성장과 연결한다.[55] 그리고 그는 교회를, 다른 사람들을 구원하기 위한 구원받은 사람들의 공동체라고 규정하면서 불신자의 인도와 하나님의 은혜 안에서의 성장을 강조한다.[56]

한편, 현대 선교신학적 관점에서 하나님의 선교는 전인적 구원을 추구함과 동시에 총체적이므로 교회가 하나님의 선교에 동참한다는 것은 단순히 죄악에서만이 아니라 정치적이고 경제적인 억압으로부터 진정한 자유와 해방을 누릴 수 있도록 이끄는 모든 활동을 포함한다. 이런 뜻에서 교회는 보편적이고 우주적으로 민족, 문화, 사상, 공간의 경

---

53 George G. Hunter III, *The Contagious Congregation: Frontiers in Evangelism and Church Growth* (Nashville: Abingdon Press, 1979), 23-25.
54 홍기영, "선교적 교회론의 관점에서 본 선교," 214-215.
55 도널드 맥가브란, 『교회성장 이해』, 139.
56 Ibid., 216.

계를 초월하여 모든 사람을 예수 그리스도의 제자로 삼고, 그들을 하나님의 은혜 안으로 초청하여 거기서 발생하는 참된 성장을 경험하도록 유도해야 한다.

정리하면, 예수의 복음은 하나님의 복음, 곧 하나님 나라의 복음이며, 성육신하셔서 이를 역사적으로 구현하시는 그리스도의 모습과 방법은 '고난받는 종'을 통해 이루어진다. 이것은 통전적 선교신학의 핵심부에 자리하고 있는 것으로, 메시아 공동체인 교회는 종 된 섬김의 형태를 가지고 세상으로 들어가야 한다. 그리고 그 속에서 복음 증거와 제자 삼기를 통해 하나님의 선교에 참여하는 종말론적이고 선교적인 공동체로 존재해야 한다. 그뿐만이 아니라 하나님 통치의 새로운 사회가 전 지구적으로 구현되도록 성령의 강한 인도와 영적 능력을 의존함으로써 하나님의 선교에 담긴 총체적 의미에 맞는 사역을 감당해야 한다. 그러면 사도들과 함께 이룬 초대교회 공동체의 복음적 삶은 어떠했는지 살펴보자.

2. 초대교회 공동체의 모습

사도행전의 저자 누가는 초대 기독공동체가 하나님의 완전에 가까운 온전한 사람들의 공동체로 묘사하지 않는다. 당시에도 현대교회처럼 기독공동체가 직면한 복잡한 문제는 여전히 존재했다. 특히 초기 그리스도교로 개종한 유대인들은 로마제국과 대중에게 적대적 편견과 불신적 대적자였고, 전통적인 유대주의자들에게는 이단으로 낙인찍힘으로써 쓰라린 아픔과 고통의 역사로 얼룩져 있었다. 이에 따라 초기 기독공동체에 대한 차별과 혐오, 핍박과 박해는 너무나 공공연한 현상이었고, 사도들과 함께 흘려야만 했던 순교의 피는 반인륜적 잔인함의 극치를 보여주는 것이었다(행 7:52-8:3). 더불어 이러한 초대교회 공동체의 어려움은 외부에서만이 아닌 내부에서도 발생했다.

당시 심각하리만큼 복잡했던 내부적인 분열은 헬라파 신자와 히브리파 신자 간의 문화적 배경과 이해 차이였는데, 이는 스데반 집사를 순교 당하게 했던 비극적인 상황의 원인이었다. 특히 스데반 집사를 돌로 친 주동자의 구성원들은 구레네인, 알렉산드리아인, 길리기아인, 아시안인(행 6:9)들이었는데, 그들은 모두 디아스포라 출신의 헬라파 유대인들이었다. 또한, 히브리파 유대인들은 교회를 박해하는 것에 적극적이었는데, 길리기아 다소 출신의 사울이 헬라파 유대인 출신인 스데반의 순교에 적극적으로 가담했다는 것은 이를 뒷받침한다(행 7:58).

그리고 외부적인 탄압으로 스데반의 순교 이후 일어났던 A.D. 62-70년의 유대인 반란은 초기 기독공동체가 예루살렘을 떠나는 계기가 되었다(행 8:1). 이 시기에는 예수의 형제이자 예루살렘 교회의 지도자였던 야고보마저 죽임을 당했을 뿐만 아니라 세계사적으로 초기 기독공동체에 대한 십 대 박해는 매우 유명하다. 그런데도 놀라운 것은 사도행전에 나타난 초대교회의 모습은 너무나 다른 특별함과 구분됨을 가지고 하나님 나라를 위한 선교적 공동체로 성장했다는 점이다.

따라서 오늘날의 교회와 그리스도인들은 초대교회의 삶과 존재 방식을 살피고 배워야 한다. 특히 선교적 관점에서 초대교회는 가장 기독교적인 기독교로서 모든 시대 교회공동체의 위대한 스승이라고 말할 수 있다.[57] 그러면 사도행전에 나타난 초대교회 공동체의 모습이 어떠했는지 그 역동적인 힘에 대해 살펴보자.

첫째, 초대 예루살렘 교회는 '성령공동체'였다. 흥미롭게도 누가는

---

57 주승민, 『초대교회 집중 탐구』 (서울: 이레서원, 2002), 146.

사도행전을 기록하면서 예수의 첫 명령을 1장 4절에 다음과 같이 기록한다. "예루살렘을 떠나지 말고 내게서 들은바 아버지께서 약속하신 것을 기다리라" 여기서 주목할 것은 "아버지께서 약속하신 것"(τὴν ἐπ αγγελίαν τοῦ πατρὸς)을 "기다리라"(περιμένειν) 이다. 이것은 두말할 것 없이 하나님의 영이신 '성령'을 가리킨다. 그래서 사도행전은 처음부터 마지막까지 성령과 함께하는 공동체에 대해서 기록하기에 "성령의 행전"이라고 말할 수 있다.[58] 예수의 승천 이후 메시아 공동체는 성령에 의해 새롭게 출범했는데, 사도행전 2장 1-4절에 나타난 성령의 역동적인 임재는 교회의 시작인 기도, 곧 하늘과 땅이 하나가 되는 역사적인 사건을 통해 전개됨을 명백하게 밝힌다. 이것은 예수께서 최초 복음을 전하시기 전 성령과 함께 사탄을 제압하시는 메시아적 권능의 모습과도 유사하다. 특히 초대교회 공동체에 임하신 성령의 말하게 하심, 곧 '불의 혀'는(행 2:1-4) 예수께서 '기록된 말씀'을 통해 마귀를 능히 제압하신 승리의 모습을 연상시킨다.

이처럼 초대교회 공동체의 시작은 이전과는 전혀 다른 새로운 존재 방식으로 설립되었고, 그들의 모임은 이루어졌다. 그러니까 사도행전의 시작은 성령의 강력한 역사 안에서 새 시대의 도래를 알리는 것으로서 교회 구성원들은 예수의 명령대로 예루살렘을 떠나지 않았고, 아버지께서 약속하신 것을 순종함으로 기다렸다. 그래서 누가는 초대교회에 강림하신 성령의 의도적인 뜻을 밝히기 위해 성령께서 "오순절"에 임하셨다는 매우 중요한 기록을 남긴다(행 2:1). 특히 이 절기에는 광범위하게 흩어진 디아스포라 유대인들이 영적 고향인 예루살렘으로 모이는 시기였는데, 이때 임하신 성령의 역사는 엄청난 복음의 파장을 일으킬 영적 수확의 전조현상이었다. 이것은 하나님께서 교회공

---

58 방동섭, "사도행전에 나타난 선교적 교회론," 「기독신학저널」 제2권 (2002): 201.

동체를 통해 하시고자 했던 궁극적인 사역이 무엇인지를 일러준다. 그래서 누가는 이날에 모여든 사람들을 국제적으로 소개하는데, 동쪽으로는 바대인(Parthians)·메대인(Medes)·엘람인(Elamites), 서쪽으로는 로마, 메소보다미아, 소아시아, 그레데, 아라비아, 애굽, 구레네 등지에 퍼져 살던 유대인들이었다.[59] 결국, 성령께서 유대인의 추수 명절인 오순절 시기에 임재하신 것은 선교의 주체로서 추수할 일꾼을 보내시는 분은 오직 하나님이심을 뜻한다. 한편, 초대교회의 기도에 임재하신 성령의 역사는 추수할 일꾼을 위해 기도하라는 예수의 가르침(마 9:37)과도 맞아떨어진다.

둘째, 초대교회는 '케리그마적(κῆρυγμα) 선교공동체'였다. 성령의 임재는 모인 사람 모두를 증인 공동체가 되게 하셨다(행 2:8). 곧 교회는 하나님께 부름을 받아 다시 세상을 향해 '보냄 받은 공동체'(a sent community)였다. 초대교회는 예수께서 아버지로부터 보냄 받으신 것처럼(요 20:21) 그들도 예수 그리스도로부터 보내심 받은 증인으로서의 사명을 완수해야 할 대상이었다. 이것은 교회에 대해 매우 중요한 개념으로 요하네스 블라우(Johannes Blauw)도 "세상으로 파송된 교회 외에 다른 교회는 없고, 그리스도의 교회 외에 다른 사명은 없다."라고 말한 바 있다.[60] 이처럼 교회공동체는 하나님의 선교를 위한 존재였고, 성령의 임재는 그런 자리에 모인 사람 모두에게 임하셨다. 그래서 초대교회는 선교의 직임을 맡을 누군가를 선택하여 선교의 일을 위임하거나, 선교를 위해 몇몇 대표적인 사람을 택하여 파송하거나, 그들을 후원하는 정도의 공동체로 존재하지 않았다.[61] 초대교회는 전 구성원이 '하나님

59 F. F. Bruce, *New Testament History* (Garden City, NY: Doubleday, 1980), 135; 방동섭, "사도행전에 나타난 선교적 교회론," 202에서 재인용.
60 Johannes Blauw, *The Missionary Nature of the Church: a Survey of the Biblical Theology of Mission* (Grand Rapids, MI: Wm. B. Eerdmans, 1962), 121.
61 방동섭, "사도행전에 나타난 선교적 교회론," 204.

의 선교적 백성들'(missional people of God)로서의 책임과 사명을 자신에게 돌렸던 공동체였다.

한편, 교회를 통해 울려 퍼진 초월적 방언은 하나님의 일을 나타내는 복음으로서 각 지역 사람이 듣고 이해할 수 있는 언어로 전해졌다 (행 2:8-11). 당시 성령을 통한 교회공동체의 영향력은 엄청난 반향을 일으켰다. 특히 베드로의 설교는 이를 증폭시켰는데, 그 설교의 핵심은 "하나님께서 예수를 주와 그리스도가 되게 하셨다"(행 2:36)라는 것과 "만유의 주되신 예수 그리스도로 말미암아 화평의 복음을 전하사 이스라엘 자손에게 보내신 말씀"(행 10:36-42)이라는 사도적 복음이었다.[62] 다시 말해서 베드로 설교의 의미는 약속의 초청으로서 누구나 회개를 통해 예수 그리스도의 이름으로 세례와 죄 사함을 받으면 성령을 선물로 받는다는 것이었다(행 2:37-39). 이는 낡은 종교로 오랫동안 유지되었던 유대교만의 지나친 형식주의와 교조주의에 대한 전면적인 선언이기도 했다.

사실 주후 1세기 초대교회는 여러 종교가 얽힌 다원적 시대였다. 하지만 초기 기독교인들은 그리스도의 유일성에 입각한 케리그마적 메시지를 담력 있게 전하는 전달자(herald)로 생을 불태웠고, 그럼으로써 세례받은 신도는 삼 천명에서 오 천명을 넘어설 만큼 폭발적으로 나타났다(행 2:41, 4:4). 특히 사도행전 4장 12절에 "다른 이로써는 구원을 받을 수 없나니 천하 사람 중에 구원받을 만한 다른 이름을 우리에게 주신 일이 없음이라"라는 베드로의 강한 설교는 이를 잘 묘사한다. 한편, 사도들의 담대한 복음 선포로 인해 베드로와 요한이 범인이라는 오해와 위협을 받아 공회에 서기도 했지만, 그런데도 이들은 국가적이고 사회적인 박해에 굴하지 않고, 변치 않는 하나님의 절대적인 복

---

62 스캇 맥나이트, 『예수 왕의 복음』, 189-192: 김현진, 『공동체 신학』 (서울: 예영, 2018), 73.

음을 오롯이 견지하면서 사람의 말이 아닌 하나님의 말씀을 듣는 것이 옳은 것임을 담대히 선언했다(행 4:19-21).

이런 차원에서 해리 보어(Harry R. Boer)는 선교케 하시는 성령의 오순절 임재사건을 교회의 선교적 차원에서 네 가지로 언급한다. 그것은, 1) 언어 능력, 2) 보편적 복음, 3) 영적 은사, 4) 종말론적 선교 사명이다.[63] 그래서 누가는 초대교회의 케리그마적 선교의 모습을 표현하기 위해 사도행전 앞부분에서 "증인"(행 1:8)과 "전파"(행 8:5)라는 단어들을 사용한다.

셋째, 초대교회는 한마음 한뜻의 '코이노니아 공동체'였다. 사도들의 가르침은 모든 초대교회 공동체원이 교제하고, 떡을 나누며, 기도하기에 전념케 했고(행 2:42), 성령의 역사는 사도들을 통한 기사와 표적으로 나타났다. 이후 믿는 사람들은 서로의 물건을 통용하고, 필요를 채워주며, 날마다 마음을 같이하는 성전 중심의 신앙을 지켰고, 더불어 밖으로는 온 백성에게 칭송받는 소금과 빛의 균형 잡힌 공동체로 존재했다. 이처럼 초대교회 공동체의 생활이 얼마나 탁월했던지 그들 중에는 가난한 사람이 한 사람도 없을 정도였다(행 4:34). 특히 이런 결과의 원동력은 공동체 구성원 모두가 예외 없이 품고 지켰던 "한마음과 한뜻"(καρδία καὶ ψυχὴ) 때문이었다(행 2:46, 4:32). 이러한 공동체적 연합은 인위적인 것이 아닌 영적인 것으로 성령의 충만함 속에서 예수 그리스도와의 온전한 일치로 가능한 것이었다.[64] 결과적으로, 초대교회는 구원받은 사람들이 날마다 증가하는 역동적인 성장과 함께 하나님 나라가 어떻게 확장하여 가는지를 목격하고 체험한 증인들의 공동체였다(행 2:43-47).

---

63 Harry R. Boer, *Pentecost and Missions* (Grand Rapids, MI: Wm. B. Eerdmans, 1975), 49.
64 송봉모, "예루살렘 초대교회의 재산 공유적 삶에 대한 논의들," 「신학과 철학」 제6호 (2004): 51; 방동섭, "사도행전에 나타난 선교적 교회론," 215.

선교신학자 김현진 교수는 초대교회가 실제적 코이노니아 공동체로 존재할 수 있었던 이유를 성령에 의한 삼차원적 코이노니아로 구분한다. 간략히 설명하면, 성령께서는 1) 수직적 차원에서 신자 모두가 성부, 성자 하나님과 교제케 하시고, 2) 수평적 차원에서 그리스도인들 상호 간의 교제를 통해 하나 되게 하시며, 3) 대사회적 차원에서 이웃과 함께하는 삶을 살게 하신다. 그러니까 초대교회 공동체는 그리스도의 복음을 관념적이고 이상적인 차원으로만 인지 한 것이 아니라 자신들의 삶으로 증명하는 실제적이고 가시적인 공동체였다. 그래서 김 교수는 온전한 코이노니아를 통한 복음의 속성은 들을 수 있고, 눈으로 볼 수 있고, 손으로 만져질 수 있는 것이라는 요한의 말을 언급한다(요일 1:1).[65] 같은 맥락에서 초대교회 교부 유스티누스(Justinus)의 저서 『변증서』(Apology)에서는 대사회적 코이노니아로서 고대교회의 코이노니아 의식이 모든 민족적 장벽을 넘어 이방인의 사회까지 행해졌음을 다음과 같이 언급한다.

> 전에는… 돈과 재산을 무엇보다도 소중히 여겼지만, 이제는 가진 것을 공동의 일에 이바지하고자 내어놓고 누구든지 아쉬운 사람과 나누어 가지는 우리들입니다. 서로 미워하고 죽이고 하면서 우리의 동족이 아닌 사람들과는 생활관습들이 달라서 한 번도 공동유대를 유지해 본 적이 없었지만, 그리스도께서 나타나신 후로 이제는 밥상공동체를 이루며 함께 사는 우리들이다.[66]

이처럼 코이노니아에 대한 유스티누스의 증언은 사도행전 2장에서만 나타나는 일시적인 현상이 아니라 속사도 교부 시대까지 이어졌고,

---

65 김현진, 『공동체 신학』, 58.
66 Ibid., 69; 게르하르트 로핑크, 『예수는 어떤 공동체를 원했나』, 정한교 역 (칠곡: 분도, 1985), 258; Justin Martyr, First Apology, http://logoslibrary.org/justin/apology1/14.html

로마에서도 대사회적 코이노니아로서 광범위하게 실천되었다.[67] 이것은 예수께서 누가복음 4장 18-19절에서 말씀하신 "주의 은혜의 해"와 같이 새로운 희년의 선포와도 관계된 것으로, 성령께서는 교회공동체가 지역 사회 내 가난한 계층의 문제를 자기 일로 여기게 함으로써 자원적 나눔과 섬김적 실천을 통해 담당케 하셨다. 이는 성령에 의한 새로운 차원, 곧 '자원의 희년'[68]이라는 개념으로 해석하기도 한다. 이처럼 초대교회는 코이노니아 공동체로서 대사회적이고 대국적인 통전적 선교를 통해 하나님의 선교에 적극적으로 참여했고, 그 결과로 성장하는 공동체였다.

넷째, 초대교회는 '디다케적(διδαχή) 성도 공동체'였다. 선교는 일차적으로 개종자를 얻는 것을 넘어 예수 그리스도께서 분부하신 모든 것을 지키는 충실한 제자가 되게 하는 것이었다(마 28:19-20). 그래서 초대교회는 "사도의 가르침"(τῇ διδαχῇ τῶν ἀποστόλων, 눅 2:42)을 중요하게 여겼다. 이 가르침은 외부적으로 선포된 케리그마적 선교 사역을 통해 믿음의 지체가 된 개종자들을 대상으로 내부적으로 시행된 사도들의 교육이었다. 사도들의 가르침은 이들을 성숙시켜 교회의 책임 있는 구성원이 되게 함으로써 공동체 내 섬김적 삶을 안내했을 뿐만 아니라 그리스도의 유일한 복음 증거가 되는 재생산적 교육이었다(행 2:42-47, 6:2-7, 8:4). 이것은 맥가브란이 말한 교회의 두 가지 일로, 1) 모든 불신자를 그리스도께로 인도하는 것과 2) 그들을 하나님의 은혜 안에서 성장시키는 것[69] 중 두 번째에 해당하는 것이라고 볼 수 있다.

하지만 초대교회가 제자들과 성직자들을 통해서만 성장한 것은 아니었다. 예수의 공생애 당시 이미 제사장 계급은 존재했기 때문에 오

---

67 김현진, 『공동체 신학』, 69-70.
68 Ibid., 75-76.
69 도널드 맥가브란, 『교회성장 이해』, 214-216.

늘날처럼 '성직자'라는 단어는 사용하지 않았으나 이 개념은 포괄적 차원에서 이미 그들 속에 자리 잡고 있었다.[70] 초대교회는 유대적 전통을 계승하여 유대적 직제로서 교사와 장로 제도를 유지했는데, 이 유대적 전통은 사도행전 6장에서 일곱 명의 일꾼을 선택하는 일을 통해 제도적 교회의 등장을 예고하는 일반성도 사역의 역할 분담(행 6:2-4)을 구체화하였다. 당시 방대하고 분주한 사역으로 어려움을 겪었던 초대교회는 말씀과 기도 사역에 집중하기 위해 실제적인 대책을 마련했고, 그 결과 하나님의 말씀이 더욱더 왕성해져 감으로써 예루살렘 내 제자의 수가 폭발적으로 증가하는 양적 성장을 경험할 수 있었다. 또한, 제사장 무리가 복음에 복종하는 영적 부흥도 맛볼 수 있었다(행 6:7).

클레멘트 전서에 의하면 존 드레인(John W. Drane)은, 제도적 교회조직은 점차 피라미드식 구조를 형성했고, 성직자들은 특권을 가지면서 직책 수행을 감당했으며, 사제는 일반 성도와 구분되어 성직의 위치에서 분담된 목회 사역을 감당해왔다고 말한다.[71] 그러나 중요한 것은 이러한 초대교회의 사역 위임과 분담은 신분적 차이가 아니라 기능적 차이였고,[72] 교회를 더 성장시키면서 선교적 약동을 위한 행정적 조치였다는 점이다. 사도행전에 등장하여 활약한 성도로는 스데반(행 7), 빌립(행 8:5, 6-11, 12-13, 38), 두아디라 성의 자주 장사 루디아(행 16:13-15)와 같은 사람들이었다. 이들은 하나님의 선교를 위한 제자요 동역자였는데, 스데반과 빌립의 선교적 역할은 놀라울 만큼 눈부셨다. 또 초대교회 성도들은 책임성 있게 구제와 봉사의 일을 감당했고, 말씀을 가르쳤으며(행 7, 8:26-35), 심지어 세례를 베풀기도 했다(행 8:36-39).

---

70 소기천, "예수의 교회성장론," 한국선교신학회 편, 『선교와 교회성장』(서울: 한들, 2003), 72.
71 존 드레인, 『초대교회의 생활』, 이중수 역 (서울: 두란노서원, 1991), 68-70; 소기천, "예수의 교회성장론," 73.
72 홍성욱, "평신도 동역화(Partnership)와 교회성장," 한국선교신학회 편, 『선교와 교회성장』(서울: 한들, 2003), 104-105.

그런데 여기서 짚어볼 것은, 이러한 조치가 단지 교회의 규모가 커지기 때문에 발생하는 공동체 안의 문제로 여겨 구제의 일이 복음 전파에 방해가 되기에 피하려는 소극적인 대책 정도로 여겨서는 안 된다는 것이다. 이것은 세상을 향한 교회의 본질적 사역을 강화하기 위한 통전적 선교로서의 목회 행정적 조치였다. 물론 초대교회는 구심적 예배공동체였지만(행 2:42-47), 이는 내적 차원과 함께 밖을 향한 외적 차원을 위한 모임이기도 했다. 이런 부류의 모임에는 항상 뜨거운 기도가 있었고, 성령 충만한 삶의 양식을 통해 하나님 나라를 가시화하는 산 위의 동네와도 같았다.[73] 그들은 복음을 가르치고 배우면서 순종했고, 다시 그 순종은 복음 선포와 함께 주변부를 향한 필요 중심적이고 원심적인 공동체로서의 선교적 행진을 계속하게 했다.

다섯째, 초대교회는 '성육신적 공동체'였다. 요한복음 3장 16-17절과 맥을 같이하는 사도행전 2장 36절과 10장 36-43절의 중심 주제인 "십자가에 못 박히신 예수를 하나님께서 주와 그리스도가 되게 하셨으며, 그가 전한 복음은 이스라엘과 만유의 기쁜 소식으로 그를 믿는 자는 다 죄 사함을 받는다"라는 베드로 설교의 핵심은 성육신 사건이 초대교회와 기독공동체의 구원론적 근거임을 말해준다. 이것은 하나님의 '주심'(giving)과 '보내심'(sending)의 구속사적 행위로 성육신하신 대상에 대한 전적 믿음을 통한 구원으로서 기독론적 구원론을 입증한다.[74] 이 점에서 누가는 초대 기독공동체를 향한 실제적인 구원의 시작점을 예수 그리스도의 성육신 사건에 기초한다. 또한, 선교신학적 관점에서 성육신은 '천상의 문화'에서 '인간의 문화'로 들어오신 "초문화 사

---

73 Jeppe Bach Nikolajsen, "Beyond Sectarianism: the Missional Church in a Post-Christendom Society," *Missiology: An International Review* 41/4 (2013): 465-469; 김신구, "통전적 선교를 위한 현대교회의 성육신적 모습," 「선교신학」 제57집 (2020): 44.
74 김신구, "통전적 선교를 위한 현대교회의 성육신적 모습," 46-47.

건"(cross-culturalevent)으로서[75] 복음의 형태가 어떠한지를 선명히 보여준다. 그래서 로널드 사이더(Ronald J. Sider)는 성자 하나님께서 취하신 복음 전파의 형태를 구술적 선포와 가시적 증거라고 말하면서 복음전도와 사회운동은 불가분리적인 것으로, 이 둘을 합쳐 "성경적 복음전도"(biblical evangelism)라고 정의한다.[76] 이런 뜻에서 초대교회는 세상으로 육화된 거룩공동체로 존재하기 위해 예수 그리스도의 복음을 전파하고, 그분께서 보여주신 일상을 자기 삶으로 증명하는 공동체였다.

한편, 마이클 프로스트(Michael Frost)와 앨런 허쉬(Alan Hirsch)는 사도행전 2장 42-48절을 언급하면서 초대교회의 성육신적 모습을 상황화된 교회의 모습으로 분류한다. 그것은 철저하게 '관계성'에 초점을 둔 것으로, 이는 사도행전에 나타난 모임에 과연 어떤 일이 일어났는지가 중요하다는 말이다. 그래서 프로스트와 허쉬는 초대 교회가 하나님과의 관계, 서로의 관계, 세상과의 관계를 촉진하기 위해서 동등하면서도 균형 잡힌 헌신에 관심이 있었다고 주장한다. 이런 차원에서 프로스트와 허쉬는 교회의 본질을 '관계'라고 규정하면서 이를 다시 선교 및 예배와 연결한다. 그래서 프로스트와 허쉬는 교회 안에서 예배 공동체와 선교 공동체를 분리하는 것을 '기독교의 비극'이라고까지 말한다.[77] 따라서 '성육신적'의 의미는 '선교적 상황화'로서 기독교 복음이 세상의 좋은 소식이 되기 위해서는 끊임없이 변화하는 상황들에 비판적으로 동화하면서 효과적으로 전달되어야 한다는 뜻이다.

결론적으로, 세상으로 보냄을 받은 하나님 백성들의 존재와 사역 방식은 철저하게 성육신적이어야 하며, 세상의 구원과 변화를 위해 변

---

75 방동섭, "사도행전에 나타난 선교적 교회론," 208.
76 로널드 J. 사이더, 『복음전도와 사회운동』, 이상원·박원국 역 (서울: CLC, 2013), 253-254, 277.
77 마이클 프로스트·앨런 허쉬, 『새로운 교회가 온다』, 147-148.

치 않는 하나님의 말씀을 가지고 세상으로 들어가야 한다.[78] 또한, 세상이 이해하고 소통할 수 있게 복음을 전달하기 위해 시대 문화적으로 상황화된 방식을 사용하면서 성육신적으로 메시지를 증명할 수 있어야 한다.[79] 따라서 교회는 근본 메시아 공동체로서 지리적 공간을 넘어 문화적, 정신적, 영적 공간까지 아우르는 유연하고 유능한 선교적 공동체로 존재하기 위해 인위적인 방법과 변화가 아닌 오직 예수께서 그리스도이심을 나타내는 공동체로 살아가야 한다. 이를 위해서 교회는 그리스도의 증언과 사역의 방식이 자기 삶의 방식이 되도록 성령의 내주와 인도하심에 민감하게 반응해야 하며, 순종적이고 시대 문화적인 공동체가 되도록 힘써야 한다. 그러면 사도행전에 나타난 초대교회 공동체를 넘어 사도 바울에게로 이어진 복음과 그의 선교전략은 어떠했는지 살펴보도록 하자.

3. 사도 바울의 복음과 선교전략

예수 그리스도의 복음은 제자들에게 계승되었고, 승천 이후에는 부활의 증인 된 메시아 공동체를 통해 전해졌다. 그러다가 이 복음은 성령에 의해 태동한 교회의 사명으로 이어졌다. 하나님 나라의 복음은 유대교적 문화 안에서 교회가 그 구심력을 가지고 있었지만, 그분의 나라는 유대인들에게 갇힌 복음이 아니었다. 초대교회의 복음은 보수적이고 배타적이었던 선택적 선민사상과 유대교적 전통을 깨고, 그들만

---

78 이상훈, "하나님 백성의 선교적 사명과 책무," 한국선교신학회 편, 『선교적 교회론과 한국교회』 (서울: 대한기독교서회, 2015), 255; 김신구, "통전적 선교를 위한 현대교회의 성육신적 모습," 60.
79 최동규, "교회성장의 새로운 방향 설정을 위한 시론," 259; 김신구, "통전적 선교를 위한 현대교회의 성육신적 모습," 60.

의 종교적 이념과 문화적 경계를 넘어 하나님께서 만드신 창조 세계를 향해 원심적으로 뻗어나갔다. 그러니까 초기 기독교 복음은 보편적 선민사상을 가진 모든 민족을 향한 평화의 초대로서 거기에는 기독교 역사상 놀라운 선교 과업을 수행한 사도 바울이 중심에 서 있다.

사실 과거 바울은 유대인 그리스도교 개종자들과 교회를 핍박했던 열성적 바리새파 유대인이었다. 그러나 다메섹에서 부활의 예수를 만난 사건, 곧 하나님의 전적 간섭에 의한 초자연적 신적(神的) 사건[80]으로 인해 박해자 사울은 사도적 증인으로 영적 변화를 경험했다. 다메섹 사건에 대해 이런 해석이 가능한 것은 이 사건이야말로 지금껏 사울로 걸어왔던 그의 의지나 환경과 상관없이 그가 지향했던 삶의 방향을 송두리째 뒤바꾼 회개와 회심의 자리였기 때문이다. 이처럼 다메섹 사건은 사울에게 메타노이아(μετάνοια) 사건이면서 동시에 이방인을 위한 "택한 나의 그릇"(행 9:15)이라는 선교적 소명의 자리였다.

바울은 갈라디아서(1:11-16)에서 다메섹 사건을 언급하면서 자신의 복음이 결코 사변적이고 주관적인 것이 아닌 하나님으로부터 직접 임한 전적 계시임을 주장한다. 또한, 자신이 얼마나 사도적 복음의 전통을 중시하는지에 대해서도 다음과 같이 언급하는데,[81] "내 어머니의 태로부터 나를 택정하시고 그의 은혜로 나를 부르신 이가"(행 1:15), "또 나보다 먼저 사도 된 자들을 만나려고"(행 1:17)라는 말은 이를 뒷받침한다. 그래서 맥나이트는 바울이 전한 좋은 소식을 사도로부터 '받은' 복음임을 강조하면서 이를 사도적 전통과 연결한다. 그리고 이 복음을 지키고 믿을 때 구원받는다는 사실을 확증한다(고전 15:1-3).

그렇다면 바울에게 임한 신적 계시와 부르심은 무엇일까? 그가 받

---

80 조갑진, "바울의 다메섹 사건에 관한 연구," 「신약논단」 제22권 (2015): 138; 김은수, "바울의 정체성에 대한 선교적 해석," 「선교신학」 제52집 (2018): 49.
81 스캇 맥나이트, 『예수 왕의 복음』, 72.

아 전한 사도적 복음의 전통은 구체적으로 무엇을 뜻할까? 이에 대한 명쾌한 답은 고린도전서 15장 1-28절을 통해 살펴볼 수 있다. 그것은 성경의 예언대로 그리스도께서 1) 돌아가신 것, 2) 장사 되신 것, 3) 부활하신 것, 4) 나타나신 것으로 요약할 수 있다. 다시 말해서 바울의 복음은 예수 그리스도의 생애 가운데 일어난 가장 핵심적인 사건들로[82] 하나님의 아들 예수만이 주와 그리스도가 되신다는 베드로의 복음과 같다. 그런데 여기서 바울의 복음은 단순히 신약의 예수 이야기로만 한정한 것이 아니라 구약에서 내려오는 이스라엘의 예언적 성취로서 3절과 4절에 사용된 "성경대로"(κατὰ τὰς γραφάς)라는 말에서 나타난다. 바울은 이 표현을 통해 예수의 복음이 이스라엘과 오래된 약속의 해결임을 강조하는 것이다. 그러니까 복음, 곧 "좋은 소식"은 이스라엘 이야기가 예수 그리스도 안에서 결말에 이르렀다는 뜻이다.[83] 그래서 바울은 "우리 죄를 위하여 죽으시고"(ὑπὲρ τῶν ἁμαρτιῶν ἡμῶν)라는 말을 사용함으로써 그리스도의 사역이 이스라엘의 이야기를 넘어 이방인까지 아우르는 우주적이고 보편적인 구속의 사역임을 강조하고 있는 것이다(고전 15:3).

이런 관점에서 바울이 주장한 이신칭의의 핵심 논지인 로마서 1장 17절은 '하나님의 선교'라는 선교신학적 준거의 틀을 제공한다.[84] 그는 자신을 '이방인을 위한 사도'(롬 1:5-6)라고 언급하지만, 일차적으로는 자신의 복음을 '하나님의 복음'(롬 1:1)으로 규정하면서 유대교와의 연속선상에서 이해한다. 그런데도 바울의 논증은 유대교적 율법과 하나님의 의를 철저하게 구분한다(롬 1:17-18, 3:21-24).[85] 그는 로마서 10장

82 Ibid., 76.
83 Ibid., 78.
84 김종성, "바울의 칭의론과 하나님의 선교와의 상관관계 연구," 「선교신학」 제49집 (2018): 109.
85 Ibid., 117.

1-8절에서 모세의 율법에 대한 복종을 하나님의 의와 대립시키면서 모든 믿는 자에게 의를 이루시기 위한 "율법의 마침"이라는 말로 그리스도를 확증한다. 또한, 8절에서 "우리가 전파하는 것이 믿음의 말씀"이라고 선언함으로써 예수 그리스도를 통한 이스라엘 이해를 하나님에 대한 이해[86]로 확대한다. 이것은 그가 벗어나기 어려웠던 유대교적 전통을 다시금 깨고 넘어서는 것으로서 유대교와의 불연속적 차원에서 기독교의 의와 복음을 '하나님의 선교적 관점'으로 이해한 것이라고 볼 수 있다.

따라서 바울 복음에 대한 이해는 유대교와의 연속성과 불연속성 모두를 아우르는 것으로써 구심적이면서 원심적인 양면성을 모두 갖는다. 결국, 히브리적 사고에서 형성된 바울의 예수 그리스도 이야기는 유대교적인 역사적 예수를 넘어 메시아 예수, 주(主)되신 예수, 구원자 예수, 하나님의 아들 예수로 이해된다. 이런 뜻에서 예수 그리스도의 복음은 축소된 '구원의 문화'만이 아니라 '복음의 문화'로 확대되어야 한다.[87] 이것이 역사적 예수를 현존적 예수로 이해하는 선교적 해석이며, 역사적 예수의 케리그마가 실제화하는 살아있는 신앙이다. 이런 의미와 연관하여 위르겐 몰트만(Jürgen Moltmann)은 기독교의 성찬을 삼위일체 하나님의 선교적 초대로 "교회를 향하여 개방된 초대"(Kirchenoffene Einladung)가 아닌 "세계를 향하여 개방된 초대"(Weltoffene Einladung)로 이해하기도 했다.[88] 따라서 복음은 하나님

---

86 Ibid., 119.
87 스캇 맥나이트, 『예수 왕의 복음』, 44, 72, 85.
88 J. 몰트만, 『성령의 능력 안에 있는 교회』, 박봉랑 외 4인 역 (서울: 한국신학연구소, 1986), 266; 몰트만은 하나님의 초대라는 관점에서 성찬을 교회만을 향한 초대가 아닌 "세계를 향한 개방된 초대"라고 말한다. 마찬가지로 하나님의 선교적 관점에서 바울의 이신칭의는 유대교와의 불연속적 차원에서 "세계를 향한 개방된 초대"로 이해할 수 있다. 김신구, "'선교적 성찬'(Missional Eucharist)의 신학적 구성요소와 예전에 관한 연구: 존 웨슬리(John Wesley)의 성찬신학과 선교신학적 관점에서," 「선교신학」 제61집 (2021): 22.

나라의 복음으로서, 구원론은 기독공동체나 그리스도인들의 전유물이 아닌 하나님의 선교적 관점에서 창조 세계를 향한 하나님 나라의 복음으로 해석해야 한다.

그렇다면 이러한 바울의 복음관에서 비롯된 선교전략은 무엇이었을까? 그것은 모두 일곱 가지로 설명할 수 있다. 나열하면, 첫째, 바울의 선교전략은 '회당 중심적 선교'로[89] 이것은 그가 가장 많이 사용한 방법이었다. 예수와 초기 기독교인들의 시대에는 이스라엘 나라에서보다는 디아스포라 유대인의 수가 훨씬 많았기 때문에 지중해 지역 어디에서나 유대인 공동체를 만날 수 있었다.[90] 초기 기독교 시대의 총인구는 450만 명 정도로 그리스도 당시 지중해 연안에 있던 로마 제국 전체 인구의 약 70%는 유대인으로 추산된다.[91] 이들은 거주지마다 회당을 세워 주일에 모여 신앙예식을 드렸고, 회당에 방문하는 랍비를 통해 권면케 하는 습관이 있었는데(행 13:15), 바울은 이런 풍습을 미리 준비하여 복음의 기회로 활용했던 것이다.[92] 물론 바울의 권면은 수용과 거부를 반복 경험하면서 많은 어려움과 고난도 겪었지만, 그는 항상 회당(살리미(행 13:5), 안디옥(행 13:13-52), 이고니온(행 14:1-16), 데살로니가(행 17:1-9), 베뢰아(행 17:10-14), 아덴(행 17:15-34), 고린도(행 18:1-17), 에베소(행 18:18-22) 회당 등)[93]을 중심으로 예수께서 그리스도이심을 전파했다.

둘째, 바울의 선교전략은 '대도시 중심의 거점 선교'였다. 최적의 전략기지인 안디옥은 동·서의 상업을 연결하는 요충지로서 기독교 신앙을 확산하는 중요한 위치에 있었다. 바울은 로마제국의 신속한 복음화

---

89 전석재, "바울의 전도여행 관점에서 본 선교전략," 417.
90 에드워드 로제, 『新約聖書背景史』, 박창건 역 (서울: 대한기독교출판사, 1984), 102.
91 로저 헤들런드, 『성경적 선교신학』, 송용조 역 (서울: 고려서원, 1990), 227.
92 전석재, "바울의 전도여행 관점에서 본 선교전략," 418.
93 Ibid., 419.

를 위한 도시로 빌립보(로마 식민도시), 데살로니가(상업 도시), 아덴(문화 중심지), 에베소(종교적 중심지)와 같이 당시 유명했던 로마제국의 도로들을 매우 익숙하게 알고 있었다.[94] 이것은 회당중심적 선교전략과 유사하면서 효과적인 복음전도를 위한 방법으로 대도시가 가진 교통망과 관계망을 활용하여 자신이 직접 복음을 전하러 가지 않은 곳까지 복음이 전파되는 효과를 얻을 수 있었다.

특히 바울 선교의 시작점으로 중요한 도시였던 안디옥은 지리적으로 여러 종족이 함께 사는 도시로서 동서 상업의 요충지였고, 팔레스타인에 인접한 경계 지점이어서 희랍과 로마로 들어가는 관문이었다. 그리고 바울의 대도시 거점 선교로 중요한 장소였던 에베소는 아시아의 중심도시로서 아데미 신전이 자리했지만, 로마제국의 종교적 중심지로 수십만 명의 순례자가 매년 방문하는 관광산업의 중심지였다(행 19:25-27). 그래서 바울은 에베소의 지역적 특징을 선교의 전략 기지로 활용하기 위해 디모데, 브리스길라와 아굴라, 아볼로와 같은 동역자들과 관계를 지속하면서 주변으로 복음을 확산하는 정거장식 선교방법을 사용했던 것이다.[95] 이처럼 바울은 복음 전파와 대중 전도의 효율성에 초점을 두면서 대도시를 중심으로 한 거점 선교전략을 펼쳐나갔다.

셋째, 바울의 선교전략은 '교회개척과 확장을 통한 선교'였다. 신약에서 '교회'라는 용어는 총 115회 나타나는데, 그중 62회가 바울 서신에 기록되었다는 것은 그의 선교전략이 교회론적임을 입증한다.[96] 바울은 인구 밀집 지역을 중심으로 교회를 개척했고, 로마제국까지 복음이 확장하는 것을 목표로 삼았다.[97] 그래서 바울은 셀들이 완전히 성

---

94 허버트 케인, 『선교신학의 성서적 기초』, 이재범 역 (서울: 나단, 1988), 112-113.
95 전석재, "바울의 전도여행 관점에서 본 선교전략," 421-422.
96 J. B. Smith, *Greek-English Concordance: To the New Testament* (Scottdale, Pa: Herald Press, 1955), 116.
97 제임스 W. 톰슨, 『바울의 교회론』, 이기운 역 (서울: CLC, 2019), 271.

장할 때까지 그 지역에 머물지는 않았지만, 셀들이 선교 사역에 책임을 다할 수 있도록 공동체 생활과 능력을 훈련받도록 했다.[98] 이런 맥락에서 로저 게링(Roger Gehring)은 바울의 주된 목적을, 셀 개척을 통해 도시에서 선교를 진행하고, 다시 그것으로부터 주변부를 향해 복음이 도달할 수 있도록 하는 것이었다고 말한다. 이를 통해 볼 때 그의 선교는 교회공동체 중심적이었다.

같은 이해로 목회 서신에서 교회를 가리키는 지배적인 메타포는 집이라는 뜻의 '오이코스'(οἶκος)다.[99] 오이코스는 기본적으로 '거처,' '거주지'라는 뜻으로 건축물을 의미하는 단어와 함께 '가족'을 가리키지만, 좀 더 다중적이고 광범위한 의미에서 동굴, 성전, 궁전 심지어 무덤까지 포함했다.[100] 혈연적으로는 보통 4세대를 포함한 개념으로 남자들, 결혼한 여성들, 미혼의 자녀들, 남녀 종들, 이방인들과 체류자들까지 포함하여 사용되었다.[101] 이것은 실제 고대사회 가족의 기본 단위이면서 교회의 기본단위였는데, 이런 차원에서 디모데전서(여성들(2:1-15), 가장들(3:1-7), 과부들(5:1-16), 종들(6:1-2), 노인들(5:1-2))와 디도서(나이든 여성들과 젊은 여성들(2:2-3), 젊은 남성들(2:6-8), 종들(2:9-10))는 확장된 교회로서의 가족을 가정하고 있다. 또한, 특정 구성원에게는 그들이 감당해야 할 임무까지 부여했다.[102] 이를 통해 볼 때 바울은 오이코스의 개념을 형제·자매라는 교회 구성원의 새로운 관계로 확대했다고 볼 수 있다.

따라서 바울의 선교전략은 소그룹 모임의 가정교회와 인종과 계급

---

98 Roger W. Gehring, *House Church and Mission: The Importance of Household Structures in Early Christianity* (Peabody, Mass: Hendrickson, 2004), 179-180.
99 제임스 W. 톰슨, 『바울의 교회론』, 366.
100 게르하르트 킷텔·제프리 W. 브라밀리, 『신약성서 신학사전』, 요단출판사 번역위원회 역 (서울: 요단, 1987), 755.
101 지경규, "오이코스 교회의 발전," (고신대학교 석사학위논문, 2016), 5.
102 제임스 W. 톰슨, 『바울의 교회론』, 366.

을 초월한 중그룹의 지역교회, 그리고 그 이상을 아우르는 대그룹의 보편적이고 우주적인 교회와 지속하는 관계망(롬 15:24-26, 30; 고후 9:1-5, 11:7-11; 빌 1:5, 4:15; 살전 5:25)을 통해 선교를 펼쳤다고 볼 수 있다. 이런 맥락에서 "복음의 유일한 해석자를 회중, 곧 지역교회만이 해답이 될 수 있다."[103]라고 말한 뉴비긴의 주장은 선교적 관점에서 지역교회의 중요성을 재발견케 한다. 이처럼 바울은 선교전략으로서 지역교회를 중요하게 여겼다.

넷째, 바울의 선교전략은 신자를 양육하고 세워 그들과 동역하는 '공동체적 팀 선교'였다. 바울은 공동체에 새로운 비전 제시를 임무로 여겨 가르침, 편지, 방문을 통해 공동체를 양육했다. 그가 현지인을 양성한 대표적인 장소는 두란노서원이었는데, 이곳은 성경공부를 비롯한 제자훈련과 전도 집회의 장소로 활용되었다. 또 그는 공동체의 책임성 있는 구성원으로서 협력자와 현지인 지도자를 함께 교육하면서 지역교회의 직분자로 세워나갔다.[104] 이에 대해 올로그(Wolf-Henning Ollrog)는 바울의 동역자를, 1) 핵심층(the innercircle: 바나바, 실바, 디모데), 2) 독립적 동역자(independent coworkers: 아길라, 브리스가, 디도), 3) 지역교회 대표자(representatives of local churches: 에바브로디도, 에바브라, 아리스다고, 야손)의 세 범주(역할별)로 나누어 언급할 정도였다.[105] 이렇게 양육된 신자들은 선교의 동역자가 되어 그리스도께 드려지는 것이 목적이었는데(고후 1:14), 이것이 열매로 나타난 대목 중 하나는 데살로니가전서 1장이다. 여기서 가르침의 목표는 바울의 메시지를 받은 각 사람을 위해

---

103 레슬리 뉴비긴, 『다원주의 사회에서의 복음』, 홍병룡 역 (서울: IVP, 2007), 419.

104 전석재, "바울의 전도여행 관점에서 본 선교전략," 427.

105 Wolf-Henning Ollrog, *Paulus und seine Mitarbeiter: Untersuchung zu Theorie und Praxis der Paulinischen Mission* (Neukirchen-Vluyn: Neukirchener Verlag, 1979), 92-95; 제임스 W. 톰슨, 『바울의 교회론』, 273에서 재인용.

공동의 정체성과 에토스(ethos)를 형성하는 것이었다.[106] 이윽고 바울은 데살로니가 교인들이 "주를 본받는 자가 되어 마게도냐와 아가야에 있는 모든 믿는 자의 본"이 될 뿐만 아니라 그 공동체가 가진 믿음의 소문이 "각처에 퍼짐"으로써 우리(바울, 실루아노, 디모데)는 더는 아무 말도 할 것이 없을 만큼 건강해진 데살로니가 공동체에 대해 하나님께 감사하며 기도한다고 명시한다.

특히 기독론적으로 그리스도와 교회를 연결하기 위해 바울이 사용한 전치사로 "그리스도와 합하여"(롬 6:3; 고전 10:2; 갈 3:27), "그리스도와 함께"(롬 6:8; 갈 2:19; 딤전 2:11), "그리스도 안에," "그 안에"(롬 9:1; 고후 5:21; 빌 3:9), "그리스도의 몸 안에"(롬 12:1-8; 고전 12:12-17), "그리스도의 것"(고전 3:23; 갈 3:29), 그리스도께서 신자들 "안에"(롬 8:9-10; 고전 3:16; 고후 6:16; 갈 4:19)라는 표현들은 종종 나타난다.[107] 이 표현들은 그리스도와 신자들, 신자 간의 관계가 유기적이고 공동체적임을 나타내는 것으로 바울의 교회론과 공동체 사상을 충분히 드러낸다.

이런 차원에서 선교사역의 협력은 로마서 15장 30절에서도 나타난다. 바울은 "우리 주 예수 그리스도와 성령의 사랑"이라는 초월적이고 윤리적인 신적 속성을 자신의 권면에 포함하면서 이것이 하나님의 뜻이고, 이를 이루는 자신의 사역에 로마 그리스도인들이 중보기도자로 동역하기를 요청했다. 그가 요청한 "힘을 같이 하는 기도"의 내용은 바울의 안전뿐만 아니라 헌금의 호의적인 수용에 대한 것이었다. 물론 여기에는 바울의 교회와 예루살렘 교회의 관계적 어려움도 살펴볼 수 있지만,[108] 무엇보다 바울은 기도의 동역이야말로 평강으로 이끄시는 "하나님의 뜻"(32절)임을 밝히면서 모든 교회와 그리스도인의 보편적이

---

106 제임스 W. 톰슨, 『바울의 교회론』, 99.
107 Ibid., 100.
108 존 지슬러, 『로마서 주석』, 조갑진 역 (서울: CLC, 2002), 418.

고 우주적인 공동체적 연합을 도모했다.

한편 바울의 공동체 사상은 "우리"(롬 8:28-39; 고후 6:1)라는 표현에서도 나타난다. 그는 '우리'의 의미를 세속적인 결합의 의미가 아니라 하나님과 공동체 그리고 공동체 간 합력임을 밝히면서 그의 선교가 팀 사역으로 진행되었음을 증명한다. 이것은 당시 여러 국가적, 사회적, 성적 협력의 다양한 상호 교류에 부분적으로는 대립하고, 부분적으로는 반영하고, 부분적으로는 확장하는 것이기도 했으나 그의 동역자들이 유대인과 이방인으로 구성되었다는 것은 그가 실행한 사역 중 가장 모험적인 것으로 판단된다. 특히 남성 중심의 1, 2차 선교 여행과는 달리 마게도냐와 로마 선교 사역에는 여자들의 역할이 중요했다.[109] 이에 대해 웨인 믹스(Wayen A. Meeks)는 1세기에 쓰인 바울과 그의 제자들의 서신들에는 바울의 동역자 및 대리인으로서 함께 여행하면서 활동했던 65명의 이름과 이 외 사도행전에도 13명의 다른 이와 무명의 집안이 추가로 나타나면서 거의 80명의 이름이 바울 계열의 기독교인이라고 말한다.[110] 이처럼 바울의 선교가 역동적일 수밖에 없었던 이유는 공동체, 곧 팀으로 선교사역을 진행했기 때문이다.

다섯째, 바울의 선교전략은 복음적 가치를 극대화하기 위해 '자비량 선교'를 감행했다(살전 2:9; 살후 3:7-9). 물론 바울은 고린도전서 9장 9-12절에서 자비량 선교를 선교의 원칙으로 삼지는 않았다. 그는 이 구절을 통해 사도적 사역에 대한 교회 후원의 정당함을 제시하기도 했다. 또한, 제3차 선교여행 당시 선교사역에 재정이 꼭 필요할 때는 에베소의 두란노서원으로부터 2년간 후원금을 받은 적도 있었다. 그러나 바울은 자비량이라는 자신만의 원칙을 세워 대가 없는 선교사역을 선

---

109 로버트 뱅크스, 『바울의 공동체 사상』, 장동수 역 (서울: IVP, 2007), 257-271.

110 웨인 A. 믹스, 『바울의 목회와 도시사회』, 황화자 역 (서울: 한국장로교출판사, 1992), 105; 전석재, "바울의 전도여행 관점에서 본 선교전략," 424.

택했다(고전 9:12, 15, 18). 이것은 단지 자신의 생계를 위한 일환이 아니라 이를 통해 개종자들에게 모범이 되고, 가르침의 진실성을 보여주기 위한 의도적이고 자발적인 노동이었다(엡 6:5-9; 골 3:17, 22:25). 이로써 바울은 자신을 위해 목숨까지 내놓을 동역자 아굴라와 브리스길라를 얻을 수 있었다(행 18:2-4; 롬 16:3-4; 고후 10:14). 이런 측면에서 바울의 자비량 선교는 복음의 장애를 없애려는 것(고전 9:12)으로서 네 가지 선교적 의미[111] 를 가진다.

그것은, 1) 복음의 신뢰성 측면에서 통속적인 순회 설교자와는 달리 능동적이고 적극적인 복음 선포를 위한 것이었고, 2) 복음의 수용성 측면에서 한 사람이라도 더 얻기 위해 개종자들과 자신을 동일시한 것이었고(고전 9:19-22), 3) 복음의 가시적 가르침과 모범적 측면에서 당시 돈을 탐내어 사역하던 사람들에 대한 일반적인 반감[112]을 반대하는 모습을 통해 모든 사역자에게 모범이 되기 위한 것이었다. 이로써 그리스도인의 삶이 무엇인지 나타내기 위한 실제적인 가르침으로써 누구에게라도 어려움을 끼치지 않으려는 노동이었다(살후 3:8). 또한, 바울은 4) 복음의 자립성 측면에서 언제나 자립하는 교회를 지향했는데, 그가 개척한 교회는 외부 원조에 의존하는 교회가 아닌 자립형 교회였다. 이것은 종의 모습으로 오신 예수의 모습처럼 섬김의 종 된 선교사역을 통해 더 많은 사람을 얻기 위한 것이었다(고전 9:19).

여섯째, 바울의 선교전략은 복음의 진리를 고수하면서 수단과 방법적으로는 문화적 이념과 환경을 고려한 '사랑에 기초한 상황화 선교'였다. 이것은 그가 관계적 측면에서 수직적인 것과 수평적인 것 모두를 고려했다는 점에서 살펴볼 수 있다(롬 12:1-2). 먼저 1절에서 "하나님

---

111 김성욱, 『21세기 기독교전문인 선교신학』 (서울: 이머징북스, 2019), 71-72.
112 F. F. Bruce, *The Book of Acts* (Grand Rapids, MI: Wm. B. Eerdmans, 1955), 367; 신경규, "전문인 선교: 신학과 전략," 「복음과 선교」 통권 11호 (2009): 204에서 재인용.

이 기뻐하시는 거룩한 제물로 드리라"라는 권면과 명령은 수직적인 것으로, 이는 신자가 드려야 할 "영적 제물"(λογικὴν λατρείαν)로 표현된다. 다음 2절에서도 "하나님의 선하시고 기뻐하시고 온전하신 뜻"이라고 표현하는데, 이것은 복음의 원칙을 고수하려는 바울의 사상임과 동시에 하나님과 신자, 하나님과 공동체의 수직적 관계에 대한 표현들이다. 그러나 바울의 선교는 수직적 차원만 강조하지 않았다. 근본 하나님의 뜻은 수평적 차원과도 결합하여 실현될 때 온전성을 갖고 영적인 (reasonable: 합당한(KJV), rational: 합리적인, spiritual: 영적(NIV)) 것이 된다는 것을 우리는 그의 사역을 통해 살펴볼 수 있다.

그렇다면 바울 선교의 수평적 차원은 무엇일까? 그것은 1절에 표현된 "몸"(σώματα)과 "산"(ζῶσαν)이라는 말과 2절에 "이 세대"(αἰῶνι)와 "분별하도록"(δοκιμάζειν)이라는 말에서 살펴볼 수 있다. 이에 관해 설명하면, 먼저 '몸'과 '산'이라는 단어는 하나님께서 원하시는 제물의 형태를 의미한다. 이것은 죽음으로 드려진 구약적 제물이 아닌 새로운 시대의 질서, 곧 신약적 제사가 요구하는 제물이다. 다시 말해서 이것은 세상의 문화와 사회 구조 안에서 다른 사람들과의 관계를 통해 살아가는 육신적 인간을 전제한다. 그리고 개인적 삶을 통해 나타나는 제사의 체현으로 사람의 인격을 형성하는 모든 요소와 세상과 이웃과의 관계에서 구체적으로 나타나는 복음적 삶의 양태를 뜻한다.[113] 다음으로 바울 선교의 수평적 차원은 "이 세대"와 "분별"에서 살펴볼 수 있는데, "이 세대"에 사용된 헬라어 '아이온'은 보이지 않는 세계로 '현 세대'와 '올 세대'의 유대교적인 종말론의 뜻을 내포한다. 하지만 본문에서는 갈라디아서 1장 4절에 사용된 "악한 세대"(αἰῶνος)로 '이 세상 신,' '공중 권세 잡은 자'가 다스리는 '악의 통치 세대'를 의미한다. 말하

---

113 김현진, "헬라어 로마서 12장 원어 성경 주석 강해 설교," https://tripol.tistory.com/1230

자면, 교회는 공존하는 세대가 이런 세대임을 알아 그 안에서 하나님의 뜻을 옳게 분별하며 살라는 말이다. 따라서 바울이 말한 영적 예배란, 공동체의 내적 예배행위는 물론 세상에서 가시화하고 구현하는 그리스도인의 영적인 '삶'을 말한다. 그 때문에 영적 산 제물이 드려져야 할 곳은 성전을 넘어서는 일상의 자리이며, 그것은 복음 증거와 성육신적 삶을 통해 드러나야 함을 뜻한다.

정리하면, 하나님께서 기뻐하시는 영적 예배의 산 제물은 하나님과의 수직적 차원에서 복음에 반하는 세속적 문화와 사상에 고착하지 않고, 하나님의 뜻을 분별하기 위한 능동적이고 적극적인 자세로서 본질적인 전인적 변화에서 시작한다. 그다음 그렇게 변화 받은 존재가 세상과 공존하면서 세상 문화와 구조 안에서 하나님의 온전하신 뜻을 드러내는 것을 의미한다. 여기서 '분별하다'의 헬라어 동사는 '도키마조'(δοκιμάζω)로 '입증하다,' '시험하다,' '인정하다,' '가치 있게 여기다'라는 뜻인데, 이는 세상에서 하나님의 뜻을 분별하고 입증하는 존재로 살아가라는 실천적 명령을 전제한다(엡 5:8-9; 빌 2:5-15).[114] 이런 뜻에서 영적 예배로 드려져야 할 산 제물은 그저 세상 문화에 대해 대항적으로 존재하면서 개인적 변화만 추구하는 폐쇄적이고 배타적인 삶이 아니라 화목을 위한 자기 부인과 이타적인 삶을 의미한다(고후 5:14-19).

따라서 바울은 선교를 위한 복음적 관계, 곧 수직적이고 수평적인, 통전적인 문화적 접근방식을 추구했다고 볼 수 있다. 한마디로 그의 선교는 대항적이면서도 내부자와 외부자 모두를 품는 선교였다. 이것은 불신자와 결혼한 신자에 대한 상황(고전 7:2-16), 이들에게서 난 자녀의 신앙적 문제(고전 7:14), 과부의 결혼 문제(고전 7:39), 불신자의 연

---

114 존 지슬러, 『로마서 주석』, 360-361; 김현진, "헬라어 로마서 12장 원어 성경 주석 강해 설교," https://tripol.tistory.com/1230

회 초청을 받은 신자의 입장(고전 10:27), 불신자의 예배 참여의 상황(고전 14:24) 등과 같은 주제들에서도 나타난다.[115] 말 그대로 바울은 유대인과 헬라인 모두를 얻고자 했던 것이다(고전 9:19-23). 바울이 "내가 여러 사람에게 여러 모습이 된 것은 아무쪼록 몇 사람이라도 구원코자 함이니"라고 한 말은 다양한 문화에 대한 이해와 접촉을 통해 복음의 기회로 삼고자 했던 그의 열망을 담고 있다. 또한, "모든 것이 가하나"(고전 10:23)라는 구절과 "유대인에게나 헬라인에게나 하나님의 교회에나 거치는 자가 되지 말고"(고전 10:32)라는 구절은 세상에 존재하는 모든 교회공동체와 그리스도인이 유념해야 할 상황화 선교의 자세를 일러준다.

그러나 바울의 선교에서 중요한 것은 고린도전서 13장에서 더욱더 선명해진다. 그것은 다른 은사보다 더 큰 은사, 곧 '사랑의 윤리'로 정리된다. 이것은 복음의 절대적 선포와 사랑의 우월적 실천으로 미덕 정도의 수준을 넘어 복음의 합당한 삶으로서의 영적 예배와 산 제물에 대한 실제적 의미로 그리스도인의 진정한 삶의 가치를 세상 앞에 드러내고, 거룩한 사랑을 통해 율법의 완성을 이루어야 함을 뜻한다. 그래서 바울이 말한 사랑의 윤리는 '종말론적 사랑의 윤리'라는 말로도 표현된다.[116] 이런 뜻에서 바울의 선교전략은 복음의 절대성과 사랑의 우월성에 기초한 관계적 상황화 선교였다. 그 때문에 오늘날의 기독공동체가 사랑의 실천 없이 복음의 절대성만 강조하는 것은 구원의 온전성을 누릴 수 없을 뿐만 아니라 그러한 복음은 참된 것이라고 말할 수 없다. 아울러 이런 모습은 기독교를 독선적이고 이기적인 종교로 전락시킬 수 있다. 그러므로 예수 그리스도의 '사랑의 신학'은 상황화 선교의

---

115 제임스 W. 톰슨, 『바울의 교회론』, 285.
116 조해룡, "사도바울의 선교사상에 나타난 삼위일체 하나님과 선교적 공동체 연구," 「복음과 선교」 제49집 (2020): 414-417.

전제가 되어야 한다.

일곱째, 바울의 선교전략은 철저하게 '성령의 인도와 능력을 의존하는 선교'였다. 이것이 드러나는 구절은 고린도전서 2장 4-5절인데, 여기서 바울은 자기 말과 전도함이 설득력 있는 인간의 지혜가 아니라 오직 성령의 나타나심과 능력에 의한 것임을 밝힌다. 특히 바울은 성령을 통해 선교 사명을 감당할 수밖에 없는 근본 이유에 대해 "고린도 교회 성도들의 믿음이 사람의 지혜에 있지 않고, 하나님의 능력에 있게 하려 함"이라고 언급하면서 이것은 하나님의 신비에 감춰진 비밀이라고 말한다. 따라서 바울은 성도가 오직 하나님의 능력을 의지할 때 그 비밀을 발견할 수 있고, 하나님의 깊이를 통달하기 위해서도 성령을 통해서만 가능함을 강조한다(고전 2:10).

같은 뜻에서 바울은 자신이 받은 것이 세상의 영이 아닌 하나님의 영으로부터 온 것이기에 영적인 일은 영, 곧 성령의 가르침으로만 분별할 수 있다고 설명한다. 그 때문에 자신의 복음 전함과 말함이 성령의 인도와 능력을 의존할 수밖에 없는 하나님의 일이라는 것을 강하게 인정한다. 왜냐하면 복음전도의 능력은 근본 성령의 역사로 가능한 것이지 사람의 설득력 있는 지혜의 말로는 하나님의 신비를 온전히 깨달을 수 없기 때문이다. 그래서 바울은 자신이 행하는 선교가 자신의 선교가 아니고, 성령에 의한 선교이기 때문에 바울의 선교는 자기의 모든 소유까지 다 버리는 자기 부인의 신앙적 이해와 자세에서 출발한 것이라고 볼 수 있다.

이처럼 선교에 대한 성령론적 관점은 사도행전 16장에서도 나타난다. 여기서 강조점은 복음에 대한 인간의 열정보다 성령의 인도하심이 앞선다는 것이다(행 16:6-10). 바울과 그의 일행은 복음전도를 위해 소아시아 북쪽에 있는 비두니아 지역으로 가려 했지만, 예수의 영은 이를 허락지 않으셨고, 아시아에 대한 말씀 선포를 막으셨다. 그런 중 바울은 도움을 요청하는 마게도냐인의 환상을 접하면서 마게도냐 지역의 선교로 자신과 일행을 부르신다는 하나님의 뜻을 깨닫는다. 이후 그는 이전의 모든 계획을 내려놓고 이 깨달음에 곧장 순종한다. 이처럼 바울의 선교는(행 16:11) 성령의 인도에 순종적이었고(행 19:6), 그래서 나타난 치유, 축귀와 같은 놀라운 능력들은 모두 성령의 힘으로 행해졌다(행 19:11-12, 20:10).

한편, 바울은 그리스도 안에서 새로워진 피조물을 강조하면서 그리스도인의 변화된 삶을 주장한다(고후 5:17). 이에 대한 구절로 갈라디아서 2장 20절에서 그는 삶의 주체를 "내"가 아니라 내 안에 계신 "그리스도"로 규정한다. 이것은 하나님의 영 안에서의 삶을 의미하는 것으로서, 바울은 프뉴마(πνεύμα)를 그리스도인의 결정된 규범의 변화로 이해했다. 이에 로제(Eduard Lohse)는 새로운 피조물이 된 신자를 더는 인간의 자생력이 아닌 그리스도 안에서 역사하시는 영에 의해 하나님의 종말론적 신앙에 기초한 행위를 하며, 영이신 성령께서는 신앙인의 삶을 근거 짓고 이끄신다고 말한다.[117] 왜냐하면 그리스도적 능력은 내가 주체일 때가 아닌 성령을 주체로 자신의 낮아짐과 약함에서 드러나기 때문이다(고후 12:9). 이런 관점에서 바울의 선교사역은 '약함의 사역'이었다. 그래서 바울이 강조한 교회는 하나님의 영에 의해 형성되고, 그분을 전적으로 의존하는 공동체로서 성령에 의해 하나님의 계시와 일을 분별하고, 그리스도의 현존을 경험하며, 받은 다양한 은사로 역동적으로 움직이는 성령공동체이다. 그러면 지금까지 살펴본 성경의 내용을 토대로 교회성장학과 선교적 교회론이 말하는 신학은 어떤 것인지 살펴보도록 하겠다. 모든 학문이 완전할 수는 없지만 두 교회 운

---

117 에두아르트 로제, 『신약성서신학』, 175.

동의 장점은 살리고 단점은 보완한다면, 그리고 무엇보다 그것이 성경적으로 맞는다면 두 이론의 호혜적 결합은 현장 목회에 많은 유익을 줄 수 있을 거로 생각한다.

제3장

교회 운동가들에게 듣는
신학과 대화

제3장 교회 운동가들에게 듣는 신학과 대화

이 장에서는 교회성장학과 선교적 교회론에 대해 살핀다. 두 이론을 함께 이해하는 것은 선교신학적 관점의 교회 운동이라는 학문적 공통점과 함께 하나님 나라의 관점에서 교회성장과 선교의 관계를 동일선상에서 해석하는 '통전사적 궤도'의 관점 때문이다. 달리 말하면, 복음주의 선교 신학과 에큐메니컬 선교 신학은 통전사적 관점에서 동역자적 협력이 가능하다.

좀 더 설명하면, 전통적 교회성장학은 효과적인 복음전도를 위해 타문화권 선교 현장을 연구한 것이지만, 이후 와그너나 슈바르츠와 같은 교회성장학자들은 이 이론을 점차 동일 문화권의 교회 운동으로 적용하여 전개했다. 그러니까 선교적 차원에서 출발했던 교회성장학이 점차 실천신학적 차원의 교회 운동으로 목회신학과의 연계성을 갖게 된 것이다.

사실 교회성장학이 여러 신학적 비판을 받기도 했지만, 이 운동이 전 세계 개체 교회 성장에 지대한 영향을 끼친 것은 부인할 수 없는 사실이다. 그 공헌을 간략히 언급하면, 1) 내적이고 외적인 균형 성장의 추구, 2) 하나님의 선교적 관점에서 교회성장 이해, 3) 사회과학적 방법론의 활용, 특히 4) 선교신학적 운동을 목회신학적 운동으로 연계한 것은 복음전도의 중요성과 콘텍스트, 곧 상황에 대한 이해와 적응에 대해 매우 중요하게 여기는 것[118]으로서 신학의 학문적 지평을 확장했다고 볼 수 있다.

한편, 선교적 교회론에 지대한 영향을 미친 몇몇 대표적인 인물과 운동을 언급하면 영국의 신학자이자 선교학자인 레슬리 뉴비긴, 미국의 감리교 신학자인 하워드 스나이더, 프린스턴 신학교의 데럴 구더(Darrell Guder), 풀러신학교의 찰스 벤 엥겐, 그리고 영국의 '복음과 우리 문화'(Gospel and Our Culture, GOC), 북미의 '복음과 우리 문화 네트워크'이다. 특히 GOCN은 여러 학자와 현장 사역자 그리고 여러 형태로 개진되었는데,[119] 이 운동은 선교를 하나님의 본성에서 유래한 것으로 여기기 때문에[120] 하나님의 선교적 관점에서 전통적이고 교회 중심적인 선교를 하나님 중심적 선교로 전환할 것을 요청하고 있다.

간략히 선교적 교회론의 세 가지 대표적인 신학을 들면, 1) 하나님 나라와 하나님의 선교, 2) 화해 대상으로서의 세상, 3) 선교적 도구인 교회와 선교적 백성이다. 이는 교회의 존재론적 정체성에 대한 근원적인 질문에서 출발한 것으로 교회와 세상을 이분법적으로 분리했던 이전의 사고방식에서 세상을 하나님의 선교를 위한 장소로 간주하여 창조 세계의 샬롬까지 교회의 책임으로 확대한다.

특히 세상을 하나님의 선교적 무대로 이해하는 인식으로 급변한 것은 1952년 IMC 빌링겐 선교대회였다. 그 신학과 방향은 교회 중심적 선교에서 삼위일체 하나님 중심적 선교로 패러다임의 전환을 요청

---

118 최동규, "교회성장학의 학문적 특성과 실천신학적 평가," 「신학과 실천」 제36호 (2013): 39-40.
119 신경규, "선교적 교회론의 과제에 관한 통합적 고찰," 「선교신학」 제39집 (2015): 251.
120 데이비드 보쉬, 『변화하고 있는 선교: 선교 신학의 패러다임 변천』, 김병길·장훈태 역 (서울: CLC, 2010), 577; 정승현, "선교적 교회론의 과거, 현재 그리고 미래," 한국선교신학회 편, 『선교적 교회론과 한국교회』(서울: 대한기독교서회, 2015), 53-54.

했다. 이는 호켄다이크에 의한 것이었는데, '하나님-교회-세상'의 도식을 '하나님-세상-교회'의 도식으로 전환할 것을 요구했다. 결국, 두 선교신학은 서로에 대한 상호 배타적인 입장에서 분열과 차이점을 강조하면서[121] 복음주의와 에큐메니컬 선교신학의 예민한 논쟁거리가 되었고, 한국 내 교파 분열의 요인 중 하나로 작동하게 되었다.

하지만 현재 두 신학은 '하나님 선교'의 개념을 지향하면서 통전적 선교로 합일을 보았고, 단지 복음주의의 '영혼 구원'과 에큐메니컬의 '샬롬'은 강조점의 차이일 뿐 근본적으로 성경은 이 둘을 모두 포함하기에 구속사적 역사신학과 약속사적 역사신학은 통전사적 관점에서 합일이 필요해 보인다. 이런 이해로 필자는 테오 순더마이어(Theo Sundermeier)의 선교 유형을 참고하여 두 신학의 차이를 상호보완적으로 결합함으로써 균형 잡힌 성경적 선교신학의 구축이 가능하다[122]는 신경규 교수(고신대 선교신학)의 주장에 동의하면서 그의 내용을 이 장에서 빌리고자 한다.

따라서 필자는 통전사적 관점에서 교회성장학과 선교적 교회론의 건설적 협력이 가능하고, 두 학문의 통섭을 통해 하나님 나라의 성장을 유도할만한 패러다임의 도출도 가능하다고 본다. 올바른 목회를 위해서는 본문과 상황, 곧 현상학적으로 시대적, 세계적, 국가적, 사회적, 지역적, 문화적, 생태적 그리고 선교신학적이고 목회신학적인 관점들 그 모두가 균형 있게 중시되어야 한다. 그러므로 이 장에서는 두 학문의 창시자들과 권위 있는 학자들의 본뜻을 살핀 다음 통합적이고 통전사적인 차원에서 그 합일을 주장할 것이다.

---

121 신경규, "통전적 관점에서 본 두 선교신학의 합치성 모색," 196.
122 Ibid., 196-197.

1. 교회성장 운동가들

도널드 맥가브란

맥가브란의 교회성장신학은 무엇보다 이 운동의 목표와 동기를 통해 살펴볼 수 있다. 그는 교회성장의 장기적인 목표로 'πάντα τὰ ἔθνη (판타 타 에스네: 모든 종족)를 제자로 삼아 마침내 영원하고 풍부한 생명의 강물이 전 지구 위에 존재하는 모든 언어, 모든 부족, 모든 사람에게로 신속하고 거침없이 흐르게 하는 것"이라고 규정한다.[123] 그가 교회성장 운동의 비전을 갖게 된 동기는, 30년간 선교사로 타문화권 선교 현장(인도)에서 사역했는데도 여전히 비성장하는 교회에 대해 신학적 회의를 느꼈지만, 그런데도 교회를 성장시킬 하나님의 방법이 있을 것이라는 확신이 교차하면서 시작되었다. 그의 이러한 거룩한 응전은 "효과 없는 교회 성장 원리는 과감히 버리고 사람들을 제자 삼고 하나님의 집을 성장시킬 수 있는 생산적인 방법을 배우고 실천하기로 하였다."[124] 라는 결단의 말을 통해서 표명된다.

이후 1955년에 소개된 저서 『하나님의 가교』(The Bridge of God)는 교회성장 운동의 이정표를 세우게 되었고, 1970년에 출간된 『교회성장 이해』(Understanding Church Growth)는 전 세계 교회와 선교지에 대한 사회과학적이고 방법론적인 문제를 다루는 실제적인 계기가 되었다. 이러한 배경을 볼 때 맥가브란의 교회성장학은 일차적으로 선교적 차원의 운동이었다. 이와 더불어 이 운동의 궁극적인 목적은 하나

---

[123] 맥가브란은 마태복음 28장 19절에 사용된 '민족'을 '종족'으로 번역하는 것이 옳다고 주장한다. 도널드 맥가브란, 『교회성장 이해』, 17, 86.

[124] C. Peter Wagner, *Church Growth: State of the Art* (Wheaton, IL: Tyndale House Publishers, 1986), 23; 황성철, 복음주의 실천신학회 편, 『복음주의 실천신학개론』 (서울: 세복, 2002), 353에서 재인용.

님의 영광과 교회의 사명인 선교의 대위임령(마 28:19-20)에서 출발했다. 특히 그는 하나님의 근본 소원, 곧 하나님은 잃은 자를 "되찾으시는 하나님"(the finding God, 눅 15:4)이라고 설명한다. 그래서 그는 복음전도의 본질적 의미가 "복음을 전하는 것"(preaching)이 아닌 "되찾는 것"(finding)이라고 말하면서 "탐색의 신학"(theology of search)을 "추수의 신학"(theology of harvest)과 비교하고 경계한다.

하지만 이것은 복음의 선포를 간과해서가 아니라 선포만으로 만족하는 합리화가 정당화될 수 없음을 지적하는 것이었다. 그는 선교의 모든 결과를 하나님께 돌려버리는 중립적인 태도가 교회의 비성장을 불러온다고 여겼다. 그래서 맥가브란의 복음전도는 선포를 넘어 사람들을 교회의 책임 있는 구성원으로 만드는 것까지를 포함한다.[125] 따라서 하나님께 대한 충성으로서 복음 선포는 잃은 자를 되찾을 때까지 행해져야 하며, 되찾은 자들을 통한 교회의 성장은 무엇과도 대체할 수 없는 선교의 가장 중요한 목적이 된다. 이런 맥락에서 맥가브란은, "선교는 하나님께서 원하시는 것으로서 인간적 활동이 아닌 미시오데이(*Missio Dei*), 곧 하나님의 선교"이기 때문에 그 책임은 하나님께서, 그 문제는 계시된 뜻 안에서 고찰되어야 한다고 주장한다.[126] 이런 이해를 통해 볼 때 교회성장은 하나님의 선교적 관점에서 크게 두 가지로 설명할 수 있다. 그것은, 1) 교회개척과 확장(양, 量)과 2) 제자 삼는 일 그리고 양육(질, 質)이다. 이런 차원에서 교회성장학이 말하는 교회성장 유형을 나열하면, 1) 내적 성장(internal growth), 2) 팽창 성장(expansion growth), 3) 확장 성장(extension growth), 4) 가교 성장(bridging growth)의 네 가지다. 그러나 그는 본디 교회성장은 그 시발점이 되찾으시는 하나

---

125 도널드 맥가브란, 『교회성장 이해』, 35.
126 Ibid., 53-54.

님에 대한 구속사적 관점이기 때문에 생물학적 또는 수평적 이동 성장이 아닌 불신자의 회심 성장(conversion growth)임을 거듭 강조한다. 아울러 이것은 하나님의 선교로서 하나님의 '왕국 성장'으로 자연스럽게 이어진다.

다시 말하면, 교회성장은 하나님의 선교를 성취하는 구체적인 활동에 대한 결과[127]이기 때문에 근본적으로 선교가 나타나지 않는 교회의 성장은 맥가브란의 교회성장 개념이 아니다. 이 점에서 그의 교회성장 신학은 로잔 운동의 신학을 거의 그대로 수용했다고 볼 수 있다.[128] 또한, 맥가브란의 전통적 교회성장학은 선교적 관점에서 문화적 위임(사회봉사와 사회 운동)을 인정하나 복음의 우선성을 강조하는 보수적인 복음주의적 입장을 견지하면서 교회와 세상에 대한 이분법적 사고를 버리지 않는다. 이런 차원에서 교회성장학은 교회의 수적 성장을 매우 강조한다.

하지만 짚어볼 것은 맥가브란이 물적 개념의 '양'을 강조했다고 해서 이 이론이 전적으로 질적 성장은 간과하고 양적 성장만 추구하는 실용주의적 방법론적 학문만은 아니라는 사실이다. 그는 복음적 각성, 기도, 말씀, 성령에 의한 신유, 공동체 등의 질적 성장이 양적 성장으로 이어지기를 기대하고 바랐다.[129] 물론 그의 교회성장이 지나칠 만큼 '양'에 초점을 둔 것은 사실이나, 그 이면에 깔린 '되찾으시는 하나님'의 선교적 동기와 목표를 살핀다면 교회성장학이 말하는 '양'에 대한 개념을 무분별하게 비판할 수만은 없다.

---

127 최동규, 『미셔널 처치』, 69.
128 Thom Rainer, *The Book of Church Growth: History, Theology, and Principles* (Nashville: B&H Academic, 1993), 74-75; 홍기영, "교회성장운동의 역사," 한국선교신학회 편, 『선교와 교회성장』 (서울: 한들, 2003), 30.
129 도널드 맥가브란, 『교회성장 이해』, 232-260; 피터 와그너, 『교회 성장에 대한 신학적 이해』, 이요한 역 (서울: 성서연구사, 1986), 95-96.

한편, 그는 경험적으로 "교회성장을 이해하려면 반드시 인간 사회의 구조를 이해해야 하며, 사람들은 분리된 개인으로서가 아니라 어떤 사회의 상호 연관된 구성원으로 존재한다."라고 말한 바 있다.[130] 그래서 그에게서 타문화권 선교의 회심은 신학적인 것이 아닌 사회적인 것으로 이해된다.[131] 이는 오랜 선교사역에도 그가 느껴야만 했던 신학적 회의에서 잘 나타난다. 이런 이유로 맥가브란은 다섯 가지 선교전략을 제시한다. 그것은, 1) 집단 개종(people movement), 2) 동질 집단(homogeneous units), 3) 수용성(receptivity), 4) 제자화(discipling)와 완전화(perfecting), 5) 토착화 교회(indigenous church)이다.

특히 이 다섯 가지 선교전략 중에서 동질 집단의 원리는 계급주의적이고 인종차별주의적이라는 해석으로 인해 가장 치열한 논쟁을 불러왔지만,[132] 실제로는 보편적 구원의식을 가졌던 맥가브란에게 이런 해석은 억지스러운 왜곡이었다. 오히려 국경과 인종을 초월했던 그에게 동질 집단의 원리는 서구 선교사들의 개인주의적이고 문화 제국주의적인 복음 전파와 회심보다 선교 현장의 다양한 문화와 상황을 더 많이 이해하고 수용하고자 했던 공동체적인 세계관에서 나온 것이었다. 그래서 그는 문화 인류학적으로 공동체(가족, 확대 가족, 씨족, 촌락 공동체, 부족)의 의사결정이 복음화에 더 효과적이라고 여겼다. 이런 관점에서 선교적 확장은 다수 개인의 상호 의존적 개종 과정(a multi-individual, mutually interdependent conversion)이 필요했던 것이다.[133] 결국, 교회성장학이 다섯 가지 선교전략과 실용주의적 방법론을 추구하게 된 이유는, 타문화권 일지라도 효과적인 복음 전파와 더불어 한 영혼이라도 되찾기를 원하시는 하나님의 근본적인 뜻을 이루고자 했던 그의 충성심 때

---

130 도널드 맥가브란, 『교회성장 이해』, 262.
131 Ibid., 266.
132 Ibid., 10.
133 Ibid.

문이었다.

그런데도 맥가브란의 교회성장 운동이 신학적 비판을 피하지 못하는 이유는 지나치게 양적 성장에 치우쳤기 때문이다. 그러나 전 세계 개체 교회에 끼친 교회성장학적 공헌과 엄청난 영향력은 부인할 수 없다. 또한, 1950년대 당시 교회성장에 대한 많은 관심은 있었으나 구체적인 학문적 틀이 없었던[134] 어려운 시기에 종교적 차원으로 이해되었던 복음전도와 선교의 영역을 실용주의적 방법과 절충함으로써 기독교 영역을 사회과학과 잇는 선구자적 역할을 감당했다는 것은 높이 평가할 부분이다. 결론을 맺으면, 교회성장학은 신학, 문화인류학, 사회학, 역사학, 행동과학, 커뮤니케이션 이론, 통계분석 등이 통합적으로 적용된[135] 선교신학적 교회성장 운동이라고 말할 수 있다.

피터 와그너

와그너의 교회성장은 "예수 그리스도와 인격적인 관계를 맺고 있지 않은 모든 사람이 주님과 바른 관계를 맺게 하고 그들을 책임 있는 교회의 일원으로 받아들이는 일에 관계되는 모든 것을 의미한다."[136] 그는 건강한 교회성장 모델로 "총체적 교회성장"(total church growth)[137]을 제시하는데, 여기서 와그너는 성장과 발전을 위한 영역을 네 가지로 구분하여 다음과 같이 설명한다.

먼저 제1영역은 외적 성장과 발전의 영역으로 전입과 회심 성장이 이에 속하고, 제2영역은 내적 성장과 발전의 영역으로 제자와 갱신 성장이 이에 속한다. 다음 제3영역은 구조적인 성장과 발전으로 이것은

134 Ibid., 111.
135 이수환, 『선교적 교회성장학』, 48, 81.
136 피터 와그너, 『교회성장학 개론』, 이재범 역 (서울: 솔로몬, 1987), 205; 이후천, "교회성장운동의 신학," 한국선교신학회 편, 『선교와 교회성장』(서울: 한들, 2003), 37-38.
137 피터 와그너, 『교회성장학 개론』, 205.

다시 두 가지로 구분되는데, 하나는 구조와 전략(hardware & firmware)적인 측면에서 회중, 예배, 친교, 세포, 제자, 청지기 그룹이 있고, 다른 하나는 소프트적인 측면에서 항구적 요소인 직원, 기능, 유형, 공유가치 등을 내포한다. 마지막으로 제4영역은 근본적인 두 가지 요인을 언급하는데, 하나는 삼위일체 하나님, 죄, 사탄과 같은 영적 요인이고, 다른 하나는 사회, 문화와 같은 인간적 요인들이 교회성장에 영향을 끼친다는 것이다. 그래서 와그너는 이 모델을 통해 교회 전체의 총체적인 분석이 가능하고, 컴퓨터의 활용을 통해 효과성을 보장할 수 있으며, 성령께서 교회에 하시는 말씀을 경청할 수 있다고 말한다.[138] 다시 정리하면, 와그너의 총체적 성장은 교회성장에 있어서 이 네 가지 영역 모두가 고려되어야 한다는 말이다.

와그너의 교회성장신학을 좀 더 이해하려면 그의 성장신학에 대한 연대별 분석도 필요하다. 먼저 1970년대 중반에 그는 교회성장의 최소 공통분모를 전제하면서 이 중 하나라도 동의하지 않는 것은 교회성장 운동을 따르는 것이 아니라고 주장한 바 있다. 그것은 다음의 여섯 가지이다.

1) 성장하지 않는 것은 하나님을 근심하게 한다.
2) 하나님은 수적 성장을 원한다. 하나님은 결신자 수보다는 새로운 제자를 원한다.
3) 제자는 눈으로 확인되고, 수로 셀 수 있어야 한다. 이를 통해 교인의 수가 늘어야 정상이다.
4) 교회는 제한된 시간과 돈, 재원 때문에 보다 효과적인 결과를 낼 수 있도록 전략을 세워야 한다.
5) 사회과학과 행동 심리학은 교회성장을 측정, 자극하는 중요한 도구다.
6) 성장을 최대화하기 위해서는 조사 연구가 반드시 있어야 한다.[139]

---

138 Ibid., 210-217.
139 Elmer L. Towns, *A Practical Encyclopedia of Evangelicalism and Church Growth* (Ventura, CA: Regal, 1995), 79; 엘머 타운즈 외 4인, 『교회성장 운동 어떻게 볼 것인가』, 김석원 역 (서울: 부흥과개혁사, 2009), 53-54에서 재인용.

말하자면, 와그너의 성장신학은 맥가브란의 그것과 유사하게 하나님의 소원은 결국 교인 수와 비례하는 것이며, 이것은 새로운 제자의 수적 성장을 뜻한다. 따라서 교회는 이를 위해 자원 및 사회과학, 행동 심리학의 효과적인 활용, 결과를 위한 전략을 수립하고, 조사연구를 통해서 성장의 극대화를 추구해야 한다. 그래서 와그너는 교회성장학을 비판적으로 이해한 데이비스(J. G. Davies)의 말, 곧 "선교의 목표를 교회 성장으로 정하는 것은 하나님 나라라는 개념을 교회 중심적으로 축소하는 우(愚)"라고 한 경고와는 사뭇 그 개념이 다르다고 주장한다.[140] 또한, 와그너는 교회성장의 궁극적인 목적인 교회성장과 왕국성장을 서로 연결한다.[141] 이런 뜻에서 그는 교회성장 운동의 성장을 "복음전도적 교회성장"이라고 말하면서 교회성장에 개혁주의적, 웨슬리주의적, 루터주의적, 칼뱅주의적, 경건주의적, 펠라기우스주의적, 알미니우스주의적 교회성장이라는 식의 레터르를 붙이는 것은 합당하지 않다고 말한다.[142] 다시 말해, 교회성장 운동의 핵심은 불신자를 신자화하는 것이기 때문에 하나님 나라의 성장과 매우 밀접하며, 따라서 교회성장을 교파별 신학적 입장과 결부하여 해석하는 것을 그는 거부한다.

그러니까 교회성장 운동이 말하는 성장의 핵심은 전체 신자의 수가 증가하는 '회심 성장'이므로 '하나님 나라의 성장'과 연결된다. 이런 뜻에서 교회성장학의 성장신학은 전입 성장과 같이 수평 이동에 의한 개체 교회 교인 수의 증가가 궁극적인 목적이 아니다. 물론 교회성장적 측면에서 수평 이동에 의한 성장이 개체 교회의 성장일 수는 있으나 이것은 왕국적 관점에서의 성장은 아니라는 뜻이다. 따라서 교회성장학이 데이비스의 말처럼 하나님 나라의 개념을 교회 중심적으로 축소한, 하

---

140 피터 와그너, 『교회 성장에 대한 신학적 이해』, 33.
141 Ibid., 32.
142 Ibid., 117.

나님 나라의 성장과 무관하다는 말은 와그너의 주장과 상치한다.

다음으로 1981년 이후 와그너의 교회성장신학은 맥가브란의 교회성장학을 좀 더 보완하는 시기였다.[143] 이것은 오순절 운동에 대한 긍정적인 자세에서 비롯된 것으로 남미에서 일어난 오순절 운동의 목격과 성령에 의한 그의 은사체험을 통해 교회성장학의 신학적 기틀이 마련된 것이었다. 와그너는 1980년대 초부터 본격적으로 시작된 존 윔버(John Wimber)의 빈야드 운동(Vineyard Movement)을 경험하면서 하나님께서 새로운 유형으로 성령의 물결을 일으키신다고 확신했다. 그래서 그는 '제3의 성령의 물결'(또는 '제3의 물결,' the third wave of holy spirit) 이론을 주장하면서 교회성장적 관점에서 성령과 은사, 영적 전쟁에 큰 비중과 관심을 두었다.

와그너의 은사 신학은 저서 『주의하라! 오순절파가 오고 있다』(Look Out! The Pentecostals are coming)라는 서명이 무려 세 번에 걸쳐 변경된 것을 통해 나타났는데, 처음에는 『우리가 빠뜨린 것은 무엇인가?』(What are We Missing?: Creation House)라는 책의 내용 중 "그리스도의 지체는 건강한 교회를 세운다"라는 장에서만 은사를 다루었다. 그리고 미국교회의 성장에 관해 쓴 책 『교회 성장 원리』(Your Church Can Grow: Regal Books)에서도 은사가 어떻게 작용하는지를 설명하기 위해 "평신도 운동에 참여하자"라는 장에서만 언급하는 정도였다. 하지만 그다음에는 『성령의 은사와 교회 성장』(Your Spiritual Gifts Can Help Your Church Grow)이라는 한 권의 책으로 출간하기에 이르렀다.

특히 와그너는 이 책의 목적을 교회성장과 성령의 은사와의 관계를 조리 있게 보여주기 위함이라고 말하는데,[144] 여기서 그는 성령의 은

---

143 한국복음주의 실천신학회, 『복음주의 교회성장학』 (서울: 생명의 말씀사, 2012), 16; 이수환, 『선교적 교회성장학』, 83.
144 피터 와그너, 『성령의 은사와 교회 성장』, 권달천 역 (서울: 생명의 말씀사, 1982), 10-12.

사를 비교적 세밀하게 검토하여 무려 27가지[145]로 나누어 그 뜻을 밝힐 만큼 은사를 교회성장과 연결하여 강조한다. 다시 말해서 교회성장은 교회 자원의 효과적인 활용과 전략적인 방법으로만 이루어지는 것이 아니라 철저하게 성령의 능력을 의존하고, 성도들의 은사 체험과 기능적 행위를 통해 가능함을 강조하게 됐다. 그러면서 1984년에 소개된 『교회성장과 온전한 복음: 성서적 명령』(Church Growth and the Whole Gospel: a biblical mandate)에서는 교회성장의 기본적인 신학적 가정들을 다음과 같이 제시했다.

1) 인간의 주목적은 하나님께 영광 돌리는 것이다.
2) 예수 그리스도는 주님이시다. 그리스도의 명령에 순종하는 것은 그리스도인에게 필수적이다.
3) 성서만이 믿음과 실천의 확실한 표준이다.
4) 죄인이 구원받아 영원한 삶을 얻으려면 복음을 듣고 받아들여야 한다.
5) 성경은 전 세계 신자의 삶 안에서 역사하고 있다. 성령은 영으로 충만케 하며, 특별한 힘을 주고, 은사를 나누어주시며, 신학적이고 도덕적으로 발전하도록 인도하며, 사람들에게 예배하도록 요구한다.[146]

사실 이러한 가정들은 당시 교회성장학이 전도를 통한 수적 성장과 교회의 다양한 방법론적 기능에 지나치게 치중한 것에 대한 와그너의 반성과 신학적 보완이었다. 무슨 말이냐면, 그는 복음 전파의 명령만이 아니라 문화적 위임과의 균형을 함께 강조했던 것이다. 하지만 복음 전파가 선행되어야 한다는 점에서는 여전히 맥가브란과 같은 입장으로 확고했다. 하지만 그는 교회성장을 위한 복음전도와 함께 빈자와 부자

---

145 와그너의 27가지 은사는, 예언·섬기는 일·가르치는 일·권면·헌금·지도력·긍휼(롬 12장), 지혜·지식·믿음·신유·기적·영 분별·방언·방언 통역·사도·서로 돕는 일·행정(고전 12장), 복음 전하는 일·목사(목자) (엡 4장), 자원하여 궁핍하게 되는 일·순교(고전 13장), 독신(고전 7:7), 대접하는 일(벧전 4:9), 선교사·남을 위한 기도·귀신을 쫓아내는 일(행 16:16-18)이다. Ibid., 111, 281-285.
146 피터 와그너, 『성서적인 교회성장』 홍철화 역, (서울: 보이스사, 1984), 18-20.

를 모두 사랑해야 한다고 말하면서, 특히 빈자에 대한 사랑이 선행되어야 함을 강조했다. 와그너는 이러한 생각들을 종합하여 건강한 교회 성장을 위한 일곱 가지 원리를 주장하는데 나열하면, 1) 목회자의 역동적 리더십, 2) 평신도의 참여(은사 개발, 훈련, 활용), 3) 교회 규모, 4) 교회 조직(경축, 모임, 셀), 5) 동질적 교인 구성, 6) 효과적인 전도 방법, 7) 성경적 사역 철학(전도 중심적 목회)이 그것이다.[147] 그러니까 교회가 성장하기 위해서는 이들 중 어느 것 하나라도 소홀해서는 안 되고, 모두가 조화와 균형을 이루어야 한다는 것이 그가 말한 교회성장 원리였다. 그런데 이 부분은 후세대 교회성장학자인 슈바르츠의 최소치 전략과도 유사하다.

끝으로 교회성장학의 모든 책임은 1990년대 맥가브란이 세상을 떠난 이후 와그너에게로 옮겨졌다. 그는 교회성장에 영적 요소를 좀 더 강조하면서 기사와 영적 전쟁에 무게를 두기 시작했다.[148] 특히 치유 경험을 통해 기도가 교회성장에 끼치는 중요성을 인식하면서 『기도용사 1, 2』(Prayer Warrer 1, 2)를 발간했고, '세계기도센터'(World Prayer Center)를 창립함으로써 기도 운동에 전력했다. 또한, 『선교 현장과 영적 전쟁』(Wrestling with Dark Angels)을 통해 이전보다 더욱더 영적 사역에 집중하게 되었다. 물론 이런 차원은 맥가브란 역시도 『교회성장 이해』에서 영적 부흥(기도와 말씀)과 신유(신적 치료, divine healing)를 교회성장과 연결하는 부분이기는 하나 앞서 언급했듯이 교회성장 운동이 와그너에게로 이어지면서 좀 더 영적인 측면을 강조하게 된 것이다. 그러나 와그너가 생을 마감할 때까지 힘을 쏟았던 신사도 운동(new apostolic movement)은 개혁주의 신학을 비롯하여 한국 기독교 안에서도 많은 신

---

147 C. Peter Wagner, *Your Church Can Grow* (Ventura, CA: Regal Books, 1984), 35; 최동규, "교회성장학의 학문적 특성과 실천신학적 평가," 47.
148 엘머 타운즈 외 4인, 『교회성장 운동 어떻게 볼 것인가』, 27-28.

학적 문제점이 드러나 비판받고 있다.

정리하면, 와그너의 교회성장 신학은, 1) 복음전도의 우선성 아래 문화적 위임의 균형 강조, 2) 영적·은사 신학에 의한 교회성장의 내적 동력 체계화, 3) 목회신학적, 실천신학적 확장을 통한 교회성장학적 통섭[149]을 이룬 것이라고 말할 수 있다. 결론적으로, 와그너의 교회성장학적 공헌은, 양적 성장 중심의 교회성장 원리를 내·외적 균형성장의 교회성장 원리로 이론화하고 확대한 것과 교회성장학적 선교 개념을 하나님의 선교 개념으로 좀 더 확장한 것이라고 말할 수 있다.

크리스티안 슈바르츠

1980년대는 독일교회와 유럽의 개혁교회가 심각한 쇠퇴기를 겪었던 시기였다. 이때 자연적 교회성장학은 1980년대 중반, 한 개혁교회 목사였던 크리스티안 슈바르츠에 의해 태동했다. 전통적 교회성장학이 양적 사고를 한다면 이 이론은 내적 사고, 곧 질적 측면에 집중함으로써 '양'은 '질'의 자연스러운 결과임을 말하고자 했다.[150] 물론 두 이론은 내적 성장과 외적 성장 모두를 추구하지만, 교회성장신학의 방향이 맥가브란에서 와그너를 거쳐 슈바르츠의 자연적 교회성장학에 이르기까지 그 학문적 상황들을 고려하면, 교회성장 운동이 양적인 것에서 점차 내적이고 질적인 것에 초점을 두고 전환하려고 한 것은 사실이다.

이런 차원에서 슈바르츠는 교회성장의 원리를 하나님의 속성이 반영된 자연의 생명체에서 이해했는데, 이러한 그의 노력은 저서 『자연적 교회 성장』(*Natural Church Development*)을 통해 소개되었다. 무엇보

---

149 최동규, "교회성장학의 학문적 특성과 실천신학적 평가," 50.
150 최학선, 『건강한 교회를 향한 갈망』(인천: 아이러브처치, 2019), 50, 56.

다 슈바르츠는 이 학문에 대해 말하기를 사회과학자 크리스토퍼 샤크(Christoph Schalk)와 함께 전 세계 육대주에 있는 1,000개의 교회를 대상으로 420만 개의 응답을 분석하여 사회과학적 연구와 실험을 통해 성장의 내적 원리를 발견하고 체계화한 것[151]임을 자부한다. 그러면서 이 원리를 따를 때 교회의 성장은 하나님께서 창조하신 세계의 원리처럼 자연스럽게 이루어진다고 설명한다. 그 때문에 자연적 교회성장학을 이해하기 위해서는 먼저 "자연적," "생명체적"의 의미인 'bios'를 살펴야 한다.

그런데 슈바르츠는 ""생명체적(biotic)"이란 새로운 것이 아닌 생명 법칙의 재발견일 뿐"이라고 말하면서[152] 하나님의 창조 세계는 이미 자연적 성장을 가능케 하는 생명체적 원리를 소유한다고 주장한다. 이런 이해로 자연적 교회성장의 원리를 따르는 것은 창조 세계에 있는 하나님의 속성에 순종하는 것과 같다. 그래서 슈바르츠는 이 원리에 의한 교회성장을 창조주 하나님에 의한 성장이라고 말하고,[153] 그 목적을 하나님 나라의 건설[154]과 연결한다. 따라서 하나님의 창조물을 통해 배우는 것은 당연하다는 것이 그의 주장이다.[155] 슈바르츠는 이런 신학적 논리를 위해 하나님 나라의 속성을 표현하는 성경의 비유들, 곧 들의 백합화 비유(마 6:28), 자생하는 씨의 비유(막 4:26-27), 겨자씨 비유(마 13:31-32; 막 4:30-32; 눅 13:18-19), 네 종류의 땅의 비유(마 13:1-9; 막 4:1-9; 눅 8:9-17), 나무와 열매의 비유(마 7:15-20; 눅 6:43-45), 심고 거두

---

151 크리스티안 슈바르츠, 『자연적 교회 성장』, 정진우 외 3인 역 (서울: NCD, 2007), 18-19; 김신구, "자연적 교회성장론과 선교적 교회론의 비교·분석을 통한 통합적 성장 원리에 관한 연구," 「선교신학」 제64집 (2021): 70.
152 크리스티안 슈바르츠, 『자연적 교회 성장』, 7.
153 Ibid., 8-9, 12, 14, 70.
154 Ibid., 70.
155 Ibid., 8.

는 법칙의 비유(갈 6:7-9)[156]와 같은 근거들을 나열하면서 자연적 교회 성장학의 생명체적 원리를 설명한다.

특히 그는 생명체적 관점으로 접근해야 할 대표적인 성경 구절로 마태복음 6장 28절을 손꼽는다. 여기서 그가 중시하는 것은 '백합화'가 아니라 그것이 자라는 '성장의 역학구조'(all by itself)와 땅속에 있는 신비다.[157] 자연적 교회성장학은 교회성장을 인위적인 성립이 아닌 이미 하나님께서 교회에 부여하신 생명체적 잠재력이 자유롭게 운행할 수 있도록 교회성장의 모든 장애 요인을 최소화하면서 생명체적 원리에 순종할 때 자연적 성장이 가능해짐을 입증하려고 한다(막 4:26-29). 그래서 이 이론은 역할적으로 인위적이어야 할 것과 자연적이어야 할 것을 서로 구분한다. 곧 사람의 일은 '심는 것'과 '추수하는 것'이고, 하나님의 일은 '자라게 하는 것'과 '열매 맺는 것'이다(고전 3:6-7). 이 점에서 슈바르츠는 외적 성장의 주체를 하나님께 맡긴다. 그러나 이것은 맥가브란의 지적처럼 결과의 책임을 모두 하나님께 전가해버리는 중립적이고 무책임한 인간적 합리화의 의미가 아니라 그러한 결과를 가능케 하는 것, 곧 질적 성장을 강조하기 위해서다.

이런 이해로 자연적 교회성장학이 중시하는 네 가지 기본 요소는, 1) 여덟 가지 질적 특성(사역자를 세우는 지도력, 은사 중심적 사역, 열정적 영성, 기능적 조직, 영감 있는 예배, 전인적 소그룹, 필요 중심적 전도), 2) 여섯 가지 생명체 원리(상호의존, 번식, 에너지 전환, 다목적, 공생, 기능), 3) 삼위일체 나침반(복음주의와 제자화, 공평함과 사회정의, 정서적 균형과 영적 능력), 4) 최소치 전략이다.[158] 이를 달리 말하면, 질적 특성은

---

156 Ibid., 8-10.
157 크리스티안 슈바르츠, 『자연적 교회성장, 한국교회를 바꾼다』, 박연우 역 (서울: NCD, 2007), 84.
158 크리스티안 슈바르츠, 『자연적 교회 성장』, 8; 크리스티안 슈바르츠, 『자연적 교회성장, 한국교회를 바꾼다』, 3-4.

'what', 생명체 원리는 'how', 최소치 전략은 'when',[159] 삼위일체 나침반은 'ecclesiology and theology'이다.

그런데 여기서 삼위일체 나침반은 1999년에 출간된 『자연적 교회성장』에는 소개되지 않은 용어다. 당시에는 '양극적 교회론'(polaristic ecclesiology)이라는 용어를 사용하면서 동적인 것과 정적인 것의 조화와 균형을 통한 나선형 방식의 교회성장을 주장했다. 그러나 2007년에 출간한 『자연적 교회성장, 한국교회를 바꾼다』(*Color Korea with Natural Church Development*)에서는 이를 좀 더 구체적으로 언급하면서 '삼위일체 나침반'이라는 용어를 사용했다. 사실 그 의미는 양극적 교회론과 유사한 부분이 있지만, 이 용어에 담긴 삼위일체성과 초교파성은 현대 선교신학이 지향하는 통합적인 관점들을 내포하고 있는 것으로 보인다.

아울러 슈바르츠는 세계의 시급한 문제에 대한 기독인의 세계관으로 하나님과의 인격적 관계를 중시하면서 여러 신학적 관점과 변화 안에서 하나님의 뜻을 혼동하지 않으려면 영적 시각, 곧 '인식 전환'이 필요하다고 주장한다.[160] 말하자면, 하나님과의 관계가 인격적일 때 교회와 그리스도인은 그 시대에 적합한 성경적 세계관을 가지고, 세상을 올바로 분별할 수 있다는 말이다. 이런 맥락에서 2007년 판 『자연적 교회성장』에서는 문화와 상황을 대하는 그의 시각으로 '상황적 요소,' '다양한 상황,' '타문화,' '타문화 접근 방식,' '바람직한 세계화,' '다른 문화,' '범문화적,' '상황화 된 도구들,' '전체 문화의 최소치 요소' 등과 같은 단어들을 자주 사용한다.

그뿐만이 아니라 슈바르츠는 NCD(Natural Church Development, 이후

---

159 크리스티안 슈바르츠, 『자연적 교회 성장』, 8-9, 12, 14, 70; 리스 브릭맨, 『셀교회와 자연적 교회 성장』, NCD 편집부 역 (성남: NCD, 2004), 39-40, 54, 56.
160 크리스티안 슈바르츠, 『자연적 교회성장, 한국교회를 바꾼다』, 40.

'NCD')의 이론을 단지 '보편적 신학과 원리'로 주장하려는 것이 아니라 다양한 문화와 교단의 공존, 그리고 협력을 위한 통일된 신학적 개념을 제시하려는 노력으로서 여러 문화적 상황에 부닥쳐 있는 교회와 크리스천에게 적용이 가능한 보편적 원리를 제공하기 위함이라고 말한다.[161] 그러니까 그의 교회성장신학이 구체적으로 복음주의와 에큐메니컬 신학 중 어느 쪽을 지지하는지, 또는 모두를 포함하는지 명시하진 않지만, 영적 균형을 강조한 삼위일체 나침반 신학을 통해 볼 때 그의 교회론과 성장신학은 통전적 신학과 유사할 뿐만 아니라 그만큼 이전보다 좀 더 확장된 개념이라고 볼 수 있다.

이런 이유에서 그는 NCD가 보편적 원리에 집중하는 이유에 대해 영적인 흐름이나 동향보다 하나님께서 자신의 교회를 세우시기 위해 세계를 어떻게 사용하시는지에 대한 관심 때문이라고 말하면서 NCD의 도구들은 국경과 교파를 초월하기 위한 대화의 장이라고 말한다.[162] 또 이 원리들은 교회성장에만 국한하지 않고, 개인의 일상생활과 삶에도 적용할 수 있는 보편적 원리이므로 개인이든 교회든 성장을 위해서는 신학적 균형이 중요하다고 강조한다.[163] 말하자면, 자연적 교회성장학은 초기 성장신학보다 여러 시대적 상황과 동향 그리고 현대신학적 관점들을 고려하면서 발전한 것처럼 보인다.

종합하면, 자연적 교회성장학은 하나님의 나라와 건설을 위해 A의 개념인 유형과 B의 개념인 원리와의 합을 통해 성장한다. 여기서 A개념의 유형에는, 1) 근본주의, 2) 영적 부흥, 3) 모델, 4) 경영 패턴이 각각 B개념인 5) 원리적 패턴과 통합할 때 교회가 성장한다.[164] 결국, 이 이론

---

161 Ibid., 156.
162 Ibid.
163 Ibid., 40, 46-48, 54-57.
164 Ibid., 19-21.

의 양적 성장은 질적으로 건강한 교회가 되면 저절로 일어나는 자연적 결실이다. 이런 방식으로 성장한 개체 교회는 생명체적 유전인자에 의한 세포분열과 번식을 통해 점차 복음을 확장해간다. 그러므로 자연적 교회성장학은 개체 교회의 성장은 물론 생명체적 재생산을 통해 세계를 향해 뻗어가는 선교신학적 교회성장 이론이라고 말할 수 있다.

2. 선교적 교회 운동가들

레슬리 뉴비긴

선교적 교회의 본격적인 논의는 20세기 영국의 선교학자였던 레슬리 뉴비긴에게서 시작한다.[165] 1960년대 후반, 뉴비긴의 나이가 65세가 되던 때에 인도 선교사로 35년간의 사역을 마치고 고국인 영국으로 돌아왔을 때 그가 목격한 것은 포스트모더니즘과 세속화 그리고 종교 다원주의에 물든 영국교회였다. 복음 증거의 자존감마저 상실했는데 비기독교적으로 변한 서구 사회를 보면서 그가 느낄 수밖에 없었던 것은 심각한 위기와 절망뿐이었다. 이에 따라 그의 마음을 송두리째 붙잡았던 것은 현대 사회 문화에서 복음으로 선교하기 위해 우리에게 필요한 것은 무엇인가였다. 그러나 이것은 과연 서구가 다시 회심할 수 있는지에 대한 자성적이고 예언적인 성찰의 질문을 던지게 했고, 결국, 복음은 현대 서구 문화적 세계관 사이에서 어떻게 선교적 대화를 시도해야 하는지에 대한 마지막 질문에 이르게 되었다.[166] 그래서 뉴비긴은,

---

165 최학선, 『건강한 교회를 향한 갈망』, 81.
166 조해룡, "영국의 GOC와 북미의 GOCN의 선교적 교회 운동의 선교신학적 고찰과 한국 교회 적용에 관한 연구," 「선교신학」 제57집 (2020): 310.

교회를 올바로 이해하기 위해서는, 1) 기독교 세계의 붕괴, 2) 비서구 세계에 대한 서구 세계의 선교적 경험, 3) 현대 에큐메니컬 운동의 발흥이라는 세 가지를 먼저 인식해야 한다고 말한다.[167] 다시 말해, 이러한 것들은 그가 교회의 존재론적 본질을 선교에서 찾으려고 했던 배경이다.

특히 그의 선교신학은 교회의 신학이자 공적 신학(public theology)으로서 교회, 선교, 연합에 뿌리를 둔다. 그에게 교회를 교회 되게 하고, 하나 되게 하는 것은 선교다.[168] 그래서 그의 신학과 실천의 전반을 살필 때 교회 연합과 선교는 분리될 수 없다. 왜냐하면 교회와 선교, 교회 연합은 세상과 화해하시는 삼위일체 하나님의 복음에 근거를 두기 때문이다. 그가 에큐메니컬 운동에 참여하면서 교회 연합운동에 헌신한 것도 복음 전파를 향한 열정과 교회에 대한 사랑 때문이었다.[169] 그래서 그에게 교회는 하나님의 순례하는 백성으로서 이 세상의 문화를 거슬러 올라가며 열방에 그리스도를 전하기 위해 한 분 하나님 아래 가시적인 연합체를 이루려고 부름을 받은 존재이므로 세상에서 교회는 선교적, 에큐메니컬적, 대항 문화적이다.[170]

한편, 그의 교회론을 이해하기 위해서는 반드시 선교적이고 종말론적인 관점을 가져야 한다. 그는 이 관점을 가질 때라야 교착 상태에 빠진 에큐메니컬 논쟁에 대한 마침표를 찍을 수 있다고 말한다.[171] 이 말은 새롭게 출범한 에큐메니컬 운동이 소속 교파들의 전통을 옹호한 채 부분적으로만 강조하는 것을 지적한 것인데, 이 운동의 시작이 선

---

167 최형근, "레슬리 뉴비긴의 선교적 교회론," 레슬리 뉴비긴, 『교회란 무엇인가?』, 홍병룡 역 (서울: IVP, 2010), 192.
168 Ibid., 191.
169 Ibid., 188.
170 Ibid.
171 레슬리 뉴비긴, 『교회란 무엇인가?』, 29.

교 운동에서 파생되었기 때문에 반드시 그 기원에 선교적이고 종말론적인 관점에 초점을 두어야 한다는 뜻이다. 이런 입장에서 그는 교회론의 핵심을 기독교의 대표적인 세 진영, 곧 개신교, 가톨릭, 오순절파가 소속 교파들의 전통만 옹호하는 편협함을 비판한다.[172] 다시 말해서, 뉴비긴의 주장은 하나님의 공동체인 교회가 어떠한 표지나 사역을 통해 하나님의 교회임을 가시적이고 신학적으로 정당화할 수 있는지, 그리고 그것을 구성하는 것은 무엇인지에 대한 본질적인 질문에서 출발할 때라야 교회와 이 운동의 방향이 올바를 수 있다는 것이다.

그러면 그가 지적한 교파적 교회론은 무엇일까? 그것은, 1) 종교개혁 전통에 서 있는 개신교는 이신칭의를 강조하면서 말씀과 성례의 관계를 지나치게 단순화하여 가시적 연합의 중요성을 약화해 교회 연합을 단순히 영적인 것으로 평가 절하했을 뿐만 아니라 개신교 신앙의 양태를 사적 영역으로 축소했다는 것이고, 2) 가톨릭은 말씀 선포의 존중과 믿음의 필연성을 인정하지만, 강단(pulpit)보다 성례전이 집례되는 제단(altar)에 교회의 삶을 위치시켜 교회와 성례에 대한 헌신을 지나치게 강조했다는 것이고, 3) 오순절파는 말씀 선포의 존중과 성례의 시행을 회피하지 않으나 교회 전통의 바른 이해보다는 성령의 능력을 강조함으로써 신자의 모든 행동을 성령 체험으로 판단한다는 것이다. 이로써 오순절파는 성령과 개인적 은사에 대한 자유를 지나치게 강조함으로써 그리스도 안에서의 연합을 놓치는 우를 범할 수 있다는 것이다.[173] 물론 교파별 이해도 성경적 근거를 가지지만, 그 어떤 견해도 혼자만으로는 지상의 교회를 충분히 규정할 수 없다. 결국, 이것은 모든 교회와 그리스도인의 삶을 경직되고 분파적으로 만들 수 있다는 것이

---

172 최형근, "레슬리 뉴비긴의 선교적 교회론," 192-193.
173 Ibid., 194-195.

그의 말이다.[174] 이런 뜻에서 뉴비긴은 교회가 편협하고 교파적인 입장에 머무르는 것을 거부한다.

이런 그의 지적은 다시 개신교 종교개혁 전통의 접근 방법(신자의 회중)과 가톨릭의 입장(그리스도의 몸) 그리고 오순절적 접근(성령의 공동체)이 상호보완적으로 연합해야 한다는 진보적인 견해로 이어진다. 이로써 초교파적인 교회 연합은 선교와 절대 분리되지 않는 절대적이고 유기적인 관계 안에서 참된 교회가 되어간다. 그래서 교회의 본질은 성경을 벗어나지 않는 주장들의 통합은 물론, 종말론적이면서 선교신학적인 관점에서 이해되어야 한다. 그럼으로써 교회의 선교는 교파적인 교회 중심적인 기독교 세계가 아니라 삼위일체 하나님 중심의 본질적인 선교가 될 수 있다는 말이다. 이것이 뉴비긴이 주장하는 성경적 하나님의 교회인 '선교적 교회'다.

그렇다면 초교파적 연합의 선교신학적이고 종말론적인 선교적 교회는 어떠한 표지와 사역을 통해 그리스도께 영입할 수 있을까? 첫째, 선교적 교회는 '신자들의 회중'으로 복음을 듣고 믿어 그리스도께 영입된 자들로서 뉴비긴은 신약에서 사람과 그리스도의 관계를 거론할 때 항상 '믿음'과 같은 용어들이 사용되었음을 강조한다. 이것은 그가 가장 먼저 거론하는 교회관으로 자연스럽게 우선적 위치를 차지한다.[175] 그래서 뉴비긴의 선교적 교회의 시작은 그리스도에 대한 믿음, 곧 구원론적 관점에서 이해된다.

둘째, 선교적 교회는 '그리스도의 몸'으로 역사적 연속성을 지닌 교회에 성례전의 참여와 그리스도와의 연합적 삶을 통해 영입된 자들이다. 뉴비긴은 그리스도를 통해 하나님과 맺는 관계를 하나님의 값없는

---

174 Ibid.
175 레슬리 뉴비긴, 『교회란 무엇인가?』, 35, 37.

은혜와 사람의 믿음으로 형성된다고 말하는데, 이런 관계의 일차적 표현은 바른 말씀 선포와 성례의 시행 안에서 이루어진다.[176] 그러나 온전한 관계는 이차적으로 그리스도와 함께 죽고 사는 연합, 곧 성례전적 삶을 통해 증언되어야 한다.[177] 따라서 선교적 교회의 연합적 삶이란, 영적이고 내적인 것을 넘어 교회 밖에서 행해지는 기독공동체의 통전적인 삶까지를 아우른다.

셋째, 선교적 교회는 '성령의 공동체'로서 성령을 받고 그 안에 거함을 통해 영입된 자들이다. 성령께서는 교회에 항구적으로 거하시면서 생명의 원리가 되시는데, 그분 안에서의 '코이노니아'는 예수 그리스도를 주로 고백하고, 하나님을 아버지라 부르며, 신자들의 공동생활을 가능케 하는 성령의 은사적 공급을 통해 이루어진다. 또한, 성령께서는 개인의 명성과 능력이 아닌 온전한 몸을 세우시고, 서로를 엮어 주며, 자신을 낮추는 겸손한 사랑의 공동체가 되게 하신다. 특히 성령 임재의 결정적인 표지는 공동체를 하나로 유지하려는 온유한 관심과 그리스도의 자리에 어떤 인간 지도자나 무리를 올려놓는 행습을 혐오한다.[178] 곧 뉴비긴의 선교적 교회는 철저하게 성령의 주권을 따르는 공동체로 존재함으로써 하나님의 선교에 동참하는 교회다.

넷째, 선교적 교회는 종말론적으로 그리스도의 몸에 영입된 자들이다. 이 말은 각 교파의 삼중적 진리가 다시 "죽은 자를 살리시며 없는 것을 있는 것으로 부르신"(롬 4:17) 하나님의 자비에 따라야 함을 뜻한다.[179] 여기서 종말론적 관점이란, 1) 현재와 미래의 그리스도, 2) 그리스도 안에 있으나 그리스도를 고대하는 신자, 3) 죽음을 통한 생명, 4)

---

176 Ibid.
177 Ibid., 35, 83, 87.
178 Ibid., 35, 124-125.
179 Ibid., 133-134.

이미 가졌으나 아직 가지지 않은, 5) 오직 내 안에 그리스도께서 사시는 삶(갈 2:20)에 부합한다. 교회의 삶은 믿음과 소망이라는 종말론적 긴장에 따라 이해되며, 믿음과 소망의 의미는 성령에 의해 마음에 부어진 사랑을 통해 발견되고 가시화된다. 곧 그리스도 안에서 교회의 삶은 초자연적인 삶으로 인간의 언어로는 역설적인 용어로만 표현할 수 있다.[180] 그래서 교회는 오직 하나님의 자비로 존재하면서 하나님 구원의 뜻을 행하기 위해 존재한다.[181] 결국, 선교적 교회의 종말론적 신앙은 믿음과 소망과 사랑을 통해서 입증되고 가시화한다.

다섯째, 선교적 교회는 선교신학적으로 그리스도께 영입된 자들의 모임이다. 그래서 뉴비긴은 우리가 사는 이 '두 시대의 중첩 기간'인 그리스도의 초림과 재림 사이의 기간을 사도적 교회가 증인 되도록 주어진 시간으로 이해한다. 그리스도 안에 계시된 만물의 종말은 심판과 구원의 복음이 온 세상에 증언될 때까지 보류된다. 따라서 '땅끝까지'와 '끝날까지'를 포함하는 포괄적 구원의 관점을 견지하지 않으면, 선교적 교회론은 왜곡될 수밖에 없다. 그 때문에 참된 종말론적 관점의 함의는 선교 사명에 대한 순종이고,[182] 교회의 본질과 기능을 결정짓는 구원은 온전케 하는 치유에 있다. 그것은 만물의 처음 상태로 회복하는 포괄적인 개념으로 온 창조 세계가 삼위 하나님의 완전한 사랑 안에서 하나로 회복하는 것이다. 교회는 범세계적인 선교를 그 공동체의 핵심으로 여길 때 자기 본질에 충실하게 된다.[183] 결국, 하나님께서 원하시는 온전한 구원이란, 영적 구원과 함께 보편적이고 우주적인 회복까지 포함한다.

---

180 Ibid., 135-154, 159.
181 Ibid., 160-163.
182 Ibid., 165-166.
183 Ibid., 171, 175.

정리하면, 뉴비긴이 주장하는 교회론의 핵심은 언제나 가시적이고 실존하는 실재적인 공동체로서 하나님의 교회이고, 삼위일체 하나님의 선교로서 말씀과 행위, 복음 선포, 사회적 관심이 통합된 통전적 교회론이라고 말할 수 있다.[184] 그러므로 오늘날의 교회는 자신이 속한 사회와 문화 안에서 하나님의 선교적 명령과 창조 세계의 회복 그리고 치유라는 궁극적인 목적을 인식함으로 존재해야 한다. 또한, 교회는 종말론적이고 선교신학적인 관점에서 초교파적인 연합을 통해 상호보완적 협력을 이루어 하나님 나라의 선교에 동참하기 위해 힘써야 한다.

하워드 스나이더

스나이더는 교회론의 뼈대가 교회를 수식하는 성경적 이미지들과 은유들, 특히 하나님의 백성, 그리스도의 몸, 성령의 공동체라는 세 가지 기초 위에 세워져야 한다고 말한다. 이 모든 것의 시작은 생명의 이미지에서 출발하므로 관계적이고, 유기체적이며, 성경 전체의 계시와 삼위일체 하나님의 특성이 반영되어 연결되므로 생태적이다. 이런 의미로 권오훈 교수(목원대, 선교신학)는 스나이더의 생태학을 통전적이고, 선교적이라고 말한다.[185] 다르게 표현하면, 그에게서 생태학을 하나님의 '경륜'(οικονομία)과 분리한다면 그것은 더는 통전적이거나 선교적이지 않은 거다.

이런 차원과 연관하여 스나이더가 말하는 선교적 교회는 교회갱신론, 하나님 나라론, 생태적 교회론을 포괄하는데, 이들은 생득적으로 '선교적'이다. 그래서 성경에서 말하는 '선교적'을 말하려면 완전한 하

---

184 최형근, "레슬리 뉴비긴의 선교적 교회론," 193, 197.
185 권오훈, "하워드 스나이더(Howard A. Snyder)의 선교적 교회론," 「선교신학」 제36집 (2014): 47-48.

나님 나라와 전 피조물의 회복을 위한 하나님의 계획으로서 '땅'의 중요성을 포함하는 하나님의 선교 전체여야 한다.[186] 같은 이해로 그는 삼위일체 하나님과 교회의 선교적 본질 사이에는 중요한 유전적 연결고리가 있다고 말하면서 교회 DNA는 하나님 통치의 표적과 전조, 초기 구현을 가능케 하며, 삼위일체를 반영하고 또 반향 짓게 한다고 말한다.[187] 이러한 관점에서 그의 선교적 교회는 씨눈, 선교적, 대안적, 언약적, 삼위일체적, 생태적 공동체로 표현된다. 그러면 다음으로 이러한 개념들을 각각 살펴보겠다.

첫째, 스나이더의 선교적 교회는 '씨눈 공동체'(embryonic community)다.[188] 이것은 그를 교회갱신론의 대가로 인정하기 시작한 저서 『새 포도주는 새 부대에』(The Problem of Wineskins)를 통해 살펴볼 수 있다. 여기서 스나이더는 "씨눈 상태"라는 말을 종종 사용하는데, 권 교수는 이에 대한 핵심을 "'선교에 맞는 기능을 가진' 회중의 형태는 무엇이어야 하는가?"라는 질문에서 시작한다고 말한다.[189] 다시 말해서 스나이더는 누가복음 5장 37절에 기록된 새 포도주와 낡은 가죽 부대 비유에서 복음을 일차적이고 본질적인 새 포도주로 여긴다. 다음 교회는 이차적이고 유용한 필요성의 가죽 부대로 구분하여 해석한다. 여기서 복음은 인간 문화와의 접촉을 통해 이루어지기 때문에 둘은 불가분리의 관계다. 그리고 하나님께서는 언제나 새로운 분이시기 때문에 복음은 항상 새로움을 상기시키고, 교회는 복음을 담는 새 부대여야 한다.[190] 그러니까 교회가 '급진적 복음'을 담기 위해서는 '급진적 교회'로

---

186 Ibid., 48.
187 하워드 스나이더, 『교회 DNA』, 67.
188 하워드 스나이더, 『하나님의 나라, 교회 그리고 세상』, 박민희 역 (의정부: 드림북, 2007), 175.
189 권오훈, "하워드 스나이더(Howard A. Snyder)의 선교적 교회론," 55-56.
190 하워드 스나이더, 『새 포도주는 새 부대에』, 이강천 역 (서울: 생명의 말씀사, 1981), 79.

갱신되어야 한다는 말이다.[191] 따라서 선교적 교회가 되기 위해서는 낡고 해어진 부대, 곧 제도, 신학, 프로그램에서 벗어난 급진적 대변혁이 먼저 필요하다는 말이다.

그렇기 때문에 씨눈 공동체로서 급진적인 교회는 두 가지 도전이 뒤따른다. 하나는 교회 건물에 집착하지 않아야 한다. 그런데도 이것에 집착하는 이유에 대해 그는, 교회가 활동성과 융통성 없이 경직되어 있고, 친교는 부족하면서 자만심과 계급의식에 가득 차 있기 때문이라고 지적한다. 가장 좋은 대책은 교회 건물을 사용하지 않는 것이지만, 이것이 과격하다면 차선책으로 건축 양식을 좀 더 단순화하면서 열심 있는 방문을 통해 전도하기를 그는 권한다.[192] 다른 하나는 소그룹 구조의 활용으로, 소그룹은 교회 생활의 기본 단위이기 때문에 교회 건물이 필요하지 않고, 교회사적으로도 성령 운동의 공통된 요소는 소그룹의 이용이었다고 그는 언급한다. 아울러 스나이더는 소그룹의 이점으로 유연성, 유동성, 포괄적 인격성, 분할성장, 효과적인 전도의 수단 가능성, 제도적 교회의 적용 가능성, 최소한으로 요구되는 전문적 리더십 등[193]을 가지고 있으므로 소그룹 활동을 적극적으로 권장한다.

둘째, 교회는 '선교적 공동체'다. 스나이더는, "교회는 하나님의 위대한 선교사인 예수 그리스도의 공동체이기 때문에 유전학적으로 선교적이다. 교회는 하나님의 선교로 인해 현존하게 된 공동체요 그리스도의 몸이다. 이것이 모든 교회론의 출발점이다."라고 말하면서 "가장 깊은 차원에서 교회는 선교적 공동체다. …선교는 그리스도의 몸인 교회의 DNA 안에 있다."라고 말한다.[194] 그러면 그가 말한 교회 DNA에는

---

191 Ibid., 21.
192 Ibid., 79.
193 Ibid., 155-158.
194 하워드 스나이더, 『교회 DNA』, 68.

어떤 의미가 내포되어 있는가? 그 의미를 살피면 다음과 같다.

1) "교회는 하나님으로부터의 사명뿐 아니라 하나님을 향한 사명을 갖고 있다."[195] 이 말은, 교회에는 하나님을 향한 선교라고 지칭할 수 있는 선교의 상호 행동이 존재하는데, 그것은 하나님의 탁월함을 인정하면서 그분을 예배하고 섬기는 것이 교회의 기본적인 소명이라는 뜻이다. 따라서 하나님을 향한 교회의 근본적인 사명과 DNA는 예배에서 시작한다. 예배는 선교를 위해 신자를 구비시키고 그 자체로 세상에 대한 증거의 형태를 띠기에 교회의 증거를 뒷받침하고 촉진한다.[196] 이런 의미에서 예배는 이미 그 자체로 '선교적'이다.

2) "복음 전파는 교회의 선교에서 특별한 위치를 점하고 있다."[197] 이 말은 가장 광범위하고 기본적인 것으로 하나님의 통치를 선포하고, 구현하는 것을 뜻한다. 복음 전파에는 인격적인 신앙으로 하나님의 부르심에 대한 응답이기 때문에 이 안에는 "회심하라"(막 4:12)라는 호소가 담겨 있다. 따라서 선교적 교회는 사람들을 예수 그리스도에 대한 인격적 신앙으로 인도하려는 긴박성을 느낀다.[198] 그래서 선교적 교회는 본질적으로 복음전도적인 공동체다.

3) "가난한 자를 향한 복음 전파는 교회의 특별한 우선적(preferential) 과제이다."[199] 이 말은 예수께서 "가난한 자들에게 기쁜 소식을 전파하시려고" 성령에게 기름 부음 받으셨다(눅 4:18)는 사실을 근거로 한다. 예수께서도 희년과 하나님 통치를 주장하셨기 때문에 이것은 철저히 선교적이다. 그래서 스나이더는 빈자에 대해 해방 신학의 "우선적 선택"과 존 웨슬리의 "복음을 소유할 특별한 권리"를 각각 주장한다. 여기서 짚어볼 것

---

195 Ibid.
196 Ibid., 69.
197 Ibid.
198 Ibid., 70.
199 Ibid., 78; 하워드 스나이더, 『하나님의 나라, 교회 그리고 세상』, 174.

은 이것이 '빈자들을 대상으로 한' 전파만을 말하는 것이 아니라 치유, 가르침, 보살핌, 설교 그리고 하나님 나라의 공동체를 세우는 일을 통해 복음이 육화되어야 함을 의미한다. 하지만 스나이더에게 정상적인 교회의 성장은 여전히 빈자들 사이에서 일어난다.

셋째, 선교적 교회는 '대안적 공동체'다. 이 말은 교회가 세상과 모든 민족 중에서 자체의 문화와 경제 그리고 생활 방식을 구축하도록 부르심 받은 반문화적인 대안공동체라는 뜻이다.[200] 스나이더는 교회가 DNA에 충실하다면, 핵심적인 면에서 대항 문화적인 하나님 나라 문화를 창조하게 된다고 말한다. 따라서 교회의 사명이 하나님 나라일 때, 교회는 실제 대안공동체가 된다.[201] 그러나 스나이더는 '언제 그리고 어떤 의미에서 교회가 문화이고, 하부 문화이며, 혹은 대항문화인가?'라는 질문제기의 필요성도 언급한다. 말하자면, 교회는 조건 없고, 무분별한 대항적 존재가 아니라는 말이다.

넷째, 선교적 교회는 '언약적 공동체'다. 하나님은 교회와의 언약을 통해 통치하시며, 이 언약은 교회를 사역과 선교로 부르신다. 하나님께서는 "사역을 위해서 그분의 백성을 구비"시키시기 때문에(엡 4:12) 교회는 그에 합당한 삶을 구축해야 한다. 따라서 언약공동체로서 교회는 이를 위해 주목해야 할 몇 가지 주안점이 있다. 그것은,

1) 언약 공동체가 되려면 교회는 소규모 언약 그룹의 형태를 띠어야 한다.
2) 구성원의 성경적 의미를 재고해야 한다. 그 의미는 그리스도와의 연합으로 '몸의 지체됨'을 말한다.
3) 성직자와 평신도의 분리는 개념적, 실천적 면에서 극복되어야만 한다.
4) 건강한 언약 공동체들은 복수(複數) 리더십을 가르치고 실천한다.
5) 안수에 대한 신학과 실천이 재고되어야 한다. 신약의 사도, 예언자, 교

---

200 Ibid., 175.
201 Ibid., 70-71.

사들은 직무를 위한 안수보다 은사적 재능이라는 관점에서 이해된다.

6) 교회 구조(포도주 가죽 부대)는 교회의 유기체적 특성과 일치해야 한다. 곧 수직적인 제도보다 유기체적인 네트워크 모델 사용을 의미한다.[202]

다섯째, 스나이더의 선교적 교회는 근본적으로 '삼위일체적 공동체'다. 교회는 아들을 보내시는 아버지 하나님과 성령을 보내시는 아들 하나님과 백성을 보내시는 성령 하나님의 역동적 선교 행위가 이루어지는[203] 육화적이고 종말론적인 공동체다. 따라서 삼위일체에 대한 강조는 세 가지 측면에서 교회의 본질을 선교로 이해하도록 도움을 주는데, 그것은 다음과 같다.

1) "교회는 삼위일체적으로 예배하는 공동체"[204]로서 예배를 통해 하나님께 더 근접하며, 지으신 모든 것에 성부의 창조적 사랑과 돌봄, 우리의 구원을 위해 종이 되신 성자의 자기희생, 세상으로 들어가라는 성령의 부르심과 강권하심을 이해하게 된다(요 5:26, 15:9, 20:21). 그 때문에 참된 예배는 선교를 향하게 하고, 근본 사명으로 하나님, 서로, 세상을 향한 선교가 되게 한다.

2) "삼위일체적 공동체는 특히 가난한 자에게 파송된다."[205] 예수께서는 성육신을 통해 고난받는 삼위일체가 되시고, 이에 따라 성부와 성령은 고난 중인 성자께 특별한 긍휼을 보이신다. 이것은 성경 전체에 흐르는 "과부와 고아와 나그네"를 향한 하나님 관심의 반영이기도 하다. 따라서 이것은 교회의 사명에도 같이 반영된다. 그 때문에 가난한 자를 향한 사역의 우선성은 삼위일체에 근거한다.

---

202 Ibid., 72-75.
203 권오훈, "하워드 스나이더(Howard A. Snyder)의 선교적 교회론," 61.
204 하워드 스나이더, 『교회 DNA』, 75.
205 Ibid., 77.

3) 마찬가지로 "교회의 모든 사역은 삼위일체에 근거한다."[206] 왜냐하면, 모든 사역은 삼위일체적인 신비에 뿌리를 두며, 그 뿌리는 성령의 능력을 받은 공동체에 근거하기 때문이다. 따라서 선교는 삼위일체 하나님의 영적 DNA를 반영할 뿐만 아니라 교회의 DNA와 깊은 연관성이 있다.

여섯째, 선교적 교회는 '생태적 공동체'다. 스나이더는 이에 대한 세 가지 전제로, 1) 온 땅의 주인은 창조주 하나님이시다. 2) 교회의 진정한 삶은 예수의 선교적 삶인 종의 모습에 있다. 3) 교회의 선교적 부르심은 공적 제자도(public discipleship)[207]를 통한 세상으로 부르심을 언급한다.[208] 이런 이해로 교회는 신비로운 영적 공동체이면서 동시에 하나님의 창조 세계 전체를 보전해야 할 지구공동체다.

여기서 스나이더는 생태적 공동체의 진정한 모습을 세 가지 형태로 다시 설명한다. 그것은, 1) 은혜와 사랑의 교회로서, 이것은 교회의 핵심 덕목이 된다. 특히 스나이더는 신약성경의 교훈들이 끊임없이 '말'을 강조한다는 점에 주목한다(엡 4:29). 왜냐하면 교회와 그리스도인의 말은 하나님의 인격을 반영하고, 사회에서 그리스도인의 관계는 공적 제자도를 위한 실험실이기 때문이다. 이 은혜의 말 함은 사랑, 개방성, 창조성을 소유한 공동체를 만들며 동요하는 영혼들과 불화로 얼룩진 관계를 치유하고 위로한다.[209] 또한, 은혜의 말은 사랑의 삶을 구현하도록 도움을 주며, 사랑이 넘치는 제자도의 공동체를 형성케 한다.

2) 경제(economy)로서의 교회로서, 이것은 생태, 창조, 우주 만물이 하나님의 질서 안에서 경제적으로 운영되어야 함을 의미한다. 여기서

---

206 Ibid., 78.
207 Ibid., 257.
208 조해룡, "공적 제자도를 이루는 생태학적-선교적 교회론: 하워드 스나이더(Howard A. Snyder)의 교회론을 중심으로," 「선교신학」 제43집 (2016): 222.
209 하워드 스나이더, 『교회 DNA』, 258-260.

인간의 돌봄은 하나님의 돌봄으로 가장 경제적인 보살핌이 되는데,[210] 이것을 위해 스나이더는 공동 책임성과 연대성, 정부의 적절한 제어와 균형, 공동체적인 자본주의 형태들에 대한 탐구와 헌신의 필요성을 언급한다.[211] 따라서 교회는 물질적 영역에 속한 모든 것의 사용방식이 허비되거나 합당치 못한 일에 사용되지 않도록 해야 하며, 궁극적으로는 하나님의 경륜과의 조화를 위해 힘쓰면서 동시에 통치자를 위해 기도해야 한다. 곧 교회의 선교적 거룩성은 공적 제자도를 통해 나타난다.

3) 지구 보존을 책임지는 교회로서, 이것은 세상과 유기적인 공동체를 이루면서 인간 삶의 물리적인 모든 환경을 절약, 관리할 뿐만 아니라 영적 생태까지 책임지고 보살피는 것을 말한다.[212] 영적 생태는 보이지 않는 영적 세계의 실재, 곧 하나님의 영과 천사, 귀신과 비가시적인 우주 내의 정사와 권세들을 포함하기 때문에 교회의 영적 생태는 어둠의 나라와 벌이는 싸움을 포함한다. 특히 여기서 강조점은 영적, 물리적, 사회적 영역이 비성경적 또는 반생태학적으로 분리되지 않고 통합적인 상호 영향력을 가지는 것이다.[213] 그래서 스나이더는 "땅과 거기에 충만한 것과 세계와 그 가운데 사는 자들은 다 여호와의 것이로다"(시 24:1)라는 말씀과 함께 창조 세계를 돌봐야 할 성경적 근거를 제시하면서 경제학과 생태학은 불가분리의 관계임을 주장한다.[214] 하지만 그는 현세적 영역들이 교회의 사역과 연관성이 있지만, 그것의 궁극적인 목적은 하나님 나라임을 강조한다. 곧 세상의 샬롬은 하나님 나라에 대한 구속적 차원에서 이해된다.

---

210 김신구, "전염성 질환의 범국가적 사태에 대한 기독공동체의 통전신학적 고찰," 「선교신학」 제60집 (2020): 75.
211 하워드 스나이더, 『교회 DNA』, 268-270.
212 김신구, "전염성 질환의 범국가적 사태에 대한 기독공동체의 통전신학적 고찰," 75.
213 조해룡, "공적 제자도를 이루는 생태학적-선교적 교회론," 243-244; 조혜경, "하워드 스나이더(Howard A. Snyder)의 선교적 교회와 돌봄 선교," 「선교신학」 제55집 (2019): 334.
214 하워드 스나이더, 『교회 DNA』, 272, 274.

종합하면, 스나이더에게서 교회와 선교에서 중요한 것은 예배(하나님 중심의 참된)와 친교(친밀하고 책임 있는)와 증거(교회가 행하는 모든 것에 온전히 나타나는)로서 이 세 가지는 본래 통전적이고 성경적이다.[215] 그의 이러한 신학적 견해는 1983년에 출판된 『참으로 해방된 교회』(*Liberating the Church*)에서도 드러나는데, 스나이더는 이 세 가지를 중심으로 교회의 생태도를 설명한다.

이에 권오훈 교수는 스나이더의 교회 생태도를, 1) 교회는 예배의 영역에서 가르침, 회개, 경축의 상호작용이 일어나고, 2) 공동체의 영역은 훈련, 성화, 성령의 은사로 구성되며, 3) 증거의 영역은 전도, 봉사, 예언이 서로 조합을 이루는 것으로 설명한다. 그리고 이 세 가지 영역과 아홉 가지 세부 영역의 중심부에는 하나님의 영광이 자리한다. 그래서 교회의 궁극적인 목적은 '하나님의 영광'으로 귀결된다.[216] 결국, 스나이더에게 선교적 교회보다 더 크고 중요한 개념은 하나님의 나라로서[217] 그의 선교적 교회는 교회갱신론, 하나님 나라론, 생태적 교회론을 모두 아우르며, 이 모두의 연결 안에서 하나님께 영광 돌리는 선교적 교회로 거듭난다.

찰스 벤 엥겐

벤 엥겐의 선교적 교회는 1991년에 출간한 저서 『하나님의 선교적 교회』(*God's Missionary People: Rethinking the Purpose of the Local Church*)를 통해서 살펴볼 수 있다. 그는 이 책 서두에서 참된 교회의 본질과 개념 정립을 위해 니케아 신조(Niceno-Constantinopolitan Creed, A.D. 381)를 언

---

215 Ibid., 69.
216 권오훈, "하워드 스나이더(Howard A. Snyder)의 선교적 교회론," 70-71.
217 Ibid., 73.

급하면서 다음과 같이 말한다.

> 교회는 이 세상에서 그리스도의 영적인 몸이다. 몸에는 본질적인 것이 있다. 교회는 자신의 본질인 통일성과 성결성, 보편성과 사도성을 갖는 하나님의 백성 이상이 될 수 없다. 그러나 교회는 그의 본질적 속성에서 더욱 충만한 단계로 자라도록 부르심을 받았다.[218]

벤 엥겐은 교회를 세상에서 그리스도의 영적인 몸이라고 말하면서 교회의 네 가지 본질에 '성장'(양적, 유기적 영적, 봉사적, 신학적)[219]과 '부르심'을 추가하여 강조한다. 이것은 그의 교회론을 이해하기 위한 기본 골격이다. 그에게 부름을 받은 교회는 강력한 힘에 이끌린다. 또 이 힘의 원천은 하나님 나라의 임재와 밀접하다. 그리고 이 힘의 실재는 성령의 능력 안에서 하나님의 역사하심을 통해 생명을 '이미'에서 '아직'으로 움직이는 역동성을 가진다. 그래서 교회는 하나님 나라와의 역동적인 관계를 통해 본질적 속성을 가지고 더 충만한 단계에 이르도록 부름을 받은 존재인데, 이것이 바로 '선교적 교회를 향한 부르심'이라고 그는 말한다.[220] 한마디로 벤 엥겐의 선교적 교회는 교회에 대한 하나님의 부르심과 그 나라의 역동성이 나타나는 교회를 말한다.

그런데 여기서 교회는 기본적으로 하나님의 신비로운 창조물임과 동시에 실제 그리스도의 영적인 몸이기 때문에 이미 생명력을 지닌 존재로 이해된다.[221] 이러한 사고는 스나이더가 주장한 교회의 본질적 DNA와 슈바르츠가 주장한 자연적, 생명체적의 의미와도 상통한다.

벤 엥겐의 교회론에서 또 중요한 것은 하나님 나라의 역동성을 가

---

218 찰스 벤 엥겐, 『하나님의 선교적 교회』, 임윤택 역 (서울: CLC, 2014), 38.
219 찰스 벤 엥겐, 『미래의 선교신학』, 박영환 역 (인천: 바울, 2006), 151.
220 찰스 벤 엥겐, 『하나님의 선교적 교회』, 38.
221 Ibid.

진 교회가 그 역동성을 어디에서 발휘해야 하느냐는 것이다. 그래서 중요한 것은 교회를 부르신 '장소'다. 이런 의미에서 그는, "교회는 자신이 처한 환경 속에서 선교하는 선교적 교회로 새롭게 자신을 인식"해야 한다고 말한다.[222] 그러기 위해 우리가 세상에서 선교하는 선교적 교회를 세우려 한다면 교회와 선교의 관계를 주의 깊이 생각해야 한다고 그는 말한다.[223] 다시 말해서 선교적 교회로서의 진정한 본질은 교회 안만이 아니라 자신이 사는 곳에서 교회의 본질인 통일성, 성결성, 보편성, 사도성과 함께 하나님 나라의 역동성을 가질 때 비로소 하나님 나라를 위한 선교적 교회로 존재할 수 있다.

그 때문에 벤 엥겐은 선교적 교회를 세우기 전에 교회와 선교의 상관관계를 주의 깊게 살피기를 권한다. 왜냐하면 이 둘은 불가분리의 관계로서 독자적인 이해가 불가능하기 때문이다. 말하자면, 교회의 본질을 이해하지 못하고서는 선교를 이해할 수 없을 뿐만 아니라 교회의 선교를 간과하면서 선교를 이해할 수도 없기 때문이다.[224] 이런 뜻에서 그는 "교회의 참모습을 갖지 못한 선교는 신적 사도성(divine apostolate)을 바르게 표현하지 못한 것이다. 교회 없는 선교는 선교하지 않는 교회처럼 괴물 같은 기형아일 뿐이다."[225] 라고 한 뉴비긴의 말을 인용하면서 이것에 동의한다. 같은 관점에서 벤 엥겐은 뉴비긴과 같이 호켄다이크의 영향을 받은 유럽과 북미의 환원주의(reductionism)를 비판한다. 그는 이를 교회의 본질적 특수성과 구별됨이 철저히 세속화된 사회운동주의자들에게 잡아 먹혔다고 표현한다.[226] 한마디로 벤 엥겐에게 교회와 선교는 동전의 양면과 같다.[227]

---

222 Ibid., 40.
223 Ibid.
224 Ibid., 40-44.
225 Ibid: 김신구, "'선교적 성찬'(Missional Eucharist)의 신학적 구성요소와 예전에 관한 연구," 37.
226 찰스 벤 엥겐, 『하나님의 선교적 교회』, 46.
227 이수환, 『선교적 교회 성장학』, 18.

따라서 선교적 교회의 관심과 주제는 너무나도 자연스럽게 선교적 사명을 완수해야 할 거점, 곧 현재 교회가 거하는 곳으로서 지역사회에 주목할 수밖에 없다. 지상 교회는 지역 교회로서 자신의 위치에 대한 선교적 정체성을 가질 때 본질적 교회로 존재할 수 있다는 말이다. 이런 차원에서 그는 선교적 본질의 개념을 지역과의 관계에서 살피기 위해 에베소서에 나타난 지역 교회의 참모습에 대해 언급한다.

그에 따르면, 바울은 지역교회를 세상에서 선교 활동의 영역을 넓혀가며 계속 성장하는 유기체로 보았다. 그러니까 유기체적으로 '그리스도의 몸 된 교회의 하나 됨'이라는 말은 에베소서를 관통하는 핵심임과 동시에 사도신경이 강조하는 교회론의 출발점이다.[228] 여기서 벤 엥겐은 니케아 신조의 통일성(엡 4:1-16), 성결성(엡 1:1-14, 3:14-21, 4:17-5:5, 5:6-6:20), 보편성(엡 2:1-19, 3:1-15, 5:23)을 띤 교회의 선교를 설명한다. 그리고 역사적 관점에서 지역 교회의 참모습으로 사도성을 언급하면서 교회의 위치를 현세와 내세 사이에 있는 창조적 긴장 사이에 놓는다.[229] 그런데 이 긴장감(tension)은 교회를 미래 지향적인 교회로 이끄는 힘으로 작동한다.

하지만 벤 엥겐은 이 정도로 선교적 교회의 정의를 마치지 않는다. 그는 또다시 개혁주의자들이 주창한 교회의 네 가지 '특성'을 결합하여 역동적 관점의 "예수 그리스도적 교회론"을 주장한다. 이것은 다시 '안'과 '밖'의 두 차원으로 구분되는데, '안'은 은사와 사역으로 예수 그리스도, 말씀, 성례, 권징의 속성을 말하고, '밖'은 속성의 경험들로 통일성, 성결성, 보편성, 사도성을 가지고 교회에 임재하시는 그리스도의 실체를 가시화한다.[230] 이것은 선교적 교회의 새로운 가능성을 열어주는 것으로서 교회는 본질적인 중심핵(안)과의 긴밀한 접촉을 유지하면서

---

228 찰스 벤 엥겐, 『하나님의 선교적 교회』, 73, 76.
229 Ibid., 97.
230 Ibid., 111.

어떤 교회가 될 것인지에 대한 헌신, 곧 호켄다이크의 주장처럼 '안에서 밖으로 나가는' 교회가 되어야 함을 뜻한다.[231] 따라서 니케아 회의의 네 단어는 명사형 교회를 수식하는 형용사가 아닌 동사형 교회를 수식하는 부사로 이해되어야 한다고 그는 강조한다. 이로써 네 가지 본질인 정적인 '속성들'은 '측량자들'이 되며, 역동적인 '은사와 사역' 이상의 동적 개념이 된다.[232] 달리 말하면, 이것은 정적 영역과 동적 영역의 균형 성장을 주장한 자연적 교회성장학의 양극적 교회론과도 유사하다.

그래서 벤 엥겐은 선교적 교회의 본질이 영원한 실제로 가시화하는 방법으로, 1) 세상을 위한 존재로서의 교회, 2) 억압받는 자들과 함께함, 3) 선교, 4) 선포하는 증거, 5) 숫자적 성장에 대한 갈망을 강조한다. 여기서 중요한 것은 보편성과 사도성의 관점에서 교회는 '세상을 위한 존재'로서 '보냄을 받은' 존재이므로 그리스도의 주되심(하나님의 통치와 권세의 총괄을 위한)을 드러내는 우주적인 범주로 이해해야 한다는 점이다. 왜냐하면 '세상을 위해 존재하는 교회'는 선택사항이 아닌 교회 존재의 일부분이기 때문이다.[233] 이런 의미에서 그는 '성육신'을 보내심으로 간주한다. 그래서 선교의 근본은 성부 하나님의 계획과 성자와 성령께서 행하신 일에서 찾아야 하며, 교회의 선교적 본질은 이것을 이해해야 한다. 핵심은 선교적 본질이며, 그 본질적 특성은 '선포하는 증거'를 통해 가시화된다.[234] 결국, 교회의 위치는 신앙적 환난과 예수의 주되심이 부인되는 자리, 그래서 십자가가 증거가 되는 순교의 자리다.

한편, 그가 말하는 교회의 본질에서 중요한 부분은 『참된 교회의 성장』(The Growth of the True Church)에서 논증한 '수적 성장의 갈망'이다.

231 찰스 벤 엥겐, 『미래의 선교신학』, 169-170.
232 찰스 벤 엥겐, 『하나님의 선교적 교회』, 115.
233 Ibid., 122-123, 126-127.
234 Ibid., 131-136.

이것의 의미는 구약적 하나님의 우주적인 관심, 신약에 나타난 모으심, 잃은 양을 찾으심, 온전케 하심, 성장케 하심 등과 같은 양적 의미로, 이 모두는 인류 전체가 구원받고 하나님의 백성으로 유입되어야 함을 뜻한다.[235] 이 개념은 네 가지 신조적 속성을 분명하게 보여주는데 그것은, 1) 유일한 교회(the one church)는 모든 사람과 모든 것이 연합하기를 갈망하고(골 1장), 2) 거룩한 교회(the holy church)는 모든 사람에게 하나님의 거룩함을 전하기를 열망하고, 3) 보편적 교회(the catholic church)는 사랑하는 성도들이 더 많이 포함되기를 갈망하고, 4) 사도적 교회(the apostolic church)는 모든 족속으로 제자 삼기를 갈망한다.[236] 그래서 벤 엥겐이 말하는 참된 교회란, 하나 되게 하고, 성화시키고, 화해시키며, 그리스도의 활동을 선포[237]하면서 수적 성장을 끊임없이 갈망하는 선교적 교회다.

그러면 수적 성장을 갈망하는 참된 교회는 어떤 형태로 존재할까? 벤 엥겐은 신약의 교회를 자화상(self-images)으로 코이노니아(성육신적 사랑과 연합), 케리그마(신앙고백과 선포), 디아코니아(διακονία, 제자도의 종 됨), 말투리아(μάρτυρια, 임재, 선포, 설득을 통한 화해적 증언, 증거, 선포)를 언급한다.[238] 하지만 하나의 표징(sign)인 지상의 교회는 하나님 나라의 모든 것을 다 밝혀내지는 못한다. 왜냐하면, 하나님 나라는 교회보다 더 포용적이고, 더 넓고, 더 완전하고, 더 포괄적이기 때문이다.[239] 그런데도 선교적 교회는 신약교회의 모습을 통해, 1) 왕이 다스리는 공동체, 2) 왕권 통치의 중심지, 3) 왕의 통치를 선행하는 길잡이(anticipatory sign), 4) 왕적 통치의 지식을 전함으로써 하나님의 나라를

235 Ibid., 137; Charles Van Engen, *The Growth of the True Church: An Analysis of the Ecclesiology of Church Growth Theory* (Amsterdam: Rodopi, 1981), 136-160.
236 찰스 벤 엥겐, 『하나님의 선교적 교회』, 137-140.
237 찰스 벤 엥겐, 『미래의 선교신학』, 174.
238 Ibid., 146-148.
239 찰스 벤 엥겐, 『모이는 교회, 흩어지는 교회』, 임윤택 역 (서울: 두란노, 1994), 155.

가르쳐야 한다.[240] 이 뜻에서 벤 엥겐은 뉴비긴처럼 교회를 사랑하고, 하나님 선교의 성경적 순서(하나님-교회-세상)를 새로운 순서(하나님-세상-교회)로 바꾼 것은 교회가 선교에 참여하는 역할을 빼앗는 결과를 초래하는 극단적 비관주의라고 비판한다.[241] 다시 말해서 교회와 세상의 관계적 이해는 하나님 나라의 시공간과 교회를 향한 하나님의 근본적인 부르심의 이해에서 출발해야 한다는 주장이다.

따라서 선교적 지역 교회는 그리스도를 통해 양도된 사도직, 곧 선지자, 제사장, 왕, 치료자, 자유롭게 하는 자의 직분[242]을 가지고 사역하면서 주변 문화와의 관계 안에서 존재한다. 그래서 그는 기독교와 문화의 차원에서 찰스 크래프트(Charles Kraft)의 "수신자 지향적 계시"와 "역동적 등가 교회"를 언급하면서[243] 동시에 '삼자 원칙'(three-self formula)의 이상적인(ideal) 문화적 상황화와 복음의 토착화를 지적한다.[244]

다시 말해서 이 말은 벤(Henry Venn)과 앤더슨(Rufus Anderson)이 주장한 '삼자 원칙', 곧 자급(self-supporting), 자전(self-propagating), 자치(self-governing)의 편협하고, 피상적이며, 자기중심적인 한계를 말하는 것이다. 또 선교적 지역 교회의 신앙적 특수성과 문화적 보편성의 '온 신학'(holistic theology)을 주장하면서[245] 인간 문화에 대한 복음의 적응으로 비평적 상황화(critical contextualization),[246] 곧 1) 커뮤니케이션, 2) 문화적 적절성, 3) 해방, 4) 다른 종교와의 대화, 5) 상황 속의 하나님 알기, 6)

---

240 Ibid., 148-153; 찰스 벤 엥겐, 『하나님의 선교적 교회』, 186-194.
241 찰스 벤 엥겐, 『하나님의 선교적 교회』, 196.
242 벤 엥겐은 세 가지 그리스도적 직분인 선지자, 제사장, 왕에 치료자 (몸·마음·정신·영적 질병에서의 치유)와 자유롭게 하는 자(해방신학의 강조점)를 포함한다. Ibid., 208-220.
243 Ibid., 200; 찰스 H. 크래프트, 『기독교와 문화』, 임윤택·김석환 역 (서울: CLC, 2006), 289-327, 509-513.
244 찰스 벤 엥겐, 『하나님의 선교적 교회』, 198-199.
245 찰스 벤 엥겐, 『미래의 선교신학』, 236-243.
246 Ibid., 98-123.

언약의 계시적이라는 성육신적 모델을 언급·제시한다. 그 때문에 선교적 교회는 선교 사명의 구체적인 실행을 위해 '선교 비전이 있는 행정'(visionary administration)을 해야 한다. 말하자면, 지역 교회의 문화적 상황에 유효적절하고 창의적인 '역동적인 행정'(dynamic administration)을 해야 한다는 말이다.[247] 그것은 모두 다섯 가지인데 나열하면, 1) 영적 사역으로서의 행정, 2) 교회 사역 중심의 행정, 3) 선교 행정의 상황화, 4) 인간적 조작을 피하는 선교 행정, 5) 평가를 촉진하는 행정을 말한다.[248] 그러니까 선교 비전이 있는 행정이란, 철저하게 성령의 역동적인 힘에 이끌려야 하며, 비평적 상황화의 관점에서 능동적이고 개방적인 열린 행정이어야 한다는 뜻이다.

결국, 벤 엥겐의 선교적 교회는, 1) 하나님의 백성 된 교회(교회 성도들), 2) 성례전적 존재인 교회(목표 설정), 3) 종 된 교회(지도력), 4) 종말론적 표징인 교회(평가), 5) 기관 단체인 교회(행정)[249]로 세상을 향해 뻗어가는 선교적 지역 교회가 되고자 할 때 하나님 나라의 역동성으로 성장한다. 이런 차원에서 그는 어떤 곳이라도 성장하는 선교적 교회의 공통된 일곱 단계를 다음과 같이 언급한다.

1) 수 명의 개종자를 얻게 하는 개척 전도 단계
2) 교회가 형성된 후 설교자나 장로, 집사 등이 외부에서 온 유아기 단계
3) 지도자 훈련 과정을 통하여 현지 목회자와 지도자들이 선발, 훈련되어 책임을 맡는 단계
4) 지방 단체를 결성하고 조직화하여 청소년, 여성, 지역 교회들이 연합체를 갖는 단계
5) 국가적으로 교단이 조직되어 다른 나라 교회들과 관계를 맺는 단계
6) 교회 안팎에서 이사회와 예산, 계획, 재정, 건물, 프로그램을 갖추고 특수 사역이 시작되는 단계

---

247 찰스 벤 엥겐, 『하나님의 선교적 교회』, 303-304.
248 Ibid., 304-328.
249 Ibid., 220.

7) 현지 선교사들이 세계에 있는 선교사역을 위하여 보냄을 받고 다른 사역지에서 1단계부터 사역을 다시 시작하게 되는 선교적 교회 단계[250]

정리하면, 벤 엥겐의 교회는 계속 성장하는 지역 교회로서 자신의 거점에 안주하는 것이 아니라 비평적 상황화를 통해 생동하고 약진하는 역동적 등가 교회다. 따라서 참된 교회는 하나님으로부터 선택받아 세상으로 파송된 선교적 지역교회로서 선교하는 교회 이상도 그 이하도 아니다.

지금까지 우리는 여섯 명의 학자를 살펴봤다. 더듬어 보면, 교회성장학자로는 도널드 맥가브란, 피터 와그너, 크리스티안 슈바르츠이고, 선교적 교회론자로는 레슬리 뉴비긴, 하워드 스나이더, 찰스 벤 엥겐이다. 이제 이들 각각의 주장을 표로 정리하면서 두 이론을 대조, 통합해 보겠다. 이 과정은 두 학문의 공통점과 차이점을 살펴보고, 두 이론의 건설적인 협력과 통섭적인 연계를 위해서다.

3. 두 이론의 호혜적 만남

대조와 통섭(Consilience)

기본적으로 교회성장학의 초점은 말 그대로 교회를 어떻게 성장시킬 것인가에 있다. 하지만 궁극적인 목적은 개체 교회의 양적 성장이 아니라 하나님의 영광과 그 나라의 성장으로 귀결된다. 따라서 교회 개척으로 시작하여 성장과 확장을 통해 세계 복음화가 최종 목표다.

---

250 Ibid., 68-69: 찰스 벤 엥겐, 『모이는 교회, 흩어지는 교회』, 54.

이런 차원에서 교회성장학은 모이는 교회에 관심이 높다.

따라서 여기서는 학문별로 학자들의 견해를 살펴본 다음, 다시 학문별로 통합하여 살펴보겠다. 그런 다음 통합적으로 이해한 두 학문을 대조해보겠다. 먼저 교회성장학자들의 이론을 정리하면 <표 1>과 같다.

〈표 1〉 교회성장학의 학자별 구분

구분	전통적 교회성장		자연적 교회성장
	도널드 맥가브란	피터 와그너	크리스티안 슈바르츠
목표	하나님의 영광, 하나님 나라 건설과 성장, 교회 개척·성장·확장, 세계 복음화		
신학	선교학적, 복음주의적, 교회 중심적		삼위일체적, 양극적
초점	오는 구조(come-structures), 끌어모으는 교회(attractional church)		
	양적 사고	내적(영적)·양적 사고	질적 사고
방법	효과적인 복음전도, 내외적 증가, 실용주의적 사회과학적 방법론(전략적)		
접근	신학적 〈 사회적	복음 〉 문화	생명체적, 신학적 균형
	복음의 우선성 안에서 사회적 참여	복음의 우선성과 문화적 위임	복음주의와 제자화 공평함과 사회정의 정서적 균형과 영적 능력
	타문화권에서의 선교학적 상황화	동일 문화권에서의 목회신학적·실천신학적 통섭	
원리 와 특성	집단개종 동질집단 수용성 제자화와 완전화 토착화 교회	목회자의 역동적 리더십 평신도의 참여 (은사개발과 훈련) 교회 규모 교회 조직 동질적 교인 구성 효과적인 전도 방법 성경적 사역 철학	사역자를 세우는 지도력 은사 중심적 사역 열정적 영성 기능적 조직 영감 있는 예배 전인적 소그룹 필요 중심적 전도
			상호의존, 번식, 에너지 전환, 다목적, 공생, 기능
성장 유형	내적 성장 팽창 성장 확장 성장 가교 성장	회심 성장 영적 성장 은사적 성장 양적 성장	근본주의 영적 부흥 모델 경영 · + 원리 최소치 전략

이제 살펴본 세 학자의 이론을 통합해보겠다. <표 2>에서는 교회
성장학의 발전 변화도 함께 살펴볼 수 있다.

<표 2> 교회성장학의 통합적 이해

구분	내용
목표	하나님께 대한 충성과 영광, 하나님 나라의 건설과 성장
	교회 개척·성장·확장, 제자화, 질적 성장을 통한 양적 성장, 세계 복음화
신학	선교 대위임령(마 28:19-21), 종말론적, 복음주의적, 교회 중심적, 양극적, 삼위일체적
초점	오는 구조(come-structures), 끌어모으는 교회(attractional church)
방법	효과적인 복음전도, 교회의 수적 증가, 보편적 원리의 적용, 양질의 균형 성장, 실용주의적이고 사회과학적인 방법론적 전략과 활용
접근	문화 인류학적 외적 접근 → 교회의 역량 강화를 위한 내적 접근
	타문화권 선교 → 동일 문화권의 목회신학적, 실천신학적 연계
	복음의 우선성 → 문화적 위임 → 복음전도와 사회적 책임의 균형
원리	문화적 경계를 넘지 않는 상황화, 보편적 성장 원리와 질적 특성 추구
성장 유형	내적: 회심 성장, 영적 성장, 은사적 성장, 유기체적 성장 외적: 팽창 성장, 확장 성장, 가교 성장, 생명체적 성장 패턴: 근본주의, 영적 부흥, 모델, 경영패턴 + 원리적 패턴

현대 선교신학적 관점에서 교회성장학을 통합적으로 이해할 때 나
타나는 특징 중 하나는, 초기에는 복음의 우선성을 강조했지만, 이후
문화적 위임에 대한 공식적인 견해와 더불어 자연적 교회성장학의 경
우 삼위일체적 신학을 주장하면서 사회적 책임에 대한 교회의 역할을
언급한다는 점이다. 이러한 변화는 보수적인 복음주의 신학이 점점 통
전적 선교의 성격과 방향을 이해하고 포용한 것으로 볼 수 있다. 말하
자면, 교회성장학은 과거 자신의 한계를 발전시킴과 동시에 좁은 의미
의 선교 개념을 점차 확대하고 있다. 그러면 다음으로 선교적 교회론의
학자별 견해를 살펴보고, 다시 이들의 견해를 종합하여 정리해보겠다.

<표 3> 선교적 교회론의 학자별 구분

구분	레슬리 뉴비긴	하워드 스나이더	찰스 벤 엥겐
목표	하나님 나라의 성장, 선교적 지역 교회와 백성, 창조 세계의 샬롬		
신학	삼위일체 하나님의 선교, 종말론적, 선교신학적, 통전적(복음주의+에큐메니컬)		
초점	가는 구조(go-structures), 끄집어내는 교회(extractional church)		
	교회의 본질, 소명과 파송, 선교적 정체성과 삶, 공동체적 연합, 지역성, 통전성		
방법	교파별 정통 신학의 연합과 교회의 선교	교회갱신론, 하나님 나라론 생태적 교회론의 연결과 총합	성육신적 상황화 모델 의사소통, 문화적 적절성, 해방, 타종교와의 대화, 상황 속의 하나님 알기, 언약적 계시
접근	선교(M: Ev=SR) = 복음전도(Ev) + 사회적 책임(SR) (M: Mission, Ev: Evangelism, SR: Social Responsibility) 초문화적 접근(성육신적, 변혁적, God-above-culture)		
지향점	교회의 신학 공적 신학	하나님의 백성, 그리스도의 몸, 성령의 공동체	통일성, 성결성, 보편성, 사도성, 부르심, 성장성
기대 효과	초교파적 연합 복음주의와 에큐메니컬의 연합	국제 평화와 정의 군국주의 억제 경제생활의 신모델 제시 양식(良識) 있는 대외 정책 도시 지역의 재건	양적 성장 유기적 영적 성장 봉사적 성장 신학적 성장
형태	가시적, 실재적, 대항 문화적	예배, 친교, 증거	지역적
유형	신자들의 회중 그리스도의 몸 성령공동체 종말론적 교회 선교신학적 교회	씨눈 공동체 선교적 공동체 대안적 공동체 언약적 공동체 삼위일체적 공동체 생태적 공동체	선교적 백성인 교회 성례전적 존재인 교회 종 된 교회 종말론적 표징인 교회 기관 단체인 교회

<표 3>에서 나타나듯이 선교적 교회론자들의 목표는 하나님 나라의 성장으로 선교적 공동체로서의 지역 교회와 창조 세계 전역의 샬롬이다. 따라서 선교에 대한 이해가 끌어모으는 방식의 복음주의 신학과는 달리 세상 밖으로 끄집어내어 흩어지는 방식을 추구한다. 왜냐하면 선교적 교회론자들의 궁극적인 목표는 하나님 나라의 구현과 성장이

기 때문에 교회를 성장시키는 것이 최종 목표가 아니기 때문이다. 이들에게 교회성장은 하나님의 나라를 구현하고 그 나라를 성장시키기 위한 일환으로 이해된다. 그러면 <표 4>를 통해 선교적 교회론자들의 견해를 종합해 보겠다.

〈표 4〉 선교적 교회론의 통합적 이해

구분	내용
목표	하나님 나라의 성장과 하나님의 선교(창조 세계의 샬롬을 포함한)
	선교적 교회, 선교적 백성과 삶, 선교적 지역 교회의 개척과 배가
신학	삼위일체 하나님의 선교(선교 대위임령: 마 28:19-21), 종말론적, 선교신학적, 통전적(복음주의 + 에큐메니컬)
초점	가는 구조(go-structures), 끄집어내는 교회(extractional church)
접근	하나님 나라와 본질적 속성의 구현, 교회갱신, 생태적, 공적 신학
	초교파적·신학적 연합과 교회의 선교, 지역 교회의 개척·성장·확장
	성령 의존, 선교적 삶, 통전적 선교, 비판적 상황화(초문화적, 성육신적)
형태	가시적, 실재적, 대항 문화적, 예배·친교·증거의 공동체, 보편적 지역 교회
유형	삼위일체적 공동체, 신앙공동체, 언약공동체, 유기적 공동체, 생태적 공동체, 하나님 나라의 역동성을 가진 공동체

앞서 말한 것처럼 교회성장 운동이 복음주의 신학에 기초한다면, 선교적 교회 운동은 에큐메니컬 신학에 기초한다고 볼 수 있다. 이런 차원에서 선교적 교회론은 하나님 나라의 구현을 위해 창조 세계의 샬롬을 추구하기 때문에 내세적인 측면보다 현세적인 측면이 강조되는 것처럼 보인다. 그래서 간과할 수 없이 언급되는 말이 복음화와 인간화에 대한 예민한 대화다. 여하튼 이런 이유로 복음주의 신학은 영혼 구원을 위한 세계 복음화를 강조하는 반면, 에큐메니컬 신학은 창조 세계의 샬롬을 위한 지역 교회가 강조된다. 이런 측면에서 두 신학이 이

해하는 선교의 개념은 복음전도와 사회적 책임을 아우르는 통전적 선교로 정리했지만, 강조점은 약간 차이가 있다. 다음으로는 학문별로 통합하여 이해한 각각의 이론을 대조하여 살펴보면서 전반적으로 논하겠다. 그런 다음 통섭적인 관점에서 두 이론의 합일을 설명하겠다.

〈표 5〉 교회성장학과 선교적 교회론의 구분

구분	교회성장학	선교적 교회론
목표	하나님의 영광과 나라를 위한 교회 성장	하나님 나라의 성장, 창조 세계의 살롬
핵심	선교 대위임령, 하나님의 선교	선교 대위임령, 하나님의 선교
신학	복음주의적, 구속사적, 교회 중심적	에큐메니컬적, 약속사적, 공적
초점	교회로 오는 구조, 회심과 세례 사회과학적 실용주의적 방법론	세상으로 가는 구조, 선교적 삶 본질 중심의 신학
방향	교회 개척·성장·확장, 세계 복음화	선교적 지역 교회의 개척 및 배가, 공적 제자도, 세계평화와 정의
흐름	복음 ≥ 사회적 책임	복음화 ≤ 인간화(복음의 상대적 약화)
방법	문화적 경계를 넘지 않는 사회적 접근 내부적 역량 강화를 통한 전략적 접근	문화적 경계를 넘는 초문화적 접근 성육신 신학에 기초한 비판적 상황화
리더십	수직적, 지도자 중심적, 경영	수평적, 사도적, 변혁적, 섬김
훈련	복음전도와 제자화	삼위일체 하나님의 선교적 백성
유형	성장 주도형	선교적 공동체형
기대	신자와 개체 교회의 회심을 통한 수적 성장	선교적 교회와 백성, 공동체의 변화와 연합
결과	개인 구원, 교회의 확장, 결과로서의 수적 성장	종말론적 하나님 나라, 열망으로서의 수적 성장

두 이론을 정리한 <표 5>에서 알 수 있듯이 교회성장학은 복음주의적, 구속사적, 교회 중심적이다. 궁극적인 목표는 하나님의 영광으로 복음전도와 교회 개척, 회심 성장을 통한 개체 교회의 성장과 확장을 추구한다. 또한, 이를 위해 모든 교회가 적용 가능한 방법론에 천착함으로써 보편적인 성장 원리를 도출하고자 한다. 한편, 선교적 교회론은

삼위일체 하나님의 신학을 강조하면서 복음주의와 에큐메니컬 신학의 통합과 약속사적, 선교적 지역 교회의 배가를 통해 하나님 나라의 성장과 세상의 샬롬을 최종 목표로 삼는다. 이런 차원에서 선교적 교회는 '밖을 향한 접근'으로 비판적 상황화를 중시한다.

그리고 전통적 교회성장학은 복음의 우선성을 전제로 사회적 책임을 강조하지만, 선교적 교회론은 통전적 선교신학의 관점에서 복음전도와 사회적 책임의 균형을 강조하면서 창조 세계의 샬롬을 지향한다. 이것은 복음주의 신학에서 볼 때는 인간화가 더 강조된 것으로 상대적으로는 복음화가 약화한다는 지적을 받는다. 그러나 이 연구에서 살펴본 선교적 교회론자인 뉴비긴, 스나이더, 벤 엥겐은 복음의 약화를 매우 경계하고, 교회와 선교의 관계를 필연적인, 불가분리의 관계로 해석하면서 교회를 사랑한다. 그래서 이들의 공통점은 호켄다이크의 '하나님–세상–교회'의 도식에 따른 환원주의를 지적하고, 구속사적인 관점에서 에큐메니컬 신학과의 연합을 지향한다.

다음으로 교회성장학은 하나님의 영광과 그 나라의 성장을 목표로 삼지만, 교회 운동사적으로 볼 때 실용주의적 방법론에 치중함으로써 수단과 목적이 전도되었다는 비판을 많이 받았다. 그 때문에 교회성장 운동은 본질 중심의 건강한 교회론적 보완이 필요하고, 선교적 교회론은 대안적 차원의 신학적 담론과 방향 제시를 넘어 참된 교회로서의 성장을 위한 사회과학적이고 실용주의적인 방법론을 어떻게 성육신적으로 활용할 것인지에 대한 현상학적 논의와 실제적인 적용점 모색 연구가 필요하다.

이런 맥락에서 와그너는 "내 사전에는 '실용주의적'이라는 말이 '실제적인 결과나 가치에 관련된'이라고 정의되고 있다."라고 말하면서 하나님의 뜻에 어긋나지 않으면서 교회성장에 유익을 가져다주는 모든 방법은 "신성한(성화 된) 실용주의"라고 말한다.[251] 또한, "성화 된 실용주의의 방법은 가장 효과적이고 능률적으로 목적을 달성할 수 있는 선택을 권한다."라고 말하면서 "목적은 수단을 정당화할 수 있는 유일한 것이며, 목표를 달성하지 못한 수단은 그 누구의 판단으로도 정당화될 수 있는 수단이 아니다."라고 주장한다.[252] 어찌 보면, 와그너의 이러한 주장은 지나치리만큼 수단을 정당화하는 것이 아니냐는 반문을 가져올 수 있을지는 모르나 이 말의 본뜻은 비생산적이고 비효율적인 선교 사역이 하나님 나라의 확장을 위한 많은 자원을 고갈한다는 비판에서 나온 것이었다. 이런 생각은 그의 스승이었던 맥가브란이 먼저 제기했던 것으로 전통적 교회성장학이 실용주의적 방법론을 수용하게 된 큰 이유 중 하나다. 이런 입장에서 와그너는 방법론이 어떻게 사회적 관점들에 영향을 끼칠 수 있는지를 다음과 같이 말한다.

> "당위"와 "존재", 신학적인 면과 현상학적인 면, 규범적인 면과 기술적인 면의 균형 방식 즉 성서를 통한 하나님의 계시와 구체적인 역사적 상황들에서 일어나는 사람들의 마음과 삶 속에서의 하나님의 역사하심을 공정하게 취급하는 방식으로 결합하는 것이 교회성장 운동의 분명한 의도다.[253]

이처럼 와그너는 교회성장 운동의 주된 관심을 성서에 충실한 것이라고 주장하면서 "계속된 교회성장 운동의 발달이 마치 사회과학과 행동과학을 연구하는 것에 달렸다기보다 깊고 심오한 신학적 통찰을 하는 데 있을 것"이라는 아서 존스턴(Arthur Johnston)의 견해를 언급한다. 그가 이해한 교회성장 운동은 성서무오설의 확고한 반석 위에 전

---

251 피터 와그너, 『교회성장전략』, 28.
252 피터 와그너, 『교회 성장에 대한 신학적 이해』, 107-108.
253 Ibid., 192.

개되며, 사회과학은 그것의 종속 개념이다. 그래서 와그너는 성서와 사회과학이 양자택일의 문제가 아니라 양자 간의 만족스러운 균형과 유지가 중요하다고 말한다.[254] 한편, 슈바르츠는 2000년의 기독교 역사와 교회성장에 관한 수많은 책자에도 이 책이 다루는 '원리들'의 보편 타당성을 검증하기 위한 국제적인 연구가 없었다고 말한다.[255] 말하자면, 교회성장학은 사회과학적이고 실용주의적인 방법론을 통한 성장신학과 운동, 그리고 교회의 성장이 왕국성장을 유도할만한 많은 유익과 활용 가치가 있다고 여긴다. 따라서 교회성장 운동의 궁극적인 목적은 하나님 나라의 성장이다.

그러나 김한옥 교수(서울신대 명예, 실천신학)는 이를 교회성장 원리로 일반화하기에는 무리가 따른다고 지적한다. 그는 아무리 실제적인 방법론을 추구하고, 결과에 대한 긍정적인 태도를 보이더라도 그것은 활용자의 입장과 가치관에 따라 다르게 나타날 가능성으로 윤리적 문제를 내포한다고 말한다. 이런 이유로 교회성장학의 실용주의적 접근은 과정이나 수단이 진지하게 고려되지 않을 위험성이 있기 때문에 충분히 재고되어야 한다고 우려한다.[256] 또한, 최동규 교수는 사도행전적 복음화를 위한 의도적인 계획과 전략적 측면에서 벤 겔더(Craig Van Gelder)도 이를 인정한다고 말하지만, 벤 겔더는 교회성장학의 초점이 교회의 목적과 선교에 있다는 태도에 대해서는 수용적이지만, 하나님 나라의 본질이라는 가치보다 성장이라는 효율성, 경제성, 효과성에 주목한다는 점에서는 비판한다고 말한다.[257] 그러나 최동규 교수는 선교적 교회론이 주장하는 교회성장학에 대한 비판과 함께 그것이 지닌

---

254 Ibid., 189-190.
255 크리스티안 슈바르츠, 『자연적 교회성장, 한국교회를 바꾼다』, 14.
256 김한옥, "전통적인 교회성장학과 자연적 교회성장학의 신학적 패러다임 연구," 134-135.
257 최동규, 『미셔널 처치』, 70-71.

가치와 장점으로서 "거룩한 실용성"의 활용 가능성을 건설적으로 변호한다.[258] 그는 전통적 교회성장학이 가진 사회과학적 방법론의 합리성, 효율성, 전문성에 관해 기술하면서 동시에 실제 활용 주체에 따라 왜곡될 수 있음을 다음과 같이 경계한다.

> 교회성장운동의 한 변종인 대형교회 운동(the megachurch movement)이 어떻게 근대주의의 함정에 빠져들었는지 설득력 있게 설명해 주는 오스 귀네스(Os Guinness)의 의견에 귀 기울일 필요가 있다.[259] 사회과학은… 합리성과 효율성, 전문성에 의해 지배되고 있고… 기능적 한계를 벗어날 때 신앙적 가치들을 집어삼키는 괴물이 되기도 한다.[260] 그 때문에 사회과학은 객관성과 함께 이를 실제 활용하는 주체에 의해 얼마든지 왜곡될 가능성이 있으며, 따라서 사회과학을 활용함에 있어서 올바른 관점이 무엇보다 중요하다. 그러므로 사회과학적 방법들은 그 자체로는 목적일 수 없고 신학이 설정해 놓은 구조 안에서 도구와 수단으로만 사용되어야 한다.[261]

따라서 필자가 하고 싶은 말은 기독교의 과업 수행을 위해 시대 문화와 상황을 올바로 통찰하고 분별해야 하듯이 이데올로기에 대한 개방적인 시각도 필요하다는 것이다. 신학은 이데올로기적 사고를 비판 없이 경계만 할 것이 아니라 성경적 관점 아래 건설적이고 합리적으로 효율적사고와 방법론을 비판적으로 수용하여 이를 적극적으로 활용하는, 이른바 이데올로기에 대해서도 좀 더 이해하고 수용적인 자세를 취할 필요가 있다. 왜냐하면 구원과 회복의 대상은 그 시대와 문화적인 이데올로기

---

258 최동규, "GOCN의 선교적 교회론과 교회성장학적 평가," 「선교신학」 제25집 (2010): 251-252; 이후천, "한국에서 선교적 교회론의 접근방법들에 대한 선교학적 성찰," 「선교와 신학」 제30집 (2012): 57.
259 Os Guinness, *Dining with the Devil: The Megachurch Movement Flirts with Modernity* (Grand Rapids MI: Baker Books, 1993), 21; 최동규, "교회성장학의 학문적 특성과 실천신학적 평가," 56에서 재인용.
260 최동규, "교회성장학의 학문적 특성과 실천신학적 평가," 56.
261 Ibid., 56, 58.

안에서 살아가는 존재들이기 때문이다. 이런 차원에서 선교적 교회는 그 본질적 정체성을 잃지 않으면서 성육신적 상황화의 관점에서 시대 문화적 방법들을 어떻게 잘 활용할 것인지에 대한 진지한 접근과 모색이 더욱 필요한 것이다. 그러니까 사회과학적 방법론을 활용하는 주체에 대한 윤리적 문제나 왜곡의 문제는 교회성장학 뿐만 아니라 선교적 교회론 안에서도 얼마든지 거론될 수 있는 부분이다. 왜냐하면 그것을 사용하는 주체는 예나 지금이나 여전히 인간이기 때문이다.

정리하면, 선교적 교회론자들은 교회성장학에 대한 무조건적인 편견을 버리고, 본질적 성장을 위해 교회성장학의 선교적 가치와 장점들을 좀 더 재이해하면서 방법론적 당위와 실용주의적 활용에 있어서 열린 태도를 취할 필요가 있다. 이런 입장에서 교회성장학적 의미를 찾고자 했던 학자들을 나열하면, 찰스 벤 엥겐, 올란도 코스타스, 에디 깁스, 조지 헌터, 에드 스테처, 게리 로마이어와 같은 학자들이다. 이것이 이 글이 추구하는 통섭의 의미다.

그러면 두 이론의 통섭을 이루려는 이유를 하나님의 선교적 관점에서 살펴보도록 하겠다. 말하자면, 단지 복음주의 신학에 기초한 교회성장학이 에큐메니컬 신학에 기초한 선교적 교회론보다 하위 개념이라고 이해할 것만이 아니라 당시의 신학적 흐름과 세상의 이데올로기도 함께 고려하여 당시의 성장신학과 교회 운동을 이해할 필요가 있다. 따라서 지금은 복음주의와 에큐메니컬 신학이 서로 손을 맞잡은 시대이기 때문에 현대 선교신학은 둘의 조화와 균형을 이루어야 하는 이유가 있다고 본다. 이런 의미에서 하나님 선교의 두 방향을 구속사적인 관점과 약속사적인 관점에서 살펴보고자 한다.

하나님 선교(*Missio Dei*)의 두 방향

여기서는 통전사적으로 두 이론의 선교 방향을 이해함으로써 둘의 협력이 가능함을 말하고자 한다. 이런 차원에서 '하나님-교회-세상'과 '하나님-세상-교회'의 합치를 주장한 학자는 신경규 교수다. 이에 필자는 그의 견해를 따라 교회성장학과 선교적 교회론의 합일을 유도하려는 것이다. 신경규 교수의 주장을 이해하면 이렇다.

그는 선교적 교회론의 신학적 방향성에서 파생하는 합의성을 언급하면서 선교적 교회가 본질적 교회론에 관한 신학적이고 이론적인 논의라면 현재까지의 교회론 전반을 변혁해야 하는 난제가 남는다고 지적한다. 또 자유주의적 성향을 띤 에큐메니컬 선교신학을 보수적인 한국교회 현장에서 어떻게 적용할 수 있는지도 과제라고 말한다.[262] 그뿐만이 아니라 호켄다이크의 주장이 한국교회에 얼마나 호소력을 지닐 수 있는지에 대한 현실적인 문제도 제기한다. 신 교수는 호켄다이크가 복음전도와 같은 전통적 교회의 역할을 약화하고 일반 은총론적 하나님의 사역을 특별 은총론적 사역보다 지나치게 강조했다는 점에서 매킨토쉬(John A. McIntosh)의 견해를 지지한다.[263] 그래서 신 교수는 칼 바르트의 신학을 따르는 핸드릭 크레머(Henrdrik Kraemer)를 선교적 신학의 선구자라고 말하면서 '교회와 선교를 영속적인 동반자'라고 주장한 보쉬(David Bosch), 뉴비긴, 스나이더, GOCN을 언급한다.[264] 이런 차원에서 그는 선교적 교회론의 신학적 과제로서 첫째, 교회 내적 과제인 교회론의 문제(이론) vs 교회의 방향성과 실천 문제(실천), 둘째, 세계와의 관계적 문제인 에반젤리컬 vs 에큐메니컬을 서로 대조하면서 둘의

---

262 신경규, "선교적 교회론의 과제에 관한 통합적 고찰," 249-250.
263 Ibid., 256.
264 Ibid., 257-260.

협력 가능성에 대해 제안한다.

특히 하나님의 선교적 관점, 달리 말해, '역사를 바라보는 관점'에서 에반젤리컬과 에큐메니컬의 관계적 이해를 테오 순더마이어(Theo Sundermeier)가 구분한 유형을 언급하면서 '구속사적 유형'과 '약속사적 유형'의 합치를 주장한다.[265] 이를 간략히 설명하면 구속사적 선교신학은 구속사와 세속사의 구분에서 교회의 주체를 하나님으로 해석하여 교회의 활동을 하나님의 활동으로 해석하는 반면, 약속사적 선교신학은 '미시오 데이'의 개념에서 하나님의 선교 대상은 역사와 세계이며, 따라서 선교는 세계의 살롬을 포함한다. 이 의미에서 구속사적 모델은 '하나님-교회-세계'로 향하고, 약속사적 모델은 '하나님-세계-교회'의 순서를 가진다.[266] 그리고 약속사적 모델에서 교회는 하나님의 선교 무대인 세계를 향한 선교적 도구가 된다.

이에 신 교수는 두 선교신학 역사관의 이분법적 분리를 지적하면서 두 신학의 합치를 주장한다. 말하자면, 두 신학의 역사관 모두가 성경적이라는 말이다. 하나님께서는 교회를 통해 세상에 역사하시기도 하지만, 각종 자연현상과 같은 일반은총적 사건이나 세속적 지도자들을 통해서도 직접 관여하신다는 말이다. 따라서 두 역사관은 모두 하나님의 선교로 해석해야 하며, 교회가 단지 세상일에 참여하는 것만이 교회의 선교라면 국가나 시민사회 단체와의 차별성을 인식하지 못한다는 한계성도 지적한다.[267]

물론 에큐메니컬 신학의 영역은 전통적인 복음주의도 포함하기에 그 스펙트럼이 광범위하지만, 문제는 일반 은총론적 선교개념과 특별

---

265 테오 순더마이어, 『선교신학의 유형과 과제』, 채수일 역 (서울: 대한기독교서회, 1999), 13-29; 신경규, "선교적 교회론의 과제에 관한 통합적 고찰," 263.
266 신경규, "선교적 교회론의 과제에 관한 통합적 고찰," 263-264.
267 Ibid., 265-266.

은총론적 선교개념이 혼재되어 있어 양자의 구분이 어렵다는 점이다. 또한, 로잔 신학에서는 주로 '선교 지향적 교회'(missionary church)라는 용어를 사용하는 반면, 에큐메니컬 신학에서는 '선교적 교회'(missional church)라는 용어를 일관되게 사용하고 있다.[268] 이런 것들은 신학적 논의와 현실 교회 사이에서 이질감과 충돌을 가져올 수 있기 때문에 두 선교신학의 합치에 대한 이해와 모색은 현대 선교신학의 중요한 과제라고 할 수 있다. 그러면 이런 신학적 조정에 대한 이야기는 일단락하고 현재 통념 되는 하나님의 선교 방향에 대해 그림을 통해 살펴보자.

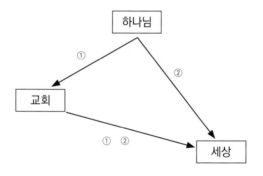

[그림 1] 통전적 역사관 1: 두 신학의 역사관 통합[269]
① 구속사적 선교신학의 방향(하나님-교회-세상)
② 약속사적 선교신학의 방향(하나님-세상-교회)

[그림 1]이 표현하고 있는 것처럼 통전적 역사관의 초점은 선교의 주체와 방향이다. 바꾸어 말하면, 현대 선교신학은 삼위일체 하나님의 관점 아래 선교의 양방향을 모두 인식함으로써 신학적 통섭을 이룰 수

---

268 Ibid., 261-262.
269 신경규 교수는 이런 구분이 적어도 복음주의와 자유주의 신학으로 구분하는 것에 비해 쉽지 않지만, 구속사적 신학과 약속사적 신학의 구분은 역사와 사회를 바라보는 관점과 연관된다는 점에서 자신의 연구에서 분석 도구로 사용했다고 밝힌다. Ibid., 263, 265; 신경규, "통전적 관점에서 본 두 선교신학의 합치성 모색," 213.

있어야 한다. 그러니까 통전사적 관점에서 하나님의 선교는 구속사적 선교신학과 약속사적 선교신학을 아우르기 때문에 교회 운동사적으로도 교회성장학과 선교적 교회론은 둘 다 하나님의 선교적 관점에서 이해할 수 있어야 한다는 말이다.

그런데 여기서 필자는 교회 병리학적으로 선교 방향(점선, ┈▸)의 추가를 제안한다. 이 의미는 하나님의 주권과 왕 되심의 관점에서다. 삼위일체 하나님께서는 한 민족 이스라엘과 기독교 세계 안에 갇혀 계신 분이 아니라, 온 민족과 나라, 우주와 영적 세계의 전 영역을 통치하는 분이시다. 그래서 하나님께서는 때때로 교회의 선교적 정체성을 회복하고 거룩공동체로서의 변화를 위해 세상을 도구로 사용하는 분이시다. 이런 뜻에서 필자는 하나님의 선교 방향을 좀 더 구체화할 필요가 있다고 본다. 이것을 그림으로 표현하면 다음과 같다.

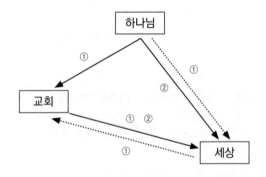

[그림 2] 통전적 역사관 2: 세상을 도구로 사용하시는 하나님의 선교
　① 구속사적 선교신학의 방향(순서상 하나님→세상→교회 포함)
　② 약속사적 선교신학의 방향(하나님-세상-교회)

이를 좀 더 설명하면, 느헤미야서는 하나님의 주권과 통치가 이스라엘을 넘어 바벨론과 페르시아까지 이르고 있음을 보여준다. 이것은 하나님의 주권이 창조의 전 영역에까지 미친다는 것을 의미하는데,[270] 이러한 하나님의 주권 사상은 이스라엘의 포로기에서도 선명히 나타난다. 이스라엘이 죄를 범함으로 고통의 나날을 보낼 때 예언자들은 회개와 하나님의 주권을 선포했고, 하나님께서는 이스라엘의 반역을 심판하시면서도 선택받은 민족으로서 이방의 빛이 되도록 그들을 다듬으셨다. 곧 하나님께서는 이스라엘의 포로 생활을 통해 일시적 징계와 시련을 겪게 하심으로써 새 출발을 위한 정화의 시간[271]이 되게 하셨다. 또한, 하나님께서는 온 천하에 자기 능력과 이름을 전파하시기 위해 바로 왕을 세우셨고(출 9:16), 자기 유일성에 대한 선포와 이스라엘 민족의 해방을 위해 페르시아의 고레스를 선택하셔서(사 45:1-7) 보편적 선교의 길을 여셨다.[272] 이처럼 하나님께서는 선택받은 공동체가 자신의 존재론적 정체성을 상실하고 타락할 때 돌이킴과 훈련의 도구로 세상을 사용하신다.

더 나아가 하나님께서는 교회공동체와 그리스도인들이 선교적 존재로 살아갈 수 있도록 선교의 조력자와 보호자로서 세상을 사용하신다. 이는 바울의 선교사역에서 살펴볼 수 있다. 바울을 통해 부활의 복음이 전해진 후 그를 죽이려는 암살모의가 산헤드린 차원에서 진행되었을 때 하나님께서는 복음이 더 많은 사람에게 전해지도록 백부장과 천부장을 사용하셔서 바울의 생명을 보호하셨다(행 23:17-22). 하나님의 계획은 바울을 로마로 보내는 것이었기에 천부장을 통해서 되레 호위대를 조직하셨다. 이처럼 하나님께서는 교회와 그리스도인이 선교적 사명을 수행할 수 있도록 세상의 군대와 공권력도 선교의 도구로 사용

---

270 김은수, "구약의 선교적 해석과 실제: 오경과 역사서를 중심으로," 「선교신학」 제42집 (2016): 111.
271 Ibid.
272 최성일, "구약의 선교," 「선교신학」 제25집 (2010): 20-23.

하신다. 이런 의미로 찰스 크래프트는 하나님을 "문화를 초월하시되 사용하시는 하나님"[273]이라고 설명한다. 말하자면, 삼위일체 하나님께서는 자기의 선교를 위해 교회를 사용하시지만, 근본적으로 그분께서는 온 만물의 창조주로서 세상의 문화와 힘을 사용하는 분이시다.

그러나 여기서 세상은 하나님의 섭리를 위한 기능적 수단이지 존재론적으로는 그리스도와의 연합이 이루어지지 않은 단절된 상태이기에 일시적 훈련과 징벌의 도구다. 이런 의미로 여전히 세상은 회복과 화해가 필요한 하나님의 선교적 활동무대다. 따라서 세상도 하나님의 선교적 섭리에 포함된 도구라고 말할 수 있을지 모르나 하나님께 선택받아 세상으로 파송된 '선교적 본질을 가진 존재'는 아니다. 이런 맥락에서 지상의 모든 현실교회는 하나님 나라의 표지이지만, 이중적 본질도 가지므로 늘 부패하고 타락할 위험에 노출된 존재임을 염두에 두어야 한다. 신약의 교회 중에도 사데 교회(계 3:1-6), 고린도 교회, 버가모 교회(계 2:12-17)가 이런 모습을 가진 교회로 나타난다.

특히 고린도 교회는 바울의 고난과 눈물이 녹아있는 교회임에도 불구하고 그가 전한 십자가의 도를 오해(고전 1:18-25)함으로써 아픔과 상처를 안겨 주었고, 분열과 내부적 갈등(고전 1:10-2:16)은 물론 가족 간의 근친상간(고전 5:1-13), 도덕적 태만(6:9-20), 잘못된 결혼 문제와 심각한 이혼 문제(7:1-40), 우상 제물로 인해 치열한 공방전(고전 8:1-11:1) 그리고 세상의 법정(고전 6:1-8)을 통해 불신자들에게까지 좋지 않은 소문을 퍼뜨리는 악영향을 끼친 심각성이 매우 높은 공동체였다. 또한 공중예배에 대한 문제로 성찬의 문제, 여신도의 문제, 은사와 직분에 대한 혼란, 부활에 대한 교리적 이해의 한계 등 복잡한 문제가 많았던 소란스러움의 대상이었다.

---

273 찰스 H. 크래프트, 『기독교와 문화』, 205-209.

이런 차원에서 필자는 타락하고 변질하여 비정상화된 교회를 회복과 변화로 이끄시는 하나님의 선교적 열심과 의지로서 '하나님→세상→교회'를 선교의 한 방향에 포함하여 부연할 필요가 있다고 본다. 이때 세상은 교회의 본질적 회복과 존재론적 정체성을 고취하기 위한 하나님의 임시적 도구이며, 교회는 유순한 표현으로 미성숙한 상태다. 그래서 '하나님→세상→교회'는 선교를 위한 일시적인 과정이며, 관점 상으로는 구속사적 역사신학에 포함된다. 왜냐하면 하나님께서는 여전히 택하신 교회를 통해 세상과의 화해를 원하시기 때문이다.

따라서 본질적인 교회는 교회갱신론(church renewal theory), 교회건강론(church health theory)과 맞물리며, 이 부분에 있어서 스나이더는 교회갱신론을 선교적 교회와도 연결한다. 아울러 벤 엥겐은 교회와 선교의 필연성을 강조하면서 교회의 양면성을 다음과 같이 설명한다.

> 교회는 지극히 인간적이고 가시적인 조직체이다. 죄악 된 모습을 가진 현실적 교회와 거룩하며 신적인 보이지 않는 유기체로서의 이상적 교회 사이가 가까워지도록 노력해야 한다. 이러한 관점에서 교회는 계속 성장하고 발전한다. …교회는 타락한 인간의 기관임과 동시에 거룩하고 온전한 하나님의 기관이다. 우리가 이렇게 인간적이고 또한 신적인 관점으로 교회의 본질을 이해할 수 있을 때에야 비로소 우리는 교회의 선교가 무엇인가를 바르게 인식할 수 있게 된다.[274]

이런 이유로 필자가 '하나님→세상→교회'라는 선교 방향을 제안하는 이유는, 이미 이런 상황을 성경에서도 기록하고 있을 뿐만 아니라 이는 침체기에 빠져 세상에서 존재감을 잃어가는 현대교회가 성찰해야 할 메시지로 보이기 때문이다.

---

[274] 찰스 벤 엥겐, 『하나님의 선교적 교회』, 64, 70.

덧붙이면, 코로나19와 관련하여 기독교에 대한 한국 사회의 부정적 담론은 걷잡을 수 없을 만큼 커진 상태다. 실제 한국 개신교는 정부의 방침을 잘 따랐고, 이단 및 일부 온전치 못한 단체들로 인해 전체 개신교가 손가락질받은 것이 대부분이지만, 교계에서는 한국교회의 자성과 잘못된 신앙을 계속 언급하고 있다. 말하자면, 한국 기독교는 자성과 함께 건강한 성경적 세계관을 강조하면서 공적 신학의 긴박함에 손을 든 입장이다. 물론 이것은 '핍박 vs 자성'의 두 입장으로 갈리기도 하지만, 전반적으로 한국 기독교는 자성과 공적 신학에 초점을 두고 있다. 이런 뜻에서 필자는 '하나님···세상···교회'의 의미가 하나님의 선교적 도구이면서 계속 침체하는 한국교회의 상황과도 흡사하다는 판단에서 제안의 당위를 절감한 것이다.

정리하면, 현대 선교신학의 방향이 구속사적이고 약속사적인 선교의 양방향을 모두 포함하듯이 교회 운동사적으로도 교회성장학과 선교적 교회론은 통전사적 관점 아래 통섭적인 교회 운동으로 발전·적용할 수 있어야 한다. 이는 실천신학적으로 현장 목회에 중요하며, 한국적 상황과도 연결될 뿐만 아니라 세상사가 아무리 중요하더라도 하나님 나라의 실존적 구현만으로는 내세적 영생을 보장할 수 없기 때문이다. 하지만 이 글에서는 'missionary'(선교지향적)와 'missional'(선교적)의 의미와 차이는 논하지 않으려고 한다. 왜냐하면, 학문과 운동은 자신이 처한 시대 문화와 상황에서 그 나름의 텍스트(text)와 콘텍스트(context)가 있고, 그에 따른 목적과 방향도 다양할 뿐만 아니라 콘텍스트에 대한 창시자의 주관적 견해는 피할 수 없기 때문이다. 이런 뜻에서 필자는 현대 선교신학적 관점의 새로운 선교 방향 도식을 정립할 필요가 있다고 생각한다. 이를 그림으로 나타내면 다음과 같다.

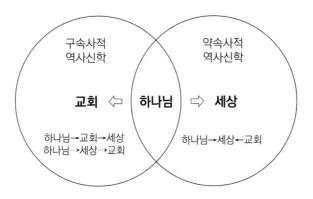

[그림 3] 원형 구도로 본 하나님의 선교 방향

구속사적
역사신학

약속사적
역사신학

교회 ⇦ 하나님 ⇨ 세상

하나님→교회→세상
하나님⋯세상⋯교회

하나님→세상←교회

[그림 3]을 도식화하면 '교회–하나님–세상'이 된다. 벤 엥겐은 이와 비슷한 '교회–하나님 나라–세상'이라는 도식을 주장한 학자로 헤르만 리더보스(H. Ridderbos)를 언급한다. 리더보스는 이 도식을 통해 교회와 세상의 관계성을 설명했는데, 벤 엥겐은 그의 도식이 새로운 선교적 행정 구조를 만들어 세상에 대한 선교적 교회의 역동성을 강화하는 데 유익하다고 말한다.[275]

그런데 여기서 필자가 말하고자 하는 것은 도식 자체의 변형이다. 이럴 때 기존의 두 선교 방향은 하나의 도식, 곧 '교회–하나님–세상'으로 설명이 모두 가능하다. 좀 더 이 도식을 설명하면 [그림 3]은 순서상의 의미가 아니라 도형상의 의미다. 하나님께서는 교회와 세상의 중심에 계시면서 두 영역을 향한 선교 계획을 모두 가지고 계신다. 여기서 교회는 하나님과 올바른 관계를 통해 세상과 공존하고, 선교적 사명을 수행한다. 그러나 교회가 본질적 정체성을 상실하면, 하나님께서는 교회를 깨우치시려는 목적으로 세상을 훈련의 회초리로 사용하신다. 이때 세상은 선교의 대상이지만, 교회에 직접적으로 영향을 끼친다. 다

---

275 Ibid., 196-201.

시 말해, 하나님 선교의 방향은 양쪽을 향하지만, 상황에 따라 역설적 진행이 가능하다. 이런 맥락에서 필자는 이를 '통전사적 도식'(holistic-historical diagram)이라는 신학적 용어로 명명하고자 한다. 이를 다시 표로 이해하면 다음과 같다.

<표 6> 통전사적 도식

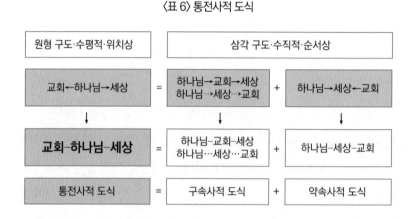

여기서 '하나님-세상-교회'가 말하는 의미는 이해하나 이 도식에 대한 설명이 부재하거나 부족할 시 육안상으로는 그 이해가 왜곡될 여지가 있을 뿐만 아니라 교회의 영적 가치를 훼손할 가능성이 있다. 또한, 육안상 '하나님-세상-교회'는 보수적인 복음주의 성향을 띤 한국교회에서 선뜻 수용될 도식으로 보기가 어렵다. 문자를 올바로 이해하기 위해서는 그만큼 문자적인 표현도 중요하다. 더욱이 도식 상으로는 더욱더 그렇다.

필자가 생각할 때 지금까지 선교 방향의 도식을 이렇게 표현할 수밖에 없었던 이유는 선교의 주체가 교회가 아니라 삼위일체 하나님이심을 강조하기 위한 의도에서 수직적으로 표현한 것처럼 보인다. 이런 의미라면 삼각 구도의 표현도 적절하다. 그러나 교회가 세상으로 들어가 전인격적으로 소통하며 그들과 함께 사는 성육신적 선교의 의미를 담으려면 '위에서 아래로 흐르는' 수직적인 선교 이해보다 '아래(지역교회)에서 주변부(지역사회)로 흐르는' 수평적인 선교 이해가 현대 선교신학적 관점에 더 가깝다.

그러면 선교의 주체이신 하나님을 어느 위치에 두느냐가 관건일 텐데, 이것은 너무나 간단하게도 문자적 표현 그대로 하나님을 교회와 세상의 사이인 중심에 두면 된다. 앞서 언급했듯이 문자와 도식을 올바로 인식하려면 함축적 의미도 살펴야 하지만, 일차적으로는 문자 자체의 표현이 중요하다. 그래서 하나님을 중심에 두는 거다. 이것은 꼭 문자주의적인 차원만이 아니라 성육신적 상황화 신학을 강조하기 위해서다. 따라서 이를 모두 포괄하는 표현으로 이 연구의 원형 구도는 매우 적절하며, 선교의 양방향은 모두 설명된다. 그 때문에 '교회-하나님-세상'이라는 도식에 이름을 붙인다면 '통전사적 도식'(또는 성육신적 도식)이라고 칭하는 것이 현재로서는 가장 적절한 표현이라고 생각한다.

그러면 이 두 선교 방향처럼 모이는 교회로서 교회성장 운동과 흩어지는 교회로서 선교적 교회 운동을 합친 통합적인 교회 운동을 새롭게 모색할 수는 없을까? 하나님 선교의 두 방향이 구속사적이고 약속사적인 선교 방향을 모두 아우른다면 교회성장학과 선교적 교회론은 호혜적인 관계로 발전할 수는 없을까? 흩어지는 교회로서 선교적 교회는 상황화된 교회로서 어떻게 세상 안으로 들어가 성육신적 교회로서의 존재와 기능을 계속할 수 있을까? 말하자면, 흩어지는 교회로서 선교적 사명을 잘 수행하려면 선교적 교회도 성장해야 한다. 모이는 교회로서의 운동이 필요하다는 말이다. 이런 뜻에서 필자는 두 이론의 합치를 주장하며, 교회성장과 선교적 교회론이 함께 손을 맞잡고 균형을 이룰 수 있어야 한다고 본다. 이를 이 책에서는 '통섭적 교회성장'(또는 통섭적인 선교적 교회론)이라고 명명하고자 한다.

점핑 투게더, 통섭적 교회성장

선교적 교회론의 뿌리를 살펴보면, 교회성장이론을 발전시킨 학자들의 맥락과 일치한다. 그래서 선교적 교회론은 건강한 교회 성장의 끈을 놓지 않으면서 교회의 본질과 정체성을 살리려는 이론이다. 이 점에서 선교적 교회론은 교회성장학과 교회건강론을 극복하기 위해 새롭게 제시된 대안적 교회론이라고 말할 수 있다. 물론 그 반대 입장도 있겠으나 어떤 경우이든 전체 그리스도교 교회의 성장을 위한 이론적 시도라는 점을 부인할 수는 없다.[276]

하지만 엄밀히 말해서 교회의 존재론적 이해는 시대가 처한 상황에 대한 본질적인 물음을 통해 정립된다. 과거는 현재를 통해 한계점이 드러나기도 하지만, 학문적 발전에도 영향을 끼치므로 현재는 과거와의 비평적이고 건설적인 학문적 만남을 주선해야 한다. 따라서 현실적 유익과 성숙을 위해서는 전통과 변혁의 동시적 조명과 해석 그리고 적용이 중요하다. 이런 뜻에서 필자는 교회성장과 선교의 관계도 통전사적 관점에서 이해하려는 것이다. 왜냐하면 성경에는 교회성장의 결과로서의 선교와 선교로 인한 교회성장이 각각 나타나기 때문이다.

또한 복음주의적 관점에서 교회성장에 의한 선교를 구속사적 교회 운동이라고 말한다면, 에큐메니컬적 관점에서 선교적 교회에 의한 대사회적 공적 선교는 약속사적 교회 운동이라고 말할 수 있다. 그리고 현상학적으로도 '성장이 없는 교회는 선교할 수 없고, 선교하지 않는 교회는 성장은 물론 본질적 교회라고 말할 수 없다.' 따라서 교회성장과 선교의 관계는 통전사적 관점에서 상호보완적이고 유기적인 절대적 관계로 이해해야 한다. 그래서 필자는 하나님 나라의 관점에서 교회성

---

276 이후천, "선교적 교회론과 한국 교회 선교," 「선교신학」 제43집 (2016): 144-145.

장과 선교의 관계를 '통전사적 궤도'라는 신학적 용어로 명명하면서 이를 주장하고자 한다. 이 용어가 담고 있는 의미는 다음과 같다.

1) 통전사적 궤도는 하나님 나라의 성장과 하나님의 선교 역사에 기인한다.
2) 성경은 하나님 선교의 방향으로 구속사적 역사신학과 약속사적 역사신학의 두 선교 방향을 모두 포함한다.
3) 하나님 나라의 관점에서 교회성장과 선교(또는 통전적 선교)는 우선성의 논의주제가 아니라 동일선상에서 해석해야 할 유기적이고 필연적인 관계로 이해해야 한다. 비유적으로 교회성장을 역동성을 가진 '기차'로 표현한다면, 선교는 방향성을 가진 '철로'로 표현할 수 있다.
4) 교회성장과 통전적 선교의 동시 추구는 모이고 흩어지는 균형 잡힌 교회론에 기초한다.
5) 교회성장은 신학적으로 내적이고 외적인 의미를 모두 포함하지만, 선교적 교회와의 관계성에서는 내적 동력의 의미로 해석할 수 있다.
6) 교회성장에 초점을 둔 복음주의 운동과 통전적 선교에 초점을 둔 에큐메니컬 운동은 선교의 진행 방향에서 서로 구분되지만, 통전사적 관점에서는 하나의 범주, 곧 하나님 나라를 위한 교회 운동으로 해석할 수 있다.
7) 교회성장은 복음주의만의 것이 아니며, 통전적 선교 또한 에큐메니컬 진영만의 것이 아니다.
8) 통전사적 궤도는 하나님의 선교적 관점에서 교회성장학과 선교적 교회론의 학문 간 유기성과 통섭성, 조화와 균형을 추구한다.
9) 현대 선교신학적 관점에서 교회성장학과 선교적 교회론은 하나님 나라의 성장을 위한 상호보완적 협력관계로 발전할 수 있다.

달리 말하면, 그리스도와 연합한 교회는 본질적 성장을 위한 DNA를 이미 소유하고 있기 때문에 성장의 정도에 따라 본질적인 공동체로 거듭날 수 있다. 따라서 교회의 본질을 선교라고 말하면서 교회성장은 단지 그에 따른 결과에 불과한 것으로 도외시하는 것은 교회의 본질과 속성에 대한 올바른 이해라고 볼 수 없다. 이런 사고야말로 극단적이고 비관적인 환원주의를 불러올 수 있다.

너무나 쉬운 표현이지만, 교회를 예수 그리스도와 연합한 몸이라고 말하면서 교회성장을 선교의 결과로만 치부하는 것은 삼위일체 하나님의 신학에도 맞지 않는다. 오히려 성부와 성령께서는 성자 예수와 한 몸 된 교회와의 협력을 본질적으로 추구하신다. 이런 측면에서 하나님 나라의 성장은 예수의 몸 된 교회의 성장과 선교를 분리하지 않는다. 이것은 교회가 가진 DNA처럼 교회성장과 선교는 본질적으로 불가분리적이라는 말이다. 벤 엥겐의 말처럼 비록 교회가 인간적이고 신적인 요소의 양면성을 가지고 있더라도 거기로부터 본질을 이해할 때 교회의 선교에 대한 올바른 인식은 물론 본질적 성장을 열망할 수 있다.

따라서 하나님 나라의 관점에서 교회성장과 선교는 유기적이고 절대적인 관계로서 하나님 나라의 성장을 위한 '궤도'로 이해해야 한다. 이는 두 이론을 주장한 학자들의 견해와도 일맥상통한다. 그런데도 지상의 교회는 세속적이고 인간적이기 때문에 내적 변화와 외적 증거의 균형을 위해서는 삼위일체 하나님과의 연합을 전제해야 한다. 이런 뜻에서 "내적인 은혜의 외적인 표지"(an outward sign of an inward grace)[277]라고 한 웨슬리의 말은 굉장히 명료하면서도 기독교적 본질을 충분히 담고 있는 표현이다.

이런 이해를 통해 볼 때 본디 '성장'은 선교에 의한 결과물이기 이전에 교회 DNA에 이미 포함되어 선교적 본질을 더욱 잘 드러나게 하는 하위개념의 본질적인 속성이다. 예수께서는 지혜와 키가 자라면서 하나님과 사람에게 더욱더 사랑받는 분으로 성장하셨다. 여기서 예수의 성장은 선교적 사명을 수행하므로 나타난 결과가 아니라 이미 그분의 속성에 성장 DNA(벤 엥겐의 표현대로 우리가 그렇게 말할 수 있다면)를 소

---

277 박은규, "웨슬리의 예배와 성례전," 「신학과 실천」 제2권 (1998): 15; 김신구 "'선교적 성찬'(Missional Eucharist)의 신학적 구성요소와 예전에 관한 연구: 존 웨슬리(John Wesley)의 성찬신학과 선교신학적 관점에서," 「선교신학」 제61집 (2021): 19.

유하고 있다고 해석하는 것이 적절하다. 예수의 성장에 지혜(내적)와 키 (외적)의 성장이 동시에 나타난 것은 바로 성장 DNA가 균형을 이룬 것이라고 말할 수 있다.

이런 의미에서 이 글은 교회성장학과 선교적 교회론을 기초로 교회성장과 통전적 선교를 함께 추구하는 통섭적 목회 패러다임을 도출하려는 것이다. 그래서 이 연구를 통해 기대할 수 있는 교회성장을 '통섭적 교회성장'이라 칭한 것이다. 이는 두 학문의 건설적인 학문적 통섭을 통해 본질적 교회 성장을 기대할 수 있다는 뜻으로서, 이를 달리 표현하면 '선교적 교회 성장'이라고도 부를 수 있다.

그런데 여기서 짚어볼 것이 두 가지가 있다. 그것은 첫째, 선교적 교회 성장은 선교적 교회론 안에서도 충분히 연구할 수 있다는 점이다. 그러나 이 글의 목적은 한국교회의 왜곡된 복음주의적 교회성장신학을 바로 잡기 위해 창시자들의 성장신학을 재이해하면서 선교적 교회론과의 건설적인 협력을 통해 목회 패러다임을 도출하려는 것이 목적이다. 따라서 이 연구의 성격상 적절한 표현은 '통섭적 교회성장'이다. 그러나 앞서 말한 것처럼 현대 복음주의와 에큐메니컬 선교신학이 통전적 선교신학으로 합일을 보았음에도 복음주의는 'missionary'를, 에큐메니컬에서는 'missional'을 각각 강조하고 있다는 점[278]을 간과할 수는 없다. 따라서 이런 상황을 고려해 볼 때 현대 선교신학이 이에 대해 좀 더 논의해야 할지, 아니면 그 나름의 신학을 인정하고 수용할지는 앞으로의 논의 과제로 보인다. 하지만 통섭적 교회성장은 통전사적 관점에서 선교적 교회 성장의 범주에 포함할 수 있으므로 이를 선교적 교회 성장이라고 칭하는 것은 무방하다는 말이다. 그런데도 언급한 것처럼 이 글에서는 '통섭적 교회성장'이라고 칭하는 것이 적합하다.

---

278 신경규, "선교적 교회론의 과제에 관한 통합적 고찰," 261-262.

한편 신경규 교수는, 뉴비긴과 스나이더가 교회연합과 일치의 강조와 함께 선교적 교회 운동을 지지한 학자로서 밀라노 칙령(Edict of Milan) 이후 비성서적으로 '제도화된 교회'가 150년 이상 지속되었고, 기존 교회론으로는 세상에서 역동적인 활동과 살아있는 '선교적 교회'(missional church)를 이룰 수 없으므로 신학과 교회론 자체를 선교적으로 변화시켜야만 성경적 정체성과 역동성을 회복할 수 있음을 주장한다고 말한다. 이 점에서 신경규 교수는 선교적 교회의 논의가 자연스럽게 에큐메니컬 진영을 중심으로 전개되어온 것으로 사료된다고 말한다. 하지만 유의할 것은 뉴비긴과 스나이더가 말한 선교적 교회론은 철저히 성경적이고 복음적인 교회 일치와 '선교 지향적 교회', 곧 'missionary church'를 강조했다는 점이다.[279] 물론 함께 소개한 벤 엥겐의 경우 1991년에 '선교적'(missional)이란 용어를 사용한 것으로 알려졌지만,[280] 같은 해 출간한 저서 『하나님의 선교적 교회』의 원제는 'God's Missionary People'이라고 이름을 붙였다는 점을 생각하지 않을 수 없다. 따라서 이 글이 주장하는 통섭적 교회성장을 선교적 교회 성장의 범주에 포함하는 것은 엉뚱하리만큼 억지스럽고 이상한 것이 아니다.

둘째, 현재 진행형인 선교적 교회가 논의할 점에 관한 것으로, 이것은 크게 두 가지로 구분하여 살펴볼 수 있는데, 하나는 이론적인 선교학적 접근이고, 다른 하나는 실천적인 교회성장적 접근이다.[281] 여기서 스테처는 교회성장 운동에, 로마이어는 NCD가 선교적 교회와 연결되어 있다고 보기 때문에 이들에게서 선교적 교회의 형성은 교회성장학

---

279 Ibid., 261. 신경규 교수는 이 외에도 데이비드 보쉬, 데럴 구더, 조지 헌스버거(George Hunsberger)도 이에 동의한 학자로 언급한다.
280 '선교적'(missional)이란 용어의 최초 사용은 1983년 남침례회 신학교의 프랜시스 두보스(Francis Dubose)와 1991년에 벤엥겐에 의한 것으로 알려졌지만, '선교적 교회'라는 용어사용을 일반화시킨 공적은 데럴 구더로 평가된다. Ibid., 261-262, 251.
281 이후천, "한국적 상황에서 선교적 교회가 갖는 의미," 한국선교신학회 편, 『선교적 교회론과 한국교회』 (서울: 대한기독교서회, 2015), 310-311.

과 교회건강론을 기반으로 한다. 그래서 스테처는 교회성장학과 교회건강론을 비난하는 것에 집중하는 것은 건강한 왕국적 사고방식이 아니라고까지 말한다.[282] 한마디로 스테처는 시대적인 상황과 부합하는 각 이론의 현실적 가치들의 존재를 인정하고 존중한다.

그뿐만이 아니라 실제 두 이론은 하나님 나라의 성장과 선교를 위한 호혜적 파트너로 거듭날 공통점과 장점이 많다. 물론 교회성장학이 보수주의와 자유주의 진영에서 많은 비판을 받은 것은 사실이지만, GOCN도 실용적 계획과 전략적 실천을 비판 없이 부정하지만은 않았다. 교회성장학을 좀 더 수정하고 보완하여 건설적으로 발전시킬 수 있다면, 선교적 교회론이 교회성장학과 교회건강론에 선교적 영향을 받았다면, 구속사적이고 약속사적인 선교신학을 통시적인 하나님의 선교로 해석할 수 있다면 둘의 절충은 얼마든지 가능하다. 이런 뜻에서 이 글이 주장하는 통섭적 교회성장 모형을 그림으로 표현하면 [그림 4]와 같다.

[그림 4] 통섭적 교회성장 모형

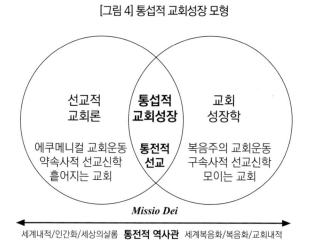

---

282 Ed Stetzer and David Putman, *Breaking the Missional Code: Your Church Can Become a Missionary in Your Community* (Nashville: B&H Academic, 2006), 50.

다음으로 통섭적 교회성장 원리를 그림으로 설명하면 [그림 5]와 같다.

[그림 5] 통섭적 교회성장 원리

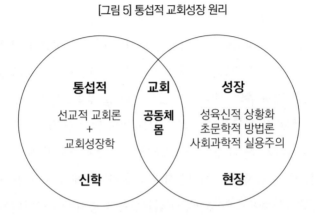

여기서 '통섭적'의 영역은 신학이 교회와 만나는 장소로 교회의 본질과 건강한 정체성에 초점을 둔다. 다음 '성장'의 영역은 현장이 교회와 만나는 장소로 세상과 공존하는 교회가 어떻게 성장할지에 대한 성육신적이고 사회과학적인 방법론에 초점을 둔다. 그리고 중간에 위치한 '교회'는 복음과 문화, 신학과 현장, 신앙과 세상, 이론과 방법을 연결하는 영적 매개체가 된다. 따라서 통섭적 교회성장은 내적 변화와 외적 증거, 내적 성장과 외적 성장의 균형을 추구하면서 통전사적으로 성장한다. 여기서 통전사적으로 성장한다는 말은 '미셔너리'와 '미셔널'의 의미와 차이를 두고 민감하게 논쟁하지 않는다는 뜻이다. 왜냐하면 하나님 나라의 성장을 위한 선교는 둘 모두를 포함할 뿐만 아니라 현재 선교적 교회는 보수적인 복음주의적 성장신학을 가진 한국교회의 상황 가운데에서 회자하고 있기 때문이다.

그런데 여기서 덧붙이면, 내적인 것이 반드시 외적 결과를 가져오는 원동력은 아니라는 것이다. 자연과학적으로는 내적인 것이 외적인 것에 영향을 주고, 내적 발달이 외적 발육으로 이어진다는 개념이 일반적이지만, 사회과학적으로는 외부적인 것이 내적 변화와 결과의 요인으로 작동하기도 한다. 이것은 필자가 통전적 역사관에 추가하여 이해한 선교의 방향(하나님→세상→교회)과도 비슷한 의미가 있다. 물론 일반적으로는 내적인 것이 외적인 것에 영향을 주는 것으로 이해하지만, 내적 성장에는 외적 에너지의 공급이 필요하다. 따라서 반드시 내적인 것이 외적인 것의 동력이라고 단정할 수는 없다. 성경에서 교회는 공동체적 관점에서 몸(생명체)으로 비유되지만, 실존하는 교회는 세상 문화와 사회구조 안에서 공존하기 때문에 영향력은 양쪽에서 나타난다.

그 때문에 교회는 균형 있는 성장을 위해 양방향 모두를 고려해야 한다. 하나는 유기적 생명체로서의 자연과학적 성장이고, 다른 하나는 사회적이고 지역적인 조직체로서의 사회과학적 성장이다. 그러니까 교회는 효율적인 성장 극대화를 위해 내적이고 외적인 것 모두에서 동력을 공급받을 수 있어야 한다. 달리 표현하면, 모이고 흩어지는 교회는 세상의 힘을 비판적으로 공급받음으로써 더 역동적인 등가 교회가 된다.

그러나 동력 전달의 차원에서 이 둘보다 더 중요한 것은, 교회성장은 자연과학적이거나 사회과학적인 이해만으로는 충분히 해석할 수 없는 '영적 공동체'라는 점이다. 영적 공동체는 태생적으로 성령에 의해 형성되었기 때문에 거룩하고 신비한 힘의 공급이 필요하며, 이 힘을 의존할 때라야 본질적 생존과 성장이 가능하다. 바꾸어 말하면, 영적 에너지가 고갈된 교회는 본질적 속성을 자연스럽게 상실하게 되고, 그 역동성은 점점 소멸할 수밖에 없다. 이때 하나님 나라는 이상에 불과해지고, 인간적 본능과 죄의 속성이 활개 치게 된다.

그러니까 근본적으로 교회의 역동성은 영적 에너지의 공급 여부에 달렸다고 봐야 한다. 교회가 본질적 사명을 잘 감당하는 공동체로 성장하기 위해서는 계속하는 영적 에너지 공급이 필요하다. 만약 교회가 외부로부터 영적 에너지를 공급받았다면, 그것에 담긴 섭리와 신령한 메시지에 집중해야 한다. 여기서 중요한 것은 성경적 해석으로 이를 통해서 교회는 영적 힘을 얻고 나아갈 방향을 인지할 수 있다. 따라서 교회의 동력은 일차적으로 교회를 부르시고, 다시 세상으로 파송하신 삼위일체 하나님에서 찾아야 한다. 본디 기독공동체의 근본적인 동력은 내적 공동체성이나 사회적 관계성에서가 아니라 영적 관계로부터 출발해야 함을 절대 잊어서는 안 된다.

한 가지를 추가하면, 동력 전달의 방향에서 자연과학이 사회과학보다 덜 인위적이기 때문에 몸으로 비유된 교회공동체에 좀 더 부합하는 것처럼 여겨질 수 있다. 반면, 문명과 문화의 발달로 사회적 관계망이 복잡하게 얽힌 현대사회의 구조에서는 사회 문화적 환경들이 큰 영향력을 갖기 때문에 사회과학적인 것이 교회를 더 자극하고 움직이게 하는 것처럼 여겨질 수 있다. 그러나 교회는 본디 영적인 공동체로서 먼저 하나님과의 관계를 올바로 형성할 때라야 세상과의 관계도 온전해질 수 있다. 결국, 교회를 향한 본질적 에너지는 위에서 아래로 흐르는 법이다. 부르심과 보내심은 교회의 존재 방식과 직결하지만, 이는 동력 전달의 신학적 의미로도 해석할 수 있다. 따라서 모든 교회와 그리스도인은 공적 모임을 통해 영적 동력을 공급받고, 영적 동력을 공급받은 공동체는 내적 변화와 외적 증거가 되도록 통전적 실행력을 가져야 한다. 그리고 이 힘을 가지고 흩어진 교회는 세상으로 파송된 선교적 공동체로서의 책무를 다하면서 다시 그 힘을 얻기 위해 모이는 공동체로 존재해야 한다.

이제 다음으로 살필 것은 두 이론을 붙드는 신학적 공통점이다. 왜냐하면 이것은 통섭적 교회성장의 원리를 도출하기 위한 매우 중요한 신학적 작업이기 때문이다. 따라서 하나님 나라와 그 나라의 성장적 관점에서 성경적으로 올바른 교회는 무엇을 기초로 세워지는지, 또 선교적 성장을 이끄는 건강한 교회의 골격 구조는 무엇인지에 대해 살펴보도록 하겠다.

제4장

통섭적 교회성장을
이루는 네 기둥

제4장 통섭적 교회성장을
이루는 네 기둥

지금까지 필자는 하나님 나라의 성장, 하나님의 선교, 통전적 역사관을 살펴보면서 교회성장학과 선교적 교회론의 합치 가능성을 설명하고 주장했다. 따라서 이 장에서는 두 이론의 신학적 공통점을 통해 통섭적 교회성장을 이루는 신학적 기둥이 무엇인지 살펴보고자 한다. 간략히 언급하면 그것은 모두 네 가지로 다음과 같다.

첫째, 삼위일체 하나님의 주권성이다. 이것은 교회와 선교의 주체가 삼위일체 하나님이시라는 말이다. 하나님께서는 자신의 나라를 위해 교회를 택하고 부르셔서 선교적 사명을 감당케 하신다. 또한, 성령께서는 이를 위해 하나님 나라의 역동성으로 예수 그리스도와 연합한 교회를 성장시키신다. 따라서 교회갱신론과 교회건강론을 포함하여 교회성장과 함께 선교적 본질을 감당케 하는 분은 삼위 하나님이시다.

둘째, 교회성장과 선교의 유기적 관계성은 교회성장과 선교가 본디 하나님 나라의 성장을 위한 동역적 관계라는 말이다. 교회성장학이 교회 중심적, 외적 성장, 실용주의적 방법론에 치중함으로써 결과 중심적이라는 비판을 받아왔지만, 근본적으로 교회성장과 선교는 하나님 나라를 위한 선교적 관점과 분리할 수 없다. 따라서 이 둘의 관계성에 대한 올바른 해석은 인과론적이어서는 안 된다. 곧 교회성장과 선교의 궁극적인 목적은 같은 하나님 나라의 성장이다.

셋째, 성경적 세계관의 비판적 실재론은 복음의 불변성을 견지하면서 성경 본문에 대한 해석과 그에 따른 활동이 어느 시대와 문화를 막론하고 비판적으로 이루어져야 한다는 말이다. 교회는 성육신적인 비판적 상황화의 형태를 가지고 세상으로 들어가지만, 효과적인 복음증거와 하나님 나라의 구현을 위해 시대 문화적으로 적절한 사회과학적 방법들도 충분히 모색하고 활용할 수 있어야 한다.

넷째, 종말론적 관점의 선교신학적 교회론은 '이미'와 '아직'의 긴장 안에서 현재성과 미래성을 함께 이해하고 추구하는 교회론이라는 말이다. 그 때문에 교회의 선교 방향은 구속사적 측면에서 내세적 차원과 약속사적 측면에서 현세적 차원을 균형 있게 추구하면서 하나님의 주권적 통치를 구현해 나갈 수 있어야 한다.

1. 삼위일체 하나님의 주권성

전통적 교회성장학은 '하나님의 가장 큰 소원이 무엇인가?'라는 물음에서 출발한다. 이것에 대한 답으로 맥가브란은 '잃은 자들을 되찾는 것'이라고 말한다. 곧 인간이 예수 그리스도와 구속적 관계에 이르고 그분의 이름으로 세례를 받아 하나님의 가족 구성원이 되는 것이라고 정의한다. 그에게 선교는 거대하고 지속적인 일종의 거룩한 되찾음(divine finding)으로서[283] 이를 위해서는 예수 그리스도와 한 몸 된 교회를 성장시키는 것이고, 이것은 다시 무엇과도 바꿀 수 없는 하나님 선

---

[283] 도널드 맥가브란, 『교회성장 이해』, 55.

교의 목적이 된다.

맥가브란은 교회성장을 위해 부흥과의 관계를 하나님의 관점에서 이해하면서 에드윈 오르(J. Edwin Orr)의 부흥, 곧 복음적 각성(evangelical awakenings)을 언급한다. 오르에 의하면, "복음적 각성은 신약성경적 기독교의 부흥을 일으키는, 그리스도의 교회 안에서 역사하시는 성령의 활동"으로써 기도와 말씀의 공급을 조건으로 한다.[284] 여기서 신앙적 부흥의 결과는 신약성경적 기독교를 회복하는 것으로, 신자들이 성령으로 인해 새로운 능력을 체험하게 되면 복음에 대한 열정을 가지고 선포하게 되는 일반적인 유형으로 나타난다. 또한, 교회 안에서 일어난 부흥은 회심자를 계속 생산하면서 더 큰 교회성장으로 이어진다. 그래서 맥가브란은, "부흥은 기관차의 증기압과 같다. 증기압이 없으면 기관차는 움직이지 않는다."라고 말하면서 신약 시대의 오순절 사건을 예로 둘의 긴밀한 관계를 설명한다.[285] 그리고 맥가브란은 성장의 중요한 요인으로 하나님께서 세우시는 교회로서 신적 치료(divine healing)를 교회성장과 연결한다. 말하자면, 맥가브란에게서 교회성장은 단지 개체 교회 성장만을 위한 것이 아니라 선교의 가장 중요한 목적이며, 근본적으로 이것은 인간에 의한 것이 아닌 삼위일체 하나님의 힘으로 이루어진다.

이런 맥락에서 그는 많은 사람의 구원이 하나님의 방법, 곧 성경적 원리를 존중할 때 가능하다고 강조한다. 이 성경적 원리에 대한 존중은 7가지로 정리할 수 있는데, 1) 성경을 최종 권위로 받아들이는 것, 2) 그리스도 밖에 있는 사람들을 잃어버린 영혼으로 보는 것, 3) 하나님의 사랑과 관심이 모든 사람을 위한 것임을 긍정하는 것, 4) 그리스도가 유일한 길임을 믿는 것, 5) 성령의 인도하심에 순종하는 것, 6) 교

---

284 Ibid., 233.
285 Ibid., 249.

회성장을 위해 이해심을 갖고 기도하는 것, 7) 교회를 그리스도의 몸으로 이해하는 것이다.[286] 그는 교회성장을 "하나님께 대한 순종이지 어떤 프로그램이나 그래프상의 선이나 무슨 새로운 방법론 또는 지나가는 일시적 유행"이 아니라고 말한다.[287] 이런 이유로 교회성장학은 삼위일체 하나님의 선교적 관점에서 사회과학적 방법들을 모색하고 활용하려고 한다.

또한, 와그너는 교회성장학의 신학적 전제를 다섯 가지로 언급하는데, 그것은, 1) 하나님의 영광이 인간의 으뜸가는 목적이라는 것, 2) 예수 그리스도의 주되심, 3) 성서의 규범적 권위, 4) 죄, 구원 및 영원한 사망의 궁극적이고 종말론적인 실재, 5) 성령의 직접적인 사역이다.[288] 그는 맥가브란이 하나님께 대한 충성이라고 말한 교회성장을 하나님께 대한 신실함이라고 바꾸어 말하면서 교회성장을, "사람을 낚는 어부가 되는 것, 복음을 모든 사람에게 전하는 것, 모든 족속으로 제자삼는 것, 아버지와 아들과 성령의 이름으로 믿는 자들에게 세례를 주는 것이다. 구원, 구속, 의인 또는 중생은 그 어떤 신인 협동설도 인정치 않는 성령의 오로지 주권적인 행위들"이라고 정의한다.[289] 그러니까 그의 교회성장신학에도 삼위일체 하나님의 주권성은 뚜렷이 나타난다. 덧붙이면, 그는 하나님의 주권, 복음의 원상, 문화적 위임을 교회성장의 고상한 열망이라고 말하면서 이것들이 교회성장과 왜 대립하는지 교회성장학 비판자들에게 의문을 제기한다.

이것은 자연적 교회성장론에서도 마찬가지로 나타난다. 슈바르츠는 하나님의 본성적 측면을 활동적 영역의 빨간색(복음주의와 제자화,

---

286 도널드 맥가브란·윈필드 아안, 『교회 성장의 열 단계』, 오태용 역 (서울: 신망애, 1993), 34-46.
287 Ibid., 144.
288 피터 와그너, 『교회 성장에 대한 신학적 이해』, 16-17.
289 Ibid., 113.

구원의 계시), 이성적 영역의 초록색(공평함과 사회정의, 창조의 계시), 감성적 영역의 파란색(정서적 균형과 영적 능력, 인격적 계시)으로 설명하면서 이를 개인과 교회성장에 적용할 것을 권고한다.[290] 여기서 그는 창조자 하나님을 '우리 위에 계신 하나님'으로, 예수님을 '우리 가운데 계신 하나님'으로, 성령님을 '우리 안에 계신 하나님'으로 표현하면서 신학적 연합과 균형을 강조한다. 그래서 그는 오늘날 기독교의 병리적 요인으로 이 세 가지 차원을 교회의 삶 속에 통합하려 하지 않고, 선호하는 한 가지만을 추구하는 경향 때문이라고 지적하면서 이성주의, 행동주의, 감정주의에 빠질 위험성을 경계한다.[291] 이처럼 슈바르츠도 삼위일체 나침반이란 용어 사용을 통해 삼위일체 하나님의 본성과 그에 상응하는 신학적 균형을 교회성장과 함께 강조한다.

이런 뜻에서 삼위일체 나침반은 복음주의와 에큐메니컬 신학의 연합과 균형에 대한 자연적 교회성장학의 의지로 보인다. 물론 슈바르츠가 '통전적 선교,' '통전적 신학'이라는 용어를 사용한 것은 아니지만, 그의 이론에는 통전적 신학의 기초라고 할 수 있는 삼위일체 하나님 관점의 성장신학을 살펴볼 수 있다. 그래서 그는 NCD를 교회 일치 운동이라고 설명한다. 그리고 이를 통해 서로의 사역을 훨씬 효과적으로 만들 수 있다고 말한다.[292] 이처럼 초교파적 통합에 의한 신학적 균형을 이루려는 교회 연합, 교회 일치에 대한 열심은 뉴비긴의 선교적 교회론에서도 잘 나타난다.

뉴비긴은 교회 연합과 일치를 통한 총체적인 복음이 온 세상을 향해 선포되어야 한다고 말하면서 선교의 근본적인 주권이 삼위일체 하나님께 있음을 강조한다. 이러한 관점은 저서 『삼위일체적 선교』

---

290 크리스티안 슈바르츠, 『자연적 교회성장, 한국교회를 바꾼다』, 46-71.
291 Ibid., 52, 58.
292 Ibid., 24.

(*Trinitarian Faith and Today's Mission*)에서 소개되는데, 그는 종래의 기독론적이고 교회론적인 측면에서 다루었던 선교의 성서신학적 연구를 삼위일체적 관점에서 이해하고자 했다. 그래서 뉴비긴은 교회를, "세계 모든 만민에게 하나님의 주권과 통치와 왕국의 복음을 선포하는 전달자(bearer)이다. …교회는 참되시고 살아 계신 하나님의 주권을 미리 맛보는 도구나 법적인 표지(sign)가 되는 것"이라고 강조한다.[293] 이런 뜻에서 뉴비긴은 선교적 교회의 필요성과 함께 하나님의 선교에 대한 이해를 삼위일체적 관점에서 다음과 같이 설명한다.

> 선교가 우리의 활동이 아니라는 점을 강조하는 것이 대단히 중요하다. 그것은 삼위 하나님의 활동이다. 성부 하나님은, 사람들이 자신을 인정하든 하지 않던, 그들의 마음과 생각 가운데 그리고 모든 피조물 가운데 쉬지 않고 일하고 계시며, 은혜로운 손길로 역사를 그 목표점까지 이끌고 계시고, 성자 하나님은 성육신을 통하여 이 피조물의 역사의 일부가 되셨고, 성령 하나님은 종말의 맛보기로서 교회에 능력을 주고 교회를 가르치기 위해, 그리고 세상에 대해 죄와 의와 심판에 관한 잘못된 생각을 깨우치기 위해 친히 오셨다. …이것이 선교의 일차적 본질이고 나머지는 부차적인 것이기 때문이다.[294]

이것은 교회의 선교사역이 삼위일체 하나님의 기독교 교리 안에서 이해되어야 한다는 뜻으로서, 성자께서 성령의 임재를 통해 성부에 대한 사랑으로 순종하신 것처럼 우리도 하나님의 활동에 참여하기 위해 초대받았고, 이것이 창조의 핵심이라는 말이다.[295] 결국, 교회가 창조된 목적은 창조 세계를 향한 삼위일체 하나님의 활동에 참여하기 위해서

---

293 Lesslie Newbigin, *Foolishness to the Greeks: The Gospel and Western Culture* (Grand Rapids MI: WM B. Eerdmans, 1986), 124.

294 레슬리 뉴비긴, 『다원주의 사회에서의 복음』, 255-256; 김종성, "비판적 상황화 관점에서 본 선교적 교회: 선교적 교회의 자선교신학화를 추구하며," 「선교신학」 제47집 (2017): 185-186.

295 Lesslie Newbigin, *Trinitarian Faith and Today's Mission* (Richmond: John Knox Press, 1963), 77-78.

라는 말이다. 이런 맥락에서 홍기영은 선교의 목적이 교회의 확장이 아니며, 하나님의 다스림을 창조 세계의 전 영역으로 확장함으로써 그분의 주권을 세우는 것이라고 말한다. 따라서 선교는 하나님 나라를 위한 것이며, 궁극적으로는 교회의 승리나 영광이 아닌 성령 안에서 아들을 통한 하나님의 영광이 선교의 목표라고 강조한다. 그래서 교회는 하나님의 선교적 도구이며, 그분의 선교적 대리자(agent)이다.[296]

또한, 스나이더는 교회가 먼저 해야 할 기도의 사항을 세 부분으로 나누어 설명한다. 그것은, 1) 세상의 갱신과 그리스도 몸의 연합으로 우리가 모두 하나가 되고, 세계가 예수의 진리를 알게 되는 것이고, 2) 세계 복음전도로 모든 사람이 복음을 듣고 이해하게 될 것이며, 모든 민족 가운데 충실한 제자들이 생기는 것이다(마 28:19-20), 마지막으로, 3) 가난한 사람들과 억압받는 사람들이 해방되어 생명을 얻으며, 메시아를 통한 세상의 정의가 정립되는 것이다. 그래서 스나이더는 이것이야말로 하나님께 교회가 드리는 기도의 초점이라고 말한다. 이런 뜻에서 스나이더가 말하는 교회는 그리스도와 연합한 몸이고, 성령의 공동체며, 하나님의 구속과 화해를 위한 대리인으로서 삼위일체 하나님의 주권을 드러내는 왕의 공동체다.[297] 따라서 스나이더가 주장하는 삼위일체적 교회론은 선교적 교회론과 생득적이고, 선교적 교회론은 삼위일체 하나님의 주권에서 출발하며, 선교는 교회의 본질이다.

같은 맥락에서 교회성장학과 선교적 교회론에 담긴 삼위일체 하나님의 주권성은 하나님 나라의 성장적 관점에서 좀 더 살펴볼 수 있다. 하지만 여기서 먼저 짚어 볼 것은 하나님 나라의 강조가 에큐메니컬 선교신학만의 것이 아니라는 점이다. 먼저 교회성장학에서 말하는 양적

---

296 홍기영, "선교적 교회론의 관점에서 본 선교," 206.
297 하워드 스나이더, 『하나님의 나라, 교회 그리고 세상』, 170.

성장을 하나님 나라의 성장적 관점에서 두 가지로 말하면, 하나는 개인 구원의 의미에서 회심 성장이고, 다른 하나는 재생산의 의미에서 소그룹의 재생산과 교회 개척의 번식 성장(multiplication)이다. 이는 마태복음 6장 18절의 "내가 이 반석 위에 내 교회를 세우리니 음부의 권세가 이기지 못하리라"라는 말씀을 근거로 교회성장학이 말하는 교회론의 의미를 교회의 본질과 하나님 나라와의 관계로 설명할 수 있다는 말이다. 따라서 지상의 모든 교회는 그 자체로 하나님 나라와 분리될 수 없다. 그러나 하나님 나라가 교회에 속하는 것은 아니다. 교회가 하나님의 구속적 공동체라는 점에서 하나님 나라와 관계가 있지만, 궁극적으로 교회성장은 하나님 나라의 성장을 위한 종속 개념이다.

그런데 이런 의미는 와그너에게도 나타난다. 그는 교회가 하나님 나라와 고스란히 동일시될 수는 없지만, 교회의 왕국적 표현, 곧 그리스도의 신부, 하나님의 권속, 성도로서의 부르심, 택하신 족속, 왕 같은 제사장, 거룩한 나라, 그의 소유된 백성이라는 성경적 증언을 주장한다. 다시 말해서 와그너가 이해하는 교회는 왕국을 생성하지 못하지만, 왕국에 대해 증언하는 왕국적 도구로서 하나님에 의해 현재의 세대에게 왕국을 해설해 주는 자로 임명받은 것은 오직 교회뿐이다.[298] 이것은 교회성장학의 교회성장과 선교적 교회론의 선교적 본질이 모두 종말론적이면서 하나님 나라의 성장과 깊이 연관이 있음을 의미한다. 단, 선교를 이해하는 개념적 차이가 있다면 교회성장학은 내세적 구원에 좀 더 집중하는 반면, 선교적 교회론은 현세적인 구원에 좀 더 집중한다고 볼 수 있다.

어찌 되었든 교회가 성장하면서 선교적 사명을 감당해야 하는 이유는 이 모두가 삼위 하나님의 계획과 구상, 의지와 실천에 기인하기

---

298 피터 와그너, 『교회성장에 대한 신학적 이해』, 31.

때문이다. 교회는 예수 그리스도를 통해 구원, 평화, 사랑, 정의가 모두 획득될 수 있음을 현재 상황에 맞게 증언하고, 이런 축복이 오는 시대에는 최종적이고 완전한 형태이지만, 아직은 불완전하기 때문에 '이미'와 '아직'의 긴장 관계 안에서 균형을 유지할 수 있어야 한다.[299] 이런 차원에서 교회성장은 하나님 나라의 통치와 주권을 드러내는 것으로서, 최종 목표는 하나님 나라의 성장이며, 그 때문에 두 학문이 추구하는 교회운동에는 하나님 주권 신학이 기초한다고 볼 수 있다.

언급한 것처럼 초기 교회성장학은 개인구령의 긴급성과 내세를 강조함으로써 하나님 나라에 대한 미래적 의미가 강했지만, 조금씩 창조세계의 샬롬을 추구하는 현재적 하나님 나라도 균형 있게 강조하고 있다는 것은 진보적으로 보인다. 결론을 맺으면, 교회성장학이든 선교적 교회론이든, 복음주의든 에큐메니컬이든 상관없이 본디 교회성장와 선교의 주체는 삼위일체 하나님이시다.

2. 교회성장과 선교의 유기적 관계성

교회성장학에서 교회의 본질은 복음전도와 교회 개척에 의한 '교회성장'이다. 왜냐하면 이 이론과 운동은 맥가브란이 신학적으로 '교회성장'이라는 용어를 사용하면서 출발했고, 초기 교회성장학은 잃어버린 영혼을 되찾으시는 하나님의 관점에서 영혼 구원과 지상교회의 선교적 사명을 중시하기 때문이다. 이런 이유로 전통적 교회성장학에 대한 올바른 이해는 왜 맥가브란과 와그너가 교회성장을 기독교의 목적으로 삼았는지를 살피는 것에서 출발해야 한다. 이에 맥가브란은 '미시

---

299 Ibid.

오 데이'를 언급하면서 선교 대위임령(마 28:18-20)과 하나님께 대한 충성심을 말한다. 또한, 그의 후계자인 와그너는 인간의 주목적을 '하나님께 대한 영광'이라고 말하면서 죄인의 구원과 함께 전 세계 신자들에게 역사하시는 성령을 강조한다. 그러니까 교회성장은 선교 대위임령에 순종함으로써 제자들이 날마다 늘어나고, 다시 그들이 교회에 책임 있는 구성원으로 정착하여 확증될 뿐만 아니라 이 모든 것이 성령에 의한 것으로서 믿는 자의 수가 많아지는 '회심 성장'을 매우 중요하게 여긴다.[300] 그래서 와그너는 교회성장을 단순히 개체 교회나 교인 수의 증가로 이해하는 것을 거부하고 '왕국성장'과 연결한다. 더 나아가 교회성장을 교파적인 자기 증식이나 인위적인 제도의 보존과 혼동해서는 안 된다고 힘주어 말한다. 이런 뜻에서 와그너는 어떤 종류의 성장이 일어나고 있는지 판별할 필요가 있다고 말하면서 교회성장 운동의 가장 큰 숙제는 참된 왕국 성장에 가장 가까운 성장, 곧 불신자가 신자로 변화하는 회심 성장의 조장임을 주장한다.[301]

따라서 세계 복음화를 강조하는 복음주의적 교회성장 운동을 하나님의 선교와 무관한, 개체 교회의 성장만을 추구하는 학문으로 이해하는 것은 큰 오해다. 이 학문의 순수한 궁극적인 목적은 기독교 왕국적 번성과 확장이 아니라 하나님께 영광, 하나님의 나라, 하나님의 선교와 잇닿는다. 그래서 교회성장학적 교회성장과 선교의 관계는 유기체적이며, 교회는 그리스도의 몸을 옳게 분변함으로써 성장한다. 이런 의미에서 맥가브란은, 교회는 유형적 실체로서 재생산이 없을 때 몸의 존재를 상실케 된다고 말한다.[302] 그러므로 교회의 성장과 교회의 선교는 하나님의 영광과 그 나라의 성장을 위한 종속 개념이다.

---

300 피터 와그너, 『교회 성장에 대한 신학적 이해』, 175.
301 Ibid., 32.
302 도널드 맥가브란·윈필드 아안, 『교회 성장의 열단계』, 76-77.

한편, 스나이더는 갱신주의적 관점에서 교회성장 운동이 올바르기 위해서는 교회를 하나님 나라의 역동적 공동체로 회복하라는 성경적 비전에서 출발해야 한다고 주장한다.[303] 그러나 그는 자연적 교회성장학을 하나님의 성령이 교회에서 방해받지 않고 최대로 움직일 수 있게 하는지, 이를 통해 하나님의 교회를 자라게 할 수 있는지가 이 운동의 가장 중요한 관심사라고 말하면서 이 학문은 교회를 살아 있는 유기체로 보고 하나님이 원래 심어 놓은 원리와 역동성에 따라 기능할 때 성장함을 주장하는 이론으로 이해한다.[304] 그래서 슈바르츠는 자연적 교회성장학을 하나님의 원리와 역동성에 의한 성장이론으로 여긴다.

슈바르츠는 생명체적 원리인 '번식'을 말하면서 예수의 사역을 대표적인 예로 드는데, 그는, "예수님은 먼저 제자들을 훈련하시고 그들에게 더 많은 제자를 양육하도록 명령하셨다. 예수님의 지상명령은 바로 계속된 번식의 명령이 아니고 무엇이겠는가?"[305] 라고 말하면서 재생산을 창조 세계에서 가장 자연스러운 현상으로 설명한다. 그래서 슈바르츠는, "사과나무의 참 열매는 사과가 아니라 또 다른 사과나무"[306] 라고 말한 맥가브란과의 대화를 언급하면서 이를 자신에게 전해준 그에게 감사를 표한다. 여기서 번식은 사과를 맺는 것으로 만족하지 않고, 열매를 생산할 수 있는 또 다른 사과나무로 새로운 소그룹, 새로운 복음전도자, 새로운 지도자를 배출하는 방식의 성장구조를 말한다.[307] 결국, 자연적 교회성장학이 말하는 교회는 개체 교회의 성장에서 멈추지 않고, 계속된 번식성장을 통해 세계를 향해 뻗어가는 '선교 지향적 교회'라고 말할 수 있다. 달리 표현하면 '선교하므로 성장하는 교회'라

303 엘머 타운즈 외 4인, 『교회성장 운동 어떻게 볼 것인가』, 34.
304 Ibid., 198.
305 크리스티안 슈바르츠, 『자연적 교회성장, 한국교회를 바꾼다』, 94.
306 Ibid., 95.
307 Ibid.

고 말할 수 있다.

여기서 잠시 교회성장과 선교의 관계를 살핀 이후천의 설명을 들어보자. 그는 전통적 교회성장학이 교회성장 운동으로 발전하게 된 동인을 세 가지로 언급한다. 그것은, 1) 전통적 인간중심의 선교 개념 및 WCC 신학 노선에 대한 반작용으로서의 전개, 2) 미국 교회성장연구소의 역할, 3) 1955년에 출판한 맥가브란의 『하나님의 선교전략』(The Bridges of God: A Study in the Strategy of Missions)이 그 실마리를 열었다고 주장한다.[308] 달리 말하면, 교회성장학은 복음주의적 신학에 기초한 선교학적 이론이라는 말이다. 더 나아가 교회성장학은 세계선교신학의 역사적 흐름 안에서 점점 문화적 위임을 수용하는 등 많은 신학적 변화를 경험해왔다. 그 결과 협의적이었던 선교 개념이 많은 성찰을 통해 광의적인 선교 개념으로 발전했다. 이런 복음주의 신학의 변천사를 고려할 때 교회성장학과 통전적 선교신학은 절대 무관하지 않다. 와그너는 교회성장학의 주요 논쟁점 중 신학적 문제로서 선교를 다음과 같이 정의한다.

> 선교의 중심적 목표는 길을 잃고 방황하는 사람들을 발견하여 우선 그들 자신과 화해하게 하고, 교회의 책임 있는 일원으로 받아들이는 것이어야 하며, 또한 복음전도 활동은 그 성과를 무시하고 단순히 복음을 선포하는 것이 아니라, 주님의 제자로 훈련해 나아가는 과정으로 이해되어야 한다.[309] 선교(mission)는 하나님께서 자기 백성을 세계 여러 곳에 보내는 것을 위한 과제로 복음전도위임과 문화위임을 포함한다.[310]

---

308 The Bridges of God: A Study in the Strategy of Missions은 『하나님의 선교전략』이라는 제목으로 이광순에 의해 한국장로교 출판사에서 1993년에 번역, 출판되었다. 이후천, "교회성장운동의 신학." 39.
309 피터 와그너, 『교회성장학 개론』, 11-12.
310 Ibid., 359.

특히 현대 선교신학은 2000년대에 접어들면서 복음주의와 에큐메니컬 선교신학의 방향을 모두 포함하게 되었는데, 이런 신학적 흐름에서 교회성장학적 교회성장을 현대 선교신학적으로 말한다면 '선교 지향적 교회 성장'이라고 말할 수 있을 것이다. 그러니까 교회 운동사적으로 교회론의 강조점이 교회성장인지 아니면 선교인지는 역사적으로 복음주의와 에큐메니컬 선교신학의 흐름과도 관계된다. 따라서 교회의 본질적 측면에서 단순히 교회성장학의 교회성장을 사회과학적 학문으로만 여겨 선교적 교회론과 대치시키는 것은 교회성장학에 대한 올바른 이해가 아니다. 현대 선교신학이 선교적으로 교회성장학을 이해한다면 선교와 전도라는 이분법적 도식을 극복하고, 하나님의 선교적 관점에서 교회성장학적 선교 개념을 아우를 수 있어야 한다. 물론 두 이론의 견해는 구분되어야 하지만, 교회성장학적 선교 개념은 하나님의 선교적 관점에서 재해석될 수 있다.

덧붙이면, GOCN은 선교적 교회론의 핵심 논점 중 하나로 이것이 교회론에 관한 것인지 아니면 교회의 기능(실천) 중 선교가 중심 위치를 점해야 한다는 것인지에 대한 갈등을 겪고 있다.[311] 그 때문에 이러한 현실적 문제에 직면한 현대 선교신학은 복음주의 신학과 에큐메니컬 신학과의 논의를 통해 좀 더 균형과 조화를 이루어야 할 과제를 안고 있다.

한편, 뉴비긴은 오늘날 교회가 본질적 성격을 파악하지 못하는 몇 가지 증거로, 1) 교회(modality)와 선교회(sodality)의 이분화, 2) 선교 사역의 확장에 대한 그릇된 이해, 3) 온전한 구원관의 부재로 인한 교회의 내향적 자세를 경계하고 지적한다. 이런 사고는 전통적이고 교회 중

---

311 이 논의에서 교회론에 초점을 둔 대표적인 학자는 구더와 힌스버그이고, 기능적 실천에 초점에 둔 학자는 벤 겔더와 록스버그(Alan J. Roxburgh)다. 신경규, "선교적 교회론의 과제에 관한 통합적 고찰," 260-261.

심적인 축소주의적 관점이기에 교회는 선교적 본질에 충실해야 한다는 말이다. 그는 선교의 책임을 이행함으로써 교인 교육이 이루어지기 때문에 '신앙 강화'(consolidation)는 진전의 대안이 아니고, 진전이 신앙 강화의 방법이라고 주장한다.[312] 그래서 뉴비긴은 '안이 먼저, 밖은 나중,' '선 교육 후 선교'의 관점을 비판한다.

그런데 여기서 유념할 것은 뉴비긴의 이 말은 전통적인 교회 중심적 가치관에서 형성된 기독교 세계를 염두에 두고, 보편적 구원의 표지로서 교회의 선교적 본질을 강조하기 위함이지 그가 극단적인 에큐메니스트로서 교회보다 세상의 샬롬을 더 추구하기 때문은 아니다. 오히려 뉴비긴은 교회의 선교적 본질을 지나치게 강조한 채 교회를 단지 선교적 기능으로만 규정짓는 호켄다이크의 주장을 지적한다.[313] 그 반론으로 교회는 하늘나라를 미리 맛보는 공동체로서 그 나라의 증인과 도구가 될 수 있고, 하나의 수단에 그치지 않기 때문에 수단이 될 수 있다고 그는 설명한다. 또한, 교회가 수단이라면 구원의 본질 자체와 조화를 이루어야 한다고 주장한다. 다시 말해서 본질적 교회는 교회 자체가 그리스도 안에서 화목한 교제를 나누고, 아버지의 사랑 안에서 서로 결속된 건강한 공동체여야 한다는 말이다. 이런 의미에서 교회는 수단임과 동시에 목적이다. 만약 교회가 선교적 성격을 지니지 않았다면 그만큼 교회는 기형적이며, 선교적 정체성을 가진 교회야말로 진정한 교회다.[314] 따라서 뉴비긴에게서 교회의 건강성과 선교의 관계는 선교적 정체성과 연결되어 이해된다.

그러면 벤 엥겐의 주장은 어떨까? 벤 엥겐은 교회의 부르심을 본질적 속성과 함께 성장적 차원과 결부하여 해석한다. 그는 교회를 하나

---

312 레슬리 뉴비긴, 『교회란 무엇인가?』, 176-179.
313 Ibid., 179.
314 Ibid., 179-181.

님 나라와의 역동적 관계에 있고, 이 역동성은 하나님 나라가 가진 능력으로 이해한다. 그래서 교회는 하나님 나라가 가진 역동적 능력을 의지할 때 성장한다.[315] 여기서 교회를 성장케 하는 능력의 주체는 성령으로, 성령께서는 교회가 선교적 정체성 안에서 성장하도록 역사하신다. 그 때문에 교회는 하나님 나라의 역동적 능력을 부으시는 성령에 의해 그리스도의 영적인 몸으로 성장한다. 교회는 "성도를 온전케 하며 봉사의 일을 하게 하며 그리스도의 몸을 세우려"(엡 4:12)는 사역을 통해 건강한 성장을 이룬다. 한마디로 벤 엥겐의 선교적 교회는 그리스도의 몸으로서 유기체적으로 성장한다. 그래서 벤 엥겐은 중도주의적 관점에서 교회성장 운동이 전도에 초점을 맞추고는 있지만, 실제로는 선교학의 한 가지로 이해한다.[316] 또한, 벤 엥겐은 교회와 선교의 관계를 대조적으로 이해하는 일반적 견해를 풍자적이라고 말한다. 그는, "교회의 본질을 이해하지 못하고는 선교를 이해할 수 없고, 교회의 선교를 간과하고서는 선교를 이해할 수 없다."라고 설명한다.[317]

그렇다면 선교적 교회론자들의 주장과 이 글에서 살펴본 교회성장학자들이 말하는 교회의 궁극적인 목적과 본질이 상치한다고 볼 수 있을까? 결론적으로, 선교적 교회론자들에게 교회의 선교적 본질은 교회성장이나 교회갱신과 무관하지 않다. 오히려 교회성장과 교회갱신은 선교적 본질을 구현하는 과정처럼 보일지 모르나 이미 그것은 선교신학적으로 해석해야 한다. 앞서 말했듯이 뉴비긴이 교회와 선교 사이에서 선교적 본질을 강조한 것은 축소주의적이고 보수적인 기독교 왕국적 교회성장(확장) 운동을 우려해서 한 말이지 선교적 교회론자들에게 교회성장은 교회의 본질인 선교와 긴밀하다. 따라서 교회성장과

---

315 찰스 벤 엥겐, 『하나님의 선교적 교회』, 38.
316 엘머 타운즈 외 4인, 『교회성장 운동 어떻게 볼 것인가』, 33.
317 찰스 벤 엥겐, 『하나님의 선교적 교회』, 41, 44.

선교의 관계는 생득적으로 하나님 나라의 성장을 위한 유기적 관계다.

3. 성경적 세계관의 비판적 실재론

찰스 크래프트에 따르면, 성경적 기독교는 궁극적인 충성에 있어서
는 차이를 인정하지 않지만, 이해하는 방식이 다른 것에 대해서는 현실
적 입장을 취하는 성경적인 비판적 실재를 강조한다.[318] 그는 폴 히버트
(Paul Hiebert)의 도움을 받아 신학적 견해를 이해하는 두 가지 차원의 Y
축과 X축의 사분면 모델을 다음과 같이 제시한다.

[그림 6] 신학적 입장을 이해하는 두 가지 차원 모델[319]

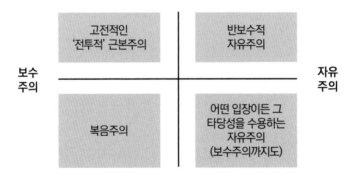

개혁과 다양성에 대한 폐쇄성

고전적인 '전투적' 근본주의

반보수적 자유주의

보수주의

자유주의

복음주의

어떤 입장이든 그 타당성을 수용하는 자유주의 (보수주의까지도)

개혁과 다양성에 대한 개방성

---

318 찰스 H. 크래프트, 『기독교와 문화』, 93, 102.
319 Ibid., 103.

크래프트는 이 모델의 성경적 근거로, 신약에 나타난 기독교는 역동적이고, 수용적이며, 위험을 감수하면서도 옛날의 이해 방법보다는 성령의 능력 안에서 실존적이고 미래적인 것에 현실적으로 직면하려는 욕구가 있었다고 말한다.[320] 초대교회는 보통 이방인들이 기독인으로 전환할 때 유대 문화로 회심하기를 요구했지만, 바울, 바나바, 베드로는 그러한 관습법을 바꾸자고 주창했다고 크래프트는 말한다. 그 결과 예루살렘 공의회에 모인 교회 지도자들은 새롭게 변화된 상황에 실재적으로 접근하는 그들의 방법을 채택하도록 다른 모든 지도자에게 허용했음을 강조한다(행 15:19-29).[321] 이런 뜻에서 크래프트는 복음주의자들 중에도 개방적인 사람이 있지만, 자유주의자들 중에도 폐쇄적인 사람이 있다고 말한다. 그러나 초기 제자들에게서 볼 수 있는 것은 예수님과 사도들의 삶에 참여하는 생활로 인해 야기되는 것은 일종의 영향력이었기 때문에 기독교의 진리는 정적인 진술에 불과한 지시적인 신용장만이 아닌 역동적이고 충격적인 변화된 행동으로 드러났다고 그는 강조한다.[322]

이런 맥락에서 크래프트는 기독교와 인간 문화 간 관계의 새로운 이해 방법을 위해 문화 인류학(언어학 포함), 커뮤니케이션과 과학(성경 번역 이론 포함), 타문화적 신학(상황화 신학)의 필요성을 주장한다.[323] 여기서 중요한 것은, 기독교 진리는 폐쇄적이고 배타적인 정적인 것이 아니라 개방적이고 상대적인 다양성을 인정하는 것으로서 시대 문화적인 역동적 성장의 방향으로 그 이해의 폭을 확장할 수 있어야 한다는 것이다.

---

320 Ibid., 100-104.
321 Ibid., 100.
322 Ibid., 101, 103-104.
323 Ibid., 105.

이런 이유로 성경적 세계관의 비판적 실재론은 두 가지 실재에 대한 인정을 기초로 한다. 그것은 하나님의 절대성과 인간의 상대성으로서, 이 둘은 복음의 상황화가 아무런 변화의 능력 없이 단순히 지역문화를 답습하여 고착하는 수동적이고 타협적인 적응 정도로 머무는 것을 허락지 않는다. 이 둘은 성경적 세계관을 기초로 비판적 해석과 실행을 통해 그 문화의 고유한 성격을 이해하면서 기독교의 진리를 효과적이고 성공적으로 전달하게 한다. 그뿐만 아니라 하나님의 선교적 증거가 인격적이면서 변혁적인 성향이 있게 한다. 따라서 자민족중심주의(ethnocentrism) 선교는 기본적으로 비판적 실재론의 전제를 충분히 살핀 것이라고 말할 수 없다. 왜냐하면 그 중심의 선교 개념에는 하나님 중심적이기보다 전통적이고 식민주의적인 교회 중심적 선교 개념의 경향을 띠기 때문이다. 또한, 그것은 하나님의 선교신학적 관점에서 보편적 선민사상이 아닌 유대교와의 연속선상에서 이해하는 선택적 선민사상의 개념에 가깝고, 더불어 그것은 문화적 상대주의의 반대편에 주로 위치하기 때문이다.

하지만 와그너는, 교회성장학의 실용주의적 접근에는 방법론적인 자민족중심주의가 있다고 말한다. 그런데도 교회성장학은 문화적, 역사적, 신학적 근거로부터 실용주의가 파생된다고 본다.[324] 그는 구원의 문제, 곧 영혼 구원은 복음전도의 실행을 요구하지 문화 위임은 영혼을 구원하지 못한다고 말하면서 "복음전도의 위임이 없으면 빛도 없다. 복음전도 위임이 없으면 소금도 없다."라고 주장한다. 그러나 그는 곧장 이 말을 바꾸어 "복음전도 위임의 '선행의' 작용 없이는 전체론적 선교의 또 다른 부분, 곧 문화위임의 이행을 계속 수행할 사람은 한 사람도

---

324 피터 와그너, 『교회성장에 대한 신학적 이해』, 104.

없을 것이다.”라고 덧붙인다.[325] 그러니까 교회성장학의 자민족중심주의는 하나님의 영광과 순종을 위한 것이지 문화 제국주의적 차원이 아니라는 말이다. 그러나 교회와 세상의 관계에 대한 교회성장론자들의 일반적인 해석은 복음주의적인 창조적 긴장 관계로 이해한다. 이런 측면에서 교회성장론자들은 교회가 세상과 대조적인 존재로서의 구별된 영향력을 발휘하기를 더 기대한다.

그러나 와그너는 ‘수용자 중심의 윤리’라고 부르는 선교신학자들의 말을 귀담아듣는다. 그는 어떤 특정한 시간과 장소에서 살아가는 사람들의 회심을 어떤 윤리적 근거로 그들의 회심 여부를 판단할 수 있느냐는 질문에서 그것을 판단하는 사람이 복음 전도자인지 아니면 복음 수용자인지에 대해 뉴비긴의 입장을 지지한다. 만약, 복음 전도자가 그런 권리를 가진 자라고 한다면 그것이야말로 율법주의라는 것이다.[326] 와그너는, 죄책감이 단순한 수치심과 문화적 차이로 나타날 두려움으로 이해될 가능성이 있다고 말하면서 그 안에는 진정한 의미의 죄의식이 전혀 포함되지 않을 수 있으므로 정확한 죄책감을 느끼도록 불신자의 삶에서 역사하시는 성령을 의지해야 한다고 주장한다. 그래서 성령께서는 종종 복음 전도자의 말씀을 사용하여 구체적인 죄의식이나 다른 필요를 표면적으로 나타나게 한다고 말한다.[327]

이런 맥락에서 와그너는 기능주의적 문화인류학이 교회성장 운동에 가장 많은 영향을 끼친 사회과학이라고 말하면서 교회성장학적으로 문화 변화 이론이 현대 인류학의 중요한 일부임을 인정한다. 그러나 와그너는 폴 히버트와 찰스 크래프트를 언급하면서 기독교의 도입은 그 문화를 결속시키고 있는 가치관과 행동유형들의 근본적인 체계를

---

325 Ibid., 136.
326 Ibid., 181.
327 Ibid.

무너뜨리지 못한다고 단언한다. 그래서 그는 거의 모든 문화와 융합할 수 있는 기독교의 내재적인 능력은 심오한 신학적 의미에서 성육신 자체를 반영한 것으로서, 하나님은 우리에게 그의 언어를 배우도록 하시지 않고, 자신이 우리의 언어를 배우셨다는 크래프트의 주장을 인용한다.[328] 이런 뜻에서 와그너는 교회성장 운동이 복음전도 위임을 수행하기 때문에 끊임없이 사회변화를 촉진하며, 복음이 새로운 문화에 도입될 때마다 변화가 일어난다고 말한다. 그 때문에 와그너는 교회성장 운동이나 이를 뒷받침하는 문화인류학이 변화에 반대한다는 비평은 잘못된 것이라고 지적한다. 교회성장 운동은 기능주의적 진영에 기울어져 있기 때문에 최소한의 문화적 변화를 지지하며, 수용자 중심적이기 때문에 외부로부터 도입되는 사회변화에 대해 의심하지는 않지만, 매우 신중한 태도를 보인다는 것이다.[329]

따라서 교회성장학의 실용주의적 접근 방법에 자민족중심주의가 있다고 해서 텍스트만 강조하고 콘텍스트를 대수롭지 않게 여기는 것으로 간주하는 것은 이 학문에 대한 올바른 이해가 아니다. 오히려 교회성장학은 영혼의 중요성 때문에 콘텍스트, 곧 상황을 더욱더 살핀다. 그래서 와그너는 교회성장학의 기능주의적이고 사회과학적인 방법론의 사용을 "성화 된 실용주의"라고 말한다.

이처럼 복음주의적 선교 개념에 기초한 교회성장학이 문화위임을 어떻게 수행할 것인지에 대해 고민한다는 것은 그 자체로 이미 이 학문이 그 나름의 비판적 실재론적 관점을 견지한다고 볼 수 있다. 따라서 맥가브란이 인종, 언어, 계급의 여러 사회적 장벽을 넘지 않으면서 복음전도를 주장한 것은 현지 문화적 선교방식으로 오히려 기독교 신

---

[328] Ibid., 193-195.
[329] Ibid., 195.

앙이 "벽과 해자"[330]를 넘어 전달됨으로써 그 문화적 상황에 맞는 복음으로 토착화되기를 바랐던 것이다. 그래서 박보경 교수(장신대 선교신학)는 그를 실용주의에 근거하여 사회학, 문화인류학, 행동과학을 교회성장을 위해 인용했다고 말한다.[331] 이런 뜻에서 맥가브란은 교회성장의 원리로 동질 집단과 수용성의 원리를 주장한 것이다. 물론 동질 집단의 원리는 인종적 개념에서 착안한 것이기는 하나 실제 그것은 매우 신축성 있게 활용할 수 있는 개념이다. 왜냐하면 이것은 다양한 사회의 소집단에서 '우리'(We)와 '그들'(They)로 대변되는 사회적이고 문화적인 구분을 모두 포함할 수 있기 때문이다.[332] 중요한 것은 이 원리가 꼭 그래야만 한다는 원칙적 개념이 아니라 상황에 맞게 적절히 활용할 수 있는 신축성 있는 개념이라는 점이다.

한편, 자연적 교회성장학에서 문화인류학이나 상황화 신학을 구체적으로 살피기는 다소 피상적이고 빈약해 보인다. 그러나 문화와 상황에 대한 슈바르츠의 이해를 해보면, '범문화적'이라는 것은 특정 문화의 특성보다는 모든 문화권에 사는 크리스천들에게 적용이 가능한 건강한 교회의 원리를 보는 것이며, 다양한 문화와 교단의 공존 그리고 협력을 위해 하나의 신학적 개념을 제시하기 위해 '보편적 신학'을 추구한다고 그는 말한다.[333] 또한, 그는 나라별 최소치와 최대치 요소, 교파별 최대치와 최소치 요소 및 신학적 관점을 인정하면서 교회 일치를 지향한다. 그리고 슈바르츠는 생명체적 원리 중 공생에 대한 설명으로 경쟁과 단일문화를 경계하고, 상대적 다양성에 호감을 표하면서 이것이 공생의 진정한 의미가 되려면 호혜적인 지도력이 필요하다고 말한

---

330 도널드 맥가브란, 『교회성장 이해』, 279.
331 박보경, "통전적 관점의 교회성장과 전도," 138-139.
332 Ibid., 136.
333 크리스티안 슈바르츠, 『자연적 교회성장, 한국교회를 바꾼다』, 156.

다. 그뿐만이 아니라 문화, 양식, 신학적 견해의 극단적 차이가 상호의 존적이고 조화를 이루도록 실제적 공생을 보여주는 것이 우리의 중요한 사역이라고 말한다.[334] 이를 통해 볼 때 전통적 교회성장학이 타문화권에 대한 고려에서 태동했다면, 자연적 교회성장학은 타문화권에서도 성장하는 교회에 대한 경청에서 태동한 이론이라고 말할 수 있다.

정리하면, 교회성장학이 다소 선교적 교회론보다 상황화 신학이 빈약한 것은 사실이나 교회성장학은 효과적인 복음전도와 교회성장을 위한 문화 상대주의적 관점을 취한다. 맥가브란도 하나님의 종들은 급변하는 세상에서 하나님의 선교를 수행하기 때문에 봉사 사역(섬김)과 교회 개척(전도)의 비율이 끊임없이 조정되어야 한다고 주장했다.[335] 따라서 교회성장학은 복음에 대한 절대적 고수와 함께 문화인류학, 사회학, 역사학, 행동과학, 커뮤니케이션 사회과학의 성격을 지닌 성경적 세계관의 비판적 실재론적인 학문이라고 말할 수 있다.

한편, 헌스버거는 뉴비긴의 선교적 교회론을 복음과 문화와 교회의 삼중 모델로 설명한다. 여기서 그는 복음이 문화적으로 제약을 받을 수밖에 없지만, 이에 따라 너무 이국적이거나 낭만적으로 혼합하는 것을 거부하는 비판적인 관점을 견지한다. 복음은 문화적 옷을 입음으로써 구체화하지만, 그것은 성경의 문화를 포함하여 모든 문화에 문제를 제기할 수 있어야 한다. 따라서 선교는, 1) 수용자 문화의 언어로 이루어져야 하고, 2) 진정한 복음의 커뮤니케이션은 철저한 회심을 요구하며, 3) 이런 인간의 변화는 오직 초자연적인 하나님의 사역이다.[336] 그 때문에 복음과 문화의 만남은 선교적 공동체와 선교의 대상인 공동체 간의 복

---

334 Ibid., 100-101.
335 도널드 맥가브란, 『교회성장 이해』, 56.
336 Lesslie Newbigin, *Foolishness to the Greeks*, 5-6; 최형근, "레슬리 뉴비긴(Lesslie Newbigin)의 선교적 교회론," 한국선교신학회 편, 『선교적 교회론과 한국교회』 (서울: 대한기독교서회, 2015), 87.

합적인 만남과 소통 안에서 발생하며, 선교적 증거는 교회의 문화와 다른 문화 사이에서 교회가 문화적 상대성을 가지고 그들을 존중함과 동시에 그들의 언어와 문화에 대한 앎과 도전을 통해 이루어진다.[337]

같은 맥락에서 스나이더는 포도주(복음)와 가죽 부대(교회)의 관계와 함께 현대의 도시 사회에 적당한 가죽 부대로서 교회에 관심을 기울인다. 왜냐하면 교회는 복음과 세계의 만남을 주선하는 접촉점이기 때문에 "복음이 인간 문화에 접촉할 때 이루어진다."[338] 라고 그는 말한다. 따라서 스나이더는 교회에 대해 새 부대로서의 가치와 필요성을 강조한다. 이 차원에서 그는 선교적 지역 교회의 실천적 적용에 대해 다음과 같이 말한다.

> 활력 있는 교회들은 대항 문화적인 선교적 공동체로 존재한다. …대항 문화적 공동체가 되라는 부름은 문화나 사회 변혁으로부터 격리되라는 부름이 아니다. 오히려 그 부름은, 교회의 본질적인 사람은 예수 그리스도에게 집중하고 있으며… 세상에 대해 사도적 참여를 하도록 교회를 촉구한다. 활력 있는 교회는, 소금과 빛이 되고 세상에 있지만 세상에 속하지 말라는 예수님의 말씀이 교회 생활과 구조에 대한 근본적인 원리들이라는 것을 보여준다. …건강한 교회들은 세상 가운데 적극적으로 참여하는 것과 세상에 속하지 않는 것 사이의 활력적인 균형을 유지한다. …교회들은 독특한 사회적 정체성과 변혁적인 사회 참여 사이의 창조적인 긴장을 유지한다.[339]

이러한 스나이더의 입장은 벤 엥겐의 성육신적 상황화 모델에서도 나타난다. 벤 엥겐은 선교학의 본질적 영역으로, 1) 성서 본문, 2) 신앙 공동체, 3) 선교 상황을 말하면서 이를 전개하기 위해서는 '선교신학'보다 '선교의 신학'에 대해 언급하는 것이 더 낫다고 말한다. 그러면 그가

337 Lesslie Newbigin, *Foolishness to the Greeks*, 42.
338 하워드 스나이더, 『새 포도주는 새 부대에』, 7.
339 하워드 스나이더, 『교회 DNA』, 136-137.

말하는 선교의 신학이란 무엇일까? 그가 말하는 선교의 신학은 성육신적 본질을 예수의 사역에서 찾고, 그것은 특정 시간과 장소에서 항상 일어나며, 선교의 상황은 하나님의 선교가 일어나는 상황을 이해하도록 돕는 모든 사회과학적 학문의 선교학적 사용을 인정한다.[340] 이런 이유로 선교학에서 활동(action)과 사고(reflection)의 긴밀성은 필연적이다. 또한, 선교적 활동 자체가 사고를 변화시키지 않는다면, 모든 생각은 무의미한 것일 뿐만 아니라 해악이 되거나 결실을 방해하기조차 할 것이라고 그는 단언한다.[341] 이런 뜻에서 그의 선교의 신학은 와그너가 말했던 성화 된 실용주의의 의미와도 유사하다.

그래서 벤 엥겐이 말하는 '미래의 선교신학'은 '상황 안에서의 활동'으로 전환될 것을 요구한다. 선교적 순례는 상황적 해석을 사고함으로써 다시 시작되고, 이를 통해 새로운 선교적 통찰과 활동이 흐르는 성서를 다시 읽도록 요청한다.[342] 상황적 해석학의 관점에서 성서를 읽음으로써 만나게 되는 새로운 통찰들은 하나님의 선교가 발생하는 시간과 세계관 그리고 각 상황이라고 하는 특수한 공간 안에 사는 신앙공동체를 성서적으로 분별하고, 적절한 상황적 선교 활동을 통해 재진술하도록 유도한다.[343] 따라서 성경적 세계관을 가진 비판적인 통찰 아래 사용되는 실용적인 사회과학적 방법론은 더 많은 연구와 활용이 필요하다. 왜냐하면 성육신적 상황화는 시대적 상황을 살펴 효과적인 문화적 접촉점을 찾기 때문이다.

정리하면, 복음 증거는 예수 그리스도를 가시화하면서 이를 기초로 복음 선포, 정의 구현, 약자들에 대한 섬김, 창조 세계의 치유와 회복,

---

340 Ibid., 25.
341 Ibid., 26-27.
342 Ibid., 27.
343 Ibid., 28.

삶과 문화를 포함한 인간 노력의 모든 차원에서 하나님 나라의 진리를 입증하는 것이라고 말할 수 있다.[344] 따라서 교회는 복음의 절대성을 견지하면서 세상 문화에 대한 비판적 이해와 선교적 원심력을 가지고 세상에 스며들 수 있어야 한다. 교회는 본디 대항 문화적 존재이지만, 화합과 연대가 가능한 공동 공간을 형성하고, 상호 간의 깊은 이해와 소통, 전인적인 나눔과 교제, 적절한 문화적 접촉점을 통해 하나님 나라의 새로운 사회를 구현하는 상황화된 성육신적 지역공동체로 존재해야 한다.

4. 종말론적 관점의 선교신학적 교회론

전통적 교회성장학은 '찾으시는 하나님'의 추수신학을 강조한다. 맥가브란에 의하면, 오직 사랑에 매인 그리스도인들이 순종의 마음으로 사람들을 향해 구세주에 관한 소식을 전할 때 교회는 증가하고 확산한다. 따라서 복음전도의 일에 충성함 없이 교회성장은 일어나지 않는다.[345] 오직 사람들은 예수 그리스도를 믿음으로 구원과 영생을 보장받기에 교회는 세상의 삶보다 내세에 대한 기대와 소망 안에서 현존한다. 이런 관점에서 교회성장학은 영혼 구원을 위한 복음전도와 교회 개척 그리고 교회 확장을 지향하는 정통 복음주의 선교신학과 맥을 같이 하며, 그 목표는 세계 복음화다.

그래서 맥가브란은 하나님의 뜻을 구원론적으로 이해한다. 곧 성육신의 일차적 관심은 영혼 구원이므로 선교도 이에 우선적 초점이 맞

---

344 권오훈, "하워드 스나이더(Howard A. Snyder)의 선교적 교회론," 70.
345 도널드 맥가브란, 『교회성장 이해』, 30-31.

취져야 한다는 입장이다. 그래서 그는 씨 뿌림의 신학(theology of seed sowing)인 탐색의 신학을 경계하고, 선포만으로 만족하면서 결과는 하나님께 전적으로 위임해 버리는 책임 전가식의 수동적인 선교 태도를 지적한다. 또한 선교의 목적을 다른 종교와의 우호적이고 협력적인 관계에서 새로운 인간성과 정의롭고 참여적인 사회를 발전시키는 것이라고 주장하는 것, 곧 선포는 강조하되 회심의 중요성은 간과하는 온화한 상대주의(tender relativism)를 경계한다.[346] 오직 한 명의 영혼이라도 더 구원받는 것이 하늘의 기쁨과 비례하는 것이므로 더 많은 영혼을 구원받게 해야 할 긴급한 사명이 교회에 있다는 것이다.

따라서 선포는 사역의 핵심이 아니라 수단이며, 궁극적인 목적은 수많은 사람이 그리스도 안에서 하나님과 화해하는 것임을 그는 거듭 강조한다. 그래서 그는 탐색의 신학을 부분적으로만 인정한다.[347] 이런 뜻에서 맥가브란에게서 불신자가 교회의 책임 있는 신자가 되고, 그 수가 계속 증가함으로써 교회가 성장하는 것은 하나님의 소원이요 하나님 선교의 궁극적인 목적이다.

이런 정통 복음주의적 선교 개념은 교회성장학의 다음 후계자인 와그너에게서도 나타난다. 그는 교회성장학의 초점이 예수 그리스도의 주되심이므로 교회는 주님께 복종해야 한다고 강조한다. 그는 "아들이 있는 자에게는 영원한 생명이 있고, 하나님의 아들이 없는 자에게는 생명이 없다."(요일 5:12)라는 성경 구절을 인용하면서 모든 사람이 다 궁극적으로 구원받게 된다는 보편구원론(universalism)의 교리가 교회성장론자들에게 지지받지 못하며, 구원받기 위해서는 절대적인 복음의 경청과 수용이 있어야 함을 단언한다. 그리고 이것은 교회성장

---

346 Ibid., 59-62.
347 Ibid., 67, 69.

원리를 옹호하는 사람들의 사고와 생활양식에 깊이 새겨져 있는 것이라고 말한다.[348] 한마디로 복음에 대한 현생의 결정은 영원한 결과와 이어진다. 따라서 교회성장학은 죄, 구원, 영원한 사망과 영생에 대해서 종말론적이며, 선교신학적인 관점을 교회성장신학의 전제로 꼽는다.

이런 차원에서 와그너의 교회성장신학이 중시하는 것은, 하나님 나라는 그리스도 중심이며 그 나라, 곧 왕국의 실존적이고 미래적인 실재다. 와그너는 "이 세상"과 "오는 세상"에 대한 구절(마 12:32)을 언급하면서 이 두 시대를 구분하는 사건을 예수 그리스도의 재림이라고 설명한다. 결국, 왕국이 실제적 의미에서 종말적이라는 사실은 변치 않는다.[349] 그에 의하면 오는 시대란, 슬픔, 질병, 억압, 불의, 전쟁, 차별, 가난, 살인, 우상숭배, 착취, 탐욕, 투옥, 썩어짐, 사망과 같은 최후의 적들을 이기고, 다 정복하게 될 그리스도의 주권적 시대다. 이는 다시 "나라를 아버지 하나님께 바칠 때", 곧 그리스도 중심에서 하나님 중심이 되는 시대다. 그러나 교회는 미래가 아닌 현재에 속해 있기 때문에 썩어짐, 사망, 질병, 진흙, 오물이 세상의 아주 큰 부분을 이루고 있으며, 이런 상태는 예수께서 재림하실 때까지 계속될 것이라고 명시한다.

그러나 그는 마귀의 권세로 인해 하나님 나라의 도래가 완전히 오는 시대로 연기된 것은 아니며, 그 나라는 지금의 시대 안에 들어와 있음을 강조한다. 곧 왕국이 현재 임했다면 거듭나서 왕에게 순종하는 자들은 현시대가 가진 특성이 아니라 오는 시대의 특성을 나타내는 삶을 현존적으로 영위해야 한다는 것이다. 비록 현시대의 막대한 지배권이 사탄에게 부여되었다는 것을 부인할 수 없지만, 예수께서 사탄에게 승리하신 것은 왕국이 현재 임했다는 징표이며, 그 승리는 주로 귀신을

---

348 피터 와그너, 『교회 성장에 대한 신학적 이해』, 16-17.
349 Ibid., 25-26.

쫓아내는 것을 통해 알 수 있다고 그는 말한다.[350] 그 때문에 하나님 나라의 백성들은 이미 예수와 함께 승리했으므로 현시대의 특성이 아닌 오는 시대의 특성을 나타내는 승리의 삶을 영위해야 한다는 말이다. 그래서 와그너에게 있어서 교회성장학적 구원은 내세에만 이뤄질 장래의 일만이 아닌 실존적으로 가시화되어야 할 현존적 구원의 삶이다.

이런 맥락에서 와그너의 교회성장신학이 중요하게 생각하는 것은 성령의 역사다. 그에 의하면, 성령께서는 모든 문화권 신앙인의 삶에서 활동하시면서 그들을 채우시고, 비범한 힘을 부여하시고, 은사를 주시고, 지도하셔서 신학적, 윤리적으로 발전케 하신다. 그리고 이 발전은 모든 문화권의 신앙인을 섬김의 자리로 부르신다.[351] 그래서 와그너는 교회를 향한 성령의 역사를 종말론적이고 선교신학적인 관점으로 해석한다. 이런 뜻에서 교회성장학적 교회성장이란, 단순히 사회과학적 실용주의와 효율적인 방법론적 경영전략만을 의존하는 인위적인 성장이 아니다. 그것은 초월성과 내재성의 긴장 안에서 성령의 역동적인 역사로 나타나는 성장을 추구한다.

정리하면, 교회성장학적 교회는 하나님의 선교를 위해 존재하는 공동체로서, 그 초점은 영혼 구원을 위한 선교적 기능에 있다. 그러니까 교회성장학이 내세 지향적인 이유는 창조 세계의 현세적 의미를 간과해서가 아니라 '되찾으시는 하나님'의 구속에 대한 충성으로서 복음의 절대성과 영혼 구원을 더 중시하기 때문이다. 그 때문에 교회는 세상으로 더 들어가기 위해 교회개척과 그 수를 확대해간다. 한마디로 교회성장학적 교회는 종말론적이고 선교신학적으로 성장하는 교회를 의미한다.

---

350 Ibid., 26-27.
351 Ibid., 17.

한편, 스나이더는 갱신주의적 관점에서 교회성장학이 교회에 초점을 맞추고 개체 교회의 성장을 강조하는 경향에 대해 언급하면서 구원은 영혼 구원만이 아니라, 온 창조 세계에 대한 구원도 포함해야 한다고 주장한다. 하나님께서 사랑하시는 교회란, 자신을 내어주는 교회이지 자신만을 위한 존재가 되어서는 안 된다는 말이다.[352] 그러나 그는 교회성장학의 장점을 인정하고, 교회성장학의 원리와 방법론의 저변에 깔린 선교학적, 구원론적, 교회론적 전제를 인정한다. 이런 주장은 교회성장이 하나님 나라와 하나님의 주권적 통치에 더 초점을 맞춰야 한다는 말이기도 하다.

그래서 스나이더는 선교신학적 논의로 교회성장학을 예수 그리스도 중심의 구원론적 운동으로, 선교적 교회론을 성령 중심의 교회론적 운동으로 쪼개어 해석함으로써 두 이론을 대립적으로 해석하는 것을 거부한다.[353] 이것은 단지 각 운동의 신학과 강조점일 뿐 하나님의 선교적 관점에서 이들은 분리되거나 대립할 이론이 아니라는 말이다. 달리 말하면, 단지 교회성장학을 좁은 선교 개념을 가진 보수적인 복음주의로, 선교적 교회론을 넓은 선교 개념을 가진 자유주의적 에큐메니컬로 구분하는 정도가 아니라 마치 하나님의 선교 섭리가 시대에 따라 바뀌는 것처럼 과거는 진부하고, 현재는 진보적이라는 식의 레터르 자체가 잘못된 모순이라는 말로 이해할 수 있다.

이와 맥락과 연관하여 뉴비긴은 개신교, 가톨릭, 오순절파의 교파적 진리가 독립적이지 않도록 교회 연합과 일치를 주장한다. 좀 더 분명하게 말하면, 교회의 본질과 규정은 이들의 연합과 더불어 종말론적이고 선교적이어야 한다고 그는 주장한다. 이 뜻에서 뉴비긴은 다음과 같이 말한다.

---

352 엘머 타운즈 외 4인, 『교회성장 운동 어떻게 볼 것인가』, 143-144.
353 Ibid., 142-143.

참된 종말론적 관점의 함의는 선교 사명에 대한 순종으로써 이런 순종을 낳지 않는 종말론은 그릇된 종말론이 되고 만다. '땅끝까지'와 '끝날까지'를 모두 포함하는 포괄적인 구원의 관점을 견지하지 않을 때 교회론은 왜곡될 수밖에 없다. 만일 이런 관점을 상실하게 되면, 교회의 할 일은 각 사람을 이 악한 세대에서 구출하고 다가올 세상을 위해 안전하게 보존하는 것으로 생각하게 된다. 그리고 이런 생각이 팽배해지면 교회의 일차적 의무는 자기 교인을 돌보는 일이 되고, 바깥에 있는 자들에 대한 의무는 이차적인 것으로 밀려나게 된다. 이러한 근본적 오류는 시종일관 성경이 말하는 온전한 구원을 염두에 두지 않기 때문에 발생한다.[354] 그러므로 교회가 자기 본질에 충실하기 위해서는 범세계적인 선교를 그 공동체의 핵심으로 여길 때라야 가능하다.[355]

이런 관점에서 현대 선교신학은 교회성장학과 선교적 교회론을 대립시킬 것이 아니라 삼위일체적 관점 아래 건설적인 통섭을 이루어야 한다. 물론 맥가브란의 선교 사상은 정통 복음주의적 선교 개념을 가지지만, 엄밀히 말해서 그는 분명 기독교적 사회질서와 창조 세계에 대한 하나님의 주권적 통치로 사회적 행위의 수행을 하나님의 명령으로 간주한다. 그는 선교가 '인류를 향한 하나님의 계획'으로 규정되어 왔고, 그에 따라 야기되는 여러 가지 대안을 생각해왔지만, 선교의 정의는 성경 안에서 계시된바 하나님은 사람들을 예수 그리스도와 살아 있는 관계 안으로 인도하는 것에 최고의 우선권을 부여하셨다고 주장한다. 그래서 그는 하나님의 선교를 협의적으로 '예수 그리스도의 복음을 선포하는 일과 사람들이 그의 제자가 되고 교회의 책임 있는 구성원이 되도록 설득하는 일에 헌신하는 것'이라고 정의한다.[356] 말하자면, 그의 선교 개념이 협의적인 이유는 '되찾으시는 하나님의 궁극적인 뜻'에 초점을 두기 위한 의도된 신학적 작업으로서, 선교의 궁극적인 개념, 곧

---

354 레슬리 뉴비긴, 『교회란 무엇인가?』, 178-179.
355 Ibid., 165-166, 175.
356 도널드 맥가브란, 『교회성장 이해』, 59.

목적의 혼란을 막고, 한 영혼에 대한 하나님의 뜻에 초점을 두기 위해서였다.

이런 차원에서 벤 엥겐은 중도주의적으로, 교회성장학은 성경적 하나님의 선교 신학을 바탕으로 지어졌고, 맥가브란의 사상과 교회성장 운동은 "주께서 너희를 대하여 오래 참으사 아무도 멸망하지 아니하고 다 회개하기에 이르기를 원하시느니라"(벧후 3:9)라는 성경적 증언을 기초로 세워졌다고 말한다.[357] 그래서 벤 엥겐은 하나님은 자신을 드러내어 잃어버린 영혼을 찾아내시고 구원하셔서 언약 관계를 맺는 분이시라고 말한다. 또한, 이 언약적 계시는 저서 『미래의 선교신학』(*Mission on the Way*)에서 상황화 신학의 모델로 제시하고 있다고 언급하면서[358] 성경을 통해 발견되는 하나님의 언약적, 사랑적, 자기 계시적 특징을 기억한다면 교회성장학을 마음대로 무시할 수 없다고 주장한다. 그래서 그는, 교회성장학의 기독론은 그리스도의 본성(신성과 인성)과 사역(속죄, 구원론과 관련된 제반 주제)을 분리하여 다루지 않으며, 교회성장학적 선교학은 그리스도의 왕, 제사장, 선지자로서의 세 역할을 진지하게 받아들인다고 설명한다. 따라서 교회성장학은 하나님께서 세상의 구원을 위해 예수를 보내신 것이 모든 선교 사역의 출발점임을 강조하며, 교회성장학적 교회론은 교회 중심적이기 이전에 그리스도 중심적이라고 보는 것이 더 적절한 표현이라고 정리한다.[359] 이런 관점에서 뉴비긴, 스나이더, 벤 엥겐은 교회와 선교의 관계를 하나님 나라의 정체성 안에서 찾는다. 이는 이들을 선교적 교회론자로 지목한 이 연구의 이유이기도 하다.

---

357 엘머 타운즈 외 4인, 『교회성장 운동 어떻게 볼 것인가』, 172.
358 Ibid., 174, 176.
359 Ibid., 178, 183, 190.

그래서 교회성장학과 선교적 교회론은 서로의 신학적 관점이 성경적이라면 교파별 신학이나 선교의 개념적 차이가 있더라도 그 모두를 인정하고 수용한다. 하지만 이런 견해차는 공동체간 연합의 현실적 어려움을 일으킬 수도 있기 때문에 서로는 다른 공동체에 속하게 된다. 그런데도 예수 그리스도를 주로 영접하고, 성령 안에서 태동한 기독공동체는 서로의 교리적, 이론적 진리만을 고수하면서 양립할 수는 없다. 왜냐하면 모든 교회와 그리스도인은 예수 그리스도의 성육신, 고난, 십자가 사건, 부활의 은총을 믿음으로 그분과 연합한 보편적이고 우주적인 공동체이기 때문이다. 따라서 기독공동체는 초월성과 내재성의 긴장 관계 안에서 대항 문화적이고 성육신적으로 존재하면서 그리스도의 재림을 소망 중에 기다리는 동역공동체로 존재해야 한다.

결론을 맺으면, 교회성장학과 선교적 교회론의 교회는 종말론적이고 선교신학적인 공동체로서, 오늘의 현대교회는 교파별, 진영별 견해차를 넘어 삼위일체 하나님, 하나님 나라의 복음과 주권적 통치, 교회의 본질과 존재론적 정체성에 대한 신학적 입장을 공유하면서 선교적 연합을 도모해야 한다. 또한, 교회는 하나님 나라의 역동성인 성령의 능력 안에 거하는 거룩공동체임을 기억하여 회심 성장과 성육신적 선교를 통해 하나님 나라의 성장을 추구하는 참된 교회로 성장해야 한다. 아울러 지상의 모든 교회와 그리스도인은 우주적이고 보편적인 하나님 나라의 선교적 백성으로서 유기적인 파트너십과 상호보완적인 선교적 다중 플랫폼을 구축하여 선교적 역량을 강화해 나가야 한다. 그래서 기독공동체는 영혼 구원과 사회 구원을 동시에 추구하는 지구적인 통전적 구원을 함께 이루어가야 한다.

네 기둥에서 발견한
통섭의 원리들

제5장 네 기둥에서 발견한
통섭의 원리들

　이 연구의 결과물은 두 이론의 건설적인 융합을 통해 얻은 것으로, 이 책에서는 이에 따른 목회를 '통섭적 목회'라 하고, 결과로 기대할 수 있는 교회성장을 '통섭적 교회성장'이라 칭한다. 따라서 이 장에서는 앞 장에서 살펴본 두 이론의 신학적 공통점, 곧 통섭적 교회성장을 이루는 네 기둥을 기초로 통섭적 목회의 원리를 도출한다. 그것은 모두 여섯 가지로, 1) 소명과 사명의 성육신적 정체성, 2) 의존과 변화에 의한 역동성, 3) 양육과 번식을 통한 재생산, 4) 복음전도와 삶의 균형을 통한 소통, 5) 구분과 연대의 역설적 공존, 6) 초문화와 상황화를 통한 변혁이다.

1. 소명과 사명 _성육신적 정체성을 가져라

　첫째, 통섭적 목회의 원리는 '소명과 사명에 대한 성육신적 정체성'에서 출발한다. 왜냐하면 교회는 하나님의 영광, 하나님 나라의 성장, 하나님의 선교적 사명을 수행하기 위한 목적에서 태동한 삼위일체 하나님의 공동체이기 때문이다. 그래서 교회는 자신을 성장시키시고, 선교의 사명을 감당케 하시는 주체를 성부·성자·성령 하나님으로 인식하고, 목회적이고 선교적인 모든 사역에서 삼위 하나님의 주권성을 인정하는 신앙으로 임해야 한다.

삼위일체 하나님의 관점에서 성부께서는 거대한 우주의 역사 속에서 피조물의 구원을 계획하시고, 적절한 시간에 그리스도를 보내시는 분이시고, 성자께서는 성부의 파송을 받아 이 세상을 구원하시기 위해 선교사로 오신 분이시다.[360] 또한, 성령께서는 성부와 성자의 사역을 도와 역사하시면서 이 땅의 모든 교회와 그리스도인이 예수 그리스도와 온전한 연합을 이루어 하나님의 온전하신 뜻을 수행할 수 있도록 늘 곁에서 자극하는 분이시다. 특히 예수의 성육신은 인간 세계와 삶의 현실 안으로 들어오시는 하나님의 현존으로서[361] 기독론과 구원론의 근거이지만, 인간에 의해 만들어진 모든 문화적 경계를 넘어 하나님의 역동성을 가지고 그 세계 안으로 침투하는[362] 기독교 선교의 실제적 전형이다.

이런 이해로 통섭적 목회가 말하는 소명과 사명의 성육신적 정체성은 복음주의와 에큐메니컬 선교신학의 개념을 아우른다. 이것은 두 가지 차원에서 설명할 수 있는데, 하나는 선포와 설득의 복음전도적 차원으로, "모든 민족을 제자로 삼아 아버지와 아들과 성령의 이름으로 세례를 베풀고 내가 너희에게 분부한 모든 것을 가르쳐 지키게 하라"(마 28:19-20)라는 말씀에 순종하여 자신이 살아가는 지역은 물론 모든 경계를 뛰어넘어 모든 나라와 민족과 열방을 예수께 헌신하는 제자로 삼기 위해 하나님의 나라와 유일하신 예수 그리스도의 증거가 되

---

360 김신구, "통전적 선교를 위한 현대교회의 성육신적 모습," 49.
361 Ibid.
362 Ibid: 최동규, 『미셔널 처치』, 253-254.

는 것이다.[363] 다른 하나는 현존과 재생산의 통전적 성장의 차원으로, 기독공동체가 세상의 문화로 들어가 하나님 나라를 가시화하고 구현함으로써 하나님의 기쁜 소식이 보편적이고 실제적인 사회로 작동케 함과 동시에 신자를 지도, 양육하고, 교회를 개척하여 점점 확장해가는 것을 말한다.

그러니까 소명과 사명에 대한 성육신적 정체성을 가진 교회는 구두 복음전도와 사회적 책임을 통해 이 땅에 하나님 나라를 구현하면서 재생산적 양육과 교회 확장을 통해 하나님 나라의 성장을 추구하는 교회를 말한다. 이런 뜻에서 벤 엥겐은 니케아 신조의 통일성·성결성·보편성·사도성과 함께 교회를 향한 부르심과 수적 성장에 대한 열망을 참된 교회로서의 본질적 성장으로 이해한다.

따라서 성육신적 교회는 예수 그리스도만이 구세주가 되신다는 복음적 확신과 소망을 하고, 자신이 거하는 지역사회에서 교차 문화적(cross-cultural)인 공존 방식을 통해 하나님 나라를 구현할 수 있어야 한다. 이를 위해 교회는 부르심과 보내심에 의미가 성직자에게만 해당하는 것이 아니라 교회 구성원 모두에게 향한 것임을 충분히 인식시켜 전 성도가 성육신적 정체성을 가진 책임성 있는 구성원이 되도록 지도, 양육해야 한다. 아울러 교회는 성육신에 대한 이해가 선교적 차원만이 아니라 공동체적 차원에서 교회의 모든 구성원이 하나님 나라에 소유된 백성이라는 영적 자부심과 소속감을 심어줌으로써 내적 결속력을 강화해야 한다. 이런 의미에서 교회는 하나님 나라의 동질 집단이라는 유기적 공감대[364]를 가지고, 모임을 통해서는 소명감을 고취하고, 흩어짐을 통해서는 사명을 수행하는 거룩하고 역동적 존재로 살아가야 한

---

363 홍기영, "선교적 교회론의 관점에서 본 선교," 199.
364 김신구, "통전적 선교를 위한 현대교회의 성육신적 모습," 57.

다. 특히 교회는 예수 그리스도와 한 몸을 이룬 메시아적 공동체로서 예수께서 제자들을 부르시고 보내신 것처럼, 모두를 제자로 부르시고 파송하셨다는 제자공동체로서의 정체성을 가져야 한다.

이런 맥락에서 스나이더는 지상의 교회를 "하나님의 사역의 대행자", 곧 "하나님의 나라의 대행자"라고 말한다. 그에게서 교회는 메시아적 공동체로서 진정한 메시아를 알고, 그를 주로 시인하며, 그의 복음을 땅끝까지 전하는 자들의 공동체이므로 교회는 하나님 나라의 대행자다. 그래서 스나이더는 하나님의 나라를 교회의 사명과 관련시키지 않으면서 교회의 전도적 또는 예언자적 역할을 언급하는 것은 성경적 위배이며, 교회의 소명에 대한 잘못된 생각에서 나오는 것이라고 설명한다.[365] 또한, 교회의 지상적 표현으로 복음전도나 사회 활동이 하나님 나라를 가시화하지 못한다면 그것은 참된 그리스도적 공동체의 온전한 의미가 없다고 말한다. 왜냐하면 교회는 복음 전파를 위해 하나님께서 선정하신 유일한 방법이기 때문이다.[366] 이처럼 복음에 대해 부르심은 교리나 체험 또는 하늘의 심판 절차나 신앙 운동 그 이상의 어떤 것으로 예수 그리스도를 향한 전적 부르심이고, 복음은 예수 그리스도를 본질적이고 주권적인 교회의 머리로 삼는 신자공동체를 부르는 목적이 있다.[367] 그러므로 교회는 하나님 나라 건설을 위한 대행자로서 만물과 화해를 원하시는 하나님의 우주적인 계획과 숙명적인 관계에 놓여 있다는 사실을 깊이 인식해야 한다.

정리하면, 참된 교회의 목회는 기독교 복음의 신앙고백 위에 기름 부음 받고 보냄 받았다는 메시아적 영성과 다시 오실 재림주를 고대하는 종말론적 영성을 가진 하나님 나라의 선교공동체로 이끄는 것이어

---

365 하워드 스나이더, 『그리스도의 공동체』, 11.
366 Ibid., 12.
367 Ibid.

야 한다. 또한 교회는 그리스도의 성육신적 삶이 하나님의 실제적 선교 행위와 방식이라는 것, 그리고 이를 통해서만 교회의 존재론적 정체성을 드러낼 수 있음을 명심하고, 성육신에 대한 성경신학적 이해와 목회신학적 적용을 통해 육화된 공동체로 성장하기를 힘써야 한다.

2. 의존과 변화 _성령의 강한 역동성은 필수다

둘째, 통섭적 목회의 원리는 '성령에 대한 강한 의존과 거룩한 변화'에 의한 역동성을 추구한다. 예수께서는 증인의 임무 수행이 인간의 힘에 있는 것이 아니라 성령의 능력에 있다고 말씀하셨다(행 1:8; 눅 24:49). 설령 그리스도인이 세상의 왕과 통치자에게 잡힌다고 할지라도 성령께서는 그리스도인의 입술이 복음 증거의 도구가 되게 하신다. 또한, 성령께서는 사도들의 사역에 표적과 기사를 나타내시고, 듣는 자에게 복음이 능력 있는 메시지로 다가오게 하는 분이시다. 뉴비긴은 성령의 은사를 "그 자체로 다가올 시대의 표적이요 맛보기며, 성령께서는 교회가 모든 민족을 복음에 순종하도록 데려와 현시대를 그 절정에 도달하게 만드시는 원동력"이라고 말한다.[368] 곧 성령께서는 교회가 제자 공동체가 되어 온 세계 선교에 동참케 하심으로써 본질적 성장을 이루는 동인이 되신다.

이런 관점에서 스나이더는 교회성장이 장소와 시간에 따라 그 양상을 달리하지만, 그것에는 하나의 일관된 양식이 있다고 설명한다. 그것은 교회를 성장시키는 생명적 순환으로서 신약과 교회사를 통해 살펴볼 수 있다. 스나이더는 이 생명적 순환에는 정상적인 교회 성장의

---

[368] 레슬리 뉴비긴, 『교회란 무엇인가?』, 169.

필수 성분이 되고, 교회의 기본적이고 성경적인 본질에 바탕을 둔 네 가지 특별한 요소로서, 1) 복음 전파, 2) 모임을 배가시키는 것, 3) 그리스도의 공동체 건설, 4) 영적 은사의 사용을 언급한다.[369] 그런데 여기서 중요한 것은 교회가 역동적으로 성장할 수 있도록 생명적 순환을 일으키는 주체가 무엇이냐는 것이다. 다시 말해서 교회성장과 선교 이 모두가 하나님에 의한 것이 되려면 이것을 생명적으로 움직이게 하는 주체, 곧 성령의 능력을 의지해야 한다는 것이다.

이런 맥락에서 와그너는 타문화권에서의 복음전도와 윤리적 변화에 대한 성령의 역사를 복음주의적 회심 성장의 관점에서 설명한다. 여기서 회개와 회심은 모두 '돌이키는 것'으로서 참된 회심에는 여러 가지 변화가 일어나는데, 그것은 옛 생활방식에서 새 생활방식으로, 어둠의 권세에서 빛의 권세로, 자아에서 하나님에게로, 사탄에서 예수에게로의 돌이킴을 의미한다. 결국, 참된 회심이란, 노예화에서 자유화로 돌이킴으로써 그것에는 불신에서 예수를 주님으로 믿고, 어떠한 미래적 상황에서도 삶의 전부를 예수 그리스도께 무조건 위탁하는 변화로, 이 것이 구원에 대한 교회성장 운동의 이해 방식이라고 그는 설명한다.[370] 또한, 그는 복음으로 인한 윤리적 변화가 교회사에서 절대 새로운 것이 아니며, 신약에서는 복음전도 위임이 높이 존중되었다고 말하면서 "복음은 모든 믿는 자에게 구원을 주시는 하나님의 능력이 됨이라"(롬 1:16)라는 성경 말씀을 언급한다.[371] 이런 이해로 와그너는 교회성장과 역동적인 선교의 역사를 성령에 의한 회심 사건과 연결한다.

그런데 여기서 다시 짚어볼 부분은 타문화권에서 복음이 전파될 때 구체적이고 특수한 내용이 포함되어야 하는데, 그것은 복음 제시의

---

369 하워드 스나이더, 『그리스도의 공동체』, 163.
370 피터 와그너, 『교회 성장에 대한 신학적 이해』, 176.
371 Ibid., 177.

초점이 복음전도자의 윤리적 관점인지, 아니면 복음을 듣는 수용자 중심인지이다. 이에 와그너는 각 문화권에서 진정한 제자 삼기가 일어나는 방식은 주로 외부가 아니라 내부로부터의 역동성에 달렸다고 설명한다.[372] 그래서 그는 뉴비긴의 수용자 중심적 차원의 복음전도를 주장하면서 불신자가 하나님께로 돌아갈 때 그 돌이킴의 기준은 '복음을 듣는 자의 삶에서 역사하시는 성령의 방식'에 의해 결정되어야 한다고 주장한다.[373] 그러니까 복음주의적 관점에서 교회성장학적 구원으로서 회개와 회심은 철저하게 성령의 능력과 방식을 의존하며, 그 방식에 의한 변화는 복음을 듣고 수용하는 자의 문화와 상황 그리고 윤리적 가치관을 고려한 삶의 변화로, 이것은 개인적인 구원임과 동시에 하나님 나라의 성장과 연결된다.

이런 측면에서 티모시 텐넌트(Timothy C. Tennent)는 누가가 오순절 성령강림 사건을 성령의 지속적이고 강력한 임재를 통한 성육신의 연장과 신적 임재로 묘사한다고 말하면서 초대교회의 삶에 드러난 성령의 목적과 사역을 세 가지로 요약한다. 그것은, 1) 성령은 교회에 세계 선교를 위한 권능을 주신다. 2) 성령은 교회에 하나님의 권위를 부여하신다. 3) 성령은 기사와 이적과 거룩한 삶의 강력한 현현을 통해 새로운 창조를 계속하신다. 그래서 성령께서는 살아계신 하나님의 권위 있고 강력한 현존이며, 또 하나의 자기 계시적 확장으로 그분의 인격과 활력이 역사 안으로 침투해 들어오는 것이 된다.[374] 또한, 허버트 케인(Herbert Kane)은 선교의 열매에 관해 설명하면서 오직 성령만이 이교도에게 복음의 진리와 인간의 죄성을 확신시켜 그릇된 길을 버리게 할

---

372 Ibid., 179.
373 Ibid.
374 티모시 C. 텐넌트, 『세계 선교학개론: 21세기 삼위일체 선교학, 선교신학』, 홍용표 외 12인 역 (서울: 서로사랑, 2013), 423-426.

수 있다고 말한다.[375] 곧 성령께서는 선교의 주창자(initiator)가 되시고, 동기를 부여하는 분(motivator)이시며, 감독자(superintendent)와 전략가(strategist)가 되신다.[376] 따라서 교회가 건강하게 성장하면서 선교 사명을 잘 감당하기 위해서는 모든 시대와 문화를 넘어 초월적으로 역사하시는 성령의 능력을 철저히 의존해야 한다. 성령께서는 모든 교회와 그리스도인이 하나님 중심적 성장을 경험케 하시고, 하나님 나라를 위한 세상의 선교에 동참케 하신다.

그 때문에 교회가 하나님 나라의 역동성을 가지려면 성령에 의한 영적 갱신과 성장을 경험하고, 성령의 인도와 능력에 순종하는 삶을 통해야만 가능하다. 이것을 다르게 표현하면 거룩한 역동성이란, 내적 성장과 외적 성장, 내적 변화와 외적 증거의 조화와 균형을 전제한다. 다시 이 말은 오직 하나님의 은혜를 체험해야만 하나님 나라의 성장을 위한 선교의 진정한 동인이 될 수 있다는 말이다.

이처럼 와그너는 은혜의 관점에서 예수의 제자들이 비록 완전하지는 못했지만, 그들을 진실한 제자로 간주할 수 있었던 이유에 관해 설명하기를, "그들은 "값싼 은혜"가 아니라 용서해 주고, 죄를 사해주기를 기뻐하며, 아무 대가도 들지 않는 은혜를 통해 예수님께 나아왔다. 하나님은 "값싼 은혜"가 아니라 "거저 주시는 은혜"에 의해 그의 가족이 되게 하셨다."라고 언급한다.[377] 한편, 최동규 교수는 교회의 거룩성이 도덕적이고 종교적인지, 아니면 거저 주시는 하나님의 은혜인지에 대한 성경적 이해가 필요하다고 말한다.[378] 그는 존재론적 관점에서 교회가 "주님의 성품을 닮은 공동체가 되기 위해서 훈련도 필요하지만,

375 허버트 케인, 『선교신학의 성서적 기초』, 206-209.
376 이상훈, 『처치 시프트』 (서울: 워십리더미디어, 2017), 47.
377 피터 와그너, 『교회 성장에 대한 신학적 이해』, 178.
378 최동규, 『미셔널 처치』, 86.

이보다 근본적으로는 성령께서 각 개인에게 역사하시는 능력과 인도하심에 의해 형성된다."라고 말하면서 특별한 경우를 제외하고 정상적인 성령의 역사는 대체로 성품 형성에 영향을 끼친다고 설명한다.[379] 그러므로 교회는 하나님의 거저 주시는 은혜 안에서 메시아적 공동체가 될 수 있고, 성령의 능력과 인도하심을 통해서만 예수 그리스도를 닮은 성품공동체로서의 역동적 존재로 살아갈 수 있다.

여기서 교회의 거룩성과 연관하여 놓치지 말아야 할 것은 교회의 이중적 본질에 대한 것이다. 교회는 인간적 특성을 통해 가시적, 현세적, 역사적 실존 안에서 구원받은 삶의 풍부한 가능성을 증명하는 공동체로서 인간의 역사 안으로 들어오신 하나님의 구속적 통치를 보여줄 수 있어야[380] 하지만, 실제 현실교회는 거룩하면서 동시에 인간적인 이중적 본질을 가지고 있기에 인간적인 것 이상의 무엇이면서 또 인간적이다. 그런데도 교회가 모든 사역을 통해 구체적인 방식으로 거룩성을 드러내야[381] 하는 이유는, 교회는 인간의 목적과 뜻을 위해 만들어진 세속적인 사회 조직체가 아니라 삼위일체 하나님의 선하신 목적과 계획을 위해 창조된 영적 공동체이기 때문이다.

그래서 밴 겔더는 교회가 하나님과의 언약 관계와 타인과의 언약 관계 안에서 공존하기 위해서는 인간적 선택 이상의 무엇을 필요로 하는데, 그것은 성령의 중개를 통해 작동하는 하나님의 변화시키는 능력이라고 말한다.[382] 이처럼 교회의 거룩성은 성령의 활동으로 주어지는 것으로 성령의 능력은 공동체와 신자들 가운데 내주하신다. 성령께서는 교회가 거룩하게 구분된 가치를 따라 살도록 이끄시고, 인도하시고,

---

379 Ibid., 141.
380 크레이그 밴 겔더, 『교회의 본질』, 최동규 역 (서울: CLC, 2015), 183.
381 Ibid., 183-184.
382 Ibid., 184.

안내하시고, 가르치시고, 상담하시고, 자극하신다. 따라서 성령께서 함께하시는 삶은 교회가 계획공동체(intentional communities)의 형태로 자신의 삶을 구성해야 함을 뜻한다. 여기서 교회가 계획공동체가 된다는 것은 그 공동체가 내주하시는 성령의 인도와 능력을 통해 구원받은 삶의 훈련을 실천하게 될 것을 말한다.[383] 따라서 이중적 본질을 가진 교회가 거룩한 역동성을 소유하기 위해서는 성령에 대한 강한 의존과 인도하심에 대한 전적 순종이 필요하다.

결론을 맺으면, 교회는 반드시 성령의 능력을 의지하므로 거룩한 변화를 먼저 경험해야 한다. 만약 교회의 모든 목회적이고 선교적인 사역이 성령과 상관이 없는 계획과 활동이라면 참된 교회성장은 전망할 수 없고, 계속하는 침체와 퇴보로 교회 됨은 완전히 상실하고 말 것이다. 그 때문에 성령을 의존하지 않는 교회는 한낱 인간적인 조직체에 불과할 수밖에 없다. 이런 위험천만한 우려로 교회의 거룩성은 교인들의 도덕적이고 종교적인 행위로 위장될 가능성이 있지만, 그런데도 교회는 거룩의 주체가 오직 거룩하신 하나님이심을 절대 잊어서는 안 된다.[384] 곧 교회는 태생적으로 성령공동체이기 때문에 성령의 음성에 대한 겸허한 경청과 인도하심에 대한 전적 순종의 삶을 통해서만 진정한 교회일 수 있다.

3. 양육과 번식 _재생산적 사역을 계속하라

셋째, 통섭적 목회의 원리는 '양육과 번식의 재생산적 사역'을 통

---

383 Ibid.
384 최동규, 『미셔널 처치』, 85.

해 하나님의 선교에 동참한다. 교회가 건전하고 건강하게 성장하기 위해서는 존재론적 이해와 실천적 이해가 모두 필요하다. 존재론적 이해가 그리스도와의 연합에 기초한다면 실천적 이해는 선교 대위임령(마 28:19-20)이 가진 세 가지, 곧 제자 삼는 것, 세례를 베푸는 것, 가르쳐 지키게 하는 것[385]의 의미를 통해 살펴볼 수 있다.

여기서 '가르쳐 지키게 하는 것'은 마태공동체와도 관계되는데, 이것은 단순한 지성이 아니라 의지를 향한 호소라고 볼 수 있다. 왜냐하면 '가르쳐 지키게'하는 것은 예수의 사역과 가르침에서 계시된 하나님의 뜻에 복종하는 것으로서, 세례를 받고 제자가 된 사람들은 역시 사도들처럼 예수를 따르는 행동과 열매 맺는 것을 의미하기 때문이다. 특히 보쉬는 마태가 '예수 따름'과 '열매 맺음'의 두 가지를 모두 강조한 이유를 마태공동체 안의 상반된 두 집단으로 열광주의자들과 율법주의자들이 행위보다 말을 선호하는 경향에 대한 대응의 제시로 이해한다.[386] 이런 입장에서 선교 대위임령은 마태복음 전체의 요약이기도 하다. 하지만 대위임령은 교회의 전승과 무관한 마태의 창작이 아니라 교회의 전승을 근거로 그의 신학적 작업이 가미된 편집이라고 할 수 있다.[387] 따라서 마태가 예수의 지상사역으로 가장 중점을 둔 것은 계속하는 재생산, 곧 '제자 삼는 것'이다. 이것이야말로 마태복음의 선교적 제자도이고,[388] 참된 교회의 본질적 실천이다. 그러므로 메시아 공동체는 성부 하나님의 뜻에 대한 전적 순종과 그분의 주권적 통치를 위한 복음 증거, 그리고 하나님 나라의 구현과 확장이라는 사명을 가진 제자공동체라고 정의할 수 있다.

---

385 김은수, "왕의 복음과 선교적 제자도," 137.
386 Ibid., 137-138, 데이비드 보쉬, 『변화하고 있는 선교』, 115-118.
387 김은수, "왕의 복음과 선교적 제자도," 134.
388 Ibid., 138.

이런 맥락에서 제자 삼는 것은 사도행전에서 교회와 선교를 이해하는 결정적인 주제다. 마태의 기록처럼 누가는 초대교회에 나타난 제자를 그리스도를 따르는 자에게 사용했다(행 6:1, 7, 9:1, 19, 26, 11:1, 26). 그리고 제자들에게 나타난 뚜렷한 특징도 사도의 가르침, 교제, 떡을 떼는 것, 기도하는 일에 대한 전념이었다. 누가는 초대교회 그리스도인들이 가는 곳마다 말과 행위가 하나 된 복음을 전파했다고 기록하는데, 그 이유가 바로 사도들의 가르침과 모범을 통해 그들이 양육되었기 때문이다.[389] 다시 말해서 제자가 또 다른 제자로 삼는 양육과 번식의 재생산적 사역은 초대교회 공동체의 주된 특징이면서 동시에 그리스도인들에게 너무나도 자연스러운 책임과 명령이었다.

이런 이유로 맥가브란은 기존 교회를 끊임없이 개선하는 일을 모든 그리스도인에게 주어진 하나님의 명령이라고 말한다. 만약 이를 성실히 수행하지 않는 교회라면 점차 쇠약해질 수밖에 없다고 그는 단언한다. 그래서 맥가브란에게 교회는 항시 두 가지 임무를 지닌다. 하나는 불신자를 그리스도께로 인도하는 '제자화'이고, 다른 하나는 그들을 하나님의 은혜 안에서 성장시키는 '완전화'이다. 맥가브란은 이것을 교회의 기본적인 실천적 의무로 여겼기에 교회는 반드시 이 둘 중에서 어느 것 하나라도 소홀히 해서는 안 되는 것이었다. 그래서 그는 '되찾으시려는 하나님의 열정'에 대한 네 가지 성경적 증거를 다음과 같이 주장한다.

1) 우리 주님과 사도들은 탐색 신학의 입장을 지지하지 않았다. 마태의 기록에 의하면, 주님께서는 제자들에게 하나님의 추수를 위해 일꾼을 보내 달라고 기도하라고 가르치셨다(마 9:38).
2) 우리 주님이 말씀하신 비유들은 종종 되찾는 것 자체를 강조한다. 여인

---

389 임영효, 『사도행전에서의 선교와 교회성장』(서울: 쿰란, 2001), 60.

은 그저 탐색만 하지 않았다. 그녀의 탐색은 잃은 동전을 되찾을 때까지 계속되었다. 목자는 형식적으로 수색한 뒤 빈손으로 돌아오지 않는다. 그는 "그 잃은 것을 찾아내기까지"(눅 15:4) 돌아다닌다.

3) "우리가 이 보배를 질그릇에 가졌으니"(고후 4:7)라는 구절에서 '질그릇'은 헤아릴 수 있는 어떤 것이다. 또 "예수의 생명이 또한 우리 죽을 육체에 나타나게 하려 함이라"(고후 4:11)라는 구절에서 '육체'는 바다의 모래처럼 수많은 사람을 가리킨다.

4) "그때에 스데반의 일로 일어난 환난으로 말미암아 흩어진 자들이 베니게와 구브로와 안디옥까지 이르러 유대인에게만 말씀을 전하는데"(행 11:19) 유대인들이 복음에 반응함으로써 그리스도의 제자가 되는 동안 교회는 유대인들 사이에서 증식되었다.[390]

이런 해석으로 맥가브란은 선교를 예수 그리스도의 복음을 선포하는 일과 사람들이 그의 제자가 되고, 교회의 책임 있는 구성원이 되도록 설득하는 일에 헌신하는 것이라고 정의하면서[391] 우선되어야 할 것은 거듭난 그리스도인들로 구성된 소그룹과 셀 모임의 증식이라고 강조한다. 그러니까 교회성장은 하나님께 대한 충성으로서 '되찾으시는 하나님'에서 출발하기에 궁극적으로 교회의 성장은 단지 잃은 자를 발견하는 것을 넘어 그들이 신앙공동체 안에서 정상적인 삶을 회복함을 통해 가능해진다. 아울러 '우리 안에 들여서 먹이는 일'을 신실하게 실행하는 것은 지속적인 교회 확장의 핵심이다. 그래서 교회성장학은 되찾은 자들에 대한 충실한 돌봄으로 '양육'을 강조한다. 이처럼 교회는 성경적 양육과 함께 성령으로 충만하고 건전한 교회의 증식을 통해서 성장하며, 이것이야말로 하나님의 목적을 수행하는 필수 조건이다.[392] 그러니까 교회성장학은 질적 양육과 양적 번식에 의한 재생산을 통해 세계 복음화를 하나님 선교의 목적으로 삼는다.

---

390 도널드 맥가브란, 『교회성장 이해』, 64-68.
391 Ibid., 59.
392 Ibid., 30-32.

같은 맥락에서 슈바르츠는 "하나님의 창조에서 무한한 성장이란 없다."라고 말한다. 그는 나무의 지속적인 성장이 아니라 새로운 나무가 만들어지고, 다시 더 많은 나무가 만들어지는 것이 하나님께서 모든 창조 세계에 주신 번식의 원리라고 설명한다.[393] 그래서 슈바르츠는 이 원리의 대표적인 예가 예수의 제자훈련과 양육 사역이라고 소개하면서 선교 대 위임령이 "계속적인 번식의 명령이 아니고 무엇이겠는가?"라고 반문한다. 따라서 그는 교회성장의 공식은 덧셈에 의한 확장식 성장과는 상반된 곱셈에 의한 유기체적 성장이라고 주장한다.[394] 곧 사과나무의 진정한 열매는 사과를 맺는 또 하나의 사과나무로서 새로운 소그룹, 복음전도자, 지도자의 배출이야말로 하나님의 창조적이고 생명체적인 재생산의 원리라는 뜻이다.

덧붙이면, 빌 헐(Bill Hull)은 제자 양육의 세 단계로, 1) 불신자에게 복음을 전하는 전파단계, 2) 그리스도께 헌신한 자를 훈련하여 그의 인격과 능력을 성장시키는 계발단계, 3) 훈련을 마친 제자를 자기 삶의 영역으로 파송하여 사명을 행하게 하는 배치단계를 언급한다.[395] 또한, 윈 안(Win Arn)과 찰스 안(Charles Arn)은 개종자가 교회의 지도자와 제자로 성장하는 단계로, 1) 불신자의 단계(non-christian), 2) 새신자의 단계(new-christian), 3) 정기적인 출석자의 단계(regular attender), 4) 은혜 안에서 성장하는 단계(growing in grace), 5) 사역에 더 깊게 참여하는 단계(getting more involved), 6) 능동적인 교회 리더로 사역을 이끌어 가는 단계(active church leader)가 일반적이라고 말한다.[396] 그리고 황병배 교수(협

---

393 크리스티안 슈바르츠, 『자연적 교회성장, 한국교회를 바꾼다』, 94.
394 Ibid: 프로스트와 허쉬는 곱셈 번식을 '대사적 성장'(metabolic growth)으로 바꾸어 사용하기를 원한다. 마이클 프로스트·앨런 허쉬, 『새로운 교회가 온다』, 379.
395 빌 헐, 『온전한 제자도: 제자도의 모든 것을 배우는』, 박규태 역 (서울: 국제제자훈련원, 2009), 32-33.
396 Win Arn and Charles Arn, *The Master's Plan for Making Disciples: How Every Christian an Effective Witness through an Enabling Church* (Pasadena, CA: Church Growth Press, 1982), 163; 황병배, "효과적인 평신도 훈련과 사역을 위한 제언—이퀴핑 교회(Equipping Church)를 중심으로," 「선교신학」 제19집 (2008): 283.

성대, 선교신학)는, 유능한 평신도 리더는 체계적인 훈련 과정을 통해 점진적으로 만들어지는 것이라고 말하면서 선교공동체로서 지역 교회를 위한 평신도 리더십 개발 과정 모델로, 1) 동화(assimilation), 2) 제자화 (disciple-Making), 3) 선교 사역을 위한 파트너십(partnership for mission)을 제시한다.[397]

여기서 황병배 교수가 제시한 세 가지 모델 개념을 좀 더 살피면, '동화'는 새로운 신앙공동체에 입문한 사람을 리더로 세우기 위한 첫 단계로 어떤 사람이 새로운 공동체의 일부가 되어 가는 연합의 과정이다. 다음으로 '제자화'는 동기화를 통해 새로운 공동체에 적응한 사람이 일정 기간 집중해서 받은 훈련을 통해 전인적으로 성장하고, 그 공동체의 리더십으로 자라나는 신뢰의 과정이다. 마지막으로, '선교 사역을 위한 파트너십'은 교회의 핵심 리더십에 깊숙이 들어와 강력한 파트너십을 행사하는 동역의 과정을 뜻한다. 이를 종합하면, 건강한 재생산적 사역을 위해서는 개발의 전 과정에서 신앙공동체와 양육 대상자의 전인적인 교재와 함께 대상자의 상황에 적합한 체계적이고 조직적인 단계별 과정이 전제되어야 한다.

따라서 이를 잘 실행하기 위해서 신앙공동체는 네 가지 공동의 특성을 공유해야 한다. 그것은, 1) 그리스도의 사건에 대한 공동의 기억 (common memory), 2) 하나님 나라에 대한 공동의 비전(common vision), 3) 공동체의 기억과 비전에 대한 상징적 행위로서의 공동의 의식 (common ceremony), 4) 공동체의 삶과 존재 방식에 관한 확인으로서의 공동의 권위(common authority)이다.[398] 그래서 벤 겔더는 영적 성숙이라는 것이 개인적 특성이 강하지만, 본래 제자훈련의 특성은 공동체적이

---

397 황병배, "선교와 평신도 리더십 개발," 한국선교신학회 편, 『선교학개론』 (서울: 한국선교신학회, 2013), 284-288.
398 김현진, 『공동체 신학』, 342-343.

고, 모든 신자의 공통 목표는 '그리스도 안에서의 온전한 성숙'이라고 강조한다. 또한, 영적 성숙은 성령의 열매를 통한 성장을 포함하는데, 성령의 열매는 사회적 관계에 참여하는 것을 전제로 오직 타인과의 관계를 통해서만 발전할 수 있다고 말한다.[399] 따라서 교회는 건강한 재생산적 사역을 위해 공동체 안에서 행하는 체계적인 훈련을 통해서 성숙한 공동체가 되어감과 동시에 밖을 향한 사역의 연장으로서 사회적 관계에 참여함을 통해 드러나도록 해야 한다. 한마디로 재생산적 사역은 교회 안에서만 행해져서는 안 되고, 다시 그것이 세상의 소금과 빛으로 드러날 수 있어야 한다.

결론을 맺으면, 예수 그리스도의 제자로 삼는다는 것은 단순히 복음 전파를 통해 교회의 일원으로 출석시키는 것으로 그치는 것이 아니라 체계적이고 조직적인 훈련 및 양육 과정을 통해 교회의 책임 있는 구성원이 되게 하는 것이다. 나아가 자신의 거점적 상황에서 사도적 정체성을 드러냄으로써 재생산적 사역이 가능한 동역자로 성장케 하는 것이다. 그러므로 재생산적 목회란, 공동체 조직 안에서는 올바른 존재론적 정체성을 심어주고, 사회구조 안에서는 공동의 비전을 위해 사는 실천적 공동체로 육성하는 것을 말한다.

4. 언어와 행실 _소통의 힘은 균형에 있다

넷째, 통섭적 목회의 원리는 '복음전도와 삶의 균형'을 통해 세상과의 대화를 추구한다. 교회는 세상을 위한 하나님의 도구로서 무엇을 매개로 세상과 소통하는 것이 가장 기독교적이고 선교적인지에 대한

---

399 크레이그 벤 겔더, 『교회의 본질』, 232.

이해가 필요하다. 그리고 이 소통은 자연스럽게 교회의 사역 방식과 형태를 결정짓는 기본 요소가 된다.

그러면 교회가 전달해야 할 메시지가 담긴 사역 방식과 형태는 어떤 것이어야 할까? 그것은 교회의 본질에 대한 이해로부터 살펴봐야 한다. 벤 겔더에 의하면, "교회는 성령의 창조물이기 때문에 교회의 사역 역시 성령께서 하시는 일이다." 이는 '교회가 존재하는 모습대로 행한다'(The church does what ti is)는 것을 의미한다.[400] 따라서 기독교적 메시지가 담긴 교회의 사역 방식과 형태는 본질, 곧 존재론적 정체성이 드러날 수 있어야 한다. 이런 차원에서 벤 겔더는 교회의 본질적 특성 중 교회 사역과 직접 관련된 몇 가지 중요한 요소에 대해서 다음과 같이 언급한다.

1) 교회의 본질은 이 세상에서 행하시는 하나님의 선교에 의해 규정된다.
2) 교회의 본질은 그리스도께서 행하신 구속 활동의 결과다.
3) 교회의 본질은 통전적인 것으로서 모든 생명체의 구속과 관련된다.
4) 교회는 영적이면서 인간적인 사회적 공동체로서 존재한다.
5) 교회는 새 인류의 온전한 표현으로서 존재한다.
6) 교회의 본질에 속한 속성들이 교회의 사역을 결정한다.[401]

이것은 교회의 본질을 통해 교회가 감당할 사역을 이해한 것이기도 하지만, 교회가 드러내어야 할 궁극적인 핵심 메시지가 무엇인지에 대해서도 들여다보게 한다. 그래서 교회의 본질적이고 존재론적인 의미는 교회의 사역 방식과 형태를 구성하면서 동시에 교회가 어떤 대화 주제를 가지고 다가갈 것인지에 대한 접근 방식으로 자연스럽게 귀결된다. 이런 측면에서 교회성장학은 효과적인 복음전도와 사회과학적이

---

400 Ibid., 199.
401 Ibid.

고 실용주의적인 방법론을 모색하고, 선교적 교회론은 비판적인 실재론적 접근으로 성육신적 상황화를 추구한다. 이 말을 달리하면, 복음의 중심 메시지가 무엇이고, 가장 효과적이고 기독교적인 선교적 전달방식이 무엇인지에 대한 것이다.

그러면 교회가 세상과 나누어야 할 핵심적인 대화 내용은 무엇인가? 단도직입적으로 그것은 하나님의 복음, 곧 '하나님 나라의 복음'이어야 한다. 교회는 본질상 하나님 나라의 대행자로 그 나라의 백성이며, 메시아적 공동체라는 것을 명심해야 한다. 이에 벤 겔더는, "일반적으로 구원은 그리스도의 사역, 성령의 사역, 영생에 대한 하나님의 약속으로 구성되지만, 이것들은 성경적임에도 불구하고 이 세상에서 행하시는 하나님의 선교를 충분히 설명하지 못한다."라고 말한다.[402] 또한, "십자가를 구원에 관한 논의의 출발점으로 삼는 사람들은 종종 창조 계획과 예수 선언에 담긴 하나님의 구속적 통치의 큰 그림을 이해하지 못한다. 여기서 십자가의 의미는 중심적 역할을 하지만, 그것의 목적은 더 넓은 범위의 하나님의 선교적 관점에서 이해되어야 한다."라고 말한다.[403] 따라서 교회의 메시지는 기본적으로 두 가지 차원으로 전달될 때 온전성의 의미가 있는데, 하나는 언어적 차원의 '말'이고, 다른 하나는 비언어적 차원의 '행위'로 정리할 수 있다.

이런 측면에서 최동규 교수는 선교가 실천되는 과정이 직접적이든 간접적이든 상관없이 그것은 복음이 전달되는 과정이며, 선교적 교회를 세우는 실천은 특별한 경우를 제외하고는 존재(being)와 행위(doing)와 말(telling)의 일반적인 순서로 진행되는 것이 가장 이상적이라고 말한다. 이 세 가지 선교적 프락시스의 토대는 존재에서 시작하는데, 선

---

402 Ibid., 202.
403 Ibid.

교적 영향력은 변화된 존재로부터 흐를 때라야 다음 순서인 행위와 말에서 선교적 의미를 찾을 수 있다. 이런 뜻에서 최 교수는 이와 유사한 교회성장학적 개념으로 와그너의 3P 전도(현존(presence), 선포(proclamation), 설득(persuasion))를 언급한다.[404] 쉽게 말해서, '존재-행위-말'이라는 순서상의 의미는 마치 불신자의 영적 신분이 신자로 바뀌는 것과 같이 존재의 변화로 인한 가치관의 변화는 삶의 형태를 바꾸고, 새로운 삶은 언어를 바꾸는 것과 같다. 이는 이신칭의의 개념이 신행일치의 개념과 어우러지는 것과도 같은 개념이다.

이와 연관하여 슈바르츠는 '등대 운동'(lighthouse movement) 주창자들의 접근법인 '기도'(기도의 초자연적 측면), '돌봄'(타인을 돌보고, 그들의 필요를 은사로 채워 줌), '나눔'(복음 전파에 집중)을 언급한다. 이것은 필요 중심적 전도를 나타내는 가장 실제적인 용어로 사람들이 복음의 메시지를 수용하는 이유는 이미 기도의 영역을 통한 복음의 능력을 체험했고, 기독공동체의 나눔을 체험했기 때문이다. 따라서 그는 이 세 가지 영역 모두가 골고루 강하게 성장하여 전략적으로 협력할 때, 전도는 강력하게 확산한다고 주장한다.[405] 이것은 선교적 실천의 과정으로 '존재-행위-말'의 일반적인 순서와도 같다. 곧 이것은 순서상의 의미이지만, 근본적으로 복음은 존재, 행위, 말이 서로 분리된 채 완성된다거나 그런 상태로 효력을 행사할 수 없다는 뜻이다.

와그너에 따르면, 코스타스는 교회의 모든 사명적 행위에는 복음전도적 차원이 있다고 말한다. 그는 교회성장의 한 형태로 성육신적 성장을 제시하면서 교회가 빈곤, 착취, 기아, 죄책, 절망 등이 판치는 세상에서 하나님의 자유롭게 하는 행동을 촉진하는 매체가 될 때 부여받은

---

404 최동규, 『미셔널 처치』, 201-202.
405 크리스티안 슈바르츠, 『자연적 교회성장, 한국교회를 바꾼다』, 118-119.

증언의 사명에 충실하게 된다고 주장한다.[406] 물론 교회가 하는 모든 것이 복음전도는 아니다. 그러나 교회가 존재하고 행하라고 보냄을 받은 모든 것에는 복음전도적 차원을 담고 있기에 교회의 다양한 선교적 과제와 복음전도를 혼동해서는 안 되지만, 이 모든 과제에는 복음전도적 잠재력이 있다는 말이다.[407] 이런 이해라면 복음전도와 선교적 행위가 서로 구분됨이 없는 것처럼 여겨질지 모르지만, 이 말의 뜻은 둘의 균형, 곧 통전적으로 교회가 성장해야 함을 강조하는 말이다.

이런 맥락에서 사이더는 저서 『복음전도와 사회운동』(*Evangelism and Social Action*)에서 복음전도와 사회운동의 의미를 합쳐 "성경적 복음전도"라고 칭한다.[408] 그가 말한 성경적 복음전도는, 1) 복음전도가 사회운동과 불가분리적임을 보여주는 신학적 토대를 제공한다. 2) 사회운동을 초래함과 동시에 그것을 목적으로 한다. 3) 교회의 본보기는 존재만으로도 광범위한 사회에 강력한 영향을 끼친다. 4) 사회적 관심은 복음전도를 촉진한다. 5) 사회운동은 복음전도의 열매들을 보호하는 것을 도울 수 있다.[409] 이런 관점에서 사이더는 "복음전도와 사회운동은 불가분리적으로 상호 연관되어 서로를 이끌어주고 지원하며, 실천적 부분에서도 종종 서로 엮여 있을 뿐 아니라 그것들을 따로 떼어 놓는 것은 어리석고 무익하며 심지어 파괴적"이라고 주장한다.[410]

한편, 스나이더는 "복음주의적인 복음에 사회적인 차원을 첨가하는 일은 문제가 되지 않으며, 그보다는 모든 복음전도, 회심, 사회 정의 그리고 다른 강조 사항들이 하나님의 우주적이고 역사적인 구속 계획

---

406 피터 와그너, 『교회 성장에 대한 신학적 이해』, 37.
407 Orlando E. Costas, *Liberating News: A Theology of Contextual Evangelization* (Grand Rapids, MI: Wm. B. Eerdmans, 1989), 136.
408 로널드 J. 사이더, 『복음전도와 사회운동』, 이상원 · 박원국 역 (서울: CLC, 2013), 277.
409 Ibid., 277-288.
410 Ibid., 289.

의 일부로 이해되어야 한다."라고 주장한다. 그러면서 이것은 "다가오는 그 나라에 비추어 본 현대 그리스도인의 증거"라고 말한다.[411] 또한, 칼 헨리(Carl F. H. Henry)는, "성경은 새로운 인간, 새로운 사회 그리고 보편적인 의가 가득 찬 새 하늘과 새 땅을 그리고 있다."라고 설명하면서 인류에게는 "거룩한 문화적 위임"이 주어졌다고 말한다. 그리고 "그리스도인은 일할 때와 여가를 즐길 때, 무엇인가를 배울 때와 창작할 때 그리고 가정생활과 공공 생활 속에서 외관상으로나 실제로 하나님의 영적이고 도덕적인 차원을 나타내야 한다."라고 강조한다.[412] 결국, 교회의 존재와 소통 방식은 복음전도와 사회적 책임을 분리하지 않는 통전적이어야 한다는 말로 결론 내릴 수 있다.

따라서 복음 선포만을 영적 권위로 절대시하거나, 반대로 선교적 행위 자체에 이미 복음전도적 차원을 포함하고 있고, 효율성에서도 사회적 책임을 질 때 실제 영향력이 있다는 이유로 어느 한쪽만 더 강조하는 것은 하나님 나라의 복음에 대한 올바른 이해가 아니다. 엄밀히 말하면, 이 둘의 의미는 다르다. 복음전도는 기독교의 핵심 메시지를 전하는 선포에 초점을 두지만, 사회적 책임은 복음을 실존화하는 행위에 초점을 둔다. 그리고 이 둘은 각 상황에 따라 적절한 비율과 균형까지 요구한다. 이것은 좀 더 효과적인 복음의 증명을 위한 것이지 어느 것이 더 중요한지를 가르기 위한 것이 아니다. 그렇기 때문에 복음은 메시지 자체와 그것이 성육신적으로 표명될 때 온전성을 가진다. 따라서 영적 신분의 변화를 경험한, 존재하는 교회는 행위의 증거와 말의 증언을 통해 하나님 나라의 복음을 균형 있게 증명할 수 있어야 한다. 이럴 때 교회는 소금과 빛의 정체성을 골고루 나타낼 수 있다.

411 하워드 스나이더, 『그리스도의 공동체』, 29.
412 Carl F. H. Henry, *A Plea for Evangelical Demonstration* (Grand Rapids MI: Baker Books, 1971), 108, 113-114; Ibid., 29에서 재인용.

결론을 맺으면, 교회가 세상과 소통하기 위해서는 먼저 존재론적 변화를 경험해야 한다. 그리할 때 교회의 행위와 말은 물론 교회의 모든 사역과 형태는 자연스럽게 선교적 영향력을 행사할 수 있다. 만약 교회가 거룩한 내적 변화 없이 방법론적이고 원리적으로만 접근한다면, 그것은 더는 기독교적이거나 선교적이라고 말할 수 없다. 그것은 특정 조직체의 전략적 홍보나 마케팅에 불과할 수밖에 없다. 하나님 나라가 '존재-행위-말'의 거룩한 어우러짐을 통해 구현된다는 것은 시공간과 문화를 초월하여 적용되는 영적 공식이다. 결국, 하나님 나라를 구현하기 위해서는 거룩함이라는 삶의 증거와 복음전도적 증언이 균형 있게 통전성을 이룰 때 가능하다.

5. 구분과 연대 _ 역설적으로 공존하라

다섯째, 통섭적 목회의 원리는 '구분과 연대의 역설적 방식'으로 세상과 공존한다. 앞의 제4원리가 기독교는 무엇을 전해야 하고, 어떻게 대화할 것인지를 근본적인 차원에서 설명한 것이라면, 다시 자신의 주변부로 흩어진 교회는 어떻게 지역사회와 공존할 것인지를 설명하는 것이 통섭적 목회의 제5원리다. 이는 세상에서 교회가 무엇을 소통해야 할지를 일차적으로 이해한 다음 어떻게 시대 문화적으로 효과적이고 적절한 기독교적인 존재와 삶의 방식으로 본질을 드러낼 것인지에 대한 것이다. 그러니까 교회가 세상과 소통하는 방식을 설명할 때 곧장 복음과 문화의 관계성이나 상황화 원리를 언급하는 것이 일반적이지만, 이에 앞서 그 중간 단계를 거친 다음 상황화나 방법론적 원리를 제시한다면 좀 더 구체적이면서 매끄러운 방향 설정이 될 것이라는 의미다.

이런 뜻에서 구분과 연대는 소통(제4원리)과 변혁(제6원리)의 중간 단계라고 볼 수 있다. 다시 말해서 소통은 무엇을(what), 공존은 어떻게(how), 변혁은 실천(practice)에 초점을 두는 것으로서 교회의 외부 사역은 '소통(메시지)-공존(존재와 삶의 방식)-변혁(영향력)'의 순서로 진행하는 것을 기본 노선으로 삼는 것이 바람직하다. 그러면 통섭적 목회의 제5원리로서 교회는 어떤 존재와 삶의 방식으로 세상과 공존해야 할까? 이것은 하나님의 임재 장소로서 세상과 그곳에서 살아가는 인간에 대한 이해를 통해 살펴볼 수 있다.

최초 하나님께서는 자신의 임재 장소로 하늘과 땅을 창조하셨고, 인간은 그분의 교제 대상이었다. 에덴동산은 하나님과 인간이 만나는 장소로서 인간에게 이곳은 하나님을 예배하는 거룩한 곳이었다.[413] 그러니까 인간은 하나님께 예배하는 존재로 창조되었고, 에덴은 하나님의 성소였다. 그러나 인간은 하나님의 말씀을 망각하여 그분의 기대와 뜻을 저버림으로써 하나님의 창조 세계는 타락하게 되었고, 이로써 인류 구속을 위한 선교의 실천은 성자 예수 그리스도의 성육신으로 이어지게 되었다. 그리고 하나님의 영이신 성령께서는 예수의 사역을 곁에서 도우시면서 그리스도와 한 몸 된 교회공동체를 하나님의 뜻을 위한 도구로 사용하심으로써 우리와 항상 함께하심을 증명하신다. 바꾸어 말하면, 타락한 하나님의 창조 세계는 삼위일체 하나님의 구속적 임재로 인해 회복과 선한 도구로 사용될 기회를 얻게 된 것이다. 다시 이 말은 예수와 한 몸 된 교회의 존재 방식 또한 삼위일체 하나님의 구속적 임재 방식을 따를 때 진정한 화해와 회복공동체로 기능할 수 있다는 말이다.

---

413 데이비드 피치, 『하나님의 임재: 선교적 교회의 7 훈련』, 이후천·황병배·이은주 역 (고양: 올리브나무, 2019), 25.

이런 의미에서 교회가 하나님과 진정한 화해를 이루면서 하나님의 선교적 도구로 쓰임 받기 위해서는 두 가지 기본적인 관계적 이해가 요구된다. 하나는 죄로 물든 세상과 구분된 거룩성으로서 교회는 세상 문화와 다른 대항 문화적인 존재로 관계 맺으며 살아가야 하고, 다른 하나는 세상의 온전한 치유와 회복을 위한 책임적 행동으로서 교회는 복음의 실제적이고 공적인 수행을 위해 지역공동체가 되어 세상과 관계 맺으며 살아가야 한다는 점이다.

이 두 가지 관계적 이해에 대해 좀 더 살피면, 먼저 거룩성의 측면에서 교회는 세상을 지배하는 문화와 전적으로 다른 행위, 충성, 관심, 관계가 있지 않지만, 본디 교회가 가진 DNA에 충실하다면 핵심적인 면에서 세상과 구분된 대항 문화적인 하나님 나라의 문화를 창조하기 때문에 실제로 대안공동체로 존재하게 된다.[414] 여기서 대항 문화적 존재라는 말의 의미는 문화나 사회 변혁에 대한 배타적이고 격리적인 차원이 아니라 교회가 대항 문화적이기 때문에 하나님의 샬롬을 위해 사회적, 지역적 참여에 부름을 받은 존재라는 말이다. 이것은 세상 문화를 비판 없이 수용하고 이해하는 문화 낭만주의나 혼합주의를 뜻하는 것이 아니다. 실제로 교회는 세상 문화에 대항할 때 본질적 역동성이 나타난다는 뜻이다. 교회에 대한 이런 해석은 세상 문화를 부정하고 잠식시키거나 지배한다는 뜻의 문화 비관주의, 문화 제국주의, 자문화 중심주의의 의미는 더더욱 아니다. 대항 문화적이란, 문화의 현실적 정체성을 복음에 비추어 올바로 분별하여 이해하면서 동시에 복음의 전달자로서 문화의 순기능과 복음에 대립하는 역기능에 대한 문화 비판적 책임을 수행하는 것을 말한다.[415] 나아가 문화 해석학적 기능으로 걸러

---

414 하워드 스나이더, 『교회 DNA』, 71.
415 한국일, "복음과 문화," 『선교학개론』, 한국선교신학회 편 (서울: 한국선교신학회, 2013), 150.

낸 세상 문화를 하나님 나라와 창조 세계 전체의 회복을 위해 봉사케 함으로써 하나님의 주권적 통치를 드러내는 것을 의미한다.

다음으로 복음의 공적 수행을 위한 지역공동체의 측면에서 교회는 우리와 함께 살아가는 사람들과의 사이에서 하나님의 임재와 뜻을 나타내는 책임적 화해공동체로 존재해야 한다. 뉴비긴은 진리의 우위성을 되찾기 위한 공적 영역으로 복음의 유일한 해석자인 지역교회(회중)만이 해답이 될 수 있다고 주장한다.[416] 따라서 교회는 마치 특공대를 보내 전술을 펼친 후 다시 기지로 돌아오는 방식이 아니라 복음의 증거가 되고자 하는 지역으로 들어가 거하면서 그들과 함께 대화하고 사는 것에서 시작해야 한다.[417] 또한, 하나님의 백성은 그리스도를 따르는 자로서 그가 속한 곳에서 그리스도의 현존과 열정에 참여하며, 성육신적 선교의 파트너로서 헌신된 순종적 삶을 살아야 한다.[418] 이런 의미에서 하나님 나라는 우리에게 한 장소에 대한 성실함을 요청한다. 그래서 지역이라는 공간은 우리 모두의 소망과 꿈을 실현하기 위해 그 지역 사람들과 자원을 가지고 일하는 곳이 된다. 여기에 무엇이 있고, 누가 있는지, 그리고 이곳에 대한 하나님의 비전이 무엇인지 발견해야 할 곳이 바로 지역이기 때문에 그리스도 안에서 하나님은 지역적이시다.[419] 이런 뜻에서 교회는 자신이 몸담은 지역 사회에서 의미 있는 공동체로 존재해야 한다. 또 본질적 정체성을 드러내는 존재가 되기 위해 지역 사회에 대한 선이해와 책임성 있는 연대를 이어가야 한다.

따라서 진정한 연대란, 단지 시공간적인 물리적 공유를 통해 자연

---

416 레슬리 뉴비긴, 『다원주의 사회에서의 복음』, 419.
417 Michael Frost, *The Road to Missional: Journey to the Center of the Church* (Grand Rapids, MI: Baker Books, 2011), 123-126.
418 김신구, "통전적 선교를 위한 현대교회의 성육신적 모습," 61.
419 JR 우드워드·댄 화이트 Jr., 『선교적 교회 운동: 선교적-성육신적 공동체의 시작과 성장』, 이후천·황병배·김신애 역 (고양: 올리브나무, 2018), 318, 319-320.

스럽게 형성되는 것이 아니라 근본적으로 상대방에 대한 연민과 자신을 그와 동일시하는 태도로부터 서로에 대한 깊은 우정과 동류의식을 느낄 때 가능하다.[420] 예수께서는 기본적으로 '수고하고 무거운 짐'으로 인해 '쉼이 부족한' 상대방의 현실 세계와 사회구조, 나아가 개개인의 영적 상태 그대로를 이해하시면서 초청하셨다(마 11:28). 그리고 그들의 문제를 해결하시기 위한 온유와 겸손의 방법, 곧 예수 그리스도의 성품으로 행해지는 교육은 쉼이 없는 그들에게 참된 안식을 안겨주는 근원적인 힘이었다(마 11:29-30). 그러므로 교회는 하나님의 나라를 구현하기 위한 세상과의 연대로서 하나님 사랑과 이웃 사랑을 분리하는 이원론적 사고를 철저히 배격해야 한다. 왜냐하면 이런 사고는 그리스도의 사랑을 왜곡시킬 뿐만 아니라 기독공동체를 이기적인 종교집단으로 전락시켜 세상에서 더는 쓸모없는 존재로 퇴색시키기 때문이다. 그래서 프로스트와 허쉬는 교회가 공유된 문화를 상실할 때 그 의미와 연대는 무너진다고 말하면서[421] 거룩한 신비와 역설의 의미로 성육신의 네 가지 신학적 의미를 강조한다. 그것은, 1) 동일시(identification), 2) 지역성(locality), 3) 함께 거하시는 초월자(the beyond-in-the-midst), 4) 인간의 형상을 지닌 하나님(the human image of God)의 개념이다.[422] 또한, 조지 헌터는 비기독교인의 복음화를 위한 주제로 4C, 곧 1) 공동체(community), 2) 동정(compassion), 3) 관계(connections), 4) 대화(conversations)를 언급한다.[423]

이처럼 참된 교회의 연대는 진정한 사랑에서 우러나는 겸손으로 그들의 지역 안으로 이주하여 개인적, 인격적, 사회문화적 관계를 통해

---

420 최동규, 『미셔널 처치』, 265.
421 마이클 프로스트·앨런 허쉬, 『새로운 교회가 온다』, 80-81.
422 Ibid., 75-78.
423 조지 G. 헌터, 『사도적 교회』, 진석재·정일오 역 (서울: 대서, 2014), 203-238.

영원하고 초월적인 하나님께서 현재 그들과 함께 계심을 느끼게 하는 것이다. 그래서 지역사회의 모든 제반적 사항에 책임을 지고 번영(사도적), 해방(예언자적), 환영(전도자적), 치유(목회자적), 학습(교사적)[424]을 통해 하나님 나라를 현재화할 수 있어야 한다. 나아가 최종적으로는 지역적 연대가 하나님 나라를 위한 공동 책임이게 세상도 영적인 일에 참여할 수 있도록 이끌 수 있어야 한다. 따라서 교회의 연대는 하나님과 세상의 화해에 초점을 두어야 하며, 성육신적인 그리스도적 성품으로 다가가 참된 안식을 주는 것이어야 한다. 만약 그렇지 못하다면 교회는 한낱 문화 제국주의적인 종교에 불과할 수밖에 없다.

이런 의미에서 교회는 세상과 '구별'된 존재라기보다 '구분'된 존재로 해석하는 것이 더 선교적이다. 왜냐하면 '구별'은 어떤 것과 다른 것의 차이에 따라 나누는 것으로, 서로는 처음부터 다른 분리의 개념이 있지만, '구분'은 일정한 기준에 따라 전체를 몇 개로 나누어 가르는 것으로 그것은 본래 한 덩어리에서 시작한다. 그 때문에 기독교의 거룩성은 분명한 선을 그어 나와 너로 나누는 것이 아니다. 본디 세상은 한 하나님에서 창조된 피조물이기 때문에 교회는 죄로 인해 하나님과 분리되어 나눠진 세상을 하나님과 다시 하나 되게 하기 위한 공동체다. 이런 이유로 필자는 이 글에서 '구별'이라는 단어를 대신하여 '구분'이라는 단어의 사용을 적극적으로 권장한다.

이에 대해 좀 더 설명하면, 보수적인 관점에서 세상은 교회와 상반된 존재로 이해되기에 세상은 그저 구원 또는 멸망의 대상이고, 서로의 관계는 이원론적이지만, 현대 선교신학적 관점에서 세상은 하나님의 선교적 무대이고, 교회는 하나님의 선교를 위한 도구와 대행자로 해석된다. 따라서 하나님의 선교적 관점에서 신학과 목회 현장은 교회와

---

424 JR 우드워드·댄 화이트 Jr., 『선교적 교회 운동』, 282.

세상을 이분법적으로 해석할 것이 아니라 본래 이 둘은 함께 거하면서 세상의 샬롬을 위해 하나님의 창조 세계를 보존하고 보살펴야 할 공존자적 관계로 이해하는 것이 바람직하다. 물론 엄연히 세상은 구원과 회복이 필요한 곳이므로 교회와 구분되지만, 존재론적 관점에서 교회와 세상은 구원과 멸망의 관계라기 보다 함께 지구를 지켜야 할 상호의존적 관계로 보아야 한다. 따라서 세상에 대한 교회의 공존 원리는 대항문화적이면서 동시에 그들과 연대하는 역설적 방식을 취해야 한다.

결론을 맺으면, 교회는 삼위일체 하나님의 임재 방식처럼 그리스도적 성품을 가지고 지역사회로 들어가 그들의 사이좋은 친구가 될 수 있어야 한다. 그러면서 교회는 지역사회를 자신의 생명과 가족처럼 아끼고 사랑하는 전인적 교류와 지속하는 연대를 통해 그들의 의제를 파악하고, 지혜로운 섬김을 발휘하여 필요를 채워감으로써 지역사회에 없어서는 안 될 공적 존재가 되어야 한다. 결국, 교회가 살아가는 방식이 세상이 이해할 수 없는 거룩한 특수성과 공존성을 가진 생명공동체로 인식될 때, 복음의 수용성은 물론 교회성은 그들에게 독특한 매력이 되어 지역사회를 이끌게 될 것이다. 더불어 하나님의 나라는 비례적으로 성장할 것이다. 그 때문에 지상의 모든 기독공동체의 공존 방식은 역설적이어야 한다. 이것이 바로 성육신적인 것이다.

6. 초문화와 상황화 _시대 문화적 변혁을 추구하라

여섯째, 통섭적 목회의 원리는 '초문화적 상황화'를 통해 문화변혁을 추구한다. 교회가 세상 문화를 하나님 나라의 문화로 변혁하기 위해서는 먼저 지역사회에 대한 올바른 선교 해석학적 기능과 문화적 감각을 가져야 한다. 왜냐하면 교회가 지역사회와 공유된 문화가 없을 때 공동체적 연대는 물론이고, 그 존재의 의미마저 상실하게 되어 가치는 하락할 가능성만 커지기 때문이다. 따라서 교회는 거점의 상황을 선교 해석학적 기능을 통해 비판적으로 읽고, 지역 의제를 파악한 다음 수용자 중심의 효과적인 복음 전파를 위한 문화적 접근 방법을 모색해야 한다. 이런 의미에서 통섭적 목회는 하나님 나라를 위한 문화 창조와 지역사회의 변혁을 위해 초문화적 상황화를 추구한다.

교회성장학적으로 성경은 문화적 환경에 알맞게 토착화할 때 효과적으로 전달된다. 맥가브란은 "물리적으로 '말씀'을 들을 때는 그것이 그 사람의 준거 체계에 맞지 않으면 '내적인 귀'를 뚫고 들어가지 못한다."라고 말하면서[425] 사회학적인 면을 중시한다. 그래서 그가 동질집단과 수용성의 원리를 주장한 것은 성경 외적인 걸림돌인 언어, 인종, 계급과 같은 사회적 장벽을 넘지 않기 위한 것이었다.[426] 또한, 와그너는 기독교의 도입이 사회 문화에 미치는 변화로 "교회성장 운동은 기능주의적 진영에 기울어져 있으므로 최소한의 문화적 변화를 지지하며, 주로 종교적 변화에 집중적인 관심을 갖는다."라고 말한다. 또 "교회성장 운동은 복음이 전파된 이후에 일어나는 변화들은 일차적으로 특수한 문화 안에서 성령의 역사를 통해 일어나는 것이라고 믿는다."라고 설명하면서 사회구조가 불의한 경우에 특히 그렇다고 말한다.[427] 아울러 와그너는 기독교가 한 문화에 진입할 때 세계관을 변화시킨다는 찰스 크래프트의 말도 인용한다.[428] 그래서 교회성장학은 문화를 존중하고, 기독교적 문화변혁까지 이 운동의 의미를 확장한다.

---

425 도널드 맥가브란·윈필드 아안, 『교회성장의 열단계』, 68.
426 도널드 맥가브란, 『교회성장 이해』, 286.
427 피터 와그너, 『교회 성장에 대한 신학적 이해』, 195.
428 Ibid., 196.

이런 관점에서 교회성장학은 문화를 기능적인 측면으로만 보지 않는다. 이는 문화 위임에 대한 와그너의 설명을 통해 살펴볼 수 있다. 그는 ""문화 위임"의 대응어로써 "복음전도 위임"이라는 용어가 있지만, 두 용어는 서로 대조를 이루면서 교회의 선교 중심적 요소들을 정확하게 이해하는 데 도움이 되는 사고 범주들을 제공하여 준다."라고 말한다. 그러면서 창세기 1장 26-28절을 근거로 로버트 웨버(Robert Weber)의 말, 곧 최초의 인간은 하나님의 창조 세계에 대한 '위임통치권'을 부여받았다는 말에 동의한다.[429] 그가 말한 문화 위임의 구체적인 내용은 경제, 생태, 가정, 정치, 평화, 문화의 보전, 해방 등 전 세계적인 책무들을 포함한다. 그 때문에 하나님의 진정한 뜻은 인류가 샬롬 안에서 사는 것이며, 예수 그리스도의 통치권 안에서 살기를 원하는 자들은 모두가 세상의 샬롬을 최대한 증진하도록 그 삶을 요구받는다고 주장한다.[430] 이런 주장들을 통해 볼 때 교회성장학은 문화를 개체 교회의 성장과 세계 복음화를 위한 어떤 기능적이고 방법론적인 수단으로만 여기지 않는다. 그것은 이미 하나님의 선교다.

이 뜻에서 와그너는, 문화 위임은 절대 철회된 적이 없고, 부여받은 창조 시로부터 재림까지 효력을 갖기에 신학적 사고와 기도만으로는 불충분하며, 이를 수행하기 위해서는 반드시 행동과 참여가 수반되어야 한다고 강조한다.[431] 그래서 그는 사회과학적인 방법론은 성경의 확고한 반석 아래 종속되어야 하지만, 이 둘은 신학적 당위성과 현상적 존재성의 개념에서 균형을 이루어야 한다고 주장한다.[432] 그러니까 교회성장학적 문화 위임은 창조 세계의 보전만을 위한 개념이 아니라 불

---

429 Ibid., 34-35.
430 Ibid.
431 Ibid., 36.
432 Ibid., 189-190.

의한 세상에서 하나님 나라의 문화를 창조하고 구현함으로써 왕국의 의를 가시화하고 실존화하는 종말론적이고 선교신학적인 이론이다. 더불어 슈바르츠의 삼위일체 나침반 개념까지 살핀다면, 더는 교회성장학의 선교 개념을 협의적이고 보수적이라고 해석하는 것은 왜곡이다.

돌아가서, 문화를 이해한다는 것은 내부성과 외부성, 주관성과 객관성, 특수성과 보편성의 종합적 이해를 가능케 하며, 다른 문화와 비교, 분석할 시 해당 문화를 가진 지역사회의 심층적이고 통합적인 관점을 얻게 함으로써[433] 복음 전달과 사회변화의 효과적인 통로가 된다. 그 때문에 교회가 기독교적 문화변혁을 유도하려면 지역사회의 경계를 뛰어넘어 교차 문화적으로 복음을 전할 수 있어야 한다. 왜냐하면, 하나님의 선교는 어디까지나 인간의 모든 역사에 대해서 초문화적으로 실행되기 때문이다. 이런 뜻에서 프로스트와 허쉬는 교회 공동체의 고결함과 사명 의식의 힘이 지역공동체로서 소금과 빛이 되기 위해서는 거기 계시는 하나님께서 그리스도를 위하여 개인과 문화를 변혁시키시도록 성령께서 자신을 사용하시기를 소망해야 한다고 말한다. 그래서 프로스트와 허쉬는 지역사회의 변화를 위한 선교적 교회의 접촉점으로 공통된 네 가지 특징, 곧 1) 근접 공간, 2) 공동 프로젝트, 3) 영리사업, 4) 자생적 신앙공동체를 제시한다.[434]

이처럼 교회는 거기 계시는 하나님의 선교적 관점에서 성육신적으로 지역사회문화를 이해하고, 선교 해석학적 기능을 통해 그곳을 향한 하나님의 뜻을 발견함으로써 어떤 유형의 상황화를 전개하는 것이 지역 상황에 적합한지를 방법론적으로 모색해야 한다. 또한, 현대사회는 다문화 사회로 기하급수적인 변화와 혁신 가치를 중시하며, 지역적인

---

433 최동규, 『미셔널 처치』, 264.
434 마이클 프로스트·앨런허쉬, 『새로운 교회가 온다』, 146-147.

것과 세계적인 것이 초월적으로 연결하는 글로컬 사회이기 때문에 문화 이변까지 염두에 두는 감수성과 민첩함을 함께 키워나가야 한다. 그리할 때 보편적이든 특수하든 상관없이 초문화적으로 역사하시는 하나님의 선교에 동참할 여러 기회 또한 얻을 수 있다.

그뿐만이 아니라 복음이 사람들에게 인격적으로 수용되어 하나님과 온전한 관계를 맺기 위해서는 지역민의 마음과 정신, 나아가 영적인 상태까지 면밀히 헤아리는 심층적 상황화가 이루어져야 한다. 이는 다원적이면서 개인주의적인 포스트모던 사회구조 안에 살아가는 현대인들이 그리스도와의 인격적인 만남을 통해 참된 안식과 쉼을 얻어 그분과 연합한 자로 영입시키기 위해서다. 이것은 영혼 구원의 차원만이 아니라 하나님 나라의 관점에서 지역민 개개인이 그리스도께 영입될 때 지역사회의 문화변혁이 더 쉽기 때문이다.

이런 맥락에서 크래프트는 문화적 패턴들과 과정들은 그것을 사용하는 사람들에 따라 계속 변화하며, 개인의 변화는 문화를 다루는 개인의 사용방식과 함께 문화구조에도 변화를 초래한다고 말한다. 그래서 더 많은 사람의 변화는 더 광범위한 영역에서 변화를 일으켜 문화의 사용방식과 새로운 문화구조를 만들게 된다.[435] 무엇보다 하나님과 맺은 관계의 결과로 일어난 변화는 격렬한 문화적 재조정 과정을 포함하기에 '변혁적'(transformational)이라는 말로 지칭할 수 있다.[436] 따라서 교회는 지역문화와 함께 살아가는 이웃의 가치관과 관심사는 물론 정서적이고 영적인 부분까지 포함하는 세심한 배려와 사랑의 마음을 가지고 접근할 수 있어야 한다. 그리고 복음의 상황화가 효율성과 설득력이 있도록 그들에게 익숙한 방식으로 이루어지도록 힘써야 한다. 이

---

435 찰스 H. 크래프트, 『기독교와 문화』, 207.
436 Ibid.

럴 때 교회는 영적이고 인격적이며, 우주적이고 보편적인 하나님의 선교에 참여할 수 있다. 그러니까 근본적으로 교회가 성육신적 상황화를 추구하기 위해서는 그리스도의 성품과 사랑을 가지고, 상대방의 눈높이를 고려하는 것에서 시작해야 한다. 특히 현대사회는 초연결 사회이므로 상황화가 초문화적으로 실행될 때 그 효력은 더 커지며, 동시대 여러 선교 현장에서도 보편적 적용이 가능해진다.

여기서 초문화적이란, 하나님께서는 문화에 얽매이시지 않는 절대적이시고, 무한한 초월적 존재시지만, 자신의 목적을 성취하시기 위해 불완전하고 유약한 인간의 문화라 할지라도 그것을 거부하지 않으시고, 그에 부합하는 방향으로 역사하신다는 뜻이다.[437] 이때 하나님께서는 절대적 상대주의가 아닌 성경적 문화 상대주의적으로 사회문화적 타당성의 원리를 인정하셔서 그것을 사용하신다.[438] 그래서 크래프트는 나이다(E. A. Nida)의 주장, 곧 "성경은 다른 문화들이 다른 기준을 가지고 있으며, 이 차이들이 각각 다른 가치들을 가지고 있다는 것으로 하나님께서 인정하신다는 사실을 분명하게 확신한다."라는 그의 말을 언급한다.[439] 따라서 특정 문화의 상황이라는 관점에서 각각의 문화에 적합하게 접근해야 한다는 원리는 하나님과 인간과의 영구적인 상호작용에 대한 초문화적 원리가 된다. 이처럼 초문화적 원리와 '성경적 상대성'에 대한 이해는 우리에게 인간의 다양한 상황 안에 역사하시는 하나님의 활동에서 드러나는 수많은 불일치점도 설명할 수 있게 해준다.[440]

이런 관점에서 크래프트는, 교회는 하나님의 의미를 전달하는 도

437 Ibid., 205-206, 209.
438 Ibid., 223.
439 Ibid., 225.
440 Ibid., 229.

구이기 때문에 서로 다른 세대와 사람들이 가진 문화 형식들로 새롭게 변형하는 과정이 필요하다고 말한다. 그 때문에 교회는 옛 교회 형식들을 그대로 재생해서는 안 되고, 초대교회와 동등한 모습을 기능할 수 있어야 한다. 크래프트는, 성경에는 하나님의 백성다움(people of God-ness)을 문화화(inculturating)한 많은 사례가 있는데, 이는 인간 문화를 다루시는 하나님의 방식을 잘 이해하도록 도우며, 오늘을 사는 우리에게도 교회를 향한 하나님의 의도를 이해하게 해주는 것이라고 말한다.[441] 따라서 그리스도인은 문화 안에 사는 하나님의 백성들(the people of God)이며, 현실교회는 원래 청자들에게 미쳤던 영향을 현대인들에게도 동일하게 끼치는 역동적 등가적인 존재가 되어야 한다고 그는 거듭 강조한다.[442]

결론을 맺으면, 초문화적 상황화는 하나님 나라의 문화를 창조하고 구현하는 방법론적이고 변혁적인 모델로서, 변화하는 시대 속에서 교회는 어떤 이미지로 본질적 기능을 수행할 것인지에 대한 동질과 동화의 의미라고 볼 수 있다. 결국, 현대 기독공동체가 역동적 등가적인 교회가 되기 위해서는 목회 리더십은 물론 관습과 문화, 구조와 제도, 그리스도적 사랑과 관심의 방법들이 시대 문화에 적절한 옷을 입어야 한다.

---

441 Ibid., 509, 514.
442 Ibid., 518.

통섭의 원리를 적용하면
반드시 성장한다

제6장 통섭의 원리를 적용하면 반드시 성장한다

이 장은 이 연구 과정에서 얻은 최종적인 결과물로 통섭적 목회의 핵심 요소와 그것을 구체적으로 적용할 목회적 영역들은 무엇인지에 관해 기술한다. 또한, 그 구체적인 적용은 어떤 신학적 근거와 방법에 의해 이루어지는 것이 두 이론의 건설적인 협력에 의한 통섭적 목회인지를 말하고자 한다. 따라서 이 장에서는 통섭적 목회 원리에 부합하는 다른 신학자들(앞서 언급한 신학자들 외)의 의견도 함께 언급하면서 결과물을 도출할 것이다.

요약하면, 4장에서 통섭적 목회를 이루는 네 기둥, 곧 교회성장학과 선교적 교회론의 신학적 공통점을 논했다면, 5장은 그 공통된 신학에서 발견한 여섯 가지 통섭의 원리들을 도출하고, 다시 6장은 도출한 통섭적 목회의 원리를 반영할 만한 현장 목회의 핵심 요소는 무엇이며, 거기로부터 파생하는 실제적인 적용점에 대해 논한다. 이러한 연구 과정은 두 교회 운동 모두 하나님의 선교 방향에 포함한다는 통전사적 관점에 기인한 것으로서 근본적으로는 '하나님 나라의 성장' 때문이다. 따라서 현재도 진행되고 있는 두 교회 운동의 신학적 원리들을 상호보완하고 절충한 통섭의 원리들을 잘 이해하고 적용한다면 충분히 오늘날의 신학과 목회 현장에서도 큰 유익을 얻을 수 있으리라고 생각한다. 왜냐하면 통섭의 원리는 세계 기독교를 움직인 교회 운동의 두 축을 모두 아우르기 때문이다. 어찌 보면, 세계사적으로 연구되어 적용하여 온 보편적 목회 원리를 종합한 것이 통섭의 원리이기 때문이다. 그러므로 필자는 통섭의 원리를 현장 목회에 적용할 시 반드시 교회는 본질적으로 성장한다고 확신한다.

1. 성육신적 정체성은 선교적 리더십을 갖게 한다

유기성

교회성장학적으로 건강성을 유지하면서 지속적인 성장을 가져오는 것 중 중요한 하나는 '유기적 상호 의존성'이다. 이에 슈바르츠는 생명체적 원리를 따름에 있어서 가장 큰 단점은 다른 요소와의 공존성을 무시한 채 한 요소에만 집중하는 근시안적 태도라고 지적한다. 이런 태도는 그 분야의 빠른 성과를 이루더라도 다른 영역들을 간과하기 때문에 장기적인 역효과를 발생할 수 있다는 말이다.[443] 그래서 그는, 성장하는 교회의 지도자들은 다른 이를 세우는 사역을 강조한다고 말하면서 사역자를 세우는 리더는 하나님의 다양한 부르심을 인정하여 각 사람의 가능성을 충분히 펼칠 수 있게 해야 한다고 주장한다. 이런 뜻에서 슈바르츠는 사역자를 세우는 리더의 세 가지 핵심 요소로, 1) 상황설명, 2) 동기부여, 3) 자율성을 제시한다.[444] 이를 간략히 언급하면,

---

443 크리스티안 슈바르츠, 『자연적 교회성장, 한국교회를 바꾼다』, 92.
444 Ibid., 106-107.

상황설명이 이루어졌다면 동기부여가 되게 해야 하고, 동기부여가 되었다면 각 사람이 복음의 비전을 성취할 수 있도록 각자의 자율성을 키워주어야 한다는 순차적 의미다. 그래서 그리스도의 몸인 교역자와 성도는 신분적 수직관계가 아닌 상호의존해야 할 유기적 관계다.

이런 관점은 전통적 교회성장학에서도 살펴볼 수 있다. 맥가브란은 성경적 원리를 존중할 때 교회가 성장한다고 말하면서 기본적으로 교회를 그리스도의 몸으로 이해한다. 그런데 성도는 공동체의 일원임과 동시에 사회적 일원으로 살아간다. 그래서 맥가브란은 그리스도인이 사회 안에서도 계속하여 교회와 상호작용하는 공동체적 관계를 맺으며 존재해야 함을 다음과 같이 설명한다.

> 그리스도인이 된다는 것은 몸의 일부, 하나님의 가족의 일원, 믿음의 가정의 식구가 된다는 뜻이다. 구원받은 사람은 구속함 받은 사회의 일원이 된다. 그들은 그 사회 안에 살면서 몸 안에서 상호 지원하고 격려하고 다른 사람들을 도와준다. 믿는 자는 교회의 일부가 되어야만 한다.[445]

맥가브란의 이 말을 선교적 관점에서 이해하면, 구속함 받은 성도는 교회와 사회의 동시적 일원으로서 사회 안에서도 교회와의 긴밀한 상호작용을 통해 한 사람이라도 더 제자 삼으시려는 하나님의 뜻을 위해 사는 선교적 백성이라고 말할 수 있다. 따라서 모든 교인이 그리스도를 믿는 것에서 더 나아가 책임성 있는 교인[446]이 되어야 한다는 그의 말은 교회의 내적 공동체성만 강조하는 말이 아니다. 오히려 공동체와의 지속적인 상호작용을 통해 세상을 향한 공동의 비전을 성취해야 한다는 선교적인 말로도 이해할 수 있다. 따라서 교회성장학적으로 교

---

445 도널드 맥가브란·윈필드 아안, 『교회 성장의 열 단계』, 42.
446 Ibid.

230

회공동체가 유기체적으로 성장해야 한다는 말의 의미는 내적 의미로만 이해해서는 안 된다.

찰스 싱글테리(Charles B. Singletary)는, "유기체적 성장이란, 지도자를 훈련하고, 교회의 조직망을 보호, 육성하는 것을 말한다. 유기체적 성장의 영적 건강도는 보통 지역교회가 처한 상황에 잘 동원될 수 있도록 훈련받은 지도자와 사역자의 질과 수적인 기능을 일컫는다."라고 말한다.[447] 그래서 그는 지역교회의 건강한 유기체적 성장의 지표로서, 1) 기도의 강조, 2) 성령의 자유로운 역사, 3) 성경적 예배와 사역, 4) 개인과 유기체적 재생산, 5) 고도의 평신도 동원, 6) 양적 성장과 질적 성숙, 7) 건강한 교회생활을 제시한다.[448] 하지만 여기서 더 나아가 이런 성장이 가능하게 하려면 인위적인 계획과 감독과 추진만이 아니라 성령의 사역에 큰 믿음을 가지면서 하나님 나라에 대해 소망해야 한다고 그는 강조한다.[449] 이런 맥락에서 맥가브란과 윈 안은 자라게 하시는 하나님과 영양 공급의 의무를 진 인간의 아름다운 연합을 강조한다.[450] 그러니까 교회성장학이 말하는 유기체적 성장이란, 먼저 하나님과 인간의 거룩한 유기성에서 출발하면서 교회공동체가 존재하는 지역 사회와도 밀접하다.

또한, 스나이더는 교회 성장의 생명적 순환을 유기체적 성장이라고 설명하면서 본질적 교회성장을 위한 세 가지, 곧 1) 영적 생활과의 귀결, 2) 교회 지체로의 참여, 3) 문화적 생존력과 영향력을 언급한다.[451]

---

447 싱글테리(1934-2018)는 브라이어우드(Briarwood) 장로교회의 제자훈련 책임자로 섬기면서 풀러 세계선교대학원(교회성장학 전공)을 졸업했다. 이후 그는 1980년 7월, 교회성장 중심의 교회를 돕기 위한 기관으로 '교회자원사역부'(Church Resources Ministries)를 설립하여 초대 총재가 되었다. 피터 와그너, 『교회성장학 개론』, 126.
448 Ibid., 128-130.
449 Ibid., 132.
450 도널드 맥가브란·윈필드 아안, 『교회 성장의 열 단계』, 45.
451 하워드 스나이더, 『그리스도의 공동체』, 159, 188.

그는 성경적 교회성장을 위한 수직적이고 수평적인 관계의 순환적 균형을 전제하는데, 여기서 수직적 관계는 성령과 말씀, 예배와 기도를 통해 이루어지고, 수평적 관계는 복음 선포, 모임의 증가, 공동체 건설, 은사의 사용, 문화적 영향, 새 교회를 통해 이루어진다. 그는 이 모두가 균형 있게 순환하는 것을 정상적이고 참된 교회 성장의 역학적 순환이라고 말하면서 이 과정에서 교회가 생명체적 세포 분열과 증식을 통해 성장하는 것이 자연적이라고 말한다. 그래서 스나이더는 지역에서의 분열과 소그룹 교회공동체의 증가를 함께 강조한다.[452] 다시 말해서 이 말은 교회의 유기체적 성장이란, 영적이고, 공동체적이며, 지역 사회적 관계가 모두 고려되어야 한다는 말이다.

따라서 건강한 성장에는 세 가지 영역에서 유기체적 연합을 전제한다. 그것은 먼저, 1) 성령을 통해 그리스도의 몸과 하나가 되는 '영적 연합'이고, 2) 교회 조직에서 책임 있는 일원이 되는 '공동체적 연합'이고, 3) 사회에서 살아가는 성도가 사도적 본질을 드러내기 위해서 지역공동체의 일원이 되는 '사회적 연합'이다. 여기서 중요한 것은 하나님, 교회, 사회는 하나님의 선교적 연결고리에 묶여 있으며, 변질, 타락, 오염된 창조 세계의 온전한 회복을 위해 협력해야 할 '우리'라는 점이다.

하지만 이런 이해관계에서도 꼭 구분되어야 할 것은, 사회와의 연합은 세상의 샬롬을 위한 지역적이고 공존자적인 차원의 유기체적 연합이라는 점이다. 그 때문에 사회적 연합을 그리스도와 한 몸을 이룬 영적 연합과 같은 것으로 혼동해서는 안 된다. 그것은 기본적으로 이웃 사랑이라는 기독교적 실천과 세상의 구원과 샬롬을 위한 공동의 공간, 그리고 종말론적 기대와 소망의 차원에서 연합이지 지금 당장 그리스도와 하나 된 영적 공동체로서의 신성한 연합은 아니다. 따라서 교회

---

452 Ibid., 170-171, 173-176.

가 지역공동체가 되어야 한다는 말에는 철저히 선교적인 차원이다.

이런 이해를 기초로 선교적 유기성이란, 새 계명이 말하는 사랑의 두 영역, 곧 하나님 사랑과 이웃사랑의 영역을 모두 포함해야 한다. 하나는 영적이고 내적인 유기성으로 그리스도인 개인의 신성한 영적 연합과 교회공동체와의 연합이고, 다른 하나는 외적인 유기성으로 지역사회와의 사회적 연합이다. 이런 뜻에서 사회의 구성원으로 살아가는 구속함 받은 성도들은 사회적 친밀성, 상호작용, 책임적 연대를 통해 선교적 삶을 구현하는 선교적 백성이다. 따라서 통섭의 관점에서 유기체적이란, 내적이고 외적인 유기성을 모두 포함하는 것으로서 교회 공동체가 영적 가족인 것처럼 지역공동체도 사회적이고 지구적인 가족으로 이해하고 설명하는 방식으로 해명한다.

정리하면, 성육신적 정체성에 기초한 선교적 리더십으로서 유기성은 교회의 거룩한 영적 연합을 기초로 교회성장을 위한 성도 간 상호의존성, 공동체성, 은사적 기능과 협력과 같은 내적 연합을 넘어 다시 세상으로 흩어져야 할 선교적 백성으로서 지역사회와 연대하며 살아가는 공존자적 연합을 의미한다. 한마디로 영적 연합(하나님의 선교적 백성), 공동체적 연합(그리스도의 몸), 사회적 연합(지역공동체의 일원)의 삼박자가 균형을 이룰 때 본질적 정체성을 가진 하나님의 선교적 교회가 되어 하나님 나라의 성장을 추구하는 존재로 살아갈 수 있다.

사도성

초대교회를 생각하면 부흥과 성장을 떠올리는 것이 일반적이다. 그러나 예루살렘 교회의 성장에는 성령의 강권적인 역사도 있었지만, 여러 행정상의 문제와 회중 간의 불화로 사역에 어려움도 많았다. 현실적 어려움에 직면한 사도들은 이러한 문제들의 해결을 위해 중대한 결정을 내려야 할 공적 지도자로서, 먼저 우선순위를 생각했고, 그다음 문제의 해결책을 모색하면서 성령 충만하고, 지혜롭고, 윤리적 덕망을 갖춰 주변인들에게 칭찬받는 성도들을 택하는 과정을 거쳤다. 그런 다음 선택된 성도들에게 교회의 중책을 위임하는 행정력을 보였다. 이러한 목회 행정력으로 인해 사도들은 말씀과 기도에 전념할 수 있었고, 위임받은 일곱 성도와의 동역을 통해 하나님의 말씀은 점점 왕성해져 갈 수 있었다. 결국, 제자의 수는 기하급수적으로 많아졌고, 많은 제사장이 복음의 진리에 복종하는 폭발적인 부흥성장을 경험할 수 있었다. 이처럼 교회공동체를 지혜롭고 효과적으로 이끌어갔던 사도들의 모습은 사도행전 6장에서 잘 나타나며, 이러한 사도들의 목회 리더십과 행정력은 교회공동체를 이끌어감에 있어서 이것이 얼마나 중요하게 작동했는지를 실제로 일러주는 대목이다.

이런 차원에서 임영효 교수(고신대 은퇴, 선교신학, 선교목회대학원장 역임)는 사도행전에 나타난 초대교회의 모습처럼 오늘날의 교역자와 회중들도 이를 교훈 삼아 학습해야 하는 이유를 교회의 내적 건강과 외적 성장의 관계성과 연결하여 이해한다.[453] 또한, 조지 헌터는 저서 『사도적 교회』(Apostolic Congregation: Church Growth Reconceived for a New Generation)에서 세계적으로 중요한 사역이 평신도에게 맡겨졌을 때와 성직자에게만 할당되었을 때 그 결과는 대조적이었다고 말하면서 미국 성결교 전통 가운데 있는 복음주의자들의 주장으로 "목자는 새로운 양을 만들어 내지 못한다. 양이 새로운 양을 만든다."라고 언급한다.[454] 그러나 이 금언은 성직자의 배제가 아니라 다른 역할을 강조한

---

453 임영효, 『사도행전에서의 선교와 교회성장』, 168.
454 조지 G. 헌터, 『사도적 교회』, 104-105.

것으로, 성직자는 도전하고 평신도를 지원할 뿐만 아니라 그들을 교육하고 격려하며, 그들의 사역과 선교를 위해 인도하고 양육하는 역할을 담당해야 한다는 뜻이다.[455] 말하자면, 목회자와 성도가 공동의 이상을 가지고, 한마음 한뜻으로 동역할 수 있도록 이끄는 사도적인 리더십과 목회 행정이 초대교회 부흥과 성장의 특징 중 하나라는 것이다.

그런데 여기서 짚어볼 것은, 이런 의미라면 만인제사장설도 목회자와 성도 간 동역의 근거라고 볼 수 있다. 그래서 만인제사장설은 한국교회에서 소위 평신도로 통념 되는 평신도 부흥 운동에 이바지한 바 있다. 하지만 한국교회는 만인제사장설에 대한 건강한 신학적 이해 없이 단순히 모든 그리스도인은 하나님 앞에 같은 제사장이라는 표면적이고 신분적인 의미에 초점을 둠으로써 영적 권위와 직제에 대한 무질서한 가치관을 형성했고, 이윽고 목회자와 성도 간의 내부적인 갈등을 심화했다. 결국, 성직에 대한 그릇된 이해에서 비롯된 저항적 모습은 교회공동체를 올바로 지도하고, 안내해야 할 목회자가 양들 눈치 보기에 바쁜 자로 전락시키는 악영향을 끼치고 말았다. 이는 만인제사장설에 대한 건강한 이해 없이 지나치게 신분적 평등을 위한 정당함으로만 활용함으로써 화해의 사목을 책임져야 할 기독교 성직의 영적 권위와 직능 개념이 실추된 것이라고 말할 수 있다. 물론 이런 말이 성직주의를 재강조하자는 것은 더더욱 아니다. 보수적이고 제도적인 복음주의 신학에 기초한 한국교회에 절실한 것은, 교회의 전 구성원이 예수의 제자요 하나님의 선교적 백성이라는 종말론적이고 선교신학적인 공감대를 불러일으킬 만한 선교적 리더십으로 사도성(apostolicity)이 필요하다는 말이다. 이런 맥락으로 벤 엥겐은 저서 『하나님의 선교적 교회』에서 선교적 교회의 리더십을 연합적 사건, 곧 공동체적으로 해석한다.

---

455 Ibid: 김신구, "통전적 선교를 위한 현대교회의 성육신적 모습," 56.

그의 설명은 다음과 같다.

> 리더십은 하나님의 연합적 사건(corporate event)이다. 하나님의 백성들
> 이 하나님의 소명과 뜻에 따라 비전을 가지고 세상을 향하여 나가 선교하
> 는 삶을 살아가며, 세상과 그들이 선교하는 삶의 현장에서 행하시는 하나
> 님의 사역에 성령으로 감동되어 동참하도록 그들을 독려하는 지도자들이
> 영향을 행사하여 가는 연합된 사건이다.[456]

여기서 선교 사역의 동참은 성령의 감동에 의한 연합이고, 이를 이
끄는 역동적 영향력은 리더십과 연결된다. 그래서 프로스트와 허쉬는
리더십에 초점을 맞추는 일을 갱신과 성장에서 너무나도 본질적이라고
말한다.[457] 주목할 점은 이것이 리더에 의한 결과물이 아니라 '그에게
서 파생되는 영향력'이라는 점이다. 그러니까 선교적 리더십은 궁극적
으로 지도자의 리더십이 아닌 하나님으로부터 존재론적 변화를 경험
하고, 거기서 파생된 본질적 영향력을 선교적 리더십이라고 말할 수 있
다.

그래서 프로스트와 허쉬는 사도적 리더십을 에베소서에 나타
난 두 매트릭스, 곧 리더십과 사역으로 구분하여 기존의 5중 사역을
APEPT(사도(apostle), 선지자(prophet), 복음 전하는 자(evangelist), 목사
(pastor), 교사(teacher))라는 말로 바꾸어 설명한다.[458] 여기서 은사는 저
마다의 기능이 있지만, 교회 전체사역의 리더십과 구조로 이해되며, 서
로는 배타적이지 않다. 사도적 역할을 하는 사람이 목양과 가르치는
기능을 할 수 있고, 선지자적 역할을 하는 사람이 복음전도자로 쓰일
수 있다. 강조점은 은사의 다양성보다 이 모두가 선교의 영역에 부름을

---

456 찰스 벤 엥겐, 『하나님의 선교적 교회』, 278-279.
457 마이클 프로스트·앨런 허쉬, 『새로운 교회가 온다』, 300.
458 Ibid., 301.

받은 사람들의 공통된 주요 기능이라는 점이다.[459] 따라서 프로스트와 허쉬의 강조점은 교회가 개인만이 아니라 공동체 전체가 사도적이고 복음전도적이어야 한다는 점이다. 이에 최동규 교수는 예수 그리스도를 믿고 구원받은 하나님의 백성이 궁극적으로 무엇을 지향해야 하는지는 사도성을 통해 알 수 있다고 말하면서 통일성, 보편성, 거룩성에 의해 형성된 내적 힘은 교회 밖으로 자연스럽게 흘러넘칠 수밖에 없다고 말한다.[460]

따라서 선교적 사도성이란, 자신의 갱신과 성장은 물론 교회 안팎의 다른 사람까지 그리스도의 온전한 제자로 헌신하도록, 나아가 예수 그리스도의 제자로 삼는 복음의 영향력을 행사하는 것을 말한다. 그래서 그리스도인의 리더십은 하나님의 사람들이 속해 있는 내적 그룹만이 아니라 파송된 사도들처럼 선교적 백성으로서의 복음전도와 사도적 봉사를 통해 기독교의 복음을 세상에 드러내는 것을 의미한다. 결국, 선교적 사도성은, 안으로는 공동체에 대한 디다케적 가르침과 행정력을 행사하면서 동시에 통전성 있는 메시아적 영성을 가진 사도로서, 하나님 나라의 복음과 그 나라의 증거가 되기 위해 세상에서 구현하는 선교적 영향력이라고 말할 수 있다. 그러므로 교회는 목회자를 비롯한 전 구성원이 내외적 사도성을 가질 때 참된 선교적 공동체로서의 건강한 정체성을 가졌다고 말할 수 있다.

변혁성

'하나님 나라'라는 용어에는 기본적으로 '이미'(도래한)와 '아직'(미

---

459 Ibid., 306-307.
460 최동규, 『미셔널 처치』, 87.

완성된)이라는 두 의미가 있다. 그래서 세상은 기독론적 구원이 필요한 하나님의 선교적 무대임과 동시에 하나님의 구속적 통치와 인간의 문화 위임적 책임에 의해 회복되고 보전되어야 할 하나님의 창조 세계다. 여기서 세상과 공존하는 모든 교회는 하나님의 총체적 선교에 참여하는 그분의 공동체다.

달리 말하면, 세상은 하나님과 관계가 단절되고, 창조 원형에서 변질한 상태이기 때문에 온전한 화해와 원형 회복의 대상이다. 그래서 종말에 이르지 않은 세상은 하나님의 사랑과 소망이 계속 흐르는 곳으로서 심판과 멸망의 때만 기다리는 버려진 곳이 아니라 하나님의 통치와 구속의 사역을 통해 변혁되어야 할 장소다. 따라서 모든 지상교회는 하나님의 소유, 제사장 나라, 거룩한 백성으로서의 소임을 그리스도의 재림 때까지 성실로 다해야 하며, 불신자들 또한 하나님과 온전한 관계를 맺어 같은 하나님의 소유, 제사장 나라, 거룩한 존재로서의 신분적 변화를 경험하도록 이끌 수 있어야 한다. 그 때문에 교회를 향한 선택과 언약은 택함 받은 대상에 대한 개별적이고 우월적인 특권이 아니라 지구 전체에 대한 보편적인 책무를 위한 것이다.

이런 맥락에서 이상훈 교수(풀러신학대 총장, 선교신학)는 선택과 언약의 관점에서 선교적 사명을 이해한다. 아브라함에 대한 하나님의 부르심은 한 개인의 드라마로 시작하지만, 이후 그를 선택하신 하나님의 원뜻은 이삭과 야곱을 통해 이스라엘로 확장된다. 그리고 그것은 한 민족에서 전 인류가 복을 받는 사건으로 다시 확장된다. 그래서 이런 부르심은 선택받은 민족에 대한 하나님의 편애가 아니라 모든 민족을 향한 축복의 통로와 열방의 빛으로서의 부름이기에 선택과 언약은 본질적으로 선교적 안목으로 읽혀야 한다는 것이다.[461] 이런 뜻에서 하나

---

461 이상훈, "하나님 백성의 선교적 사명과 책무," 240-243.

님의 선택은 특권이 아니라 인류를 향한 보편적인 선교적 책임이라고 말할 수 있다. 이 책임은 세상의 화해와 회복을 위한 것으로 점철되기 때문에 하나님의 선택은 변혁의 의미가 있고, 본질적 사명과 책무에 있어서 교회를 더 적극적이고 역동적으로 이끈다. 따라서 지상에 존재하는 모든 교회는 하나님 백성 됨의 거룩한 정체성을 가지고 자신이 처한 지역사회와 문화 그리고 온 세상을 하나님 통치의 문화로 변화시키는 변혁적 존재로 부름을 받았음을 인지하며 살아야 한다.

그러면 이렇게 부름을 받은 교회는 어떻게 세상의 거룩한 변혁을 이끌 수 있을까? 그것은 하나님의 임재 방식으로서 예수 그리스도의 성육신을 통해 살펴볼 수 있다. 성육신은 크게 두 가지 방식으로 구분할 수 있는데, 하나는 정적 개념인 존재론적 측면이고, 다른 하나는 동적 개념인 기능론적 측면이다. 이 둘의 관계를 잠시 언급하면, 존재론적 의미는 기능론적 행위를 통해 드러나고, 기능론적 행위는 존재에 따라 외적 영향력을 갖는다. 따라서 세상의 실제적인 변혁을 위해서는 정적 영역과 동적 영역의 조화가 전제되어야 한다.

한편, 이와 연관하여 피터 노스하우스(Peter G. Northouse)는, 변혁적 리더십의 과정에는 성원들의 동기를 평가하고, 그들의 욕구를 충족시키며, 성원들을 완전한 인격체로 대우하는 것을 포함하기 때문에 변혁적 리더십은 리더와 성원들 모두의 내적 도덕성을 높인다고 말한다. 또한, 변혁적 리더십은 성원들이 기대 이상의 업적을 성취하도록 하는 특별한 형태의 영향력이라고 설명한다. 그래서 변화와 변혁을 촉진하는 과정에서 중추적 역할은 변혁적 리더이지만, 변화의 실천 과정에서는 리더와 성원 간의 빈틈없는 결속이 항상 요구된다.[462]

여기서 변혁적 리더십이 리더와 성원들 모두에게 어떻게 영향을 미

---

462 피터 G. 노스하우스, 『리더십 이론과 실제』, 김남현 역 (서울: 경문사, 2019), 223-224.

치는지를 잠시 설명하면, 변혁적 리더십은 성원들의 도덕적 정체성과 정서(감정이입, 공감, 죄책감 등)에 영향을 미쳐 성원들에 의한 도덕적 의사결정과 외적 행위로 이어지게 한다. 그리고 이것은 집단의 윤리적 풍토, 윤리적 의사결정, 도덕적 행위 등과 정적인 관련성을 가진다. 한마디로 말해서 변혁적 리더십은 내적 윤리성이 외적으로 나타나게 한다. 이런 의미에서 진정한 변혁적 리더십은 자기 지향성과 타인 지향성을 모두 충족하며, 최종적으로 변혁적 리더는 다른 사람들을 위해 자신의 이익을 초월하게 된다.[463] 따라서 변혁적인 교회는 세상의 진정한 이익을 위해 자신의 권리를 내려놓고, 성육신하신 예수 그리스도의 내적 거룩성(존재)과 거기에서 우러나오는 외적 삶의 행위(기능)로부터 기독교적인 문화변혁을 추구하는 기독공동체를 말한다.

그러면 인류를 위해 하나님 자신의 이익(뜻)마저 초월하는 교회의 성육신적인 변혁 방식은 구체적으로 어떤 것이어야 할까? 그것은 크게 두 가지로, 하나는 정적이고 내적인 차원에서 성부에 대한 절대적 순종, 그것과 함께 나타난 자기희생적 섬김, 인류에 대한 진성적 사랑, 그리고 예수 그리스도의 성품을 가진 존재론적 변혁의 방식이다. 또 다른 하나는 동적이고 외적인 차원에서 하나님 나라를 가시화하고 구현하는 실천적 행위로서, 세상 문화 안에서 그 나라를 성실히 실현해 가시는 그리스도의 삶과 사역에 나타난 기능론적 변혁의 방식이다.

예수께서 나타내신 세상의 변혁은 죄에서 벗어나 하나님의 주권적 통치에 예속하는 참된 영적 자유, 곧 전인적인 것으로 불의한 정치구조와 부조리한 경제구조, 형식적인 종교 행위에서의 진정한 해방과 자유였다. 그래서 예수께서는 하나님으로부터 난 복음으로 제자 삼으시는 것과 사회적 책임을 통해 그분의 나라를 현재화하셨다. 그리고 인간

---

463 Ibid., 226.

중심적인 세상 문화를 하나님 중심의 거룩한 문화로 변혁하셨다. 결국, 그리스도의 궁극적인 사역은 하나님 나라의 복음으로서 인류의 온전한 구원을 위한 것이었다. 이를 위해 예수께서는 제자공동체와 동고동락하시면서 참된 가치와 유익을 가르치셨고, 그렇게 양육 받은 제자들은 자기 지향적 이익이 아닌 이웃과 세상을 위한 참 이익을 위해 희생적이고 이타적인 사랑을 가슴에 품고 세상으로 흩어졌다.

그러므로 교회공동체는 케리그마, 코이노니아, 디아코니아를 통해 세상에 그리스도를 전하고, 기독교 메시지와 윤리를 가르치며, 세상이 그리스도와 영적 연합을 이룰 수 있도록 섬겨 그들도 예수 그리스도적인 모습으로 하나님 나라를 위한 총체적 선교에 헌신[464]케 하는 공적 변혁의 사신이어야 한다. 이를 위해 교회는 타인 지향적으로 그들의 필요를 살펴 채워주고, 그곳에 하나님 나라가 임하게 하여 하나님의 은혜에 인격적인 반응을 유도함으로써 그리스도의 온전한 제자로 삼을 수 있어야 한다.[465] 이런 맥락에서 스나이더는 공적 제자도의 네 가지 실천적 프락시스로, 1) 사랑과 은혜의 삶 살기, 2) 경제 정의를 가르치기, 3) 지구 보존을 신앙 가운데 실천하기, 4) 통치자들을 위해 기도하기를 통해 세상의 변화를 추구해야 한다고 말한다.[466] 곧 교회의 선교는 화해와 회복의 관점에서 하나님 나라의 문화를 창조하고 발전시킴으로써 세상이 하나님과의 온전한 관계, 통치와 참 자유의 본연의 장소로 회귀하는 문화 변혁을 추구해야 한다.

한편, 버나드 바스(Bernard M. Bass)는 변혁적 리더십을 일으키는 네 가지 척도에 대해 다음과 같이 언급한다. 그것은, 1) 영감적 동기 부여(inspirational motivation)로, 리더의 비전 공유는 성원들이 긍정적

---

464 홍기영, "선교적 교회론의 관점에서 본 선교," 222.
465 Ibid.
466 하워드 스나이더, 『교회 DNA』, 257-286.

인 태도로 미래를 바라보고, 동기부여를 받게 한다. 2) 이상적 영향력 (idealized influence)으로, 리더의 긍정적인 고차원적 이상과 가치는 성원들과 긴밀한 감정적 유대를 형성하여 사명과 가치의 공동 의식을 갖게 한다. 3) 지적 자극(intellectual stimulation)으로, 성원들의 신념과 그들의 문제를 분석하여 그들의 해결책에 도전케 한다. 4) 개별적 배려 (individualized consideration)로, 성원들 각자의 필요를 고려하고 강점을 개발하는 것이다.[467] 이를 기독교적인 차원에 대입하면, 존재론적 차원에서 하나님의 영광과 나라는 영감적 동기부여에 속하고, 그리스도적 성품은 이상적 영향력에 해당한다. 다음 기능론적 차원에서 선교적 사명과 교회성장은 지적 자극에 속하고, 제자로서의 성장과 파트너십과 영적 보상은 개별적 배려에 해당한다고 볼 수 있다.

결론적으로, 교회는 모든 그리스도인이 세상의 거룩한 변혁을 위한 존재로 살아가도록 하나님의 영광과 나라에 대한 열망적 동기를 부여해야 한다. 또한, 성육신하신 예수 그리스도의 겸손과 사랑을 통전적으로 가르쳐야 하며, 그들이 가진 재능을 교회성장과 선교적 실천에 자발적이고 역동적으로 발휘하도록 내적이고 외적인 여러 기회와 틀을 제공할 수 있어야 한다. 나아가 세상에서 주어지는 축복은 물론 현세와 내세의 연계성 이해를 통한 영적 가치와 장차 하늘에서 받을 거룩한 상급에 대한 소망을 품게 함으로써 각자가 가진 선한 열정과 헌신을 불러일으킬 수 있어야 한다.

---

467 Multifactor Leadership Questionnaire Psychometric properties of the German translation by Jens Rowold, https://www.mindgarden.com/documents/MLQGermanPsychometric.pdf

2. 예배, 삶, 은사 사용에서 성령을 의지하라

성령에 의한 역동적 예배와 삶의 열매

벤 엥겐은 하나님 나라의 역동성이 선교적 교회로 성장하게 하는 힘이라고 말하면서 이것은 성령의 능력 안에서 하나님의 역사하심을 통해 제공된다고 설명한다.[468] 그런데 여기서 성령의 임재 장소를 그리스도에 대한 신앙고백을 가진 구분된 신자들의 공동체로 규정할 때, 교회는 기본적으로 '모이는 교회'로 존재한다. 모이는 교회의 구성원으로서 신자들은 특정한 목적을 위해 약속된 특정 시간과 장소에 모이는데, 그 모임은 주로 예배, 성경적 가르침, 거룩한 교제로 이루어진다. 이를 통해 신자들은 믿음의 확신과 영적 성장을 경험하고 새로운 가치관과 존재 양식을 가진 새로운 존재로 양육 받아 거듭난다.[469] 이것은 사도행전 2장 42-47절에서도 잘 나타나는데, 초대 기독공동체에 나타난 대표적인 두 가지 특징은 매일 행해지는 영적 예배와 거룩한 성도들의 교제였다.[470] 다시 말해서 성령의 강한 능력은 기본적으로 하나님 나라의 백성으로 승인된 자들의 거룩한 모임 가운데 나타난다는 것이다. 그래서 이것의 대표적인 것이 바로 '예배'이다.

이처럼 예배의 관점에서 슈바르츠는 건강한 교회가 갖는 다양한 예배 스타일의 공통된 세 가지 질적 특성을 언급한다. 그것은, 1) 의식(전례, 형식), 2) 가르침, 3) 찬양이다. 그는 균형 있는 예배를 강조하면서 이를 위한 교회의 수고와 이를 통한 하나님과의 온전한 만남과 경험을 위해 성도들의 열망을 강조한다.[471] 그러나 수많은 교회가 특정 예배의

---

468 찰스 벤 엥겐, 『하나님의 선교적 교회』, 38.
469 최동규, "선교적 교회론의 관점에서 본 교회," 180-181.
470 임영효, 『사도행전에서의 교회 성장』, 163.
471 크리스티안 슈바르츠, 『자연적 교회성장, 한국교회를 바꾼다』, 114-115.

형식을 어떻게 접목할 것인지에 주목하는 것은 예배의 형식적 모델이 보편적 성장 원리를 유도한다는 생각에서 나온 것이라고 지적한다. 이것은 예배 대상을 성도, 분위기, 기독교적, 세속적, 상업적, 격식, 자유로움 등으로 여기는 잘못된 사고로서 이보다 더 중요한 것은 '은혜'이기에 예배는 영감 있어야 한다고 그는 강조한다.[472] 하지만 그렇다고 해서 슈바르츠가 현대사회의 다양한 사람에게 적절한 다양한 예배 형태를 간과하는 것은 아니다. 그것도 중요하지만, 예배에서 강조점은 스타일이 아니라 영감이라는 말이다.

이와 연관하여 맥가브란은 교회 안에서 일어나는 성령의 활동으로 복음적 각성(신앙 부흥)을 교회성장과 연결한다. 이것은 일반적으로 열심과 간절함으로 기도하는 사람에게 주어지며, 따라서 부흥은 기도의 입증임을 그는 말한다.[473] 또한, 그는 하나님의 말씀을 신앙 부흥의 필수조건이라고 말하면서 반드시 성경적 지식이 부흥을 가져오는 것은 아니나 일반적으로 이것이 없이 신앙 부흥은 일어나지 않음을 단언한다. 결국, 신앙의 부흥은 성령에 의한 것으로서 성령이 부어지면 회개하게 되고, 그에 대한 배상처럼 신앙의 부흥이 따라오며, 이를 통해 신자는, 1) 거룩한 삶을 살게 되고, 2) 그리스도의 뜻을 행할 능력을 갖추며, 3) 복음 전하는 일에 자신의 삶을 헌신함으로써 교회는 힘 있게 성장한다고 그는 설명한다. 그래서 맥가브란은 불신자를 교회로 불러 모으는 것을 '부흥'이라고 지칭하는 것은 교회성장의 올바른 이해가 아니라고 주장한다.[474] 다시 말해서 교회성장의 동력적 차원에서 신앙 부흥은 불신자에게서 일어나는 것이 아니라 그리스도에 대한 신앙고백을 가진 신자와 공동체 안의 사건이라는 말이다. 그러니까 교회성장학적

---

472 Ibid., 114.
473 도널드 맥가브란, 『교회성장 이해』, 232-234.
474 Ibid., 236-241.

신앙 부흥은 일반적으로 교회 밖이 아닌 안에서 행해지는 거룩한 모임으로서 공적 예배(예전, 찬양, 설교, 기도, 교제)에 임재하시는 성령의 강한 능력에 의해 일어난다.

그러면 올바르고 건강한 성경적 예배는 어떤 것일까? 안승오 교수(영남신대, 선교신학)는 예전적인 성만찬 예배와 복음주의적인 개혁신학적 예배 그리고 은사 중심적 예배의 형식들은 각각 강점과 약점을 가지지만, 이 모두를 포괄하는 예배(바울신학적 관점)는 두 가지를 질문함으로써 살펴볼 수 있다고 말한다.[475] 하나는 공동체적 차원에서 그리스도의 몸을 온전히 세우는 예배인가이고(고전 14:5-28), 다른 하나는 선교적 차원에서 불신자를 이끄는 예배인가이다(고전 14:23-25). 이를 스나이더가 한 말로 정리하면, 예배는 기존 신자들을 양육하여 능력 있는 증인으로 만드는 소통과 공급의 장임과 동시에 불신자까지도 하나님께로 이끄는 선교적 장이라고 말할 수 있다.[476] 스나이더는 하나님을 향한 교회의 근본적인 사명을 예배라고 말하는데, 예배는 선교를 위해 신자들을 구비시키고, 그 자체로 세상에 대한 증거의 형태를 띠기 때문에 교회의 증거를 뒷받침하고 촉진한다는 것이다.[477] 따라서 참된 예배는 선교를 끌어내는 것으로써 예배와 선교 사이에는 갈등과 긴장이 없다. 만약 예배가 선교를 끌어내지 않는다면 그것은 목적과 열정이 없는 것이므로 삼위일체 중심의 진리를 상실한 예배라고 스나이더는 지적한다. 이런 뜻에서 참된 예배는 하나님 나라를 향한 열정으로 예수 그리스도적 사랑을 가지고 사람들을 화해시키는 열정으로 이어지게 한다.[478] 그래서 스나이더에게 교회는 예배와 선교의 공동체로서 이 둘

---

475 안승오, "교회성장과 예배," 한국선교신학회 편, 『선교와 교회성장』 (서울: 한들, 2003), 218.
476 Ibid., 218-220.
477 하워드 스나이더, 『교회 DNA』, 68-69.
478 Ibid., 132.

제6장 통섭의 원리를 적용하면 반드시 성장한다 **245**

은 분리하여 이해할 수 없다. 말하자면, 선교적 공동체의 예배는 그것 자체로 선교적이다.

그러므로 예배를 통해 성령의 강한 능력과 은혜를 입은 교회는 구속함을 받은 사회의 일원으로서 그리스도에 대한 믿음, 그분을 기다리는 소망, 세상을 향해 흘러넘치는 삼위일체 하나님의 사랑을 가진 선교적 예배자의 삶을 살아가게 된다. 성령을 통한 하나님과의 본질적인 연합은 공간적 개념을 넘어 교회 안만이 아니라 교회 밖에서도 그분과의 연합을 이룬다는 말이다. 이런 맥락에서 프로스트와 허쉬는, 성경의 하나님께서는 올바른 생각, 바른 동기, 바른 행동뿐만 아니라 바른 삶에도 관심을 가지신다고 설명하면서 바른 삶이란, 거룩한 영역으로 인식되는 삶의 한 부분에서만 생겨나는 것이 아니라 우리의 삶 전체에서 생겨나야 한다고 강조한다.[479] 결국, 성령의 역동적인 힘에 이끌린 선교적 교회의 믿음, 소망, 사랑의 삶[480]은 하나님과 연합을 이룬 예배공동체의 선교적 증거가 된다.

예전적 사효성과 오감적 예전

뉴비긴이 말하는 참된 교회의 본질은 초교파적인 것으로 개신교 전통의 접근 방법인 복음 선포와 성례의 바른 시행, 가톨릭의 입장에서 역사적 전통을 계승하는 교회의 성례 참여, 오순절적 접근으로 성령의 역동적 경험이 온전히 연합을 이루는 것으로 정리할 수 있다. 그는 이 모두가 복음의 본질적인 요소이기 때문에 각 교파가 지나치게 한쪽만을 강조하는 것은 왜곡된 결과를 초래한다며 우려한다. 이런 뜻

---

479 마이클 프로스트·앨런 허쉬, 『새로운 교회가 온다』, 256.
480 레슬리 뉴비긴, 『교회란 무엇인가?』, 153-159.

에서 뉴비긴이 주장하는 진정한 교회의 본질은 이론과 실천을 동시에 강조하는 통전적인 것으로, 1) 말씀 선포, 2) 전통과 성례(예전), 3) 성령의 역동적 경험이 조화와 균형을 이룰 때 교회는 삼위일체적인 선교적 교회로서의 의미가 있다.

그런데 이런 관점은 벤 엥겐에게서도 나타난다. 그는 개혁자들이 이해하는 교회의 네 가지 본질적 속성으로, 1) 예수 그리스도, 2) 말씀 선포, 3) 성례전의 바른 집전, 4) 정당한 권징을 언급하면서 이것들은 다시 교회의 통일성, 성결성, 보편성, 사도성과 조화를 이루면서 역동적이고 포괄적으로 표출할 때 예수 그리스도의 참된 교회로 성장할 수 있다고 말한다.[481]

그런데 여기서 말하려는 것은 '예전'에 관한 것이다. 뉴비긴은 개신교 역사에서 성례가 약해지고 있다고 지적하면서 교회가 이를 순전히 상징적이고 보존해야 할 전통적 관습 정도로 여기는 것은 성경의 가르침을 소멸하는 것이라고 단호히 말한다. 만약 이런 태도가 두 가지 성례를 주신 그리스도보다 더 합리적이거나 영적이라고 생각한다면, 하나님께서 주신 본성에 대한 침해일 뿐만 아니라 하나님의 단순하고도 신비로운 특성을 인식할 수 없다고 단언한다. 그리스도 안에 사는 삶이란, 그분이 주신 가시적이고 구체적인 표지에 자신을 내어 맡기는 삶이기에 성례의 의미를 더 깊이 알고자 애써야 한다는 것이다.[482] 이는 앞서 언급한바 영감 있는 예배의 필요 조건으로 형식적 의미의 전례를 성장하는 교회들의 공통점 중 하나로 언급한 슈바르츠의 견해와도 상통한다.

특히 선교신학적 관점에서 성찬을 복음적 성화, 곧 회심 체험의 사

---

481 찰스 벤 엥겐, 『하나님의 선교적 교회』, 103-111.
482 레슬리 뉴비긴, 『교회란 무엇인가?』, 92-93.

건으로 이해한 웨슬리의 성찬신학[483]은 예배신학적 관점에서 예전의 통전성을 강조하는데 유익하다. 여기서 성찬은 그리스도인에게 확신과 영적 견고함을 주어 그리스도인다운 삶을 살게 한다. 그래서 성찬의 시간은 회심과 확신의 시간으로 성찬을 통한 내적 은혜는 복음적 증인의 삶을 유도하는 전도의 수단이 된다. 결국, 성찬은 웨슬리의 구원신학과 연결되며, 성찬을 통한 신자의 증인된 삶은 하나님의 은혜에 의한 회심 성장을 통해 가능해진다.[484] 한편, 몰트만은 성찬을 세상의 구원을 위한 삼위일체 하나님의 공개적인 초대로서 '도상과 역사의 표징,' '희망의 표징,' '교회의 삶의 표징,' '공동체적 사귐과 화해의 표징,' '공적인 신앙고백의 표징'으로 설명한다.[485] 정리하면, 예전적 예배는 영적 소통과 공급의 장이면서 개인적이고 공동체적인 변화를 넘어 공적 신앙고백을 통해 하나님의 선교에 동참케 하는, 기독교 전통에서 매우 중요한 시공간이다.

하지만 오늘날 교회의 예배 형태는 역동성을 추구한 나머지 은사 중심적 예배, 경배와 찬양 예배, 구도자 중심의 열린 예배 등을 선호하고, 최근에는 선교적 교회의 관점에서 모임 중심의 전통적이고 예전적인 예배보다 흩어지는 삶의 예배를 중시하는 경향이 짙게 나타나고 있다. 그래서 현대교회는 예전적 형식보다 예배자에게 초점을 둔 문화적이고 예술적인 예배와 공적이고 선교적인 삶을 중시한 일상의 예배를 강조함으로써 예전적 요소들이 대폭 간소화되고 있다. 그러나 물을 담기 위해 그릇이 필요하듯 틀이 없이 예배하는 것은 불가능하다. 예배는 어떤 형태로든 형식을 갖추어야 한다. 왜냐하면, 예배는 일정한 형

---

483 존 웨슬리, 『존 웨슬리 설교 선집(I)』, 이선희 역 (대전: 복음, 2003), 230; 김신구, "'선교적 성찬'(Missional Eucharist)의 신학적 구성요소와 예전에 관한 연구," 19.
484 김신구, "'선교적 성찬'(Missional Eucharist)의 신학적 구성요소와 예전에 관한 연구," 19-21.
485 J. 몰트만, 『성령의 능력 안에 있는 교회』, 265-266. Ibid., 23.

식에 의해 진행되는 공동체적인 행위로서 예배의 전 과정은 연합적 역동성을 불러일으키기 때문이다. 아울러 초청, 기도, 찬송, 말씀, 고백, 헌신, 친교, 축복, 파송은 물론이고, 모든 성례전적 행위는 그리스도의 고난, 십자가, 부활의 재현을 위한 신학적 언어들이 정제되어 있을 뿐만 아니라 이것은 그리스도의 실제적 임재를 경험하도록 돕기 때문이다.

물론 모든 예배가 시공을 초월하고, 초교파적으로 일정한 형태를 가질 수는 없다. 그러나 반복적이어야 할 기본적인 형식은 갖추어야 한다. 그 이유는 마땅히 표현되어야 할 '일관된 증언' 때문이다. 그래서 예배의 기본적인 구조는 크게 네 부분으로 '모임-말씀-성만찬-파송'으로 진행된다.[486] 여기서 모임의 예전에는 초청, 초청에 대한 인간의 응답(모임), 비공식적 인사, 묵상기도, 찬송 등이 행해지고, 말씀의 예전에는 성경 봉독, 설교, 신앙고백과 헌신, 기도가 진행된다. 그리고 성만찬 예전에는 아남네시스(anamnesis)를 비롯하여 떡과 잔의 취함, 감사기도, 떡을 뗌, 떡과 잔의 나눔이 있고, 마지막 파송의 예전에는 전도, 구제, 정의, 화해 그리고 세상을 화평케 하는 사역을 위해 회중에게 위탁한다.[487]

정리하면, 예배자는 예전의 순서가 가진 신학적 의미와 각각의 순서에서 가져야 할 태도와 마음가짐에 대해 건강한 이해를 하고, 예배해야 한다. 그리할 때 전통적 예전 안에서 인격자이신 하나님을 올바로 예배할 수 있고, 이를 통해 영적 변화와 은혜를 경험할 수 있다. 하지만 예전의 객관적 효력을 지나치게 강조하면 가톨릭의 사효성(ex opere operato)을 따라가게 되고, 주관적 차원을 강조하면 극단적 주지주의(主知主義)에 빠질 위험이 있다.

---

486 기독교대한성결교회, 『예배와 예식서』 (서울: 기독교대한성결교회 출판부, 2010), 2-3.
487 Ibid.

한편, 예배를 단지 하나님께만 초점을 두고, 인간의 영적 만족이나 참된 기쁨은 부차적인 것으로 치부하는 것은 건강한 예배 이해가 아니다. 균형 잡힌 예배란, 예전적 틀과 함께 대상과 행위자가 함께 강조되어야 한다. 왜냐하면 예배는 일방적이 아닌 "하나님의 인간에 대한 봉사와 인간의 하나님에 대한 봉사"(God's service and our service to God)로서[488] 쌍방향적이기 때문이다. 따라서 예배에는 인간적 상황, 문화, 예술에 대한 이해도 함께 반영함으로써 수동적이고 청각 중심적인 예전에서 능동적이고 체험 중심적인 예전으로 발전해야 한다. 그러므로 올바른 예배가 되기 위해서는 예전적 형식이 담고 있는 기독교적 의미를 상기하면서 예배자가 처한 상황에서 역동적인 참여를 유도해야 한다.

이런 차원에서 교회 미래학자 레너드 스윗(Leonard Sweet)은 포스트모던 시대의 목회유형으로 EPIC 모델을 제시한다. EPIC은 경험(experience), 참여(participation), 이미지(image), 관계(connection)[489]의 첫 글자를 딴 것으로, 현대 그리스도인들은 이 네 가지를 중요하게 생각한다는 말이다. 그 때문에 EPIC 모델은 예배 행위자인 개인의 성찰은 물론 거룩성, 기념성, 예전성, 공감성, 참여성, 통전성을 끌어내기에 활용할 만하다.[490] 또한, 깁스는 예배가 '보는 예배에서 느끼는 예배로' 변형되어야 하며, 교회의 승리는 전 지구적이고 우주적이어야 한다고 주장한다.[491]

그러니까 예배의 역동성은 한 스타일과 색깔만으로 충분히 발생할 수 있는 것이 아니다. 예배와 선교가 불가분리적이라는 관점에서 볼 때 참된 교회의 예배는 기본적인 뼈대 위에 시대적이고 문화적인 살을 붙

488 제임스 F. 화이트, 『개신교 예배』, 김석환 역 (서울: CLC, 1997), 31.
489 레너드 스윗, 『교회, 스타벅스에 가다』, 이지혜 역 (서울: DMI, 2009), 36.
490 김신구, "'선교적 성찬'(Missional Eucharist)의 신학적 구성요소와 예전에 관한 연구," 40-41.
491 에디 깁스, 『넥스트 처치』, 임신희 역 (서울: 교회성장연구소, 2010), 225, 250.

이고, 옷을 입혀 새롭게 재구성해야 할 예배신학적 작업이 필요하기에 '일관된 증언'과 '가변적 구조'의 균형이 더욱더 필요하다. 그래서 제임스 화이트(James F. White)는 웨슬리의 예배 방식을 "실용주의적 전통주의"(pragmatic traditionalism)라고 평가한다.[492] 또한, 토마스 오든(Thomas C. Oden)은 웨슬리가 주일 공예배의 예전성을 선호하면서 회중들의 감성에 호소하는 즉흥적 예배와 기도를 추구했다고 말한다. 심지어 그는 거룩하지 않은 목사가 집례하는 성례라 할지라도 하나님의 은혜의 방편을 경시하지 말아야 한다고 주장하면서 오히려 성찬 참여자의 무례하고 무질서한 태도를 지적한다.[493] 여기서 중요한 것은 웨슬리가 예전의 인효성(ex opere operantis)에 무게를 두지 않았다는 점이다.

결론을 맺으면, 균형 잡힌 건강한 예배란, 지정의(知情意)의 참여, 곧 감성과 이성, 전통과 신학, 통전성과 역동성의 조화로운 결합을 통해 예전 낭만주의, 극단적 사효성과 주지주의, 예배신학적 몰이해와 무분별하게 지나친 예전의 간소화를 극복하는 예배를 말한다. 그러므로 예배자는 사효성을 인정하는 객관적 자세로 전통을 중시하면서 문화적이고 예술적인 오감적 예전을 통해 하나님을 전인적으로 체험하는 예배가 되도록 힘써야 한다. 이것이 이 글이 말하는 전통적이면서 실용적인, 내적 변화가 외적 증거되기를 바라는 균형적 의미의 통섭이다.

본질 중심적 은사별 기능과 조직

교회는 예수 그리스도의 신앙고백을 가진 다양한 사람으로 이루어

---

[492] 제임스 F. 화이트, 『개신교 예배』, 258; 김신구, "'선교적 성찬'(Missional Eucharist)의 신학적 구성요소와 예전에 관한 연구," 41.
[493] 토마스 C. 오든, 『존 웨슬리의 기독교 해설 3: 목회신학』, 장여결 역 (부천: 웨슬리 르네상스, 2020), 323-324.

져 있다. 하지만 교회를 하나의 생명체로 구성된 몸과 지체라고 볼 때 이 비유는, 연합적 측면에서 공동체성과 사역적 측면에서 조직성과 기능성을 설명하기 위한 경우가 일반적이다. 다시 말해, 교회를 한 몸으로 이해한다면 목회자와 성도 간 파트너십은 성경적일 뿐만 아니라 마땅히 그래야만 한다. 그러나 실제 많은 목회자는 아름다운 동역을 원하고, 이것의 장점을 인정하면서도 선뜻 이행하지 못하는 이유가 있다. 그것은 인간 상호 간의 동역자적 협력 그 이면의 위험요소에 대한 부담감 때문이다. 그래서 홍성욱 목사(우분트(Ubuntu Mission) 선교회 회장, Oxford Centre for Mission Studies 선교신학 Ph. D.)는 목회자와 성도 간 동역의 세 가지 위험 요소로, 1) 교회 질서의 문란과 분열 가능성, 2) 이단적 사상의 유입 가능성, 3) 목회자의 권위 상실과 긴장감 조장 가능성을 언급한다.[494] 그러나 그는, 교회는 한 공동체로서 전 구성원의 동역은 마땅하다고 말하면서 언급한 문제점을 극복하기 위한 대안으로, 1) 이분법적인 신분적 구분이 아닌 기능과 은사로서의 구분, 2) 공적 위임의 범위 안에서의 사역, 3) 성도의 은사 중심적 사역, 4) 꾸준한 성도의 훈련을 제시한다.[495] 어떻게 보면 동역의 위험을 염려하는 자체가 목회자와 성도를 신분적으로 이해하는 것처럼 해석할 수 있으나 이중적 본질을 가진 제도적 현실 교회 안에서 이런 위험 요소는 얼마든지 고려될 만하다.

이와 관련하여 슈바르츠는 은사 중심적 사역을 강조하면서 리더는 성도들 각자의 은사를 발견하여 그에 맞는 활동의 기회를 제공하는 것이 그의 역할이라고 말한다. 여기서 인간은 보편적인 존재지만, 영적 은사에 맞는 활동은 인간의 힘이 아니라 그 안에 계신 성령께서 일하

---

494 홍성욱, "평신도 동역화(Partnership)와 교회성장," 108.
495 Ibid., 109-110.

시기 때문에 특별한 일을 성취할 수 있다는 것이다.[496] 그래서 그는 은사의 올바르고 효과적인 시행을 위해 합리적이고 기능적인 조직도 함께 강조한다. 그리고 이것의 기준은 철저하게 유용성, 곧 교회의 유익과 연결되어야 하며, 각 조직의 기능적 활동이 얼마나 목적에 부합하는지 그리고 세 가지 균형으로 상향적, 내향적, 외향적 성장의 균형을 이루는지도 점검해야 한다고 주장한다.[497] 다시 말해서 교회 구성원이 가진 은사를 효과적으로 활용하기 위해서는 그에 따른 합리적인 조직체계가 필요하며, 은사별 기능과 조직체계는 오롯이 교회를 유익하게 하는 공동의 비전을 최고점으로 추구해야 한다는 말이다. 왜냐하면 너무나도 자연스럽게 교회의 전 구성원은 한 몸으로 연합한 존재로서 각각의 기능은 공동체, 곧 교회의 건강한 성장과 보전, 나아가 생명체적 세포분열과 증식에 의한 번식을 통해 그 존재성과 본질성을 드러내는 것이야말로 은사의 올바른 기능과 목적이기 때문이다.

이런 뜻에서 리처드 개핀(Richard B. Gaffin, Jr)은, "은사는 하나님께서 성령의 능력으로 신자들을 도구로 삼아 하나님께 봉사하게 하는 모든 방면을 다 포함한다."라고 말한다. 또한, 신자의 능력은 어떤 능력이든 상관없이 중생 이전의 재능을 포함하여 하나님 은혜의 통제 아래에서 하나님께 대한 봉사로 기능할 때 이 모두는 신령한 은사다.[498] 그러니까 은사는 결국, 개인을 넘어 공동체를 위해 하나님께서 주시는 역량과 선물이므로 우리의 말과 행동과 태도는 예수 그리스도와 연합한 몸 된 교회의 유익을 구해야만 한다. 이런 목적에서 모든 은사는 각각의 다양성만을 주장해서는 안 된다. 은사 사용은 교회 전체와 한 몸을 이루는 유기체적 의식과 위임된 공적 범위 안에서 자율성과 역동성을

---

496 크리스티안 슈바르츠, 『자연적 교회성장, 한국교회를 바꾼다』, 118-109.
497 Ibid., 112-113.
498 리처드 개핀, 『성령 은사론』, 권성수 역 (서울: CLC, 1999), 57.

가져야 한다.

또한 은사별 조직체계는 각 조직의 결집과 소통을 넘어 공동의 목적을 위한 수단이기 때문에 본래의 기능을 다하지 못할 경우 언제든지 조정되거나 중단될 수 있다는 것을 항시 인지해야 한다. 다시 말해, 은사는 온전한 공동체를 이루기 위한 것으로 각 지체는 은사 사용에 앞서, 1) 하나님의 은혜로 수여됨을 인식하고, 2) 성령의 주관적 통제 아래 실천하며, 3) 공동의 유익을 최종 목적으로 삼아야 한다. 나아가 모든 은사적 행위의 초점이 교회의 존재론적 본질을 드러내는 것이어야 한다. 따라서 은사가 하나님의 은혜로 수여된 것이라는 말은 다시 은사의 본질적 의미가 무엇인지를 재고케 한다.

좀 더 은사적 기능과 관련한 성령과 그리스도인의 관계를 살피면, 그리스도인은 은사를 부여받아 그것을 사용하지만, 주권적 주체는 성령이시라는 성경적 이해가 필요하다. 그리스도인은 성령의 거룩한 통제를 따르는 청지기적 자세를 가져야 하는데, 은사 수여의 궁극적인 이유가 하나님의 뜻을 위한 용도로서 인간에게 주어진 선물이기 때문이다(고전 12:3-11). 그리고 이런 성령의 주권에 의해 이행된 은사는 성령의 열매, 곧 사랑, 희락, 화평, 오래 참음, 자비, 양선, 충성, 온유, 절제(갈 5:22)를 맺는다. 결국, 올바른 은사 사용의 증거는 성령의 열매를 맺었는지의 여부에 달렸다. 바꾸어 말하면, 성령의 열매가 맺어지지 않는 은사 사용은 성령에 의한 것이라고 볼 수 없다. 이런 관점에서 성령의 열매는 그리스도인의 품성을 나타낸다.[499] 그러니까 은사의 올바른 사용에는 그리스도인의 거룩한 변화는 물론 외적 영향력과 밀접히 관계될 수밖에 없다. 따라서 은사를 논할 때 그것의 본 의미를 충분히 담아내려면 수평적(내적 공동체성, 기능성, 조직성) 의미만으로는 부족하고,

---

[499] 김영선, "성령 은사의 본질과 속성에 관한 연구," 「한국조직신학논총」 제26집 (2010): 238.

254

수직적인 것과 대사회적인 것이 함께 강조될 때 온전해진다.

이와 연관하여 김현진 교수는 한국교회에서 성령 운동의 근원적인 문제로 성령의 역사를 편협하게 이해한 것을 지적한다. 한쪽은 은사를, 다른 한쪽은 열매를, 또 다른 한쪽은 봉사를 강조하면서 성령의 역사를 균형 있게 강조하지 않았다는 주장이다. 그래서 그는 성령의 역사를 세 가지 코이노니아의 관점에서 조명해야 한다고 강조한다.[500] 그것은, 1) 종적 의미로 성령 세례와 성령 충만은 그리스도인의 거룩한 변화를 가져와 삼위일체 하나님과의 영적 연합을 이루고,[501] 2) 횡적 의미로 그리스도와 한 몸을 이룬 교회는 공동체 안에서 서로 영적, 정신적, 물질적 나눔과 섬김 그리고 교제를 통해 온전한 성령공동체를 이루고, 3) 대사회적 의미로 교회는 종적이고 횡적인 코이노니아의 의미를 넘어 하나님의 창조 세계에 대한 공적(대사회적) 책무를 다하기 위해 봉사적 연합이다.

이처럼 성령에 의한 삼차원적 코이노니아는, 1) 성령 세례, 성령 충만과 능력, 중생을 통해 개인의 영적 변화를 일으키고, 2) 교회를 성령의 공동체로 성숙시키며, 3) 세상의 구제, 선교, 희년의 봉사적 의미에서 사회의 거룩한 변혁을 일으킨다.[502] 그러니까 성령께서 교회공동체에 은사를 주시는 근본 이유는 삼차원적 코이노니아를 이루기 위한 것으로 정리할 수 있다. 웨슬리의 말을 빌리자면, 은사를 사용하는 자는 성령의 간접증거로 회개와 믿음의 선한 양심을 가져야 하고, 성령의 직접증거로 은사를 사용한 결과가 성령의 열매로 이어져야 한다.

따라서 교회의 은사별 기능과 조직이 본질 중심적이기 위해서는 먼저 거룩한 수직적 코이노니아를 경험한 다음 성령의 주권에 순종적이

---

500 김현진, 『공동체 신학』, 249.
501 Ibid., 250.
502 Ibid., 254.

고 청지기적인 자세로 기능해야 한다. 그리할 때 안과 밖 모두에 합당한 열매(직접 증거)를 맺을 수 있다. 그러므로 교회의 모든 구성원은 은사 허락이 하나님의 원뜻을 위한 것임을 깊이 이해하고, 이를 올바로 사용하는 훈련을 먼저 해야 한다. 그리할 때 은사는 교회의 덕을 세우고, 하나님 나라를 성장시키는 선교적 도구가 될 수 있다.

3. 재생산을 위한 선교적 훈련과 사역을 계속하라

영성훈련과 제자훈련

영성(spirituality)은 물욕적, 세속적, 육체적인 것과 구별되는 내면적이고 정신적이며, 영적인 관념적 차원으로 이해하는 것이 일반적이다. 하지만 기독교 영성은 인간 삶에 영향을 끼쳐 그리스도인다운 삶으로 이어져야 하기에 사상적이고 내면적인 것을 넘어 그리스도를 믿는 개인과 공동체의 삶으로 드러나게 한다. 따라서 기독교 영성은 사상과 삶, 신학과 실존의 공존적 의미[503]가 있으며, 관념적이고 실존적인 차원을 아우르는 총체적인 개념이라 볼 수 있다.

이런 맥락에서 이광희 교수(평택대, 실천신학)는, "기독교의 영성은 기독교의 가치나 정신을 자신의 판단 기준으로 삼고 살아가는 삶을 가리키는 것으로, 기독교 정신의 기초를 이루는 성경을 신앙과 삶의 유일한 기준으로 여기는 태도"라고 정의한다. 이런 뜻에서 기독교 영성은 역사적 인격의 정신, 사상, 삶을 본받는 인본주의적인 영성과는 다른 예수 그리스도와의 인격적 관계를 중심으로 한 수직적이고 하나님 중

---

503 알리스터 맥그라스, 『종교개혁시대의 영성』, 박규태 역 (서울: 좋은씨앗, 2010), 40.

심적인 특징을 가지고 있다. 그래서 하나님의 뜻을 따라 사는 삶의 과정에서 발생하는 거룩한 변화를 비롯한 선한 열매까지도 인간적 노력에 의한 것이 아니라 하나님에 의한 것으로 간주한다.[504] 따라서 영성훈련은 제자훈련과 한 뿌리에서 출발하지만, 둘은 공적인 전문성의 영역에서는 서로 구분된다.

이 부분을 좀 더 설명하면, 영성훈련은 하나님과 그리스도인의 인격적 관계를 통한 일상의 거룩한 변화와 성숙을 목적으로 삼기 때문에 그 초점은 개인적이고 수직적인 관계에 있다. 하지만 제자훈련은 그리스도인 개인이 그리스도의 제자로 성숙하는 것에서 더 나아가 다른 사람을 그리스도의 제자로 이끌기 위한 양육자로 성장하는 것을 목적으로 삼기 때문에 그 초점은 공동체적 훈련과 재생산에 있다. 이것이 둘의 구분점이다.

그런데 한국교회에서 실시하는 제자훈련은 그것에 담긴 의미를 충분히 이해하지 못하고, 교육 목회의 한 일환처럼 성경 공부 수준에서 행해지는 경향이 있다. 이러한 차원의 제자훈련은 영성훈련의 개념과도 혼재되어 교회의 디다케가 개인적 차원에서는 시행되지만, 선교적 차원과는 거리가 먼 것처럼 보인다. 말하자면, 한국교회는 교회의 선교적 본질에 대해 절감하지 못하는 실정이다.

그러면 기독교의 본질을 드러내는 영성훈련은 어떤 차원에서 행해져야 할까? 그리고 그 훈련 과정은 어떤 내용을 담아야 할까? 김현진 교수는 그리스도인을 하나님의 대행자요 역사적인 행동자이기 때문에 인간은 창조의 원형, 곧 지정의의 차원에서 사고(thinking), 감정(feeling), 의지(willing)가 함께 연결되는 교육 과정을 가져야 한다고 말한다. 여기서 그가 강조하는 영성은 복음적 체험으로, 그리스도를 통한 하나님

---

504 이광희, "영성신학," 복음주의 실천신학회, 『복음주의 실천신학개론』 (서울: 세복, 2002), 383.

과의 관계성 회복이 초점이다.[505] 그래서 김 교수는 기독교 영성을 위한 교육 내용으로, 1) 기독교 복음에 대한 이성적 이해, 인격적 접촉, 사귐을 통해서 예수 그리스도에 대한 신앙 고백적 확신의 기회를 제공하고, 2) 개인적 명상과 기독교적 삶을 통해 그리스도 안에서 하나님과 지속적인 영적 관계를 맺도록 하여 하나님의 계속된 계시에 대해 인식하게 하며, 3) 성경 연구를 통해 성경에서 말씀하시는 하나님의 계시에 대한 지식과 이해를 촉진해 일상에서 하나님과 지속하는 교제의 기본 원리를 터득할 수 있도록 해야 한다고 언급한다.[506] 한마디로 기독교적인 영성훈련은 통전적 방식으로 진행되어야 한다는 말이다.

또한, 조용기 목사는 기독교 영성의 네 가지 핵심 요소로, 1) 생각 (하나님의 방식 생각하기, 긍정적 프로그램으로 생각 바꾸기, 생각의 부정적 체질을 파악하고 지배하기, 복음과 축복 생각하기), 2) 믿음(바라봄의 믿음 법칙 사용하기, 부정적 유혹의 환경과 싸우기, 인생의 짐 맡기기, 믿음으로 사는 법 학습하기), 3) 꿈(하나님의 비전 소망하기, 자신의 꿈 구체화하기, 작은 일부터 실천하기, 희망의 꿈 간직하고 확산하기), 4) 말(희망의 말씀 선포하기, 말로 믿음 풀기, 창조적이고 성공적인 말 하기, 천국의 언어로 통역하여 말하기)을 강조한다.[507] 그리고 리처드 포스터(Richard J. Foster)는 저서 『영적 훈련과 성장: 성숙한 그리스도인이 되는 길』(Celebration of discipline)에서 기독교 영성의 훈련과 성장을 위해 세 가지를 말한다. 나열하면, 1) 내적 훈련으로 묵상, 기도, 금식, 학습이고, 2) 외적 훈련으로 단순성, 홀로 있기, 복종, 섬김이며, 3) 단체 훈련으로 고백, 예배, 인도하심, 축전을 주장한다.[508]

---

505 김현진, 『공동체 신학』, 352.
506 Ibid.
507 조용기, 『4차원의 영성』 (서울: 교회성장연구소, 2004), 12-15.
508 리처드 포스트, 『영적 훈련과 성장: 성숙한 그리스도인이 되는 길』, 권달천·황을호 역 (서울: 생명의말씀사, 2009), 14-15.

한편, 알리스터 맥그라스(Alister E. McGrath)는 종교개혁을 기독교의 정체성과 순전성을 되찾으려는 시도라고 말한다. 그에 따르면, 고전적 복음주의 영성은 신앙공동체가 끊임없이 자기 자신을 하나님의 계시에 비추어 성찰할 필요가 있다고 인식했고, 그 결과 성경에서 양분을 공급받음으로써 회복, 갱신, 개혁이라는 하나의 독특한 전형을 낳았다고 설명한다.[509] 그래서 종교개혁의 영성을 연구하는 것은 기독교 신앙으로 새롭게 접근하는 것이며, 그 안에서 그리스도인의 의미와 신앙과 삶의 모든 차원에서 자신의 정체성을 어떻게 표현하는지 끊임없이 묻게 된다고 그는 말한다. 이런 뜻에서 맥그라스는, 종교개혁 영성으로의 회귀야말로 복음주의의 순진성, 창조성, 신선함, 활력을 다시 찾는 것이라고 말하면서 그 뚜렷한 본보기로 칼 바르트와 위르겐 몰트만을 소개한다.[510] 그러면서 그는 종교개혁 영성의 기초를 네 가지 주제로 다음과 같이 설명한다.

1) 그것은 "오직 성경"(sola scriptura)의 원리로, 영성의 기초는 성경 연구에 있으며, 거기로부터 풍성한 양분을 공급받는다.
2) 종교개혁 영성은 인간의 정체성, 순전성, 완성이 하나님에게서 따로 떨어진 채 이루어질 수 없다.
3) 종교개혁 영성은 모든 기독교 신자가 성직을 가졌으며, 하나님으로부터 부르심 받은 사람들이라는 점을 분명하게 인정한다.
4) 종교개혁 영성은 일상 세계에서 이루어지는 삶에 그 뿌리를 내리면서 아울러 그 삶을 지향한다.[511]

결국 기독교 영성은, 오직 성경을 기초로 내적이든 외적이든, 개인적이든 공동체적이든, 관념적이든 행동적이든 상관없이 항상 하나님

---

509 알리스터 맥그라스, 『종교개혁시대의 영성』, 32-33.
510 Ibid., 33-34, 36.
511 Ibid., 55, 64, 70, 75.

과 영적 관계에 먼저 초점을 두는 것을 말한다. 그리고 이를 통해 그리스도인들은 하나님의 뜻을 위한 성직으로 부름을 깨닫게 된다. 따라서 기독교 영성이란, 하나님께 부름을 받은 사람으로서 일상 세계의 모든 차원에까지 기독교적 영향력을 행사하는 것까지를 포함한다. 이런 이유에서 영성훈련은 네 가지 측면에서 총체적인 관계성이 요구된다. 그것은, 1) 하나님과 나의 관계(직관적, 신비적, 영적 체험), 2) 나 자신과의 관계(지적, 감정적, 의지적 경건), 3) 나와 이웃의 관계(섬김적, 친교적, 공생적 나눔), 4) 나와 창조 세계의 관계(사회적, 국가적, 지구적 변혁)이다.

그런데도 한국교회 영성의 심각한 문제 중 하나는 하나님과 특별하고 신비한 관계는 물론 이것이 일상의 삶으로 나타나지 못한다는 점이다. 더욱이 이런 총체적인 관계성을 교회 내 실시하는 프로그램이나 활동에 참여하는 것으로 혼동한다는 점이다. 결국, 성도들은 교회의 프로그램을 의존하는 타율적 신앙생활이 당연시되었고,[512] 프로그램은 하나님과의 친밀함보다 개별적 신앙생활의 준거 기준이 되거나 공동체의 친교 또는 개체 교회의 성장을 위한 수단처럼 사용되고 있다. 이런 현상이 장기화하다 보니 한국교회는 기독교의 전반적인 문제에 대해 그 책임을 목회자에게 전가하는 방관적이고 비관적인 태도가 자리 잡게 되었다. 이것은 절대 기독교 영성의 본질이라고 말할 수 없다.

따라서 목회 현장에서 강조되어야 할 것은 하나님과의 관계를 재점검하여 기독교 영성이 교회 안이나 특정 부류만의 것이 아닌 모든 그리스도인의 전인적이고 일상적인 삶으로 나타나도록 실천적 영성을 회복하는 것이다. 또한, 부름을 받은 백성의 성직을 깊이 이해함으로써 어디에서나 그에 합당한 증언적 삶을 통해 받은바 사명을 감당하는 것이다. 이를 위해 교회에서 제자훈련은 너무나 당연하다. 종교개혁 영성

---

512 이광희, "영성신학," 394.

의 중심도 모든 그리스도인이 하나님의 백성이라는 관점,[513] 곧 선교적 사도성의 회복에 있었다.

그러므로 그리스도인은 가정, 학업, 직업 그리고 관계적이고 사회적인 모든 상황에서 성경적인 비판적 시선을 가지고, 모든 민족을 향한 제자로서의 사명을 충실히 감당할 수 있어야 한다. 또한, 교회의 전 구성원은 목회자 의존적 신앙이 아닌 하나님과의 관계를 통해 자신의 영성을 키워나가면서 주어진 영성을 자신의 영적 힘으로 이해하고 이를 성령의 통제 아래 활용할 수 있어야 한다. 따라서 제자훈련이란, 교회 공동체가 본질적 정체성을 자각하고, 그에 합당한 삶을 살기 위해 실시하는 기독교의 기본 훈련이 되어야 한다. 그러면 제자 삼기 위한 훈련은 구체적으로 어떻게 이루어져야 할까?

이와 연관하여 우드워드(JR Woodward)와 댄 화이트(Dan White Jr.)는 다른 사람을 제자 삼기 전에 "먼저 자신이 참 제자가 되어야 한다."[514] 라고 말하면서 세 가지를 강조한다. 그것은, 첫째, 반직관적인 제자(the counterintuitive disciple)이기를 추구해야 한다. 여기서 반직관적 삶이란, 내면을 돌아보는 삶으로, 1) 위를 향한(하나님과 더 큰 일치와 거룩함으로 나아가기 위한 분투와 고난), 2) 내면을 향한(상처와 깨어짐에 대한 인식과 죄의 고백을 통한 진정한 회복으로의 갈망), 3) 외부를 향한(하나님의 능력이 나의 연약함과 무력함을 통해 일하시도록) 자신의 여정과 치유가 먼저 필요하다.[515]

둘째, 억눌린 영혼(the soul under pressure)에 대한 자기 이해(연약함)를 통해 올바른 정체성을 세워나가야 한다. 지도자는 리더십을 일그러뜨릴 연약함과 방법들을 지속적이고 의도적으로 점검해야 하는데, 제

---

513 알리스터 맥그라스, 『종교개혁시대의 영성』, 70-71.
514 JR 우드워드·댄 화이트 Jr., 『선교적 교회 운동』, 111.
515 Ibid., 112-120.

자는 약함으로 인한 유혹(예수께서 경험하신 세 가지 영혼의 압박(마 4:4-11): 생산성, 인기, 권세를 지향하는 것)을 극복함으로써 하나님과의 온전한 연합을 훈련해야 한다.[516]

셋째, 거룩한 동반자적 관계를 통해 깊고 영적인 친교를 지속해야 한다. 우드워드와 댄은 요셉 루프트(Joseph Luft)와 해리 잉햄(Harry Ingham)이 만든 '조하리의 창'(Johari Window), 곧 1) 공공 영역(자신과 다른 이들에게 알려진), 2) 개인 영역(자신은 알지만, 다른 이들에게는 알려지지 않은), 3) 맹목 영역(자신에게는 알려지지 않지만, 다른 이들에게는 알려진), 4) 미지의 영역(자신과 다른 이들에게 알려지지 않은)을 소개하면서 그중 공공 영역의 확장을 돕는 교제의 필요를 강조한다.[517] 사실상 이것은 어려운 것이지만, 그런데도 신뢰할만한 사람들과의 지속적인 상담을 통해 비밀을 나누고, 깊고 친밀한 유대관계를 증진해 나가야 한다는 말이다.

그다음 우드워드와 댄은 제자 만들기의 과정으로 "작은 씨앗을 뿌리는 것"[518]을 소개한다. 이것은 제자들이 선교의 씨앗을 지니도록 훈련하는 것으로 네 단계가 있다. 첫 번째 단계는, 공동체 내 작고 새로운 핵심 그룹을 형성하는 것인데, 여기서 우드워드와 댄은 이 그룹의 구성원이 되기 위한 다섯 가지 기준(5Cs)을 다음과 제시한다. 그것은, 1) 성격(character: 충실함, 종 됨, 사랑꾼, 중재자, 굳건한 신앙, 겸손함, 환대하는 자, 너그러운 자, 독실한 자, 기쁨을 주는 자, 인내, 자기 인식), 2) 친화성(compatibility: 팀, 신학, 전술과의 친화력), 3) 역량(competency: 다른 사람을 제자로 만들기 위한 능력과 바람에 대한 열망, 팀을 성장시킬 잠재력), 4) 수용력(capacity: 제자훈련의 모든 과정을 졸업할만한), 5) 자신감(confidence,

---

516 Ibid., 122-127.
517 Ibid., 128-136.
518 Ibid., 140.

부르심에 대한 확신, 부르심을 받지 않은 사람을 설득할 가능성)이다.[519]

<표 7> 제자훈련 핵심 그룹 형성을
위한 구성원 고려 기준

5Cs	
성격	character
친화성	compatibility
역량	competency
수용력	capacity
자신감	confidence

또한, 변화를 위한 그룹의 학습 환경은 매우 중요하다. 예수께서는 제자들을 빠른 코스로 훈련해 마치 8주 안에 졸업시키시지 않으셨다. 3년 반 동안의 제자훈련을 마치신 후 그들에게 "가서 제자 삼으라"라고 말씀하셨다. 예수께서 시행하신 제자훈련은 조급하지 않은 느린 속도의 전인적(마음, 정신, 몸) 학습 방식으로 그 순서는, 1) 메타 학습(meta-learning, 새로운 현실에 눈뜨도록 학습자의 마음을 촉구하는), 2) 성찰 학습(reflective leaning, 좋은 질문과 대화를 통해 영혼 깊은 곳에 있는 것을 발굴해 내려는 노력), 3) 경험학습(experiential learning, 실천을 통해 몸으로 터득하고 실감하려는 노력)의 순으로 진행되어야 한다고 이들은 주장한다. 이런 변화를 위한 제자훈련 과정을 다르게 표현하면 교회의 원형이 되는 여정이라는 말할 수 있다.[520]

두 번째 단계는, 핵심 그룹원들이 상호의존적 관계가 되도록 안전

---

519 Ibid., 173-178
520 Ibid., 139-149.

감과 확장의 매트릭스를 통해 건강한 긴장감을 유지하는 단계다. 여기서는 관계성에 안전을 약화하는 거리감과 불신을 없애고, 안전을 넘어 외부를 향해 뻗어가기 위해 끊임없는 자기반성과 이웃을 부인하지 않는 자세가 요구된다.[521]

세 번째 단계는, 핵심 그룹원들 간의 관계를 실제로 발전시켜 나가는 단계다. 이를 위해 서로는 공유점을 찾고, 다름에 대해 씨름하면서 표준화의 단계로 진입하기 위한 인격적 나눔을 계속 해야 한다. 구성원들이 점차 정착하게 되면, 그때부터 직면한 과제에 자신들의 에너지와 관심을 쏟게 되는데, 이때 그룹원들은 그 안에 머물면서 서로를 독려하는 실행 단계로 접어들게 된다. 그러니까 제자훈련 핵심 그룹의 발전 단계를 정리하면, 형성(공유 마당)하기-폭풍(격정적 단계)-표준화하기(정착, 나눔)-실행하기(머물기, 독려하기)의 순서로 이루어진다.[522]

네 번째 단계는, 성령님과의 교통을 훈련하는 단계다. 제자훈련에서 하나님의 음성에 순종하기 위한 대화 공간은 매우 중요하다. 이때 제자는 매일의 삶에서 성령의 음성을 듣기 위해 공동체 안에서 함께 훈련 받는다. 또한, 성령의 감독과 간섭하심을 받아 카이로스의 순간을 분별하고, 적절한 때에 하나님의 현존을 드러낼 수 있어야 한다. 이를 위해 그리스도인에게는 깊은 집중력과 인내심 그리고 카이로스의 올바른 분별을 위한 공동체적 협력이 요구된다.[523]

결론적으로, 교회는 인간이 하나님께 영광 돌리고, 그분과 교제하기 위해 창조되었음을 깊이 가르쳐 하나님의 뜻에 순종케 함으로써 창조적 본질에 맞는 삶을 살도록 지도하고, 양육해야 한다. 또한, 기독교

521 Ibid., 151-155.
522 Ibid., 156-163.
523 Ibid., 164-171.

영성[524]이 전인적이면서 총체적이게 상황과 변화에 대한 다차원적 접근과 성경적 해석을 통해 일상에서 나타나는 실천적 선교 영성을 함양시켜 나가야 한다. 이처럼 교회는 선교적 사도성을 이해함으로써 제자훈련을 본질적 훈련으로 여겨 이를 지속해야 한다. 곧 영성훈련과 제자훈련은 서로 구분되지만, 선교적 백성에게 이 두 가지 훈련은 병행되어야 한다.

전인적 소그룹

진정 교회공동체가 균형 있는 성장을 원한다면 교회의 최소 단위인 소그룹이 건강해야 한다. 특히 공동체적 관점에서 교회는 오순절 성령 강림을 통해 출발했지만, 그 기원은 창세 전 삼위 하나님의 공동체적 코이노니아로부터 시작한다. 하나님께서는 그분의 본성으로서 사랑, 자기 비움, 섬김, 존중, 봉사, 희생, 협의를 통해 하나 된, 관계적이고 친교적인 신령한 공동체를 이루셨다. 마찬가지로 교회공동체에 삼위 하나님의 역사가 나타나기 위해서는 하나님의 본성적 교제가 투영되어야 한다. 그리할 때 교회는 그분의 거룩한 역사에 동참할 수 있다. 그 모델이 바로 초대교회 공동체다.

그러면 초대교회는 어떤 모습의 공동체였을까? 기본적으로 초대교회는 예배하는 공동체이면서 동시에 거룩한 교제를 통해 사랑하고, 돌보고, 나누는 실천적 코이노니아 공동체였다. 오늘날 교회 안에서 행해지는 교제가 종종 피상적, 일회적, 형식적, 제도적인 분위기로 진행되는 것과는 달리 초대교회는 영적, 정신적, 감성적, 의지적으로 공동의 의식

---

524 슈바르츠는 이를 열정적 영성, 곧 말씀 중심, 성령 인도, 창조 중심(세상을 향한)의 영성이라고 말한다. 크리스티안 슈바르츠, 『자연적 교회성장, 한국교회를 바꾼다』, 110.

과 일체감 그리고 자율성을 가지고 서로를 이해하고 가까워지기 위한 전인적 교제를 가졌다.

이런 측면에서 스나이더는 교회가 가진 DNA에 따라 살아가도록 돕는 네 가지 교훈 중 하나로, 교회는 그리스도의 몸이기 때문에 친교는 교회의 핵심적인 요소라고 말한다. 그는 교회의 복잡성, 곧 다양성의 관점에서 교회 안의 상호 관계와 구조의 핵심적인 역할을 강조하면서 책임감 있는 친교는 성장과 사명이라는 도전 앞에 창조적, 효율적, 구속적 응답을 개발하기 위해 기운을 불어넣는 촉진제라고 설명한다. 또한, 교회의 친교는 모든 은사의 활용법을 배우게 하는 학습 효과가 있다고 언급한다. 특히 그는 신자 간에 깊은 사랑과 대가를 치르는 헌신의 촉진은 성령께서 그들 삶에 역사하시는 증거로서 이는 교회의 본질적인 요소라고 주장한다.[525] 그래서 스나이더는, 활발한 교회는 셀 그룹이나 소그룹을 갖고 있는데, 그것은 어떤 마술적 공식을 요구치 않고, 또 지나치게 프로그램화되어서는 안 된다고 강조하면서 탄력적이고 관계 중심적이어야 한다고 주장한다.[526] 이처럼 교회는 단순한 구조에 복잡한 관계를 맺고 있는 유기체이므로 내적 친교는 공동체를 지탱하는 매우 중요한 힘이다.

또한 슈바르츠는 소그룹을 일종의 "축소된 교회," "교회의 축소판"[527]이라고 말한다. 그는, 성장하는 교회에는 성도 간의 친밀한 교제, 실제적 도움, 강한 영적 교류가 활발히 일어나는 전인적 소그룹을 형성하는데, 여기서 전인적 소그룹은 머리, 가슴, 손의 상호 양육과 기능을 균형 있게 수행하는 공동체를 뜻한다. 만약 머리 영역이 부족하면 논의와 사실을 통한 자극이 필요하고, 가슴 영역이 부족하면 내면

---

525 하워드 스나이더, 『교회 DNA』, 52, 58, 134.
526 Ibid., 52.
527 크리스티안 슈바르츠, 『자연적 교회성장, 한국교회를 바꾼다』, 116-117.

의 이야기를 의도적으로 나누어야 하고, 손의 영역이 부족하면 공동체적 활동에 참여하도록 권해야 한다.[528] 그래서 '전인적 소그룹'은 '전인적 기능'을 절대 요구하지만, 전인적 기능이 가능한 사람만이 그룹원이 될 자격이 주어지는 것은 아니다. 자연적 교회성장학의 전인적 소그룹은 전인적이지 못한 사람이라도 전인적으로 기능할 수 있도록 소그룹 안에서 상호 호혜적인 관계를 통해 함께 성장하면서 세 가지(머리, 가슴, 손) 영역이 그룹 안에서 균형을 이루는 상보적인 공동체다. 그래서 슈바르츠는 함께 성장하기 위한 세 가지 학습 요소로, 정보(지식), 적용(실천), 변화의 연결 관계와 순환을 중시한다.[529] 이 의미에서 전인적 소그룹은 각자의 가치관, 인품, 삶을 존중하고 소통함으로써 서로를 알아가고, 이해하며, 섬기는 과정을 통해 개인과 그룹의 변화를 경험하는 상대주의적 관점의 작은 코이노니아 공동체다.

그리고 존 스토트는 기독공동체의 성경적 의미를 살피기 위해 신약성경에 나타난 코이노니아의 세 가지 공통된 의미에 관해 설명한다.[530] 그것은, 1) 공통된 기독교의 유산을 함께 나눈다는 '소유'의 의미에서 '친교'와 '교제'는 서로 편안한 마음으로 이야기를 주고받는, 다시 말해 주관적 용어가 아닌 객관적인 사실로서 복음의 유익을 공동으로 소유한다는 보편적 구속의 은혜 안에서의 친교다. 그래서 신약의 친교는 '하나의 믿음,' '하나의 구원'을 소유함으로써 그 은혜에 '함께 한 사람들'의 영적 교제가 된다. 2) 봉사적 '섬김'의 의미에서 그리스도인은 복음만이 아니라 자신에게 맡겨진 소유도 함께 나눌 수 있다. 진정한 코이노니아는 복음의 유익과 함께 자신의 물질 나눔을 포함한다. 3) 한 몸 된 유기체로서 '상호 책임과 의존'의 의미에서 이것은 서로에게 속

---

528 Ibid., 116-117.
529 Ibid., 41-42.
530 존 스토트, 『한 백성: 변하지 않는 교회의 특권 4가지』, 정지영 역 (서울: 아바서원, 2012), 127-137.

해 있다는 사실에 근거한다. 이런 의미에서 기독공동체가 형제 의식을 가지고, 서로를 돌아보는 것은 마땅하다.

한편, 우드워드와 댄은 선교공동체의 문화를 형성하는 환경적 중요성과 함께 제자훈련에 임하는 핵심 그룹에 필요한 본질적인 환경들에 대해 다음과 같이 언급한다. 그것은, 1) '학습' 환경으로 공동체가 일상에서 하나님의 미래를 사는 것이 무엇을 의미하는지를 서로 가르쳐 하나님의 이야기 속에서 살 수 있도록 돕는 것이고, 2) '치유' 환경으로 과거의 상처를 극복하고, 사람들이 서로 화해를 구현할 뿐만 아니라 공동체의 상황에서 통전성으로 나아갈 수 있도록 돕는 것이고, 3) '환영'하는 환경으로 공동체는 위대한 사랑의 증인이 되어 모든 사람, 특히 사회적으로 소외된 사람들에게까지 식탁 교제를 확대하도록 돕는 것이고, 4) '해방'의 환경으로 그룹이 하나님을 추구하고, 개인적이고 사회적인 죄의 해방을 경험하며, 성령의 권능 안에서 가난한 자와 억눌린 자의 편에 서도록 돕는 것이고, 5) '번성'하는 환경으로 공동체가 새로운 영토로 발을 들여놓도록 돕고, 제자, 사역자, 선교 단체들을 배가시킴으로써 이웃들과의 네트워크 안에서 자신들의 '보냄 받음'에 걸맞은 삶을 살아가도록 돕는 것이다.[531] 그래서 우드워드와 댄의 본질적 공동체는 대그룹이든 소그룹이든 모두 학습(교사적 은사), 치유(목회자적 은사), 환영(전도자적 은사), 해방(예언자적 은사), 번영(사도적 은사)을 구현하는 선교공동체다.

이런 내용들을 종합하면, 모든 교회와 그리스도인은 하나님 나라를 위한 선교적 제자공동체로서, 이 다섯 가지 환경과 직능이 대그룹만이 아니라 소그룹에서도 나타날 수 있도록 힘써야 한다. 교회의 소그룹이 이런 본질적 직능을 감당하지 못할 경우, 그것은 더는 기독교

---

531 JR 우드워드·댄 화이트 Jr., 『선교적 교회 운동』, 277-282.

적인 것이 아닌 하나의 인간적 사교 집단으로 전락할 수 있다. 그러므로 기독교적인 전인적 소그룹은 삼위일체 하나님의 본성적 사랑에 기초한 코이노니아 연합체로서 주관성, 상대성, 전인성을 넘어 복음의 공동 소유, 그 소유의 나눔, 상호 책임과 의존을 통해 호혜적으로 성장하면서 동시에 이 과정을 통해 서로를 응원하는 경축공동체라고 말할 수 있다. 그 때문에 전인적이라는 말에는 학습, 치유, 환영, 해방, 번성의 작용들이 일어날 수밖에 없다. 한마디로 정리하면, 통섭적 전인적 소그룹이란, 하나님 나라를 맛보는 선교적 성장이 안과 밖에서 고루 나타나는 교회 안의 작은 생명공동체를 뜻한다.

셀 그룹 개척과 확장

웨슬리 신학을 교단 신학으로 삼는 감리교는 그의 소그룹 운동의 영향으로 지금도 '속회'(Class)라는 용어를 사용하고 있다. 그러나 한국 교회에서 소그룹은 주로 '구역'이라는 용어로 불린다. 이는 조용기 목사의 구역 소그룹 운동에서 어느 정도 영향을 받은 이유도 있지만, 한국교회에서 구역이라는 명칭이 자리 잡게 된 실제적인 이유는 가정 중심의 단위와 거주지를 고려했기 때문으로 보인다. 이는 목회적인 차원에서, 교통이 원활하지 않던 시대에는 지리적으로 근접한 교인들을 그룹으로 묶는 것이 교제와 협력 차원에서 좀 더 쉽다는 실용적인 판단 때문일 것이다.

성경에는 초대교회의 모임을 성전 중심의 공동 모임과 가정 중심의 소모임으로 기록하고 있지만, 과학, 기술, 인터넷이 발달한 현대사회에서는 교통의 편리함을 넘어 지역적인 이동 없이도 정보 교환과 소통이 얼마든지 가능하다. 또한, 포스트모던 시대는 지리적 근접보다 전인적이고 기능적인 근접 공간이야말로 공감대를 형성하는데 훨씬 효과적이고 실용적이다. 게다가 코로나19의 위험과 분투 중인 현대사회는 서로의 안전과 공존을 위한 물리적 거리를 유지하면서 관계를 지속하길 원한다. 이런 현실 앞에 현대교회는 공동 모임의 예배와 공동체성에 대한 성경적 재고찰을 절감하는 중이다.

여론조사기관 리얼미터가 실시한 성결인 2,000명을 대상으로 한 설문조사에 따르면, 포스트 코로나 시대 한국교회가 주안점을 두어야 할 부분은 교회공동체성의 강화로 "성도 간 교제 및 교회공동체성 악화"가 32.3%, "모이는 예배 감소(주일성수의 악화)"가 29.9%로 가장 높게 나타났다. 그다음은 "교회 신뢰도 하락"이 15.5%, "전도 및 새신자 유입 악화"가 14.9로 집계되었다.[532] 이런 상황에서 교회의 구조가 성경적 본질을 견지하는 선교적 공동체가 되기 위해서는 셀 소그룹과 온라인 사역의 활성화가 함께 강조되어야 한다. 이 말은 셀 목회만이 이상적인 목회 방식이라는 뜻이 아니다. 그러나 위드 코로나(with Corona) 시대와 맞물려 기후, 환경오염, 생태적 변화에 민감하게 반응하는 지구적 차원의 공동체성이 절실한 지금, 인원에 제한을 두면서 좀 더 전인적이고 상호 의존적인 역동적 공동체의 필요를 체감한다면, 또 대면과 비대면을 조심스레 병행하면서 하나님 나라의 성장을 위한 사도적 교회로 존재하려면, 셀 그룹의 개척과 확장을 통한 세포 분열식 소그룹과 온라인 사역의 병행은 시의적절한 목회방식이다.

따라서 소그룹에 대한 교회론적 접근은 제도적이고 조직적인 교회에 본디 교회의 특성인 유기적 공동체의 의미를 재고찰케 한다. 김한옥 교수(서울신대 은퇴, 실천신학)는 교회가 유기적이어야 할 두 가지 이

---

532 김아영, "한국교회, 코로나 이후 과제는… "성도 간 교제 및 공동체성 강화"," 「국민일보」 2021년 7월 6일 자

유로서 한 몸이라는 교회의 본질적 이해와 사명 수행을 위한 효율성의 극대화를 언급한다.[533] 또한, 스나이더는 교회갱신의 필요를 주장하면서 제도화된 교회의 단점으로, 활동성과 융통성이 없이 경직되어 있으며, 친교가 부족하고 또 자만심과 계급의식에 가득 차 있다고 지적한다.[534] 그는 세상에서 제자도 간극(the discipleship gap)을 메우는 유일한 희망인 교회는 오직 그리스도의 몸 안에 있는 헌신된 개인적 관계들을 발전시킴으로써만 하나님 나라 공동체가 될 수 있다고 주장한다.[535] 그래서 스나이더는 하나님 나라에 충실하기 위해 교회는 믿는 자들이 "매일 피차 권면"(히 3:13) 하고 "서로를 돌아보아 사랑과 선행을 격려"(히 10:24) 할 수 있는 정황(context)을 찾아야 한다고 강조하면서 히브리서 10장 25절을 친밀한 공동체의 성경적 근거로 제시한다.[536] 말하자면, 그만큼 하나님 나라의 성장을 목표로 삼는 교회는 셀 그룹과 소그룹이 꼭 필요하다는 말이다.

이처럼 소그룹은 본디 교회의 유기체성과 공동체성 그리고 본질적 사명에 대한 이해와 함께 성장적이고 선교적인 측면에서도 간과할 수 있는 것이 아니다. 이 말은 소그룹이 제도나 직분에 따른 신분화 내지 계층화의 구조를 가져서는 안 되고, 하나님 나라를 위한 사도적이고 기능적인 의미로 이해되어야 한다는 말이다. 그 때문에 셀 소그룹은 단지 성도 간의 친교와 화합이라는 시공간적 의미를 넘어서야 한다.

이런 맥락에서 전석재 교수는 초대교회 소그룹 공동체의 특징을 다음의 여섯 가지로 말한다. 나열하면, 1) 말씀과 기도의 영성, 2) 사랑의 교제를 통한 넘치는 생명력, 3) 성령의 능력, 4) 사랑과 섬김의 구제,

---

533 김한옥, "한국교회 소그룹 목회의 실태와 발전 방안," 「신학과 실천」 제12호 (2007): 28.
534 하워드 스나이더, 『새 포도주는 새 부대에』, 79-81.
535 하워드 스나이더, 『하나님의 나라, 교회 그리고 세상』, 175-177.
536 Ibid.

5) 예배를 통한 하나님의 임재, 6) 사람들에게 칭송받음, 7) 전도의 배가로서 종합적 열매로 전도되어 구원받은 수가 날마다 더해가는 재생산적 결과를 낳았다고 말한다.[537] 한국교회에서 이런 모습은 한국교회에 큰 영향을 끼쳤던 옥한흠 목사의 제자훈련 소그룹인 다락방 운동에서 살펴볼 수 있다. 다락방은 성경적 공동체성과 사도성 중심의 친교, 양육, 치유, 회복을 통한 개인적 변화 및 성숙과 함께 제자공동체로서의 영적 책무를 목적으로 한 복음주의적 운동이었다.

잘 알려진바 웨슬리가 도시 노동자들과 직공들을 성공적으로 선교할 수 있었던 방법의 하나는 작은 단위의 자발성 있는 셀을 12명 내외의 단위로 조직하고, 이를 세분화하여 3-4명 단위의 반(band)을 만들어 운영했기 때문이다. 웨슬리는 각반에 반장을 세워 매일 한 차례씩 그룹원을 방문케 해 신앙 성장을 격려했고, 책임성 있는 순회 지도를 통해 위임된 셀을 관리하게 했다. 그에게 교회는 예수 그리스도에 대한 신앙고백적 신자들의 모임이었다. 그 때문에 웨슬리에게 소그룹은 어떤 건물이나 구조적인 조직 그리고 재정과 프로그램에 의해 관리되고 운영되는 제도적 개념의 현대교회와는 다른 개념이었다. 웨슬리는 소그룹을 교회론적 관점에서 이해했고, 유연한 소그룹 조직을 통해 더욱더 효과적으로 사역할 수 있었다.

따라서 오늘날 교회공동체가 복음전도적이면서 공적 제자도의 사명을 잘 감당하기 위해서는 교회 건물의 첨단화와 신분적 구조 중심이 아닌 유기성, 책임성, 기능성을 강조하는 공동체 신학을 견고히 해야 한다. 이를 통해 그룹원 각자가 역동적인 자발성을 가지고, 안정된 편안함으로 모일 수 있는 영적 분위기를 조성하는 것이 중요하다. 그다음 모임의 궁극적인 목적을 전인적 변화와 영혼 구원으로 이해하여 그룹

---

537 전석재, "소그룹 중심의 전도전략," 「선교신학」 제46집 (2017): 281-284.

안에서 행해지는 성육신적 나눔과 섬김(치유와 회복, 변화와 해방)이 그룹 밖을 향하도록 선교적 행위를 지속할 수 있어야 한다.

그리고 행정적으로는 연중 특정일을 불신자 초청일로 정하고, 영혼 구원을 위해 함께 기도하면서 성령의 인도와 역동적 역사를 구하는 생명력 넘치는 소그룹이기를 갈망해야 한다. 여기서 서로는 리더십 함양을 위해 희생적 섬김과 호혜적 양육자로 존재하면서 동시에 그룹원 전체가 전도와 번식에 대한 거룩한 비전을 품을 수 있도록 촉매자적 역할을 지속해야 한다. 아울러 이 과정에서 발생할 수 있는 경쟁의식, 우월감, 열등의식은 빨리 버리고, 성경적 소그룹 이해를 통해 서로를 위한 자의식을 가져 개인의 성숙과 타인의 유익을 절대 분리하지 않는 동반자적인 가치관을 가져야 한다.

이런 과정을 통해 양적 성장을 실제 경험한 소그룹은 그 과정과 결과에 대해 축하하겠지만, 소그룹의 전인성과 선교적 통전성을 위해 분가함으로써 성장 잠재력을 확대해 나가야 한다. 따라서 사도성을 가진 셀 소그룹의 개척과 확장은 교회성장은 물론 하나님 나라의 성장을 가져오는 작은 교회 운동이라고 말할 수 있다. 하지만 주의할 것은 셀 소그룹의 긍정적인 영향에 반해 부정적 영향, 곧 소그룹을 이끄는 리더가 미숙할 때, 소그룹은 교회 지도자와 갈등을 겪거나 공동체 전체의 질서를 흩트릴 수 있음을 주의해야 한다.

그러므로 교회는 소그룹 리더의 성숙과 건강한 리더십을 위한 교육을 탄탄하게 하면서 셀 소그룹을 조금씩 개척하고 확장해 나가야 한다. 특히 범유행 비대면 시대에는 조심스럽게 대면과 비대면을 겸하면서 온라인 소그룹 사역의 전문성을 길러야 한다. 그리고 그 안에서도 구성원들 간의 실제적인 필요를 서로 나누고 채움으로써 셀 소그룹의 공동체성을 견고히 세워나가야 한다. 그뿐만이 아니라 그러한 가상공간이 단지 필요를 채우고, 친교를 위한 공간으로만 그치지 않도록 교회공동체의 본질인 선교적 사명과 번식력을 계속 강화해 나가야 한다.

4. 통전성은 그 자체로 강력한 메시지다

삼위일체적 자기 비움

현대신학자들은 '자기 비움'을 예수 그리스도의 신적 본성의 엄위로운 속성이라고 말하기 전, 그것은 영원한 로고스 자신의 신적 존재에 해당한다고 말한다. 그래서 성자의 성육신과 케노시스의 전제로서 신성의 속성들을 둘로 나누는 것은 불충분하므로 그리스도의 성육신에 나타난 자기 비움의 전제로서 신론(삼위일체론)의 관점에서 먼저 해석해야 한다고 주장한다.[538] 이것과 연관하여 교회성장학과 선교적 교회론이 삼위일체 하나님의 주권적 선교를 강조하면서 교회의 존재론적 본질을 선교로 이해한다면, 그래서 성육신적 성장과 상황화를 추구한다면, 우선되어야 할 것은 삼위일체 하나님의 '자기 비움'에 대한 이해다. 왜냐하면 교회를 통한 하나님의 선교 방식도 이와 같기 때문이다.

그러면 삼위일체론적 자기 비움의 올바른 이해는 무엇인가? 이를 위해서는 하나님의 자기 비움을 창조론적 관점에서 이해할 필요가 있다. 여기서 전제는 세상을 하나님의 창조로 칭하는 것으로서 이것은 하나님을 '창조자'로, 세상을 '피조물'로 명명하여 기독교 신앙이 하나님의 철저한 타자성, 초월성, 주권성을 확증하고 있음을 밝히는 것이

---

538 위르겐 몰트만, 『과학과 지혜: 자연과학과 신학의 대화를 위하여』, 김균진 역 (서울: 대한기독교서회, 2003), 90-93.

다.[539] 좀 더 쉽게 설명하면, 창조는 사랑이신 하나님의 특성을 잘 드러내는 것으로서 창조 행위를 통해 피조물인 우리는 창조주께서 자비롭고 베풀기를 좋아하는 분으로 고백할 수 있다. 따라서 하나님의 창조는 우리와 소통하고 타자를 긍정하며 공동체를 형성하는 자신의 본성적 사랑을 드러내는 행동이다. 또한, 이 행동을 통해 삼위일체 하나님의 영원성과 본성적 실재는 규정된다. 그리고 이것은 다시 예수 그리스도의 사역과 희생적 돌아가심 안에서 결정적으로 나타난다.[540] 그러므로 하나님의 사랑이 담긴 창조는 신적 자기 비움으로 이해된다.

삼위일체 하나님의 자기 비움을 구속사적인 관점에서 설명한다면, 성자 하나님의 본질은 완전한 사랑과 헌신 속에서 성부께 '복종하는 것'이고, 성부의 본질은 완전한 사랑 속에서 자기 아들에게 '나눠주는 것'이다. 그래서 성자께서는 성육신으로부터 완전한 돌아가심에 이르기까지 '나눠주시는' 성부의 의지에 복종하심으로써 자신의 신적 형태인 '종의 형태'를 부인하시거나 포기하지 않고, 그것을 더욱 계시하신다. 그리고 성자께서는 복종을 통해 성부와의 영원한 관계를 세상에서 실현하시기 위해 인간의 본질로 자기를 소외시키시고, 그 사멸성 속에서 십자가의 잔인한 죽음으로 자기를 소외시키신다.[541] 따라서 하나님의 자기 비움은, "자기 제한과 자기 포기가 아니라, 하나님의 삼위일체적 사랑 안에서 아버지에 대한 아들의 영원한 자기 희생의 시간적 자기 실현이다. 무한한 사랑의 힘으로 삼위일체의 내적 삶은 신적 품격들 서로 간의 "원-케노시스"(Ur-Kenosis)를 통하여 형성된다."[542] 그 때문에 케

---

539 다니엘 L. 밀리오리, 『기독교 조직신학 개론: 이해를 추구하는 신앙』, 신옥수·백충현 역 (서울: 새물결플러스, 2016), 187.
540 Ibid., 188-189.
541 보득찌, "자기 비움의 공동체성 구현을 위한 시론: 베트남 사회와 교회에의 적용을 위하여," (연세대학교 박사학위논문, 2019), 26.
542 위르겐 몰트만, 『과학과 지혜』, 93-94.

노시스적 자기희생은 삼위일체 하나님의 내적 순환으로 사랑이나 신적 자애와 같은 것이다. 이것은 하나님의 삼위일체적 본질이기에 밖을 향한 사역으로 모든 사물의 창조, 화해, 구원을 형성한다.[543] 그러므로 원-케노시스는 무한한 사랑을 통한 상호 간의 비움이 서로에게 영향을 주고받으며, 창조 세계 전체에 영향을 미친다.

한편, 자기 비움의 논의를 좀 더 확장한 신학자는 제디스 맥그리거 (Geddes MacGregor)와 몰트만이다. 이들은 삼위일체론적 관점에서 창조 사건을 자기 비움과 연결하는데, 하나님께서는 세상의 창조를 위해 자기 몸을 찢어 비우시고, 그 중심에 세계 창조를 위한 빈 곳을 마련하신다. 그리고 그 빈 곳에서 세계를 창조하신다. 그래서 창조는 하나님의 사랑으로부터 오며, 이 사랑은 모든 사물의 현존과 피조물 된 인간의 자유를 존중한다.[544] 그런데 여기서 맥그리거와 몰트만의 관점은 서로 다른 것처럼 보인다. 왜냐하면 맥그리거는 존재론적 관점에서 하나님은 사랑이시고, 그 사랑이 하나님의 본질이기 때문에 비우는 사랑의 고통이 곧 창조의 기쁨이지만, 몰트만은 행위론적 관점에서 창조를 통해 하나님의 자기 비움을 이해하기 때문이다.[545] 그러나 엄밀히 말하면 이는 대치되거나 상반된 주장이 아니다.

몰트만의 이해를 좀 더 살피면, 하나님의 '행위'는 그의 '존재'에 상응하기에 이 '행위'는 궁극적으로 '사랑'이라는 하나님의 본질로부터 나온다. 그래서 하나님 사랑의 경험, 곧 구원의 경험은 하나님의 본질에 대한 인식에 선행한다. 이런 이해로 경륜적(경세론적) 삼위일체 (ökonomische Trinität, economic trinitarianism)의 인식은 내재적(존재론적)

---

543 Ibid., 94.
544 Ibid., 101.
545 제디스 맥그리거, 『사랑의 신학』, 김화영 역 (서울: 대한기독교서회, 2011), 13; 보득찌, "자기 비움의 공동체성 구현을 위한 시론," 27.

삼위일체(immanente Trinität)보다 선행한다. 그 때문에 '인식'의 순서에서는 경륜적 삼위일체가 내재적 삼위일체보다 선행하며, '존재'의 순서에서는 내재적 삼위일체가 경륜적 삼위일체보다 선행한다. 하지만 몰트만의 삼위일체론은 인간에 대한 하나님의 사랑에서 출발하고, 그 사랑의 구원 행위는 하나님께서 원래 가지고 계신 본질에서 유래하는 것으로 이해하기 때문에[546] 둘은 분리되지 않는다. 이를 다르게 정리하면, 하나님의 존재는 두 가지로 하나는 사랑이고, 다른 하나는 그것에 따른 행동으로서 하나님의 실제적 행위는 결국, 본질에 기인하기 때문에 이것은 사랑과 분리될 수 없다.

또한, 몰트만은 하나님의 자기 비움을 "어떤 제한과 한계 없이, 모든 사람 각자의 삶 전체가 하나님께 참여할 수 있도록" 인간의 모든 상황을 수용하신 것이라고 말한다.[547] 그런데 이것은 십자가에서 극에 달하지만, 근원적으로 인류의 구속은 자신을 내어놓으신 삼위일체 하나님에 의해 이루어진다. 곧 성부께서는 성자를 이 땅에 보내심으로 아들을 버린 아버지가 되시고, 성자께서는 아버지의 버리심에 순종하심으로 세상에 버려지시며, 성령께서는 이 모든 과정에 동참하심으로써 자기를 비우신다.[548] 결국, 하나님의 자기 비움은 삼위 하나님의 본질적 존재와 활동의 방식이라고 말할 수 있다.

이런 맥락에서 보득찌 목사(연세대 연신원 박사 및 선교사, 종교철학)는 삼위일체적 자기 비움을 공동체적 관점에서 이해한다. 그는 삼위일체 하나님 공동체를 신성공동체라고 말하는데, 하나님께서는 공동

---

546 김재진, "몰트만의 삼위일체론의 비판적 이해," 한국조직신학회 편, 『몰트만과 그의 신학: 희망과 희망 사이』 (서울: 한들, 2005), 95-96.

547 Jürgen Moltmann, *The Crucified God: The Cross of Christ as the Foundation and Criticism of Christian Theology*, Translated by R. A. Wilson and John Bowden (New York: Harper & Row, 1974), 276; 김신구, "'선교적 성찬'(Missional Eucharist)의 신학적 구성요소와 예전에 관한 연구," 35.

548 최승태, "성만찬에 대한 신학적 이해," 「한국조직신학논총」 제27집 (2010): 245.

체적으로 자기를 비우심으로써 자기 공동체의 내적 신성과 일치하신다.[549] 그래서 보득찌 목사는 하나님께서 내재적인 신학적 대화를 통해 예정된 계획, 실시하는 계획, 완성될 계획을 세우셨으므로 인류 창조에서 구원과 완성에 이르기까지 계속 자신을 비우실 것이라고 단언한다.[550] 이런 뜻에서 그는 자기 비움의 공동체성을 실천하기 위해 신학적 문제를 담론하고 서로 대화함으로써 충분한 이해와 설득을 하게 되면, 스스로 응답을 받고 선언이 타결됨으로써 비워질 수 있다고 말한다. 그런 다음 잘못에 대한 회개와 함께 공동체를 새롭게 회복하거나 창조할 것을 제안한다. 또한, 그는 이 모든 과정의 시작과 진행과 마침이 모두 사랑에서 비롯되어야 함을 강조하면서 이루어야 할 궁극적인 목적은 하나님 나라임을 명시한다.[551] 결국, 하나님의 공동체적 자기 비움은 창조 세계를 포함한 삼위일체 하나님의 나라를 위한 공적 자기 비움이라고 말할 수 있다.

이처럼 자기 비움의 공적 차원에서 행위는 존재에 상응하고, 존재는 본질에 기인하기 때문에 본질을 추구하는 교회는 삼위일체 하나님의 사랑과 상호 비움이 개인적 차원 너머의 공동체적이고 사회적인 차원으로 나타나야 한다. 그러므로 교회의 선교가 하나님의 선교가 되기 위해서는 그리스도의 고난에 연합하는 자기 비움의 선교여야 한다. 이런 측면에서 교회는 예수께서 자신을 사회적 약자와 동일시하심으로써 하나님께 영광 돌리셨던 것처럼 세상의 낮은 자들과 동일시함으로써 하나님께 영광 돌리고, 그분의 나라를 실존적으로 구현하는 공동체이기를 갈망해야 한다. 그리스도의 동일시는 고난받는 사랑을 통한 자기 개방이므로 삼위일체 하나님의 자기 비움적 사랑, 곧 복음은 구

---

549 보득찌, "자기 비움의 공동체성 구현을 위한 시론." 239-240.
550 Ibid., 241.
551 Ibid., 241-243.

속사적 이야기가 된다. 한마디로 복음의 소통은 삼위일체 하나님의 존재와 행위의 방식을 따를 때 하나님 나라를 위한 공적 복음이 될 수 있다.

성육신 신학

앞 절에서 살펴본 것처럼 사랑은 하나님의 본질이다. 따라서 창조 행위를 포함한 모든 총체적 구속의 은혜와 섭리도 그 본질적 사랑에서 기인한다. 하지만 그리스도의 대속이 없이는 인류의 회개와 구원의 역사는 일어날 수 없다. 따라서 삼위일체 하나님의 사랑과 자기 비움의 실재는 성부 하나님의 아들 예수 그리스도를 통해 현재화한다. 여기서 '하나님의 아들'이라는 칭호는 신약성경에서 베드로전서와 유다서를 제외한 모든 곳에서 나타난다. 이 말은 성자께서 성부와의 근원적 관계로서 신성, 본성, 본질, 영광에서 모두 일치[552] 한다는 존재론적인 의미다. 초기 그리스도교에서 하나님의 아들은 '하늘에 기원을 둔 사람'이라는 뜻으로 지상에 계시지만 하늘적인 태생에 참여한 존재다. 이런 의미로 그리스도의 파송과 사람됨의 선재는 하나님의 아들이라는 칭호로 구성되며, 무엇보다 '하늘로부터 오심'이 강조된다.[553] 그 때문에 성부 하나님의 관점에서 성육신은 '주심'과 '보내심'의 사건이며,[554] 기독론적 구원론의 근간이 된다.

이런 뜻에서 성육신이란, 관념적으로는 삼위일체 하나님의 자기 비움적 사랑이고, 실재적으로는 완전하신 성자께서 인류를 위해 인자의

---

[552] 토마스 C. 오든, 『존 웨슬리의 기독교 해설 2: 그리스도와 구원』, 장기영 역 (부천: 웨슬리 르네상스, 2021), 51.

[553] 클라우스 베르거, 『신약신학의 역사 1: 일반적 논의와 최초의 팔레스틴 신학을 중심으로』, 박두환 역 (성남: 민들레책방, 2003), 112-114.

[554] 최동규, 『미셔널 처치』, 247; 김신구, "통전적 선교를 위한 현대교회의 성육신적 모습," 47.

몸을 입고 창조 세계로 들어오신 초월적이면서 역사적인 사건이다. 따라서 성육신은 크게 세 가지 신학적 관점에서 조명되어야 한다. 그것은, 1) 삼위일체적으로 자기 비움의 실현인 선택과 보내심의 관점이고, 2) 기독론적으로 예수 그리스도의 복음에 담긴 구원론적이면서 종말론적인 관점이고, 3) 선교신학적으로 하나님 나라와 교회의 본질적 사명에 대한 역사적이고 교회론적인 관점이다.

성육신에 담긴 신학적 관점을 좀 더 살피면, 첫째, 성육신은 성자 하나님을 통해서 하나님의 본성을 가시화한 삼위일체 하나님의 구속적 자기실현이다. 5세기 제24대 알렉산드리아 대주교였던 알렉산드리아의 키릴로스(Cyrillus Alexandrinus)는 그리스도적 맥락에서 '선재하는 로고스'의 개념을 언급했는데, 그에게 성육신은 이미 천상에 선재하신 신성 로고스께서 지상의 실천적 인간이 되시기 위해 자신을 비우신 사건이다. 하지만 이것은 신성의 완전한 '상실'(loss)이 아닌 인성의 '획득'(gain)으로 이해된다.[555] 이에 요한은 성자 하나님의 존재를 말씀(요 1:1, 14)으로 명시한다. 그는 성육신을 성부 하나님의 관점, 곧 성부의 선택과 보내심에 의한 구속의 사건으로 기술한다(요 3:16-17).[556] 만약 여기서 성자의 성육신을 단지 성자만의 자의적이고 독단적인 행위로 보게 되면 그것은 삼위일체론을 반하는 것이 되고 만다. 그 때문에 성자 예수 그리스도의 성육신을 하나님의 공동체적 사건으로 이해한 요한의 관점은 기독교의 실재가 '보냄의 신학'에 기초한다는 것을 일러준다. 이런 맥락에서 삼위일체 하나님을 믿음으로 고백하는 모든 교회와 그리스도인은 하나님께 선택받고 보냄을 받은 백성이기에 삼위일체

---

555 Sarah Coakley, Kenosis: Theological Meanings and Gender Connotations. in *the Work of Love: Creation as Kenosis,* Edited by John Polkinghorne (Grand Rapids, MI: Wm. B. Eerdmans, 2001), 192-210; 보득찌, "자기 비움의 공동체성 구현을 위한 시론," 8에서 재인용.
556 최동규, 『미셔널 처치』, 247.

하나님의 본질적 자기 비움을 가지고, 세상의 경계를 초월하는 성육신적인 교회로 존재할 수 있어야 한다.

둘째, 성육신은 기독교의 구원론과 종말론의 중심 메시지가 된다. 토마스 오든은 성육신을 하나님의 속성들 사이의 조화, 특히 죄인을 벌하셔야 하는 하나님의 정의와 역사적 사건인 십자가 사랑을 통해 죄인과 화해하시려는 하나님의 자비 사이의 절묘한 조화를 나타내는 것이라고 말한다.[557] 한편, 다니엘 밀리오리(Daniel L. Migliore)는 예수 그리스도에 대한 지식을 인지적 차원만이 아니라 "성경과 교회의 선포가 예수를 가리켜 언급할 때 암시되는 가장 중요한 의도는, 예수의 삶과 죽음과 부활이 '우리를 위한 것'이고 '많은 사람을 위한 것'이며 '모두를 위한 것'임을 선포하는 데 있다."라고 말하면서 "성경과 교회가 예수에 대해 확증하고 싶어 하는 주된 내용은 바로 하나님이 예수 안에서 세상을 용서하고 해방하고 화해케 하며 새 생명을 주신다는 점"이라고 말한다. 그래서 그는 신약 전통의 모든 층위와 교회가 물려받은 모든 고전적 기독론의 진술에는 구원론적 차원이 담겨 있다고 주장한다.[558] 이를 통해 볼 때 성육신은 하나님의 아들이신 예수 그리스도만이 참메시아 되심을 선포하는 종말론적인 케리그마적 사건이며, 구원에 이를 다른 이름이 없다는 삼위일체 하나님의 구속적 유일성을 담고 있다. 따라서 성육신은 기독교의 구원론과 종말론의 핵심 메시지가 된다.

셋째, 성육신은 변질하여 타락한 세상을 하나님의 나라로 온전히 회복하기 위해 인류로 들어오신 실제적이고 역사적인 하나님의 선교적 행위다. 그 때문에 성육신 사건은 기독교 역사 안에 존재하는 모든 교회의 선교를 가능하게 하는 근거다.[559] 성육신은 하나님의 특수한 신비

---

557 토마스 C. 오든, 『존 웨슬리의 기독교 해설 2: 그리스도와 구원』, 53.
558 다니엘 L. 밀리오리, 『기독교 조직신학 개론』, 296-297.
559 최동규, 『미셔널 처치』, 246.

를 넘어 인류를 향한 보편적이고 우주적인 선교적 사건이기에 지상의 교회는 여기에 담긴 선교신학적 의미를 실존적으로 가시화하는 공동체여야 한다. 이런 뜻에서 예수 그리스도의 삶, 사역, 고난, 돌아가심 그리고 부활은 하나님의 자기 비움과 구속의 의미를 넘어 하나님 나라를 현재화하는 하나님의 선교 방식으로 해석해야 하며, 성육신의 모습은 모든 지상 교회와 그리스도인이 따라야 할 보편적 선교의 모델이다. 따라서 메시아적 공동체인 교회는 세상을 역사적인 하나님 나라로 회복하고 구현하시는 예수 그리스도의 방식을 면밀히 살펴야 한다. 이것이 기독교의 성육신을 단지 관념적 의미만이 아닌 역사적 의미로 믿고 따르는 것이다.

그러므로 교회는 자신의 공동체 안에 머무는 것으로 만족해서는 안 된다. 성육신적 교회는 세상이 처한 모든 상황과 문화는 물론 심층적이고 영적인 차원에까지 스며들어 가 변치 않는 기독교 복음의 증거가 되고, 성육신적인 삶을 통해 참된 생명과 안식을 값없이 나누는 상황화된 비판적 존재로 공존할 수 있어야 한다. 또한, 하나님의 계시를 거부하고, 인간의 존엄성을 훼손하는 모든 이데올로기와 침략적 전쟁, 강요된 빈곤, 정치권력의 남용과 부조리, 불평등한 경제주의에 대해 대항하면서 사회정의에 관심을 가져 사회적 약자와 억압받는 자들의 고통을 덜어주는 공적 제자도의 책임을 다해야 한다.[560] 아울러 하나님의 주권적 통치는 고난받는 종의 형태를 본성적으로 취한다는 점을 알아 교회공동체의 모든 선교적 행위와 섬김에 그리스도적 희생이 수반되어야 함을 늘 인지해야 한다.

정리하면, 교회는 고난을 친히 감내하시고 죽음을 부활로 이끄신 예수 그리스도의 승리를 기억하면서 그것이 자신과 세상의 것이게 희

---

560 아서 글라서, 『성경에 나타난 하나님의 선교』, 35.

망의 나팔이 되어야 한다. 물론 교회는 사탄과 어둠의 세상 주관자들로 인해 크고 작은 어려움을 겪겠지만, 그런 중에도 고난의 거룩함을 이해하면서 잘 감당해 나갈 때 더 견고해질 것을 믿어야 한다. 또한 교회는 선교에 힘쓰는 공동체를 성령께서 역동적으로 도우심으로써 하나님께서 이끄시는 주권적 선교가 되도록 깨어 기도해야 한다. 그럼으로써 교회는 희년적 해방과 회복을 통해 반드시 승리할 것을 확신하고, 소망 중에 인내해야 한다. 오직 교회는 예수 그리스도의 성육신적 모습만이 승리의 비결임을 자각하고, 이를 자신의 존재론적 삶의 방식으로 삼아 인류 구원을 위해 역사적으로 활동하시는 하나님 임재의 삶을 영위할 수 있어야 한다.

교회론적 통전성

신약성경에서 교회는 예수 그리스도의 사역과 돌아가심과 부활의 복음에 대한 반응으로 성령의 권능 안에서 하나님을 찬양하고 섬기기 위해 모인 신자들의 새로운 공동체를 가리킨다.[561] 그래서 교회는 먼저 모이는 공동체로 존재하면서 공동의 모임을 위한 약속된 특정 시간과 장소를 전 구성원과 공유한다. 이런 뜻에서 지상의 모든 교회는 특성상 지역적이며, 보편적인 공동체다.

그런데 여기서 교회가 지역적이고 보편적이라는 말은 단지 교회가 세상과 구분된 내향적 공동체라는 의미만 있는 것이 아니다. 이것은 예수 그리스도를 통해 나타난 하나님의 사랑을 자신이 거하는 곳의 지역민들과도 함께 나누는 외향적인 사회적 공동체라는 의미다. 그러니까 교회는 세상의 소금과 빛으로서, 공동체 안에서 경험하는 하나님의

---

561 다니엘 L. 밀리오리, 『기독교 조직신학 개론』, 288.

통치를 교회 밖에서도 구현하여 온 창조 세계가 하나님의 것임을 드러
내는 하나님 통치의 표징과 표시의 도구라는 말이다. 그렇기 때문에 교
회는 기본적으로 모이고 흩어지는 두 가지 형태를 취한다. 잘 알려진바
초대 기독공동체는 매일 특정한 시간과 장소에 함께 모여 하나님을 예
배하고, 거룩한 교제를 넉넉히 가졌고, 이후 그들은 살던 곳으로 흩어
져 그곳에서 예배했다. 더 나아가 지역사회 안에서 복음을 선포하고,
그리스도의 사랑을 깊이 나누는 섬김의 모습으로 존재했다. 이런 초대
교회 공동체의 모습은 교회의 존재방식과 그 정체성이 모이고 흩어지
는 두 가지 형태를 통해 나타나야 함을 일러 준다.

이처럼 교회론적 관점에서 교회성장 운동은 일반적으로 구심적이
고 교회 중심적이지만, 선교적 교회 운동은 원심적이고 세상 중심적인
경향을 보인다. 이를 프로스트와 허쉬는 경계 구조(bounded sets, 끌어모
으기 방식)의 교회와 중심 구조(centered sets, 끄집어내는 방식)의 교회로
구분하면서 선교적(중심 구조) 교회가 비그리스도인들을 초청하여 기
독공동체와 함께 예배를 경험하는 계기를 마련해야 하지만, 성육신적
모습은 문화를 뛰어넘어 '그들에게로 다가가는' 자세에 더 많은 강조가
있어야 한다고 주장한다.[562] 이런 맥락에서 프로스트와 허쉬는 교회에
서 중심 구조의 접근이 작동하려면 성육신적 양식에 기반을 두어야 한
다고 설명한다.[563] 곧 교회는 본디 세상을 위한, 그래서 세상을 향하는
교회가 되어야 한다는 뜻이다.

그런데 여기서 한 가지 짚어볼 것이 있다. 그것은 존재하는 교회가
기본적으로 취해야 할 형태로서 교회는 모이는 것과 흩어지는 것이 서
로 균형을 이루어야 한다는 점이다. 이것은 교회를 정의하는 모든 수

---

562 마이클 프로스트·앨런 허쉬, 『새로운 교회가 온다』, 96-101.
563 Ibid., 102.

식어의 초석과도 같다. 물론 프로스트와 허쉬가 주장하는 선교적 교회의 성육신적 의미는 이해하지만, 근본적으로 모이고 흩어지는 것 중 무엇이 더 중요하다는 식으로 교회의 존재 방식을 못 박는 것은 교회에 대한 올바른 이해가 아니다. 누가는 초대 교회의 두 모습을 절대 비교하거나 대조하지 않았다. 실제로 교회의 두 형태는 필연적이면서 상보적이다. 교회성장학 창시자들의 순수한 선교 사상과 교회사랑의 마음을 좀 더 심층적으로 들여다본다면, 그들에게 나타난 경계 구조(프로스트와 허쉬의 표현대로라면)는 개체 교회의 성장만을 위한 끌어모으기가 아니었다. 교회성장학이 교회 중심적이긴 하나 이 운동의 중심부에 하나님의 선교가 있다면 비판 없이 교회성장 운동을 경계 구조로만 이해하는 것은 오해다. 이런 뜻에서 경계 구조라는 말은 보수적이고 전통적인 복음주의와 자유주의적인 에큐메니컬 신학의 관점 차이일 수 있다.

물론 선교적 교회론이 모이는 교회를 완전히 간과하는 것은 아니다. 그러나 일반적으로 선교적 교회론은 모이는 교회보다 흩어지는 교회에 좀 더 초점을 두는 것처럼 보인다. 만약 선교적 교회가 통전적 선교를 위한 사회적 책임을 지나치게 강조한다면, 의도치 않게 교회의 본질을 앞세운 신학적 압력이 될 수 있다. 물론 그 반대 상황이더라도 마찬가지겠지만, 선교적 교회론은 교회성장학 이후의 신학으로서 이전의 신학을 건설적으로 비판할 필요가 있어 보인다. 만약, 선교적 교회론이 과거 교회성장 운동의 그릇된 모습에 신물이 난 채 교회의 내적 동력에 대한 관심보다 외적 역동성에만 치중한다면, 이는 '가시적 행위'(visible behavior)는 있으나 '비가시적 증험'(the experience of invisible gospel)은 부족한 또 다른 차원의 기독교 문제를 가져올지 모른다. 이런 차원에서 안승오 교수는, 기독교의 약화가 선교신학에만 달린 것은 아나나 선교신학은 교회 성장과 동역적 관계로서 건강한 교회성장과 선한 영향력의 행사를 위해 협력해야 함에도 열매가 잘 맺히지 않는다면 선교가 과연 바른 방향으로 가고 있는지 반성해볼 필요가 있다고 지적한다. 또한, 통전적 선교신학이 가진 강점에도 선교의 핵심 본질인 복음화의 과제를 인간화의 과제와 동일시 함으로써 빚어질 복음적 약화가 종국적으로는 전도와 교회의 약화로 이어질 수 있음도 우려한다. 이 점에서 그는 아무리 좋은 신학이라도 교회가 약화하고 무너진다면 그 어떤 신학적 논의도 불가능하다고 말한다.[564]

종교사회학자들의 연구에 의하면, '사회참여'를 강조하는 교회로서 세상에 깊은 관심을 두고 세상의 문제 해결을 위해 힘쓰는 교회들은 복음의 열정 약화와 그로 인한 교회의 약화로 쇠퇴하면서 점점 사회를 섬길 수 있는 역량마저 더 상실해가지만, '정체성'을 강조하는 교단들은 역동적으로 성장함으로 인해 사회봉사를 더 잘하는 현상이 나타난다.[565] 그래서 안승오 교수는 선교적 행위로서 대사회적 공적 사회참여를 위한 기본 전제로 '건강한 교회의 존립'을 강조한다. 교회의 약화와 소멸은 공적신학을 실천할 일꾼 자체의 부재를 뜻하므로 '사회참여'는 그저 희망 사항이 될 수 있다는 말이다.[566]

이에 필자는 이 글을 통해 일반적으로 이해하는 통전적 선교의 개념을 '외적 통전성'(external wholeness)이라 하고, 성령에 의해 변화된 그리스도인이 교회 안에서 행하는 개인적이고 공동체적인 책임적 실천을 '내적 통전성'(internal wholeness)이라 명명하고자 한다. 그 이유는, 1) 현재 교계와 학계에서 통념 되는 통전적 선교의 의미가 구두 복음전도

---

564 안승오, "통전적 선교신학의 한계점 소고," 「복음과 선교」 제45집 (2019): 45-46.
565 피터 버거, 『세속화냐? 탈세속화냐?: 종교의 부흥과 세계 정치』, 김덕영·송재룡 역 (서울: 대한기독교서회, 2002), 20-23; 안승오, "다시 생각해보는 공적신학," 「선교신학」 제60집 (2020): 244.
566 안승오, "다시 생각해보는 공적신학," 245.

와 사회적 책임을 합친 외부적 의미로 이해되기 때문이다. 물론 그 의미에는 성육신 신학을 내포하고, 또 교회 안에서의 활동을 과연 선교적 차원으로 이해할 수 있는지에 관해 물음도 제기할 수 있지만, 교회 안에서 행해지는 선교적 목회의 실천 원리로서 선교적 예배, 선교적 설교, 선교적 제자훈련 등과 같이 목회 전반에 선교적 변화를 시도하는 마당에 내적인 교회 활동에 대한 선교적 이해와 접근은 절대 억지스러운 것이 아니다. 이는 거룩성이라는 말로 통칭할 수도 있으나 이 말의 뜻은 매우 포괄적이다. 그래서 '내적 통전성'이라는 용어를 제시하는 이유는, 2) 교회 구성원 모두가 한 공동체의 지체로서 공동의 책임을 진 선교적 유기체라는 의미와, 다시 그것은 세상을 향한 외적 통전성으로 이어져야 함을 강조하기 위해서다. 궁극적으로 내적인 거룩성은 외적인 사도성으로 나타나야 하므로 통전적 선교를 올바로 실행하기 위해서는 교회의 내적 차원을 간과해서는 안 된다. 본디 통전성이라는 말에는 온전성의 의미가 있지만, 일반적으로 이해되는 통전적 선교가 밖을 향한 교회의 기독교적 책임을 묻는 용어로 사용되고 있는 것이 일반적이라면, 교회는 통전적 선교를 실행해야 할 존재로서 안을 향한 교회의 공동체적 책임을 묻는 용어로도 쓰일 수 있어야 한다.

따라서 통전적 선교를 '내적 차원'과 '외적 차원'으로 구분하는 것은, 통전적 선교가 외적 활동의 의미로만 이해하는 편협함을 방지하고, 본디 통전성에 담긴 온전성의 의미를 균형 있게 이해하려는 신학적 작업이라고 말할 수 있다. 통전적 신학이 삼위일체 신학, 완전한 복음, 전인성의 신학, 교회와 세상을 위한 신학, 우주적 신학, 하나님 나라를 위한[567] 신학적 관점을 견지한다면, 교회 안에서 이루어지는 온전성의 내

---

567 최봉도, "통전적 기독교 교육을 위한 성찰적 방법론으로서의 멘토링." 「한국개혁신학」 통권 32호 (2011): 293.

적 의미를 간과해서는 안 된다. 그러니까 교회의 온전성이란, 내적인 것과 외적인 것이 서로 균형을 이루어야 하며, 또 교회가 내적 차원에서 개인적으로나 공동체적으로 그리스도의 성품을 닮아갈 때 외적인 선교적 성장도 기대할 수 있다. 이 주장은 통전적 선교에 내포된 성육신 신학의 의미를 더욱더 구체화하고 건강하게 재이해하자는 것으로써, 흩어지는 교회만이 아닌 모이는 교회의 존재론적 정체성까지도 통전적이고 선교적인 의미로 확인하고 점검하자는 말이다. 결국, 통전적 선교는 흩어지는 교회의 외적인 선교적 행위로만 이해해서는 안 된다. 모이는 교회 안에서 이루어지는 모든 말과 행위까지도 본질적으로 선교적이어야 함을 의미한다. 그래서 필자는 이런 의미를 이 글에서 '교회론적 통전성'이라는 신학적 용어로 사용하기를 권장한다.

정리하면, 오늘날의 목회 현장은 성경적 교회성장의 의미와 통전적 선교신학에 담긴 온전성의 의미를 재이해함으로써 교회성장과 선교의 관계를 유기적이고 필연적인 관계로 좀 더 균형 있게 해석할 필요가 있다. 이는 모이고 흩어지는 교회와 통전적 선교의 이해가 서로 조화를 이루어야 한다는 말이다. 이런 맥락에서 현대목회는 내적 은혜로 인한 거룩한 변화, 곧 그리스도인 각자가 교회를 통해 영적 부흥을 경험하고, 그 변화의 역동성을 개인적이고 공동체적으로 실천하면서, 다시 이것이 대사회적 선교로 이끄는 것이어야 한다. 그래서 통전적 선교의 올바른 이해를 위해서는 교회론적 관점이 필요하다. 결국, 선교하지 않는 교회를 본질적이지 못한 교회라고 말하듯이 쇠퇴하여 거룩한 성장을 경험하지 못해 계속 침체하는 교회는 하나님의 뜻에 합당한 선교에 동참할 수 없다.

5. 거룩공동체는 역설적 필요공동체로 존재한다

거룩성으로 구분된 대조공동체

교회가 아름다운 덕을 선포하기 위해서는 먼저 아름다운 존재로서의 거룩한 변화를 경험해야 한다. 하나님께서는 자신과 같이 부름을 받은 자의 거룩성(벧전 1:15-16)과 그 부르심 받은 일에 대한 합당한 행실(엡 4:1)을 요구하신다. 그래서 하나님께서는 아들 예수 그리스도와 교제케 하시고(고전 1:9), 성령의 거룩케 하시는 능력으로 부름을 받은 자들을 하나님의 백성이 되게 하신다(롬 1:7; 고전 1:2; 행 15:14; 딛 2:14).[568] 이런 뜻에서 교회는 택하신 족속, 왕 같은 제사장, 소유된 백성이라는 기독교적 거룩성에서 세상과 구분된다. 좀 더 설명하면, 교회의 거룩성이란, 세상과 공존함과 동시에 아름다운 덕을 선포해야 할 책임적 존재로서 종말론적이고 선교신학적인 이중적 정체성의 의미가 있다. 따라서 하나님께 선택받아 세상으로 파송 받은 교회는 개인주의적이거나 탈육신적인, 마치 세상과 완전히 분리된 차별적인 이분법적 존재가 아니라 성육신적으로 지역사회와 공동체를 이루는 공존자로 존재해야 한다. 이것이야말로 창조주의 근본 뜻이고, 이 땅에 교회가 세워진 본질적 목적이다. 결국, 교회가 건강한 존재론적 정체성을 가진 거룩공동체로 존재하기 위해서는 자신이 거하는 지역에 대한 사회문화적 이해와 함께 그 지역에 대한 선교학적 해석이 필요하다.

한편, 교회는 성장적 관점에서 오직 '예수 그리스도의 은혜'와 '그를 아는 지식' 안에서 자라갈 때 교회다움을 유지할 수 있다. 그리스도 안에서 성장하는 교회는 소금과 빛 된 기능, 곧 착한 행실과 증거로 하나

---

[568] 존 스토트, 『한 백성』, 28.

님께 영광 돌릴 때 선교적 대조공동체로 존재할 수 있다. 여기서 교회가 대조공동체로 존재한다는 말은 앞 문단에서 언급한 것처럼, 존재론적이고 선교적인 차원에서 거룩한 특수성으로서의 구분을 말한다. 그러니까 교회 됨이란, 거룩한 존재로의 변화가 개인적이고 공동체적인 차원에서 행해지는 것을 넘어 지역사회로 그 거룩성의 영향력이 확대되는 것까지를 포함한다. 이런 관점에서 이상직 교수(호서대, 조직신학)는 교회 갱신의 에너지인 내적인 '동요'(unrest), 곧 변하려는 내부적 요구가 교회 안에, 교회가 호소하는 십자가에 못 박히신 그리스도 안에, 그리고 교회를 움직이는 성령 안에 있다고 설명한다.[569] 달리 이 말은 앞서 살펴본 것처럼 기능적 행위를 통해 존재의 의미와 정체성을 이해할 수 있지만, 행위는 그 존재로부터 발생한다는 말이다.

그래서 최동규 교수는 존재와 행위의 구조적 관점에서 "교회가 교회답지 못하고 신자가 신자답지 못하기 때문에 문제가 발생한다."라고 말하면서 이것은 "근본적으로 행위 이전에 존재론적인 문제 때문이다."라고 설명한다.[570] 그는 개체 교회들이 열심히 선교 '행위'와 '활동'을 실시하지만, 오히려 선교 대상자들과 사회로부터 비판과 비난의 소리를 듣는 현실이 이에 대한 반증임을 언급한다. 따라서 그는 교회가 선교적 본질을 추구하고 그것에 집중할 때 형성되고 나타나는 존재론적 변화의 실체로서 '교회 됨'으로 형성되는 것을 '성품'이라고 강조한다.[571] 아울러 성품공동체로서의 선교적 교회가 행하는 선교전략은 전통적 교회성장학에서 제시한 '3P 전도' 중 현존의 전도(존재의 선교)와도 유사하다고 설명한다.[572] 결국, '교회 됨,' '참됨'이라는 것은 가시적인

569 이상직, "몰트만의 교회론: 하나님의 영광과 세계의 해방을 위한 교회론," 한국조직신학회 편, 『몰트만과 그의 신학: 희망과 희망 사이』 (서울: 한들, 2005), 236.
570 최동규, 『미셔널 처치』, 116.
571 Ibid., 124-125.
572 Ibid., 133.

행위나 형식적인 활동의 차원 이전에 그것을 그것 되게 하는 비가시적인 무언가가 필요하다는 말이다. 그것이 바로 존재로서의 거룩한 변화이다.

2018년 한국인의 종교 생활과 의식을 조사한 『한국 기독교 분석 리포트』에 따르면, 주변 교회에 대해 비개신교인이 느끼는 불만 사항으로 '영리 추구/자기중심적'이라는 응답이 26.3%로 가장 많이 나타났고, 다음으로 '전도를 심하게 한다'가 22.7%, '남의 종교 비방'이 12.1%, '시끄럽다/교통이 복잡해진다'가 10.8%의 순서로 조사된 바 있다.[573] 그리고 한국교회의 가장 큰 문제점으로는 '신앙의 실천 부족'이 26.6%로, 한국교회 목회자의 우선 해결 과제는 '언행일치 부족'이 36.3%, '물질적 욕심/성장주의'가 31.3%, '리더십 부족'이 10.4%, '인격/윤리 등 부족'이 9.4%[574]로 집계된 바 있다. 이는 한국교회의 전반적인 문제가 '거룩한 변화의 부재'에 있음을 여실히 보여준다. 그래서 기독교가 거룩함을 위한 내적 갱신의 욕구 없이 방법 지향적으로 사회적 행위만 추구한다면 이는 어떤 한 집단의 이기적 이익을 위한 종교적 전략으로 이해할 수밖에 없다.

따라서 하나님의 백성은 세상의 소금과 빛 된 존재로서 오직 성경적 윤리와 가치에 따라 살아가는 순종적 변화를 먼저 경험해야 한다. 다시 말해서 거룩함 없는 윤리적 삶은 존재할 수 없다. 하나님의 선교에 대한 참여로서 선교적 행위와 활동이 중요하지만, 근본적으로 이것은 새로운 피조물로서의 변화로 인해 나타나는 행위와 활동이다. 그 때문에 교회는 하나님의 백성다운 거룩성으로 세상과 구분된 대조공동체로 존재해야 한다. 이런 존재와 삶의 양식이야말로 '선교적' 의미가

---

573 한국기독교목회자협의회, 『한국 기독교 분석 리포트: 2018 한국인의 종교생활과 의식조사』 (서울: URD, 2018), 240.
574 Ibid., 526-529.

있기에 존재론적 변화는 하나님의 거룩한 선교의 시작을 뜻한다.

이런 이해는 초기 교회성장학자였던 맥가브란과 와그너를 통해서도 살펴볼 수 있다. 전통적 교회성장학에 따르면, 한 민족이 예수를 주로 인정할 때 그 집단 구성원들은 예수께 복종하기 시작하고, 이로써 그들은 예수의 뜻을 점점 더 알게 되면서 그 뜻에 더욱더 순종하게 된다. 복음 수용자들의 삶 속에는 성령께서 임재하시는데, 성령께서는 하나님 나라의 선한 삶을 살 수 있도록 그들의 마음을 온유하게 하신다. 그래서 맥가브란은 성화를 "제자가 된 집단에서의 윤리적 변화를 야기시키는 것, 즉 전체 공동체를 위한 철저한 기독교적 생활방식을 점차 획득하게 하는 것이다."라고 정의한다. 그리고 이 종류의 거룩한 삶은 "사회적, 인종적, 정치적 정의"를 포함하며 문화적 위임을 인정한다.[575] 따라서 복음의 수용은 순종, 그리스도를 알아감, 성령의 임재, 성품의 변화를 경험케 한다.

정리하면, 교회는 세상과 다른 가치관을 가진 거룩성으로 존재해야 할 공동체. 탁월한 윤리와 거룩한 삶, 차별적인 기준에 의해 살아가는 하나님 나라의 백성은 대조적인 삶을 통해 세상이 미처 보지 못했던 어두운 본질을 대면케 하고, 그로 인해 고민과 갈등을 조장하며, 마침내 진실하고 영원한 것을 갈망하게 해야 한다. 물론 이러한 삶이 세상의 질서와 권위에 도전이더라도 세상에 문제의식을 던져주고, 갈등케 하며, 탁월한 삶을 통해 대안을 제시하는 모델이 되기 때문에 결국, 교회는 세상의 희망과 소망이 되는 것이다.[576] 그 때문에 교회는 자신의 내적 변화를 통해 하나님의 백성공동체로서의 삶을 살 수 있고, 세상을 향한 하나님의 뜻을 이해하고 추구할 수 있다.

---

575 피터 와그너, 『교회 성장에 대한 신학적 이해』, 167.
576 이상훈, "하나님 백성의 선교적 사명과 책무," 251-252.

따라서 하나님 나라가 성장하기 위해서는 지상 교회의 거룩성과 아무런 상관없이 나타날 수 없다. 이 말은 교회가 하나님 나라의 역동성을 가질 때 본질적 성장도 가능하다는 뜻이다. 이때 교회는 개체 교회의 성장이나 교파적 선교를 넘어 우주적이고 보편적인 하나님 나라의 성장을 위한 선교적 도구로 쓰임 받을 수 있는 것이다. 그래서 교회가 본질적인 참된 성장을 이루기 위해서는 하나님과 올바른 관계성에 집중해야 한다. 변화의 과정이 점진적이든 급진적이든 상관없이 자신의 거점에서 일어나는 거룩한 변화는 그 자체로 지역사회를 향해 외치는 선교적 메시지가 되는 것이다. 그러므로 교회는 세상의 회복과 화해를 위해 먼저 자신의 갱신과 변화, 성숙과 발전을 늘 갈망하는 공동체가 되어야 한다.

공적·사적 공생의 우리공동체

하나님의 창조 세계와 타락한 피조 세계 사이에는 영적 변증법이 존재한다. 이 세계는 본디 하나님에 의해 창조된 세계로서 영화로워야 하고, 존중받아야 할 곳이지만, 타락한 피조물로 볼 때는 심판받아야 할 곳이다. 그런데도 분명한 것은, 세상은 여전히 삼위일체 하나님의 용서와 회복, 화해와 구원의 의지가 남아 있는 그분의 창조 세계다. 이런 뜻에서 하나님은 세상에 대해 멀리 계시거나 무감동적이시거나 불변적인 분이 아니시다. 하나님은 자유 가운데서도 세상을 향한 신실한 사랑을 가지시기에 상처받기도 하는 분이시다. 그래서 창조 세계에 존재하는 악의 파괴성은 하나님의 독단적인 명령에 의해서는 극복될 수 없고, 오로지 하나님의 고귀한 사랑의 역사에 의해서만 극복된다. 그리고 그 사랑의 역사 안에서 하나님은 세상의 고통을 실제로 경험하고 극복하신다.[577] 따라서 하나님의 승리와 기쁨 안에서 세상을 긍정하고 소망하는 교회는, 세상의 고통은 물론 폐쇄성과 배타성을 버리고, 문화적 관계 안에서 타자의 입장을 공감하고 공유하는 소통과 만남을 통해 더불어 사는 공동체로 존재해야 한다.

그렇다면 더불어 사는 공동체로서 교회는 구체적으로 어떤 공생 관계를 맺어야 할까? 하나님의 피조 세계로서 타자들(사람, 세대, 문화)의 존엄적 가치를 발견하고 인정하기 위한 소통적 삶의 방식은 어떠해야 할까?

이에 맥스 스택하우스(Max L. Stackhouse)는 공적 신학의 관점에서 "진정한 신적 현실은 반드시 보편적 현실이어야 하고,… 신학은 윤리, 법, 사회의 각 영역에서 모든 이의 필요를 제공할 수 있다."[578]라고 말한다. 반면, 루크 브레더톤(Luke Bretherton)은, 공공신학의 보편성은 비합리적, 비언어적 이야기의 공론장 진입을 배제할 수 있으므로 유연하고 개방된 공론장을 위해 일상에서 만나는 타자와의 접촉을 중시한다. 이런 이유로 기독교가 가질 수 있는 공적 토론의 적절한 방식은 '환대 모델'(hospitality model)이라고 말한다.[579] 그러니까 이 두 주장을 다 고려한다면, 결국 교회는 공적이고 사적인 영역 모두를 아우르는, 보편적이면서 개별적 주체로서의 특수한 상황까지 다 포용하는 관계성을 형성해야 한다. 따라서 교회가 세상과 공생 관계가 되기 위해서는 '우리성'(We-ness)에 대한 선이해가 필요하다.

'우리'라는 말은 일반적으로 사회집단의 소속감, 동질감, 유대감을 높이는 동력으로 작용한다. '우리'는 연인 간의 친밀도라든지, 정치적으

---

577 다니엘 L. 밀리오리, 『기독교 조직신학 개론』, 239.
578 Max L. Stackhouse, *God and Globalization and Grace* (New York: T&T Clark, 2007), 84; 김신구, "전염성 질환의 범국가적 사태에 대한 기독공동체의 통전신학적 고찰," 74.
579 최경환, 『공공신학으로 가는 길: 공공신학과 현대 정치철학의 대화』 (고양: 100, 2019), 199; 김신구, "전염성 질환의 범국가적 사태에 대한 기독공동체의 통전신학적 고찰," 74.

로는 국민과의 친밀감을 형성하여 정치적 행위를 정당화하기도 한다. 또 '우리'는 심리학적으로 상호의존적 관계의 객관적 실체로서 자신이 속한 내집단(in-group)을 가리키는데, 집단 구성원들은 서로 간의 관계성과 동질성을 인식함으로써 '우리'의 인지적, 감정적, 행동적 지향성을 설명하기도 한다.[580] 따라서 오늘날의 교회들도 창조 세계의 온전한 구원과 회복을 위해 세상과 상호인정관계에 의한 성숙한 '우리성'을 함양해 나가야 한다.

이처럼 '우리'는 문화심리학적으로 사회적 상호작용, 문화적 공유, 친밀감을 통해 형성되는 것이 일반적이지만, 한국 사회에서 '우리성'의 형성은 동거성만으로도 충분하다는 결과가 있다.[581] 물론 그 안에는 잠재적 실익성, 아껴줌과 신뢰성이 함께 작동할 수 있지만, '우리 편'(내집단)과 '남의 편'(외집단)의 측면에서 볼 때 한국 사회에서 '우리'의 개념은 집단적이다. 그래서 한국인은 보통 '우리성'에 대한 양가감정으로 '우리'라서 좋지만, '우리'라서 싫어한다. 사람들은 '우리'에서 벗어나길 원하면서 그 안에 구속되길 원한다.[582] 하지만 집단 중심적 '우리' 안에 순응하는 개인은 집단 압력에 의해 자기 정체성을 상실할 가능성도 높아질 수 있으므로 집단적 힘을 강화하는 융합에서 개인의 고유한 정체성을 인정하는 융화의 단계로 나아가는 것이 바람직하다.[583] 하지만 현실적으로 건강한 '우리성'의 공생은 극단적 개인주의, 이기주의, 상대주의, 무한경쟁, 승자독식의 자본주의적 생존 시대를 맞으면서 해체되었다고 해도 과언이 아니다.

---

580 장미혜, "인정, 아름다운 우리성(We-ness)을 코딩하다: 상호인정 관계의 우리성에 관한 목회신학적 연구," 「목회와 상담」 제34집 (2020): 293-294.

581 박정열·최상진·허태균, "사회적 범주과정의 심리적 세분화: 내집단 속의 우리와 우리편," 「한국심리학회지: 일반」 제21집 (2002): 25.

582 장미혜, "인정, 아름다운 우리성(We-ness)을 코딩하다," 295.

583 Ibid., 301.

그래서 엠마누엘 레비나스(Emmanuel Lévinas)는 기독교 책임윤리적 관점에서 타자성을 강조한다. 그는 이것을 나와는 비교할 수 없는 절대 외재성으로 이해함으로써 타자를 자기화하고 통합하려는 행위를 전체성의 폭력으로 규정한다. 그가 말하는 타자성을 잠시 살피면,

> 나의 존재에 대한 타자의 영향력은 신비스럽다… 타자는 나와 더불어 공동의 존재에 참여하고 있는 다른 자아 자체가 결코 아니라는 사실이다. 타자와의 관계는 공동체와의 전원적이고 조화로운 관계도 아니며 우리가 타자의 입장에서 봄으로써 우리 자신이 그와 유사하다고 인식하도록 하는 공감(sympathie)도 아니다. 타자와의 관계는 우리에 대해 외재적이다.[584]

레비나스는 타자에 대한 신개념으로 전체성의 철학, 또는 전쟁의 철학에 대항해서 어떤 무엇으로도 환원될 수 없는 개인의 인격적 가치와 타자에 대한 책임을 보여주는 평화의 철학을 구축하고자 했다.[585] 그래서 그는 타자를 영접하고 대접할 때 진정한 의미의 주체성, 곧 '환대(歡待)로서의 주체성'이 성립된다고 보았다. 이런 관점에서 타자 출현의 첫째 의미는 '자기성' 혹은 '내재성'이 상실되지 않음을 밝히는 것이었다. 그는 주체로서의 인간을 타자에 대한 책임적 환대에서 찾음으로써 나는 세계 안에서 즐기고 거주하며 노동하는 주체가 된다.[586] 그렇기 때문에 이때 비로소 서로는 '우리,' '이웃사랑'이라는 개념의 책임적 관계가 된다. 말하자면, 레비나스는 타자의 현현을 통해 인간의 개별적 주체성을 재정의함으로써 대상과 세계가 근본적으로 향유 관계임을 역설한다.

한편, 악셀 호네트(Axel Honneth)는 인간의 삶을 있는 그대로를 인정

---

584 엠마누엘 레비나스, 『시간과 타자』, 강영안 역 (서울: 문예출판사, 1996), 84-85.
585 Ibid., 120.
586 Ibid., 150.

하는 '인정 대상'의 범위를 넓혀가는 사회적 투쟁 과정이라고 정의한다.[587] 그는, 인간은 인정 투쟁을 통해 자기성을 상실하는 것이 아니라 타자와의 상호협력적 관계를 맺어 사회적 존재로 살아간다. 그래서 호네트는, "우리가 인간 인격체에서 무엇을 어떤 방식으로 인정하며 확인하는가"에 따라 상호인정을 위한 사회적 투쟁이 사랑, 권리, 연대의 세 가지 관계 형식으로 나타난다고 보았다.[588] 그렇기 때문에 타자에 대한 선행적 인정을 망각하면 타자에 대한 물화는 시작된다. 결국, 무시는 인정에 대한 욕구를 훼손하고, 사랑의 무시는 학대나 폭행을 통해 신체적 불가침성을 훼손하고, 권리의 무시는 도덕적, 이성적 권리의 주체를 배제함으로써 사회적 불가침성을 훼손하고, 연대의 무시는 공동체적 존재로서의 경험을 박탈시켜 인간의 존엄성을 부정하고 모욕한다.[589] 따라서 호네트에게 상호인정의 과정은 '차이의 실존'에 따른 개인적 특수성을 인정하는 과정으로, 이것은 개인과 공동체를 보호하고 아름답게 세워가는 힘이다.

그러면 교회는 어떠한 영역들에서 상호인정을 통한 건강한 우리성을 형성할 수 있을까? 이와 관련하여 이창호 교수(장신대, 기독교와 문화)는 기독교의 공적 참여의 정당화를 위한 아우구스티누스(St. Augustinus)의 신학적 주제로 창조와 섭리론, 교회론, 종말론적 관점에서 다음의 네 가지를 제시한다. 그것은, 1) 어거스틴-니버(Reinhold Niebuhr)의 모형으로 '사회문화적 공적 변혁 모형', 2) 아퀴나스(Thomas Aquinas)-리츨(Albrecht Ritschl)의 모형으로 '윤리적 보편화 모형', 3) 재세례파-요더의 모형으로 '교회됨 구현의 사회윤리 모형', 4) 칼뱅-스택하

---

587 악셀 호네트, 『인정투쟁』, 문성훈·이현재 역 (고양: 사월의 책, 2017), 14-15.
588 악셀 호네트, 『물화: 인정이론적 탐구』, 강병호 역 (포천: 나남, 2015), 5.
589 장미혜, "인정, 아름다운 우리성(We-ness)을 코딩하다," 314-315.

우스의 모형으로 '총체적 공공선, 지향 모형'이다.[590] 이 모형들을 한마디로 정리하면, 교회가 공적 신학을 총체적으로 구현하면 할수록 교회와 세상의 상호인정적 우리성은 그만큼 더 깊고 넓어진다는 것이다.

한편, 교회성장학적 관점에서 맥가브란은 "다리를 통한 복음전도"를 주장하면서 사회적 관계망인 종족 의식의 관계적 고리를 중시한다. 그는 동일 부류의 구성원으로 형성된 동질형 교회를 빠르게 세워나가야 한다고 주장하지만, 진정한 사회적 통합이 형성된 곳에서는 인종, 언어, 교육적 측면에서 다양한 구성원으로 형성된 혼합형 교회의 가능성도 배제하지 않는다. 그래서 맥가브란은 교회의 회중들이 지역의 각 영역에서 일어나야 함을 알아야 한다고 말한다.[591] 또한, 슈바르츠는 단일문화에서도 공생은 가능하지만, 이를 고집하면 독점적 지배가 나타나기 때문에 다른 종들과의 상호 유익한 관계가 소멸함을 지적한다. 그래서 그는 다양성에 대한 인정과 수용에서 더 나아가 감사, 기쁨, 축하와 함께 다양성들의 호혜적인 연결을 강조한다.[592] 따라서 교회는 기본적으로 내부적 결속만 추구해서는 안 된다. 교회는 세상으로 보냄 받은 존재로서 세상과의 관계성을 통해 서로의 정체성을 긍정하고 희망하는 관계로 발전하는 '우리성', 곧 세상의 참된 친구가 되어야 한다.

정리하면, 교회는 세상과 함께하는 공생공동체로서 비록 창조 세계가 타락한 상태라 할지라도 구속적 섭리 신앙을 가지고 세상 모든 영역에서 타자에 대한 책임적 윤리성과 공공성을 드러내는 지역공동체가 되어야 한다. 이때 비로소 교회는 공적이고 사적인 영역 모두를 아우르는 성숙한 우리성 공동체로서의 본질적 사명을 감당할 수 있다.

---

590 이창호, "기독교의 공적 참여 모형과 신학적 '공동의 기반'의 모색," 「기독교사회윤리」 제31집 (2015): 69-104.
591 도널드 맥가브란, 『교회성장 이해』, 423-432.
592 크리스티안 슈바르츠, 『자연적 교회성장, 한국교회를 바꾼다』, 100-101.

화해와 치유의 선교공동체

지금 이 시대를 대표하는 두 말을 언급한다면 '포스트모던'과 '코로나19'라고 할 수 있다. 포스트모던 시대가 갖는 좋은 부분이 있지만, 그에 못지않게 이 시대는 개인주의를 비롯한 다양한 차원의 갈등과 분열이 있는 긴장과 대립의 시대라고 볼 수 있다. 또한 코로나19 시대는 대면적 관계의 단절, 개인주의와 자기 가족 중심적 문화, 온라인과 가상공간의 문화, 소상공인들의 서바이벌한 삶, 육체적 건강 중시의 삶, 이기주의적인 국제 사회를 우리에게 안겨주었다.[593] 이런 갈등과 분열, 경계와 단절로 인한 불안과 나노화 현상은 인간 사회의 안전과 평화를 더욱더 갈구하게 한다.

특히 코로나19의 범유행은 동서양의 인종 차별 및 갈등을 자아냈고, 한국 사회 내 기독교에 대한 혐오와 비판까지 야기하여 하나님과 세상의 화해적 도구로 보냄을 받은 교회의 공동체성을 크게 흔들어 놓고 있다. 그래서 한국교회는 화해와 치유의 실천적 노력과 실제적 대안에 대한 절실함을 느끼는 중이다. 그렇다면, 오늘날 현대교회가 세상과 공존하기 위해 강조해야 할 적합한 선교적, 목회적 방향은 무엇일까?

물론 복음전도적 관점에서 전도의 성경적 주제로서 순례로서의 전도(evangelism as pilgrimage), 귀향으로서의 전도(evangelism as returning home), 대안적 세계관을 제시하는 전도(evangelism as proposal of the alternative worldview) 등을 언급할 수 있겠으나 복음전도의 가장 포괄적인 핵심은 하나님 나라의 통치임은 명백하다. 로마제국 시대 당시 복음은 황제의 통치와 관련한 정치적, 경제적 의미로서 기독교의 복음은 황제가 제공하는 평화의 통치가 아닌 예수 그리스도에 의한 새로운 통치

---

593 소강석, 『포스트 코로나 한국교회의 미래』 (서울: 쿰란, 2020), 8.

의 시작이었다.[594] 이런 맥락에서 동서양의 인종적 차별과 한국 사회 안에서 기독교에 대한 비판과 폄하의 소리가 극성스러운 오늘날, 현대교회가 지향해야 할 통전적 선교의 방향은 희년적, 곧 화해, 회복, 치유를 통한 하나님 나라의 구현이다. 특히 필자는 이 부분이야말로 시대적 상황에 민감한 현상학적 그리고 선교학적 진단이라고 생각한다.

달리 말하면, 교회는 소통의 원초적 장소로서 시대적 고난과 고통에 응답할 수 있어야 한다. 또 그 시대를 향해 진리와 정의를 선포할 수 있어야 하기에 교회가 자리하는 콘텍스트에 대한 이해와 분석 없이는 생명력 있는 공동체로서의 사명을 구체적으로 실현할 수 없다.[595] 이런 관점에서 김은혜 목사(예지교회 담임, 장신대 기독교와 문화 교수)는 사회적 삼위일체적 관점에서 보프(Leonardo Boff)가 생각하는 진정한 사회는 사회를 구성하는 개인들의 모임을 통해서가 아니라 먼저 교제가 있고, 개인들이 이 교제의 관계성을 통해 사회가 이루어졌다고 말한다.[596] 따라서 분열과 갈등, 비판과 혐오, 이념적 대립과 양극화, 위협과 폭력의 긴장 안에 사는 오늘날의 교회는 사회적 화해와 치유공동체로서의 평화 그리고 회복의 영성으로 선교적 사명을 감당할 수 있어야 한다.

그렇다면 이런 상황에 부닥친 교회는 어떻게 화해와 치유의 영성을 함양할 수 있을까? 이와 연관하여 존 폴 레더라크(John Paul Lederach)는 관계적 변화를 "해방과 정의를 추구하는 사람들과 함께 고통의 강에 집을 짓는 것"이라고 표현한다.[597] 분열된 사회에서 인간 간 화해는 고통과 아픔을 안겨다 준 가해자를 향한 돌아섬으로써 지금까지의 적

---

594 김선일, "목회와 전도: 목회를 위한 전도의 신학과 사역," 한국복음주의 실천신학회 편, 『21세기 목회학총론』 (서울: 대서, 2019), 286-293.
595 김은혜, 『포스트모던 시대의 기독교 윤리문화』 (서울: 대한기독교서회, 2015), 124.
596 Ibid., 116.
597 John Paul Lederach, *The Journey toward Reconciliation* (Scottdale, Pennsylvania & Waterloo, Ontario: Herald Press, 1999), 10; 김경은, "화해사역을 위한 화해의 영성," 「신학과 실천」 제36호 (2013): 453에서 재인용.

대자가 더는 적대자가 아닌 동료와 친구로 바뀌는 인정의 의미다. 그 때문에 존재론적 변화는 수용자(피해자)에게 요구된다. 이런 이유로 화해를 추구하는 것은 상호인정 그리고 공존자적 평화의 과정이면서 동시에 수용자에게는 고통의 과정이다.[598] 그래서 정보라 교수(건신대 상담심리)는 자기수용의 경험은 치유만을 목표로 하지 않고, 수용자의 건강한 자아 형성의 훈련과정이 된다고 말한다.[599] 결국, 자기수용이 가능하다는 것은 자신의 심층적 내면에 뿌리박혀 있는 개인의 상처를 극복하고, 깊은 고통의 흔적과 경험을 넘어서서 자기 점검과 성찰의 과정을 통해 타인과 화해하는 능력의 성숙을 의미한다.

이런 측면에서 인간은 본디 하나님의 관계적 형상을 가진 존재이므로 이에 대한 회복을 먼저 경험하는 것이 중요하다. 또 이 경험은 복음을 통한 하나님과의 관계적 화해이기 때문에 하나님께 용서받는 것과 서로를 용서하는 것은 하나님과 인간, 인간과 인간 간 화해를 증언하기도 한다.[600] 따라서 화해의 영성은 근본적으로 하나님과 자신의 올바른 영적 관계를 바탕으로 화해와 치유에 대한 개인적 경험을 통해 형성된다고 볼 수 있다. 그리고 다시 이것은 그 외 모든 인간적 관계의 회복으로 이어진다. 바로 이것이 화해의 영성이다.[601]

그러면 어떻게 분열과 갈등의 상황에서 화해와 치유의 사회를 구현할 수 있을까? 현대의 갈등을 정체성의 갈등으로 이해한다면, 현대사회가 화해의 개념을 구성하기 위해 중시해야 할 것이 있다. 그것은 공동체의 안전과 권리 추구이다. 왜냐하면 공동체 안에서 자신의 권리를 추구하는 것은 개인의 정체성에 영향을 끼치는 중요한 부분일 뿐만 아

---

598 김경은, "화해사역을 위한 화해의 영성," 453.
599 정보라, "제13발표: 자기수용과 화해에 관한 실천신학적 고찰," 제75회 한국실천신학회 정기학술 세미나 (2020): 485.
600 Ibid.
601 김경은, "화해사역을 위한 화해의 영성," 452.

니라 공동체 안에서 권리를 추구해도 안전하다는 것은 인간 존엄에 대한 공동체적 안전장치가 구축되어 있다는 뜻이기 때문이다. 이처럼 공적 차원의 안전과 권리 추구가 이행되지 않을 시에는 무언가 더 큰 힘으로 인해 개별적 주체성이 짓밟혀질 가능성이 있다. 따라서 분열과 갈등으로 얼룩진 경직된 사회를 화해와 치유의 사회로 변화시키기 위해서는 공동체의 안전과 권리 추구가 보장되어야 한다.

그런데 공동체의 안전을 이루기 위해서는 다시 두 가지에 집중해야 한다. 하나는 갈등하는 그룹 간 관계의 '구조적 변화'에 초점을 두는 것과 다른 하나는 그룹 간에 내재한 심리적 레퍼토리의 변화, 곧 그룹 '구성원들의 내적 변화'에 초점을 두는 것이다.[602] 여기서 심리적 레퍼토리의 변화는 오랫동안 공동체 안에 함께 있으면서 퍼져 있는 타자에 대한 부정적 정서에 대한 총체적인 심리적 변화를 말한다. 다시 말해, 상대방에 대한 모든 부정을 소멸함으로써 상호존중의 관계로 발전해 나가고, 이를 통해 새롭게 쌓은 신뢰를 토대로 우정과 동반자적인 관계로 촉진해 가는 것을 말한다. 이런 차원에서 레더라크는, 인간은 과거를 바꿀 능력은 없지만, 과거를 기억하는 능력과 다른 미래를 창조할 능력의 소유를 인정한다. 그에 따르면, 다른 미래를 향한 전환은 과거에 대한 다른 해석과 관점이 필요하며, 이것은 "re-storying" 과정을 통해 가능해진다.[603] 곧 신앙으로 삶을 재해석할 때 그리스도의 고통과 부활에 참여하는 치유 받은 사람이 되고, 타자를 신성한 존재로 받아들이며, 가해자조차도 하나님의 형상을 공유한 인간으로 받아들일 수 있다는

---

602 Daniel Bar-Tal and Gemman Bennink, "The Nature of Reconciliation as an Outcome and as a Process," *From Conflict Resolution to Reconciliation,* Edited by Yaacov Bar-Siman-Tov (Oxford: Oxford University Press, 2004), 37; Ibid., 454에서 재인용.

603 John Paul Lederach, *The Moral Imagination: The Art and Soul of Building Peace* (Oxford: Oxford Universtiy Press, 2005); 김경은, "화해사역을 위한 화해의 영성," 471-472에서 재인용.

말이다.[604] 또한, 헨리 나우웬(Henri J. M. Nouwen)은 예수의 참 마음을 아는 것과 예수님을 사랑하는 것은 서로 같은 것이라고 말하면서 이런 지식을 갖고 세상을 살아갈 때 어느 곳에나 치유, 화해, 새로운 삶과 희망을 심어 주는 일을 하지 않고 견딜 수 없다고 말한다.[605] 그래서 그는 크리스천 리더십의 세 가지 훈련으로 묵상 기도, 고백과 용서, 신학적 성찰을 주장한다.[606] 이를 정리하면, re-storing이란, 과거를 과거의 한 사건으로만 여기는 것이 아니라 그것을 재해석하여 현재 자기와의 연관성 안에서 의미를 재발견하는 것을 말한다. 마찬가지로 교회는 하나님의 사역 안에서 자신의 삶을 재조명하고, 재해석하는 과정을 통해 화해와 치유의 영성을 함양하고 나아가 분열과 갈등의 사회를 화해와 치유의 사회로 구현할 수 있다는 말이다.

그런가 하면 기능적으로 교회는 복지형(어린이, 노인, 장애인, 빈곤층), 교육형(유치원, 여가부, 위탁형, 도서관, 대안학교), 기숙형 보완학교(자립형), 문화사역형(문화센터나 교실, 다원이나 카페 운영)[607] 등과 같은 지역밀착형 섬김이나 지역개발형 봉사 그리고 사회적 기업 행위를 병행함으로써 지역공동체로 정착할 수 있다. 이 과정에서 교회는 내면적 레퍼토리의 긍정적 변화를 경험함과 동시에 지역적 필요를 채움으로써 지역사회의 진정한 공동체로 발전할 수 있다. 다시 말해, 실제적인 섬김 사역이 교회의 정체성과 우리성 함양에 도움을 줄 수 있다는 말이다.

따라서 교회는 세상의 치유와 화해를 위한 re-storing 과정을 먼저 진행할 수도 있지만, 지역사회에 대한 실제적 사역이 re-storing 과정이 될 수 있음을 알아 성숙한 자아를 형성하지 못한 상태이더라도 지역사

---

604 김경은, "화해사역을 위한 화해의 영성," 472.
605 헨리 나우웬, 『예수님의 이름으로: 크리스천 리더십을 다시 생각한다』, 두란노 출판부 역 (서울: 두란노, 1998), 26-30.
606 Ibid., 31-34, 47-51, 64-68.
607 전석재, 『변화하는 현대선교전략』(서울: 대한기독교서회, 2014), 65.

회의 필요를 탐색하고 채우는 일에 관심과 사랑을 가질 필요가 있다. 이를 통해 교회는 치유와 화해의 영성을 함양해 복음의 수용성을 높임으로써 선교적 사명을 좀 더 효과적으로 감당할 수 있다.

아울러 교회가 화해와 치유의 선교공동체가 되기 위해서는 생명선교적 관점에서 지구 보존과 회복을 위한 치유 사역에도 관심을 가져야 한다. 급격한 인간 문명의 발전과 산업화는 지구온난화로 인한 기후변화와 코로나19와 같은 전염병을 발생시킴으로써 모든 생명체뿐 아니라 지구의 생명까지도 위협하고 있다. 이런 차원에서 코로나19는 인류 문명이 경제 중심, 자기 중심성에서 벗어나 생명 중심, 생태 중심으로의 대전환을 요구하고 있다.[608] 그러므로 교회는 지구 생명공동체로서 생태적 영성과 생명존중의 책임성을 가지고, 생태계 보전과 대안 경제를 함께 최대한 수립해 나가야 한다. 예를 들면, 기독교 환경운동, 다회용기로의 전환, 반핵평화운동, 생명밥상운동, 생명살림문화 형성과 운동, 생명존중 교육, 지구 돌봄 서클, 친환경 소재의 사용과 건축, 환경통신강좌, 환경학교, 음식물 줄이기 등과 같은 생명 사역을 통해 자연과 공존하는 삶을 일상화함으로써 지구 재난에 대처하고 회복하는 치유 공동체가 되어야 한다.

---

608 이성호, "자연과 공존하는 삶: 코로나19의 생태적 이해와 생명존중 신앙으로 나아가기," 포스트코로나와 목회연구학회, 『비대면 시대의 '새로운' 교회를 상상하다』 (서울: 대한기독교서회, 2020), 119.

6. 미래지향적 사역으로 기독교 문화를 변혁하라

초월적 사역

교회가 복음의 역동성을 효과적으로 나타내기 위해서는 상황화의 관점, 곧 시대 문화적으로 적합한 맞춤형 사역을 진행해야 한다. 이런 뜻에서 오늘날 기독공동체의 목회는 세 가지 차원에서 '초월적'이어야 한다. 나열하면, 1) 다문화적 차원에서 '초문화적'(transcultural) 목회, 2) 시공간적 차원에서 '초연결적'(hyper-conneted network) 목회, 3) 연대적 차원에서 '정교협력'(政敎協力)적 목회가 그것이다. 이 세 가지 초월적 사역의 의미를 간략히 언급하면, 현대사회에서 하나님의 선교에 동참하려면 방법론적으로 미래지향적이기를 추구해야 한다는 말이다. 그러면 미래 목회를 위한 초월적 사역은 무엇이고, 그 방법은 어떠해야 하는지 살펴보겠다.

첫째, 미래 목회는 '다문화적'이어야 한다. 일반적으로 문화선교라는 말에는 두 가지 의미를 담고 있는데, 하나는 문화를 통한 복음 전파와 다른 하나는 기독교적 가치의 구현이다. 임성빈 교수(장신대, 기독교와 문화)는 문화선교를 "문화의 모든 영역을 복음적 정신과 실천으로 변혁시킬 수 있는 역량을 가진 기독교 문화로 형성하여 하나님 나라를 이 땅에 실현하기 위한 선교적 실천"으로 규정한다.[609] 이런 맥락에서 한국은 250만 명 이상의 이주민과 함께 살아가는 다문화 사회로[610] 이주노동자, 결혼이민자, 이주 아동, 다문화가정, 북한 이탈자 등 여러 형

---

609 임성빈, "기독교적 문화관의 형성을 위하여," 문화선교연구원 편, 『문화선교의 이론과 실제』 (서울: 예영커뮤니케이션, 2003) 13; 조용훈, 『마을공동체와 교회공동체』 (서울: 동연, 2017), 136에서 재인용.
610 임보혁, "국내 거주 외국인 250만 시대 "미래 글로벌 리더 키우는 여정에 동반자 될 것," 「국민일보」 (2023년 2월 28일 접속).

태로 진입한 이주민을 찾아보기가 그리 어렵지 않다. 그만큼 한국교회는 다문화 선교를 위한 접근이 용이하기 때문에 이주민에 대한 성경신학적이고 선교신학적인 이해와 실천이 절실하다.

초기 기독교는 다양한 정치적, 경제적, 사회적, 문화적, 인종적 배경에서도 개인과 집단이 함께 살아가는 공동체였다.[611] 그들이 배타주의와 민족주의를 벗어나 보편주의적 관점을 가질 수 있었던 이유도 그리스도 안에서 하나라는 인식의 전환 때문이었다. 이는 기독공동체의 자기 이해와도 맞물리는 것으로 그들은 다양성 안에서도 한 신앙공동체를 지향함으로써 '하나님의 가족'이라는 새로운 권속적 관계를 형성했다.[612] 따라서 기독교는 이주민에 대한 시혜적 자세가 아닌 상호존중과 연관성의 혼종적(混種的) 이해를 해야 한다. 이런 차원에서 보편주의는 문화적 장벽과 차별을 무너뜨리고 평등과 일치를 강조함으로써 복음의 본질을 현재화하는 하나님 나라 사회운동으로 확대될 수 있다.

또한, 선교신학적 관점에서 교회는 이주민을 통한 현지 복음화, 곧 다리를 통한 복음전도의 가능성을 가지고, 선교적 역량을 강화하면서 선교 사역의 영역을 확대해 나가야 한다. 이를 위해 한국교회는 한국 사회 안에서 살아가는 이주민들에 대한 보편적 시각을 가지고, 다양성 안에서 조화를 이루기 위해 다문화적 소통과 공존의 방식을 익혀가야 한다. 다시 말해, 다문화 선교를 잘 감당하기 위해서는 기본적으로 이주민에 대한 선교적 해석과 이해가 올바로 이루어져야 하고, 그다음으로 선교적 실천을 위한 지역교회의 역할이 중시되어야 한다.

이런 맥락에서 박흥순 교수(호남신대, 신약학)는 다문화 선교가 활발한 호남지역을 중심으로 선교 사역의 유형을 다섯 가지로 분류하여 설

---

611 박흥순, 『지역교회 다문화를 품다』 (서울: 꿈꾸는터, 2013), 95.
612 Ibid., 97.

명한다. 나열하면, 1) 교회를 중심으로 한 예배공동체 사역 유형으로, 예배와 성경 공부 중심의 사역을 진행하면서 교회에 출석하는 이주민을 위한 다양한 지원과 프로그램을 시행하는 사역이다. 사역의 형태는 영어예배, 중국어 예배, 한국어 교육, 노동 상담, 예배와 문화행사, 법률과 의료지원, 자조 모임, 다문화가정사역팀 등이 있다.[613]

2) 교회 부설 센터 중심의 사역 유형으로, 교회에 출석하지 않는 이주민도 참여할 수 있는 센터나 기관을 통해 다양한 프로그램을 개설하고 진행하는 복지형 사역이다. 사역의 형태는 다문화가족 자녀를 위한 공부방, 다문화가정 지원센터, 이주여성을 위한 임산부학교, 엄마랑 아기학교, 어린이집, 주말학교, 외국인 한글학교, 다문화 어머니 합창단, 체육대회, 문화관광 사역 등이 있다.[614]

3) 교회가 운영의 주체이지만, 이주민센터나 비영리민간단체가 독립적인 형태로 사역을 진행하는 유형이다. 사역의 형태는 근로자 선교 상담소, 결혼이민자 가족지원센터, 희망의 쉼터, 예배와 성경 공부, 노동문제와 인권 관련 상담과 법률지원, 한국어와 컴퓨터 교육, 체육대회와 문화 행사, 외국인 주부지원모임, 한국문화이해 교육, 자조 모임, 다문화 강사교육을 통한 결혼이민자 역량 강화, 찾아가는 아동 양육지원 서비스 등이 있다.[615]

4) 교회가 정부와 지방자치단체로부터 위탁받아 운영하는 것으로 다문화가족지원센터가 대표적이다. 사역의 형태는 결혼이주여성 지원, 한글 강좌, 다문화가족지원센터, 행복한 쉼터, 다문화 도서관, 한국 음식과 문화에 대한 적응 교육, 직업 알선, 보육, 전문 상담사 양성, 남편

---

613 Ibid., 145-147.
614 Ibid., 147-150.
615 Ibid., 150-151.

교육 등이 있다.[616]

5) 교회와 독립적으로 운영하는 자조 모임 유형으로, 교회가 위치한 지역에 사는 결혼이주여성이 주체적으로 모여서 한국어를 배우며, 한국 생활의 경험과 정보를 나누는 공간으로 활용하는 유형이다. 물론 사역의 형태는 독립적이지만 선교적 측면에서 모임의 리더는 그리스도인으로 지정하여 진행할 수 있다. 모임은 한국어 교육, 정체성 교육을 비롯하여 한국 음식과 문화를 나누면서 한국 생활에 필요한 정보를 나누는 자매과정의 형태다.[617]

이상을 정리하면, 현대교회는 디아스포라적 관점에서 이주민과 다른 문화에 대한 이중 시선을 버리고, 문화적 상대성과 다양성을 수용하면서 이주민에 대한 선교적 이해와 전인적 교제를 통해 건강한 다문화 공동체를 형성할 수 있어야 한다. 또한, 이주민을 다리를 통한 복음 전도의 기회로 삼아 다문화 선교의 전문성을 함양하면서 하나님의 선교를 위한 사역의 영역 확대와 세계 복음화를 추구해야 한다.

둘째, 미래 목회는 '초연결적'이어야 한다. 현대사회는 4차 산업혁명의 고도화한 과학기술의 영향으로 이것과 동떨어진 현대인의 삶을 상상하기 어렵다. 인류사회는 과학기술의 변화와 혁신을 계속 추구하고 있고, 인터넷이 가능한 곳이면 어디든 콘택트가 가능하므로 스마트폰과 컴퓨터는 고도 기술사회에서 생필품이다. 현대인들은 인터넷을 통해 세계와 접촉하고, 스마트폰을 통해 집, 자동차, 가전제품 등 생필품에 적용된 디지털 시스템을 외부에서도 조작할 수 있는 시대에 살고 있다. 또한, 인간의 몸은 인터페이스(보청기, 의족, 신체 내외부의 기계장치 등)적 신체로서 의학 기술, 기계장치, 신물질의 결합을 통한 연장된 몸

---

616 Ibid., 151-153.
617 Ibid., 153-154.

으로 생존하고 있다.[618] 특히 코로나19 시대는 물리적 안전거리를 넘어 첨단과학기술과 온라인을 통한 초연결, 초지능 사회로의 변화를 가속화하고 있다. 따라서 하나님 나라의 성장을 본질로 삼는 교회는 세상의 변화와 과학기술의 발전에 대한 부정된 지적과 경계를 넘어 선교적 책무의 지속적 구현을 위해 비판적으로 이해하고, 이를 새로운 목회 플랫폼을 위한 체질 변화와 발전의 기회로 선용할 줄 알아야 한다.

이런 차원에서 물리적 거리두기가 일상이 된 상황에서도 여전히 사역에 큰 성과를 얻고 있는 공동체가 있는데, 바로 미국 캘리포니아에 있는 새들백 교회(Saddleeback Church)다. 특히 새들백 교회는 제자도와 온라인 소그룹을 중심으로 사역을 진행하고 있는데, 담임 목사인 릭 워렌(Rick Warren)은 확실한 백신과 과학적 대처 방법이 나오기 전까지 교회를 셧다운하고, 미국에서 가장 늦게 다시 모여 예배하는 교회가 될 것을 선언하면서 모든 사역을 온라인으로 전환했다. 그 결과 2020년 1월 중순, 2,097개로 시작한 온라인 소그룹은 이후 기존 오프라인 소그룹이 거의 80% 가까이나 온라인으로 전환하면서 총 5,800개의 온라인 소그룹을 형성할 수 있었다.[619] 주로 사역은 트위터, 페이스북, 트위치 등 게임 플랫폼을 이용한 예배 실황중계를 통해 복음을 전하는 방식에서 탁월함을 보였다.

새들백 교회 사역에서 또 놀라운 것은 500여 개의 사역을 모두 온라인으로 전환하면서 24,000명 이상의 세례자를 낳는 폭발적 성장을 경험했다는 점이다.[620] 무엇보다 새들백 교회의 온라인 사역에는 다섯

---

618 김은혜, "언택트 시대의 관계적 목회 가능성: 콘택트로서 언택트에 대한 신학적 성찰," 포스트코로나와 목회연구학회, 『비대면 시대의 '새로운' 교회를 상상하다』 (서울: 대한기독교서회, 2020), 18.

619 계재광, "코로나19 속 뉴노멀 시대 미국의 선교적 교회에 관한 연구," 「신학과 실천」 제74호 (2021): 776.

620 Ibid.

가지의 중심적인 방향성을 가지고 있는데, 1) 항시 교인들이 교회에 접속할 수 있도록 경로를 만드는 것, 2) 실시간 교인들의 필요를 채워주는 것, 3) 어디서나 교인들이 교회 사역에 참여할 수 있도록 사역 방법을 준비하는 것, 4) 교인들과 상호소통하는 것, 5) 개인의 특성에 맞춘 다양한 사역을 준비하는 것이다. 이런 방향성으로 인해 릭 워렌은 교회가 닫혀 있지만, 감당해야 할 사역을 더 역동적으로 계속하고 있다고 교회의 사역을 소개한다.[621] 그러니까 새들백 교회는 범유행 상황과 시대적 변화를 함께 이해함과 동시에 현대문명이 가진 과학기술의 힘과 기기들을 선용함으로써 시대적 위기를 목회 체질의 변화와 발전의 기회로 삼고 있다.

이런 측면에서 톰 레이너(Thom S. Rainer)는 시대적 변화에 따른 미래 교회를 전망하면서 디지털 세상을 더는 단순한 부차적 도구가 아닌 선교지로 규정하고, 교회 폐쇄 이후 시대를 마주한 교회의 과제 중 하나로 디지털 선교지 안에 살아가는 사람들에 대한 접근법과 섬김을 중시한다. 그는 먼저 미래 교회의 세 그룹으로, 1) 디지털에만 참여하는 그룹(only digital), 2) 과도기 디지털 그룹(digitally transitioning), 3) 양면 이용 그룹(dial citizens)을 모두 다루어야 한다는 인식적 변화의 필요성을 주장한다.[622] 또한, 정기묵 교수(장신대, 선교신학)는 4차 산업혁명 시대의 선교 지도자로 현대 문화에 익숙한 젊은 세대인 디지털 네이티브에게 그 역할을 맡기면서 이들을 지도자로 육성해야 한다고 강조한다.[623] 안승오 교수는 디지털 네이티브의 포용과 세움 전략에 동의하면서 인터넷 활용의 극대화로 홈페이지 개선, 사이버 예배의 검토(디지털 세대

---

621 Ibid., 776, 778-780, 786.
622 톰 레이너, 『코로나 이후 목회: 새로운 시대 앞에 선 교회의 전망』, 정성묵 역 (서울: 두란노서원, 2020), 50, 53.
623 정기묵, "4차 산업혁명 시대의 선교," 「선교신학」 제48집 (2017): 280.

젊은이들과 가나안 성도를 위한), 위성방송, 인터넷과 SNS 기반의 전도 프로그램, 효과적인 매체와 콘텐츠의 지속적인 발전을 언급한다.[624]

따라서 4차 산업혁명 시대를 사는 현대교회는 코로나19의 종식과 이전 삶으로의 회귀만을 기다릴 것이 아니라 관계 방식의 새로운 변화 앞에 개방성, 적극성, 유연성을 가지고 대처할 수 있어야 한다. 이 말은 포스트 코로나든 위드 코로나든 상관없이 미래 목회는 기술, 인간의 친밀함, 관계성을 창조적으로 사유하고, 네트워크를 하나님 은총의 공간으로 상상하여 다양한 온라인 관계를 목양의 현장으로 전환할 수 있어야 한다는 뜻이다.[625] 따라서 교회는 다양한 소셜미디어의 활용과 디지털 정보통신 기술의 전문성을 위한 제반 사항들을 점검하고, 이를 전담할 조직과 재정 준비를 통해 운영 역량을 강화해 나가야 한다.

또한, 교회는 세상과 함께해야 할 운명공동체이므로 과학기술의 발전과 문명의 변화에서도 지속적인 모니터링과 소통을 통해 언제나 인류에 답을 제시할 수 있어야 한다. 교회는 하나님의 존재와 인간의 구원, 인간 존엄과 생명의 중요성, 생명과 비생명의 혼란, 인공지능과 로봇 기술로 인한 인간의 무능력과 무가치성의 증대, 인간사회에 대한 불확실성과 불안, 일자리 변동과 사회적 갈등, 빈부의 격차, 고통과 외로움, 성·가족·결혼의 문제, 국가 간 긴장과 분열 등에 대한 신학적 논증과 변증으로 상존하는 인류 과제에 응전할 수 있어야 한다.

셋째, 미래 목회는 '정교협력적'이어야 한다. 먼저 지구 갱신론적 관점에서 하나님의 구원은 신자 개인의 영생만이 아닌 사회와 생태계 전체의 구원과 영화를 지향한다. 이런 뜻에서 교회는 세상과 함께해야 할 운명공동체이기에 세상의 모든 교회와 그리스도인은 지구에 대한

---

624 안승오, "4차 산업혁명과 선교의 방향," 장신대 신대원 84기 동기회, 『4차 산업혁명과 디아스포라 시대의 선교』(서울: 케노시스, 2019), 117-119.
625 김은혜, "언택트 시대의 관계적 목회 가능성," 22.

책임적 존재다. 따라서 교회는 지상의 사회구조와 경제체제로 나타나는 여러 가지 문제는 물론 환경파괴, 질병, 핵 오염, 기후 변화 등과 같은 지구적 차원의 문제들을 하나님께 모두 맡긴 채 내세적 구원만 기다리는 도피주의적이고 지구 포기적인 구원관에서 벗어나 하나님 나라를 위한 세상의 변혁 운동에[626] 참여하는 지구공동체여야 한다. 당연하게도 교회는 세상에 대해 무비판적이어서는 안 되고, 하나님의 뜻에 반하는 것들에 대해서 반문화적이어야 하지만, 기본적으로 교회는 지구공동체로서 정교분리 또는 정교일치의 극단적인 자세보다 협력공동체로 공존력을 키워야 한다.

특히 우리나라는 6.25 전쟁 이후 70년 이상을 동족상잔의 쓰라린 아픔과 무력 분쟁을 경험하면서 한순간도 긴장을 놓을 수 없는 대치 상황에 살고 있다. 이런 현실에 놓인 한국교회는 공공신학적으로 한반도의 평화와 화해를 위해 더욱 적극적인 공적 참여를 통해 통일에 대한 비전을 우리 사회에 제시해 줄 수 있어야 한다. 그만큼 통일문제는 보수와 진보를 막론하고 정치, 경제, 사회, 문화 연구와 더불어 신학적 고찰을 통한 교회의 긍정적 참여가 필요하다.[627] 그러나 한국에서 정치이념적 대립과 한국교회 내 남북한 관계에 대한 의견은 보수와 진보의 극명한 대조를 보이고 있다. 이런 상황을 고려할 때 한반도의 평화와 화해를 위해서 한국 사회와 한국교회가 당면한 큰 문제 중 하나는 정치적 양극화다.

이에 대해 김창환 교수(풀러신대, 공공신학)는 통일신학에 대한 신학적 논쟁점과 지향점을 네 가지로 주장한다. 그것은, 1) 공공선을 통한

---

626 김회권, "4차 산업혁명 시대에도 빛을 발하는 기독교 신앙," 장신대 신대원 84기 동기회, 『4차 산업혁명과 디아스포라 시대의 선교』 (서울: 케노시스, 2019), 53.

627 김창환, "한반도 평화와 화해에 대한 공공신학적 조명," 장신대 신대원 84기 동기회, 『4차 산업혁명과 디아스포라 시대의 선교』 (서울: 케노시스, 2019), 165.

나눔의 정체성을 추구하는 것으로, 서로는 먼저 공유된 정체성을 마련한 다음 공동의 방향을 설정하는 것이 필요하다. 이로써 서로는 위협적 존재가 아닌 새로운 정체성을 세워나가는 동역자와 동반자로 여기게 된다.[628] 2) 희년에 대한 조명과 남북공동체의 회복으로, 북한의 심각한 경제적 어려움에 한국 사회와 기독교는 물질적 공유를 통해서 평등과 보편성이라는 인간 존엄과 생명 존중의 기독교 코이노니아 신앙을 보여줄 수 있어야 한다.[629] 3) 한을 극복하고 신뢰와 희망을 추구하는 것으로, 서광선 박사에 따르면, 분열의 십자가는 '한'의 십자가로 절망과 고통을 경험케 하지만, 하나님께서는 이를 통해 고통받는 한민족을 버리신 것이 아니라 '한'과 십자가를 연결하신다.[630] 결국, 십자가 부활의 소망은 고통의 속박을 넘어 화해의 희망을 주기 때문에 '한'은 남북한 공통의 고통으로 구원과 해방을 경험해야 할 핵심 주제로 볼 수 있다는 것이다. 4) 평화와 정의의 갈등을 극복하는 것으로, 남북정상회담에서 보수와 진영의 중요한 이슈 중 하나는 평화 구축과 정의 추구 사이의 갈등 문제다. 정치이념과 체제가 다를 때에는 평화와 정의의 개념도 유동적이고 상대적이기 때문에 만인을 위한 정의란 이상적이기 마련이다. 따라서 공동선 추구의 입장에서 비핵화와 상호평화 체제 구축, 북한의 인권과 자유 등에 대하여 한국교회는 선지자적 목소리를 계속 낼 수 있어야 한다. 곧 한국교회의 미래 목회는 한반도의 평화와 화해를 위해 국가와 상호보완적 협력관계를 맺음으로써 하나님의 선교를 국가적 차원에서 이루어가야 한다.

한편, 코로나19 시대는 지구적 차원의 연대와 협력을 위한 공조 체

---

628 Ibid., 182-184.
629 Ibid., 188.
630 David Kwang sun Suh, *The Korean Minjung in Christ* (Hong Kong: The Christian Conference of Asia, 1991), 183; Ibid., 188-183에서 재인용.

제의 필요를 요구한다. 대체로 한국은 국제적 봉쇄나 폐쇄 정책 없이 국민의 자율적인 행동 수칙 준수와 적극적인 협력에 의해 범유행 상황을 효과적으로 관리해왔다.[631] 그만큼 한국 국민은 공동선을 위해서 방역과 사회적 거리두기의 일상적 불편함을 몸소 감내해왔다. 이제 세상의 질서는 근대주의적 사고에 따른 합리적인 개인주의가 아니라 환경오염, 전염병, 기후변화와 같은 지구적 문제 앞에 공동선과 공동체적 관점이 강조되는 시대가 되었다. 이런 상황을 고려하여 자유 민주주의 국가체제의 정치신학으로 가장 적절한 형태는 정교분리의 보수적인 신중성과 정교일치의 진보적인 변혁성을 절충한 '정교협력적' 자세라고 말할 수 있다.

과거를 살피더라도 한국 초기 의료선교의 본격적인 박차도 호러스 앨런(Horace N. Allen)이 명성황후의 조카인 민영익을 완치함으로써 고종과 명성황후 및 정부 측 인사의 신임을 받게 되면서부터였다.[632] 말하자면, 한국 초기 의료선교가 성공적이었던 이유 중 하나는 기독교와 정부의 신뢰와 협력에 있었다. 이는 복음전도의 차원에서도 중요하지만, 국가적 위기를 대하는 기독교의 정체성과 사회적 책임에 대한 실존적 의미로 이해할 수 있다.[633] 이처럼 기독교의 정치신학이 통전성이 있으려면 십자가와 부활로 사역을 완성하신 예수 그리스도의 사역이 하나님의 전적 은혜와 완전한 신적 통치를 의미하는 것처럼 자신과 교회의 이익보다 하나님의 공의와 평화가 창조 세계 전체에 넘쳐흐르게 해야 한다.

따라서 기독교는 성육신하신 성자 그리스도의 모습처럼 섬김과 사

---

631 성석환, "모두가 행복한 세상을 위한 교회," 포스트코로나와 목회연구학회, 『비대면 시대의 '새로운' 교회를 상상하다』 (서울: 대한기독교서회, 2020), 83.
632 김신구, "전염성 질환의 범국가적 사태에 대한 기독공동체의 통전신학적 고찰," 66.
633 Ibid., 77.

랑으로 하나님 나라를 구현해 나가면서, 국가도 함께 창조 세계를 보존하고 지켜야 할 동반자적 관계임을 알아 공생적 협력과 선제 대응의 자세를 가져야 한다.[634] 왜냐하면 지상 교회는 하나님의 선교를 위한 사회적 공적 교회이며, 지구 생태계의 보전을 책임져야 할 지구 조정자이기 때문이다.

그러므로 한국교회는 직접적인 정치적 개입이나 통치보다 그리스도적 섬김과 사회참여를 통한 예언자적 기능에 대해 고찰하고, 창조 세계 전체를 돌보시는 하나님의 섭리적 관점에서 한국의 정치이념과 한국적 상황에 적합한 정치신학과 형태를 정립해 나가야 한다.[635] 교회는 대항 문화적 공동체이지만, 동시에 정치적 관계에서 양극화를 끌어안아 국가와 협력공동체로 공존할 때 효과적인 하나님 나라의 성장을 기대할 수 있다. 이러한 기독교적 방식은 세상의 정치가 하나님의 주권적 통치에 다스림을 받는 정치가 되도록 유도할 수 있다.

셀프 모니터링 사역

초월적 사역이 급속한 변화에 대한 선제적이고 대응적 차원의 미래 지향적 사역이라면, '셀프 모니터링 사역'은 현재는 물론 앞으로도 계속 필요한 분야라는 점에서 미래지향적 사역을 말한다. 대표적인 사역은 '교육,' '가정,' '사회복지' 목회로 한국교회의 미래 목회는 이 세 가지 사역에 대한 모니터링과 함께 전문성과 동원력을 길러야 한다.

그런데 여기서 셀프 모니터링 사역에 대한 설명에 앞서 이 글이 말하는 미래 지향성의 의미를 살핀 후 다음 내용을 이어가는 것이 좋

---

634 Ibid.
635 Ibid., 78.

을 듯하다. 그러니까 필자가 말하고자 하는 미래 지향성이란, 문자 그대로 미래적인 것만 의미하지 않는다. 건강한 성장을 위해서는 '현재에 대한 모니터링'과 '과거에 대한 성찰'이 함께 고려되어야 한다. 다시 말해서 현재 시행하는 사역의 모니터링을 통해 사역의 발전을 추구하면서 성경에 대한 실제적인 탐색과 접근으로 성서 고고학적(biblical archaeological) 교육을 병행한다면 교회의 미래는 더 역동적일 것이라는 말이다. 쉬운 표현으로 자동차가 목적지에 잘 도착하기 위해서는 전방만 주시해서는 안 된다. 좌우를 살피는 것은 물론 때때로 후방에서 달리는 다른 차의 위치와 속도, 방향도 함께 살펴야 한다. 또한, 달리는 노선이 목적지에 맞을 뿐만 아니라 효율적인지도 확인해야 한다. 곧 미래 목회가 건강성과 안전성을 가지면서 역동적 등가의 효력을 발휘하기 위해서는 변화의 속도가 빠른 혁신적인 부분만이 아니라 상존할 교육, 가정, 사회복지 사역에 대한 미래적 관점을 가지고, 이를 계속 점검하고 발전해 나가야 한다는 말이다. 그 때문에 미래지향적이라는 말은 미래, 현재, 과거를 두루 살피는 관계성 안에서 이해해야 한다.

그러면 셀프 모니터링 사역으로 한국교회가 수행해야 할 교육, 가정, 사회복지 목회에 대해 살펴보자. 먼저 '교육 목회'에 대해 살피면, 신형섭 교수(장신대, 기독교 교육)는 코로나 시대에 온라인 예배를 시행하면서 부모와 자녀가 함께 예배하는 시대가 되었기 때문에 부모 세대 교육이 중요해졌음을 말한다.[636] 이전의 기독교 교육이 교회학교에 맡기는 위탁형이었다면, 비대면 시대에는 가정 중심의 교육이 중요해졌다는 말이다. 그러나 이는 비단 코로나 시대에만 적용될 것이 아니다. 자녀 세대의 교육이 교회학교 교사들의 책무로 인식돼버린 오늘의 목

---

636 신형섭, "재난과 교육목회, 위기의 한복판에서 혁신의 길을 발견하다," 박경수·이상억·김정형 책임편집, 『재난과 교회: 코로나19 그리고 그 이후를 위한 신학적 성찰』 (서울: 장로회신학대학교 출판부, 2020), 225-226.

회 현장은 부모 세대에게 기독 가정의 신앙적 책무를 저버리게 만들 수 있다. 태아에서 부모와의 영적이고 전인적인 교감을 통해 믿음의 세대로 성장해야 할 자녀들은 가정 밖에서 자신의 정체성과 삶의 의미를 찾으며 살아가고 있다. 이런 현실 앞에 교회는 교회 교육이 가정으로 연결되도록 커리큘럼을 기획하고, 가정 예배의 권장과 온 가족이 참여하는 주중 신앙 실천 자료를 제공할 수 있어야 한다.[637] 이것은 부모와 자녀에 대한 기독교 교육적 차원만이 아니라 본디 가정은 최초의 교회 공동체로 존재하고 기능해야 함을 뜻한다.

그런가 하면 한국교회 교회학교의 급격한 감소 추세를 고려할 때도 지역교회 간 연대와 협력은 필요하다. 현재는 물론 앞으로도 대면 예배와 온라인 예배의 병행은 불가피한데, 온라인 예배 준비와 부서별 가정 신앙 활동 자료제공이 필수인 현 상황에서 각 교회가 자체적으로 이 모두를 계속 준비하기란 쉽지 않다. 특히 작은 교회들은 매우 어렵다. 희망적인 것은 이런 어려움을 경험하면서도 각 교회가 가진 재능과 자원들을 모아 상호보완적으로 사역을 감당하는 모습들이 나타나고 있다는 것이다. 그중 새롭게 출범한 '교육자료 나눔 운동'은 여러 교회의 자발성에 의해 시작한 교회 연대 운동으로, 자체적으로 제작한 예배와 교육 콘텐츠를 통해 대안 마련이 어려운 교회들을 섬기고 있다. 참여한 교회들은 장로회신학대학교 기독교 교육 연구원의 유튜브와 페이스북을 플랫폼으로 온라인 설교 영상 자료, 주중 가정 신앙 활동 자료, 사순절 절기 자료, 교사와 부모기도문 등 다양한 교육 콘텐츠를 오픈 소스로 공유하고 있다. 이는 교회학교 교육의 개교회주의와 교회별 교육 양극화를 해소할 수 있고, 거룩하고 사도적인 공동체로 함께

---

[637] 문화랑, "목회와 교육," 한국복음주의 실천신학회 편, 『21세기 목회학총론』 (서울: 대서, 2019), 281-282.

하나님 나라를 세워가는 소망으로 이해되기도 한다.[638]

아울러 제4차 산업혁명 시대와 마주한 코로나 시대는 한국교회의 미래 교육 목회에 있어서 온라인과 가상공간에 대한 새로운 해석과 접근을 요구한다. 김해 행복나눔교회를 담임하고 있는 김현철 목사는 "복음화율 3% 미만인 나라를 미전도 국가라고 하는데, 다음 세대는 복음화율이 2%밖에 되지 않는다."라고 말하면서 MZ세대라 불리는 다음 세대는 기성세대와 전혀 다른 문화를 갖고 있기에 이들에게 들리고, 보이는 소통 방법의 채널로 메타버스(metaverse)를 소개한다.[639] 38년간 다음 세대 사역에 올인한 김 목사는 메타버스를 다음 세대의 놀이터와 또 하나의 생태계로 여긴다. 이 사역의 시작은 매 주일 저녁 8시에 줌을 이용해 교회학교를 진행한 것이었는데, 다시 이것은 여름성경학교로 이어졌고, 고난 주간에는 메타버스 성지순례를 기획해 성경의 여러 장소를 탐방하는 목회 사역으로 진행하게 된 것이다. 김 목사는 버스를 타고 가던 교회학교가 지금은 메타버스로 교회학교에 가고, 성경의 장소를 '구글 스트리트 뷰'로 확인하며, 온라인으로 달란트 시장을 열 수 있을 뿐만 아니라 네이버 밴드에서 교회 모임을 만들어 온라인 예배 인증을 한다고 말한다. 그래서 메타버스 교회 교육은 교회가 갈 수 없는 상황에 단지 온라인 중계로만 그치는 것을 넘어 주일만이 아닌 언제 어디서나 접속이 가능한 확장성을 가지고 있다고 설명한다. 그러면서 김 목사는 메타버스의 목적을, 다음 세대에게 임팩트를 주는 것과 그들에 관한 관심으로 교회가 그들의 소통방식을 취했다는 메시지를 전하는 것이라고 말한다.[640]

---

638 신형섭, "재난과 교육목회," 228-230.
639 황인호, "교회교육, 21세기 학생을 18세기 방식으로 가르쳐 MZ세대 소통 채널로 메타버스 활용해야," 「국민일보」 2021년 7월 23일 자
640 Ibid.

정리하면, 미래 교육 목회는, 1) 교회교육과 가정교육이 상호보완적으로 연결되어야 한다. 교회는 기독교 부모들이 가정에 대한 성경적 정체성을 갖도록 돕고, 일차 교회인 가정에서 신앙전수가 가능하도록 사명감을 고취해야 한다. 2) 감소추세인 교회학교의 영적 부흥과 성장을 위해 지역교회 간 은사적 기능과 장점을 나누는 자발적인 연대와 협력을 통해 다음 세대를 함께 책임지는 동역형 사역 형태도 적절히 필요하다. 3) 교회는 다음 세대와의 소통을 위해 과학기술의 활용, 다양한 소그룹 콘텐츠 그리고 그들의 문화를 복음의 통로로 활용하는 멀티능력을 함양해가야 한다. 아울러 교회는 교육기관의 양적 성장만 중시할 것이 아니라 다음 세대의 삶 전체가 기독교적이고 선교적인 삶이 되도록 학습과 참여가 함께 이루어지는 통합적 교육을 시행함으로써 기독교적 사고와 실천이 서로 균형을 이루는 전인적이고 통전적인 교육을 계속 해야 한다.

둘째, 한국교회가 모니터링 해야 할 미래 목회 사역은 '가정 목회'다. 가정은 최소단위의 교회이며, 인간으로 구성된 모든 사회집단 중 가장 중요하고 기초적이며 지속하는 집단이다. 하지만 시대 문화의 다양성, 과학과 의료기술의 발전, 사회구조에 따른 일상생활과 사회환경의 변화는 가족 형태의 변화와 해체, 주거환경의 변화를 가져왔다. 이혼율의 증가, 조손가정, 소년·소녀 가정, 초국적 결혼, 저출산, 고령화, 가정폭력, 성 소수자의 인권, 동성결혼 합법화에 대한 맹렬한 신경전에 이어 최근 한국의 젊은 여성들 사이에는 비혼주의가 급속히 확산하고 있다.[641] 심지어 최근 가족학자들 사이에는 미래 사회에서 가족의 존속이나 붕괴 여부와 함께 이것이 존속한다면 그 의미는 무엇이고, 어떤 형태로 변화할 것인지에 관한 의견들로 분분하다. 그야말로 한국 사회

---

641 이순곤, "젊은 여성층 '비혼주의' 급속 확산…'한국호' 미래 암울." 2021년 7월 13일 자

는 심각한 수준의 복합적 위험사회로 평가받고 있다.[642] 이에 정부도 여러 정책 방안을 마련하여 실시하고 있으나 근본적인 해결에는 분명 그 한계점을 가질 수밖에 없다.

그런데도 대부분 한국교회는 가정 목회에 관한 관심과 전문성 그리고 현대사회의 가족에 대한 분석과 타개책을 강구하기보다 외적인 것에만 관심을 쏟으면서 교회 중심적으로 교회 유지에만 심혈을 기울이는 것처럼 보인다. 다시 말해서 한국교회 목회의 초점은 존속에만 마음과 열정을 거의 쏟을 뿐 교회의 구성원인 성도(양)들의 가정에 대해서는 한 발짝 뒤로 물러나 있는 상태다. 그만큼 한국교회는 목회에 대한 성경신학적 이해는 물론 오늘날 교회들이 말하는 공동체성이란, 극히 제도적 교회의 내부적 결속을 위한 의미로만 통념 될 만큼 가히 이기적이고 집단적이며 확증 편향적이다.

특히 오늘날 한국 사회는 결혼에 대한 세속적이고 인간주의적으로 부부에 대한 낭만적 사랑이나 성경적 헌신의 상호의존적 의미는 점점 사라지는 추세다. 오히려 부부 모두에게 실제 유익이 되는 합의와 계약에 의한 선택적 결혼관과 문화가 확대되고 있다. 이에 따라 현대사회의 결혼은 가정에 대한 유대성과 연속성보다 실익에 따른 유동성, 이동성, 분리성이 급증하고 있다.[643] 또한, 여러 사회적 문제와 함께 이혼 문제로 나타난 조손가정의 경우 가족 기능이 약화하고, 이어지는 빈곤 문제에 그 대상(노인과 아동)의 중복문제로 인해 양육, 심리, 정서, 교육, 건강, 사회적 기능 등의 복합적인 문제까지 낳고 있다.[644] 게다가 성 소수자에 대한 인권 문제와 동성결혼에 대한 합법화 논란은 최초의 가정으로 아담과 하와를 하나 되게 하신 성경적 결혼관에 거세게 대항하고 있다.

642 김은혜, 『포스트모던 시대의 기독교 윤리문화』, 209-210.
643 Ibid., 230.
644 전석재, 『변화하는 현대선교전략』, 103.

가정에 대한 언약적 관점에서 잭 볼스윅(Jack O. Balswick)은 가족 관계 신학의 네 가지 요소로, 1) 언약: 사랑하고 사랑받기, 2) 은혜: 용서하고 용서받기, 3) 힘의 부여: 섬기고 섬김받기, 4) 친밀감: 아는 것과 알려지는 것을 언급한다. 좀 더 설명하면 언약적 서약의 중심에는 무조건적 사랑으로 안전이 보장되고, 이 안전에서 나오는 사랑은 은혜를 가져다준다. 그리고 이 은혜의 환경 안에서 가족 구성원들은 서로에게 힘을 부여할 수 있는 자유를 갖게 되고, 이 힘의 부여는 다시 가족 구성원들을 친밀감으로 인도한다.[645] 하지만 한국 사회에서 혈연 중심적이고 근친적인 직계 핵가족을 중심으로 생존을 이어갈 때는 이혼과 사별, 빈곤층, 저소득층 가정 등이 증가할 우려도 직시해야 한다.[646] 이런 측면에서 예수께서는 오히려 지나친 생물학적 가정 중심주의와 이기주의를 비판하셨다. 예수의 가족 이해는 하나님의 뜻을 행하는 공동체로서(마 12:50; 막 3:35; 눅 8:22) 좁은 의미의 혈연적 가정의 개념을 급진적으로 확대하셨다.

따라서 한국교회는 가정의 절대적 중요성과 함께 시대적 변화에 올바로 답할 수 있는 건강한 가정신학을 정립하고, 가정에 대한 신학적 담론 활성화를 통해 사회변화에 따른 다양한 가정의 위기를 극복할 수 있어야 한다.[647] 또한, 교회는 가정 선교의 올바른 방향을 설정하고, 선교적 접근과 실천을 통해 아름답고 건전한 가정의 가치와 규범을 높여감으로써 성경적인 가정을 세워나가야 한다. 본디 신앙생활은 가정생활과 공존하는 것으로, 그리고 기독교 가정은 천국의 모형과 하나님 사랑의 실현체[648]이기에 가정은 하나님 나라를 드러내어야 할 하나님

---

645 잭 볼스윅·주디 볼스윅, 『크리스천 가정』, 황성철 역 (서울: 두란노, 1995), 18-37.
646 김은혜, 『포스트모던 시대의 기독교 윤리문화』, 221.
647 Ibid., 211.
648 Ibid., 215-216.

나라 백성들의 원초적인 공동체다. 그러므로 교회는 삼위일체적 관계성, 하나님과 이스라엘의 언약성, 신랑이신 예수 그리스도와 신부인 교회의 연합적 의미를 통해 가정이야말로 선교적 공동체임을 깊이 자각하게 함으로써 그 본디 존재론적 정체성을 심어줄 수 있어야 한다.

정리하면, 현대 기독공동체는 가정신학에 대한 성경신학적 관점을 가지고 하나님 중심적 공동체의 개념을 확대해 나가야 한다. 본래 가정은 하나님 나라와 선교적 백성다운 삶이 드러나는 가장 기본적인 장소로서 가정해체나 관계적 갈등은 신앙과 윤리의 문제만이 아닌 선교적 차원에서도 논할 수 있어야 한다. 따라서 기독공동체는 혈연 중심의 가정만 고집하지 말고, 시대 문화와 사회구조로 발생하는 많은 문제점을 고려하여 다양한 가족 형태에 대한 비판적 수용성을 높이고, 예수 그리스도의 확대된 공동체를 형성해 나가야 한다.

셋째, 한국교회가 모니터링 해야 할 미래 목회 사역은 '사회복지 목회'다. 기독교 사회복지란, 기독교의 근본정신인 이웃사랑과 봉사와 헌신을 통해 열악한 처지에서 살아가는 사람들의 물질적, 신체적, 정신적 고통을 양적, 질적으로 완화하고, 생활상의 곤란을 개선함으로써 그들 삶의 질을 높이고, 성경적 정의를 실천하며, 상실한 하나님의 형상을 회복하는 기독교인의 체계적인 노력이다.[649] 달리 말해, 기독교 사회복지는 인간을 영생으로 인도하고, 하나님의 형상을 회복하는 일련의 구원사업(salvation work)으로 하나님의 사업(God's work), 하늘의 사업(heaven's work), 거룩한 사업(holy work)이라고 말할 수 있다.[650] 물론 교회가 구제, 봉사, 사회복지 사업을 위한 전문기관은 아니지만, 창조 세계의 회복과 보전을 원하시는 하나님의 선교적 관점에서 구제, 봉사, 사회

---

649 김성철, 『기독교사회복지론』 (파주: 21세기사, 2017), 8; 남희수, 『기독교사회복지론』 (서울: CLC, 2013), 131-132.
650 김성철, 『기독교사회복지론』, 8.

복지는 교회의 근본적인 의무이자 사명 그리고 교회 됨이 가진 덕목의 사회적 표현이다. 따라서 교회는 사회적 영역, 특히 지역사회에 관심을 가지고, 하나님의 사랑과 공의가 흐르도록 나눔과 섬김의 사역을 지속해야 한다.

또한, 사회복지 사역은 초기 한국교회의 선교 역사를 통해서도 살펴볼 수 있다. 해외 교단들의 지원과 자신의 삶을 바친 선교사들의 헌신으로 세워진 한국교회는 선교 초기부터 복음 증거와 사회사업을 병행했다. 사회복지사업으로는 교육사업, 의료사업, 보육원, 계몽운동 등이었는데, 이는 당시 한국 사회 전반에 걸친 현안들에 대한 깊은 관심에서 비롯된 것이었다.[651] 한국적 상황을 파악한 미 장로교회에서는 의료 선교사로 앨런(Horace N. Allen)과 교육 선교사로 언더우드(H. G. Underwood)를, 미 감리회에서는 의료 선교사로 스크랜턴(Wm B. Scranton)과 교육 선교사로 아펜젤러(H. G. Appenzeller)와 스크랜턴(M. F. Scranton) 부인을 각각 선별하여 파송했다.[652] 미국교회의 선교전략은 단순한 전문인 선교가 아닌 한국 사회에 대한 상황적 분석과 복음 선교의 장애물을 제거하기 위한 다양한 선교적 접근을 시도한 다음 복음 전도를 감행한 선교 형태였다.[653] 다시 말해, 한국교회가 유례없는 성장을 이룰 수 있었던 그 배경에는 시급한 사회적 필요를 파악한 뒤 시의적절한 인적, 물적 자원을 투입하는 조직적이고 체계적인 선교 지원 시스템, 그리고 전문성이 어우러진 통전적인 사회복지 차원의 선교였기 때문이다.

따라서 이런 선교 역사의 수혜를 경험한 한국교회는 여전히 존속

---

651 남희수, 『기독교사회복지론』, 245.
652 최무열, "한국교회 초기 선교에 있어서의 사회사업적 접근(의료선교를 중심으로)," 「선교신학」 제5집 (2002): 246-247. 김신구: "전염성 질환의 범국가적 사태에 대한 기독공동체의 통전신학적 고찰," 66.
653 김신구, "전염성 질환의 범국가적 사태에 대한 기독공동체의 통전신학적 고찰," 66.

할 사회복지 사역에 대한 전문성과 체계적이고 조직적인 지원 시스템을 구축하고, 기독교적 정신과 성품으로 봉사, 헌신함으로써 하나님 나라를 구현해 나가야 한다. 이와 함께 선포되는 기독교 복음은 하나님 나라 복음의 성경적 의미와 구원은 물론 실제 하나님 나라의 복음이 어떠한 것인지를 세상이 직접 맛보고 경험케 하는 통전성 있는 목회 사역이 될 수 있다.

이런 차원에서 김성철 교수(백석대, NPO 경영학)는 기독교 사회복지를 위한 교회의 사역 유형을 크게 세 가지로 구분하여 설명한다. 그것은, 1) 교회가 독립적으로 사회복지재단을 설립하여 시설을 갖추고 지역사회에서 사회 봉사활동을 전개하는 모형, 2) 교회 자체에 여러 형태의 자원(시설, 인적 자원, 제정, 조직 등)을 이용하여 사회봉사를 실천하는 모형, 3) 교회가 직접 사회봉사 시설이나 프로그램을 갖추지 않지만, 교인들을 지역사회에 대한 선교적 책임과 사명자로 동기화하고 훈련함으로써 봉사의 기회를 창출하여 제시하는 모형이다. 이 외에도 교회가 지역사회자원을 활용하는 다양한 연계사업을 통해 교회 사회사업을 실시할 수 있다.[654] 하지만 한국교회가 사회복지 사역을 전문성 있게 실행하기에는 현실적으로 간과할 수 없는 한계도 있다. 자원이 매우 부족한 교회는 물론 자원이 풍부한 교회일지라도 지역민과 지역사회의 복지 욕구 충족과 복지증진의 기독교적 의지가 없다면 교회를 통한 하나님 나라의 복음은 가시화될 수 없다.

이런 이유에서 먼저 교회는 사회복지에 대한 거룩한 소망과 실천적 의지를 확고히 하고, 교회가 가진 역량 안에서 지역사회와 소통하면서 지역사회의 복지증진에 점진적으로 힘써야 한다. 그다음 교회는 지역민과 함께 지역사회의 어려움을 해결하기 위한 공동 연대의 공간을

---

654 김성철, 『기독교사회복지론』, 9.

마련하고, 해결 과정에서 교회의 역량뿐 아니라 지역사회의 자원과 국가의 지원을 적극적으로 활용함으로써 '더불어 사는 공동체'를 만들어 가야 한다. 아울러 교회는 지역사회를 위해 간절히 기도하면서 성령께서 지역사회의 온전한 치유와 회복을 위해 필요한 힘을 공급해주실 것을 믿고 소망해야 한다. 이 과정에서 성령께서는 교회가 미처 알지 못했던, 그러니까 하나님께서 자기 뜻을 위해 지역사회에 필요하다고 여기시는 또 다른 자원들까지 제공하실 것을 기대하고 수용할 수 있어야 한다.

그러면 현재 기독교 사회복지가 필요한 분야에는 어떤 것들이 있을까? 그것은 크게 여덟 가지로 구분할 수 있다. 나열하면, 1) 아동복지, 2) 청소년 복지, 3) 노인복지, 4) 장애인복지, 5) 빈곤 복지, 6) 의료복지, 7) 환경복지, 8) 외국인 복지[655] 등이다. 이런 다양한 분야에서 교회가 할 수 있는 자원봉사 활동과 프로그램을 표로 살펴보자.

---

[655] 외국인 복지는 다문화 선교를 위한 교회 사역의 유형으로 305-308쪽을 참조하라.

분야	목표	내용
아동복지	심리증진	상담(전화·가족·학교 부적응·문제행동·고충·신앙), 결손아동, 실직가정 아동심리·정서 지도, 요보호아동 결연
	생활안정	방과 후 아동보호 및 지도, 일일위탁 부모
	사회성 증진	공부방, 캠프 및 레크리에이션 활동, 어린이 병동 자원봉사, 농촌활동, 취미 교육(미술·음악·종이접기·동화구연·무용 등), 동아리 활동(연극·영화·만화·노래·댄스·문학 등), 전통문화 놀이(사물·탈춤·판소리·서예·예절 등)
	사회적 지지	아동복지시설 방문 및 봉사, 소년소녀가장을 위한 모금 캠페인, 낙도 도서·장난감 보내기, 아동학대 예방 및 신고 캠페인, 결식아동을 위한 사랑의 빵 나누기 모금, 물품 기증, 저소득 가정 아동을 위한 교육비 마련 바자회, 심장병 어린이 수술비 모금 및 편지쓰기
청소년복지	심리증진	상담(집단·학교 비행 청소년·고충·신앙), 결손가정·소년소녀가장·비행 청소년과 결연
	생활안정	직업훈련, 사회 적응훈련, 시설을 퇴소한 청소년 지도·지원, 결식·불우 청소년을 위한 무료급식 및 밑반찬 전달, 이·미용 서비스, 청소·세탁·생필품 지원, 가출 청소년 임시쉼터
	사회성 증진	기능 교실, 방과 후 학습지도, 산업시찰 및 역사탐방 안내, 공부방, 독서 지도, 농촌활동, 캠프 및 레크리에이션 활동, 취미 교육(미술·음악·종이접기·동화구연·무용 등), 동아리 활동(연극·영화·만화·노래·댄스·문학 등), 전통문화 놀이(사물·탈춤·판소리·서예·예절 등)
	사회적 지지	근로 청소년을 위한 음악회, 가출 청소년을 위한 아웃리치, 불우 청소년 장학금 모금을 위한 바자회, 금연·성교육·약물 남용 방지 캠페인
노인복지	심리증진	안부 전화, 독거노인 결연, 무의탁 노인 가정방문, 경로·생일잔치, 신앙 및 고충 상담, 인지 및 회상 치료 보조
	생활안정	취업 알선, 노인 공동작업장 지원, 가정 환경미화, 급식 및 도시락 배달, 목욕 및 진료 보조, 세탁물 배달, 병간호 활동 및 호스피스, 신체 재활 운동 지원, 신체적 수발, 이·미용 서비스
	사회성 증진	노인대학 운영 보조, 장애인·허약 노인 외출 동행, 문맹 노인 학습 지도, 홀몸 노인 모임 보조, 자서전 쓰기 지도, 체육·취미활동
	사회적 지지	시설 위문 공연, 시설 노인 생활 보조, 노인복지시설 환경미화, 노인 장비(휠체어·목발 등) 정비

---

656 김성철, 『기독교사회복지론』, 90-98, 115.

	심리증진	재활 전화 상담, 책·신문 읽어주기, 말벗 되기, 발달 장애인 친구 되기, 심리 재활 프로그램 안내 및 보조
장애인 복지	생활안정	장애 아동 발달을 위한 학예활동, 체육활동, 현장학습, 운동회, 견학 및 야외학습 보조, 취업 알선 및 사후 지원, 고용 홍보, 저소득 장애인 개별 결연, 목욕·반찬·가사 지원, 환경미화, 이·미용 서비스, 장애아동 돌보기, 순회 진료, 언어 치료 보조, 병간호·신체적 수발, 물리치료·재활 치료 보조, 건강 관리 지도
	사회성 증진	언어 소통을 위한 수화 통역, 장애인 나들이 보조, 운전 자원봉사, 장애인 특수장비 보수(휠체어·목발·의족 등), 장애 아동 학습 지도와 보조, 장애인 컴퓨터 교육
	사회적 지지	장애인 체육대회 보조, 후원자 개발·관리 보조, 장애인 관련 각종 행사 및 캠페인 보조
빈곤 복지	심리증진	상담(전화·안부 전화·고충·신앙), 가족 교육(예비부부, 조부모, 임신 부부, 노년기, 장애인 가족 등)
	생활안정	취업 알선, 공부방, 생필품 지원(사랑의 쌀 나누기, 의복 제공 등), 아이돌보미, 가족 품앗이, 공동육아 나눔터, 주택 보수공사, 생계비 보조, 장학금 지원, 무료 의료 지원, 장례 및 혼례 서비스, 노숙인 무료급식 및 공동체 형성,
	사회적 지지	복지시설 보조, 재해 구호, 불우이웃돕기, 국제협력 및 난민구호
의료 복지		안부 전화, 환우 방문 및 말벗 되기, 목욕 보조, 무료 의료 지원, 병원 봉사, 이·미용 서비스, 헌혈·골수 기증
환경 복지		환경 보전 캠페인, 문화재 보호, 지역사회 청소 및 가꾸기, 나무 심고 가꾸기, 에너지 절약, 재활용품 사용, 플라스틱 및 쓰레기 줄이기, 대중교통 이용

<표 8>에서 언급한 것처럼 교회가 사랑과 나눔을 실천할 사회적 영역들은 상당히 많다. 실제로는 위 표의 내용보다 훨씬 많다. 하지만 접촉점이 많다는 것은 장점임과 동시에 교회가 모든 부분을 계속 충실히 감당하기가 쉽지 않은 어려움이다. 하지만 그렇다고 할지라도 교회가 자신이 위치한 지역을 중심으로 가진 바 역량 안에서 하나님의 창조 세계에 대한 보전과 돌봄 사역을 감행한다면, 교회를 친히 도우시는 성령께서 교회에 필요한 자원뿐만 아니라 미처 생각지 못한 부분까지도 채우실 것을 믿어야 한다. 왜냐하면 하나님께서는 자신이 창조한 세계가 본래의 형상대로 회복되길 간절히 원하시기 때문이다.

하나님의 존재와 삶의 방식이 삼위 하나님의 영원하신 교제로 이해할 때, 교회는 세상이 하나님의 코이노니아권 안에서 자신의 삶을 영위할 수 있도록 이끌 수 있어야 한다. 다시 말해서 인간의 삶이란, 하나님의 삼위일체적 사랑에 참여하고 그것을 반영함으로써 완성되기 때문에 교회는 하나님의 사랑에 근거하고 상응하는 정도로 자기 공동의 삶과 봉사를 통해서 하나님 나라를 선포하고 증언할 수 있어야 한다는 말이다.[657] 따라서 교회는 세상의 모든 상황 안에서 그들과 함께 울고, 웃을 수 있는 공존적이고 지구적인 공동체여야 한다. 특히 지역 교회의 거룩성은 이웃과의 전인적 소통과 나눔을 통해 그들의 영적·심리적·육체적 그리고 사회적 필요를 나누고 채움으로써 입증할 수 있어야 한다.

결론적으로, 교회는 예수 그리스도께서 그러셨던 것처럼 세상의 진정한 벗 됨을 자신의 생명을 내어놓는 실제적이고 구체적인 헌신과 나눔으로 나타낼 수 있어야 한다. 이로써 교회는 세상의 참된 친구임과 동시에 예수 그리스도의 영원한 친구임을 증명할 수 있다(요 15:13-14). 이것은 시혜적 차원이 아닌 값없이 베풀어 주신 하나님 은혜의 수혜자로부터 자연스럽게 나타나는 교회 됨의 본질적 표현이다. 그러므로 교회는 자신의 존재 이유를 세상, 특히 지역사회의 전 영역에서 찾으면서 지역사회와 유대관계를 더 깊고 넓게 강화해 나가야 한다. 왜냐하면 교회는 세상을 위한 생명공동체이기 때문이다.

후사경 사역

앞서 이 글에서 말하는 미래 지향성이란, 미래, 현재, 과거의 소통과

---

657 다니엘 L. 밀리오리, 『기독교 조직신학 개론』, 455-456.

협력을 중시한다고 언급한 바 있다. 이런 의미로서 여기서는 과거와의 연계점으로 '성서 고고학적 접근'이 미래 목회에 필요하다는 당위성에 대해 말하고자 한다. 과거에 대한 성찰을 미래 지향성의 의미에 포함한 이유로 운전을 예로 들었는데, 또 다른 이유를 말하면, 크래프트의 '역동적 등가적인 교회성' 때문이다. 따라서 크래프트의 설명을 듣고 난 뒤 성서 고고학에 대한 내용을 이어가는 것이 이 글이 말하는 미래 지향성(후사경 사역)을 이해하기가 좀 더 쉬울 것 같다.

크래프트에 의하면, 교회라는 유기체는 성경적인 교회 모델과 내용상 일치해야 하지만, 특정 세대에서 형성된 교회의 문화적 산물을 다음 세대로 전달하고, 특정 사회에서 형성된 교회 형식들을 다른 사회에 전달하는 것으로는 불충분하다. 그는 신학 작업, 번역, 계시, 그리고 다른 기독교의 산물들과 같이 교회는 하나님의 의미를 전달하는 도구로서 각각 다른 새로운 세대와 사람들이 그들의 문화 형식들로 새롭게 형성되어 가는 과정이 필요하다고 말한다.[658] 그러니까 이 말은, 교회는 성경에 기록된 하나님의 백성들이 과거 원 청자들에게 끼쳤던 영향과 같이 현대사회의 문화구조에 존재하는 사람들에게도 끼치기 위해 시대에 맞는 문화적 옷(형식)을 입어야 한다는 뜻이다.

그래서 교회는 역동적 등가적으로, 1) 교인들에게 참된 기독교적 의미를 전달하고, 2) 그 사회의 절실한 필요에서 접촉점을 찾아 그 사회 안에서 1세기 교회가 당시 사회에 끼쳤던 것과 같은 정도로 복음의 영향력을 나타내는 방식으로 기능하며, 3) 가능한 한 거의 토착적인 문화 형식들로 자신을 표현할 수 있어야 한다. 따라서 이를 위해 교회가 해야 할 일차적 행위는 신약성경을 살피는 것이라고 크래프트는 말한다.[659] 이런 맥락에서 성경의 올바른 이해는 문자적 해석과 함께 그것에

---

658 찰스 H. 크래프트, 『기독교와 문화』, 509.
659 Ibid., 519.

담긴 하나의 문화 체계 안에서 인간의 문화와 지역 환경 사이의 관계를 이해하는 고고학적이고 문화사적인[660] 접근과 해석이 필요하다. 특히 구약성서는 시대착오적 기록, 배타적, 선별적, 기원론적 특징으로 인해 해석의 과정 없이 문자 그대로 역사 재구성에 활용하기가 어렵다. 여기에 성서 고고학이 가진 장점은 편집되거나 신학적으로 의도되지 않은 자료로서 고대인들의 문화를 더욱더 생생하게 알려준다는 점이다.[661] 그러니까 성경의 올바른 고찰을 위해 이것이 필요한 이유는 인간의 역사라는 것이 각 시대에 따른 시공간적 문화와 상황의 관계성 안에서 나타나기 때문이다.

따라서 미래지향적 관점에서 후사경 사역이란, 말 그대로 과거를 살피는 것으로 성서 고고학에 따라 검증된 자료의 활용과 과학적 사고를 통해 성경을 좀 더 실제적이고 역사적으로 이해하도록 돕는 것을 말한다. 결국, 이 사역은 역동적 등가적인 교회가 되기 위한 보조수단으로, 성서 고고학적 교육은 모든 교회와 그리스도인에게 성경에 대한 지식적 이해만이 아니라 성경 시대의 문화와 역사를 가까이 들여다보게 함으로써 현대사회의 문화구조 안에서 어떻게 사는 것이 더 성경적인지를 살피고, 실천하는 데 유익하다.

박준서 교수(연세대 명예, 구약학)에 따르면, 조지 라이트(George E. Wright)는, "성서 고고학은 고고학 발굴 결과 얻어진, 성서를 이해하는 데 직접 또는 간접으로 도움을 주는 모든 사실을 연구하는 학문"이라고 정의했고, 그의 스승이자 성서 고고학의 아버지인 윌리엄 올브라이트(William F. Albright)는 성서 고고학의 연구 범위를 "고대 근동지역뿐만 아니라, 인도에서 스페인에 이르는 지역까지, 소련 남방으로부터 아

---

660 브라이언 페이건, 『고고학: 과거로 들어가는 문』, 김문호 역 (서울: 일빛, 1998), 61-62.
661 강승일, "구약성서, 고고학, 도상학의 활용과 한계," 「인문사회 21」 제8권 (2017): 377.

라비아반도 남단에 이르기까지 성서와 관련된 모든 지역을 포함한다."라고 말한다.[662] 결국, 이들의 말은, 성서 고고학은 성경의 이해를 도울수 있고, 그것의 연구 범위만큼이나 성경의 문화사적 이해를 위한 활용가치가 있으며, 그 가치를 찾을 수 있는 범위 또한 넓다는 말이다.

또한, 박준서 교수와 한상인 교수(한세대, 성서신학)는 성서 고고학이성서의 역사성에 대한 도전, 곧 고고학을 바탕으로 문학 비평에 방법론적 근간을 둔 성서 비평가들(특히 20세기 초엽의 개신교 자유주의 신학자들)의 급진적인 회의주의에 쐐기를 박음으로써 성서의 신빙성을 입증해주는 계기가 되었다고 말한다.[663] 더 나아가 한상인은 신약 고고학의 의의로, 1) 고고학은 어떤 성서 사건이 일어난 지역의 지리적 배경이해를 돕고, 2) 고고학적 발굴은 성서 세계의 종교적 배경 이해에 도움을 주고, 3) 고고학의 발굴 결과는 신약성서의 역사성을 뒷받침해주며, 4) 고고학적 발굴은 때때로 성서 본문을 복원하는 데 필요한 증거를 제공한다.[664]

특히 강승일 교수(한남대, 교양융복합대학, 구약학)는 이스라엘 종교와 관련하여 고고학 유물이 그들의 종교적 관습, 제의 도구 및 행위들에 대한 정보를 준다면, 문헌 자료인 성서는 고대 이스라엘인들의 믿음,사상 체계를 알려주기 때문에 이스라엘 역사와 종교를 연구할 때 성서와 고고학 모두를 동시에 적절한 방식으로 활용해야 한다고 말한다.[665]따라서 교회가 성서 고고학을 통해 성경의 다양한 문화와 그 변화들안에서 인간의 문화를 초월적으로 다루시는 하나님의 방식을 이해하고, 하나님의 백성다움을 문화화한 성경의 사례들을 역사적 사실로 알

---

662 박준서, "성서고고학의 성과," 「신학논문총서: 구약신학」 제30권 (2003): 87.
663 Ibid., 40; 한상인, "新約聖書의 考古學的 硏究," 「신학논문총서: 신약신학」 제4권 (2003): 10.
664 한상인, "新約聖書의 考古學的 硏究," 11-14.
665 강승일, "구약성서, 고고학, 도상학의 활용과 한계," 387.

아가는 것은 현대교회들에 역동적 등가적인 문화변혁을 위한 시사점이 될 수 있다.

그러나 분명한 것은 성서 고고학이 아무리 이바지한 부분이 많다고 할지라도 이것이 기독교 믿음을 불어넣는 근본 원인은 아니라는 것이다. 왜냐하면, 성경은 신적 영감으로 기록된 책으로서 그 자체로 자증성을 가지며, 외부적, 역사적 증거가 꼭 필요한 것은 아니기 때문이다. 따라서 성서 고고학의 목적은 검증된 유물, 유적, 지리적 배경 등 수많은 자료를 통해 성경의 올바른 이해와 본질적 신빙성을 제공하기 위함이어야 한다.[666] 근본적으로 기독교 신앙이란, 과학적 증명에 의한 것이 우선이 아니라 성경의 역사성과 계시성에 대한 전적 믿음에서 비롯하기 때문이다.

따라서 미래 목회는 현재, 과거와의 관계성 안에서 미래지향적이기를 추구해야 한다. 그리할 때 크래프트의 말처럼 역동적 등가적인 교회가 될 수 있기 때문이다. 만약 교회가 미래적인 것에만 주목한다면 역동적 등가라는 말은 어울리지 않는다. 왜냐하면 교회의 역동성은 성경의, 살아계신 하나님의 역동성이어야 하기 때문이다. 이런 의미에서 크래프트는, "교회는 옛 교회 형식들만을 그대로 재생해서는 안 된다. 초대교회와 동등한 모습으로 기능할 수 있어야 한다."라고 말한다.[667] 이제 그의 역동적 등가 번역 과정을 빌려 후사경 사역을 이해해보자.

---

666 한상인, "新約聖書의 考古學的 硏究," 10; 박준서, "성서고고학의 성과," 87.
667 찰스 H. 크래프트, 『기독교와 문화』, 514.

[그림 7] 역동적 등가 번역 과정[668]

원문 문화의 매트릭스

자료   메시지   메시지

언어형식

1) 원문이 지닌 상황(개인적 요인 포함)에 대한 언어적, 문화적 분석

2) 메시지의 핵심적 요소에 대한 해독(단순히 각각의 단어만이)

3) 모든 함축적 정보를 명백하게 표현하기 위하여 의역함

4) 이 명백하게 의역한 것을 형식적 상응 방식으로 수신자 언어로 번역함

5) 언어의 함축화를 위한 정보의 함축 방식으로 수신자 언어로 재암호화

6) 청자들에게 역동적 등가 번역의 효과를 높이기 위하여 수신자 언어의
   적합한 형식으로 자료를 다시 기록함

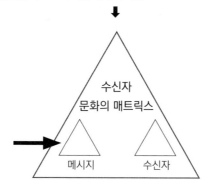

수신자
문화의 매트릭스

메시지   수신자

---

668 Ibid., 451.

[그림 기과 같이 성경의 원 메시지를 오늘날의 수신자에게도 등가적인 메시지로 전달하기 위해서는 가장 먼저 원문 문화에서 그것이 어떤 메시지로 사람들에게 인식되어 그들의 삶에 영향을 끼쳤는지를 살펴야 한다. 이것은 원문이 지닌 모든 상황, 곧 개인적 요인을 포함하여 언어적 부분만이 아니라 그 시대의 상황에 대한 문화사적 분석을 말한다. 그다음 형식적 상응 방식으로 수신자에게 적합한 언어 형식을 갖추어 전달될 때 역동적 등가 번역이라고 할 수 있다.

　　하지만 크래프트는 아무리 훌륭한 성경의 역동적 등가 번역일지라도 모든 기독교 메시지를 다 소통할 수 없다는 한계점도 지적하면서 수신자의 준거 기준안에서 "메시지의 재인격화"(repersonalization)가 이루어져야 한다고 주장한다. 다시 말해, 문화적 배경이 설명되었다면 같은 적용이 현 상황에서도 이루어져야 한다는 말이다. 그래서 그는 이를 "문화번역"(transculturations)이라고 부른다.[669] 이것은 언급한바 와그너가 뉴비긴의 질문과 답을 인용했던 발신자와 수신자의 관계, 곧 회심에 대한 수용자 중심적 윤리[670]의 관점과도 관련이 있다.

　　이런 이유에서 역동적 등가적으로 되기 위해서는 과거와 현재뿐 아니라 동시대의 다른 문화까지 고려한 형식적 상응 방식이어야 한다. 그 때문에 역동적 등가적인 문화 변혁적 목회는 통시적 연결성과 문화적 상대성을 모두 견지할 수 있어야 한다. 따라서 성서 고고학적 접근은 원문 문화의 매트릭스를 좀 더 자세히 들여다보게 함으로써 실제로 성경을 이해하도록 도울 수 있다.

---

669 Ibid., 451-452.
670 이에 대해서는 197-198쪽을 참조하라.

닫는 말

제7장 닫는 말

1. 요약

이 연구는 1990년대 후반부터 줄곧 침체의 늪에서 헤어나지 못하는 한국교회의 암담한 현실을 바라보면서 어떻게 하면 한국교회가 성경적 교회로 회복하여 참된 교회로 성장할 수 있을지에 대한 깊은 고민과 물음에서 시작되었다. 그리고 이 질문은 다시 교회성장학과 선교적 교회론을 파헤쳐보려는 목회신학적 의지로 이어졌다. 그런 중 필자는 하나님의 선교가 두 방향으로 흐른다는 것을 이해하고, 다르게 이해하는 두 교회 운동 이론을 호혜적으로 결합하면 좋겠다는 생각에서 이 연구에 임하게 되었다.

이런 생각에서 이 글은 두 학문의 건설적 협력을 중시해 둘의 신학적 공통점을 근거로 여섯 가지 기본적인 목회 원리를 도출한다. 그런 다음 도출한 원리의 실효성과 적용성을 위해 오늘날의 목회 현장에 적용할만한 핵심 요소와 구체적 적용에는 어떤 영역들이 있는지, 그리고 그 영역들은 어떤 근거에 따라 어떤 형태로 이뤄지는 것이 성경적이면서 두 학문에 부합하는 패러다임인지를 논한다. 이런 뜻에서 이 글이 중시하는 것은 '통섭'이라는 용어다. 따라서 이 글은 두 학문을 통해 도출한 목회 원리를 '통섭적 목회 원리'라 칭하고, 이를 통해 기대할 수 있는 성장을 '통섭적 교회성장'이라고 명명한다.

달리 말해서 교회성장 운동이 끌어모으는 방식을 취한다면, 선교적 교회 운동은 교회를 세상으로 *끄집어내는* 방식을 취한다. 하지만 본디 교회는 두 가지 방식을 모두 취한다. 먼저 모이는 공동체로서 교회는 예수를 그리스도로 영접한 자들이 함께 모여 거룩한 예배와 모임에 임재하신 성령의 역사와 은사로 하나님 나라를 경험하고, 그리스도인들은 거기서 체험한 영적 은혜를 함께 나누고 경축하는 하나님 나라 백성들의 공동체다. 그다음 거룩한 변화를 경험한 그리스도인들은 흩어지는 공동체로서 세상의 소금과 빛의 모습으로 하나님 나라를 구현하는 하나님 나라의 선교적 백성들이다. 결국, 교회는 모이는 교회의 거룩성과 흩어지는 교회의 사도성이 조화와 균형을 이룰 때 하나님의 초월적 선교에 동참할 수 있다. 그리고 모든 교회가 하나의 통일된 보편적 교회로 성장을 열망할 때 지상의 교회는 하나님 나라의 성장을 이뤄갈 수 있다. 바로 이것이 하나님 나라를 위한 교회의 참된 성장이다.

이런 관점에서 이 글은 두 이론을 대표하는 신학자를 선정하여 그들의 원뜻을 재이해하고, 거기서 나타나는 신학적 공통점을 근거로 현대 기독공동체가 건전하고 건강한 목회를 추구하도록, 그래서 참된 성장으로 이끄는 '통섭적 목회 패러다임'을 제시한다. 이에 필자는 이 연구의 전제로 교회와 선교의 관계를 하나님 나라의 관점에서 해석하는 학자들에게만 초점을 맞췄다. 그들은 실제로 두 이론을 대표하는 학자들로서 교회성장학자로는 도널드 맥가브란, 피터 와그너, 크리스티안 슈바르츠이고, 선교적 교회론자로는 레슬리 뉴비긴, 하워드 스나이더,

찰스 벤 엥겐이다.

이 뜻에서 교회성장학자들은 물론 선교적 교회론자들은 참된 교회성장을 포기한 채 선교적 교회만을 주장하지 않는다. 이 말은 이들이 교회와 선교의 관계를 분리하거나 우선순위를 두어 우열을 가리지 않는다는 말이다. 그들에게 교회와 선교의 관계는 하나님 나라의 관점에서 본질적이고 유기적이다. 물론 맥가브란의 경우 좁은 선교 개념을 가지고 있었지만, 거기에는 '되찾으시는 하나님'을 더 강조하기 위한 의도성이 담겨있다. 이런 이유로 교회성장학의 선교 개념은 맥가브란의 후계자인 와그너와 다음 교회성장학자인 슈바르츠로 이어지면서 더욱 확대되었다. 이후 2000년대에 접어들면서 하나님의 선교 방향에 대해 세계선교신학은 구속사적이고 약속사적인 역사신학을 아우르는 통전적 역사관의 관점을 견지하게 되었다. 물론 두 진영의 입장이 극단적일 경우 또 다른 문제가 발생할 가능성을 배제할 수는 없지만, 현대 선교신학은 복음주의적이든 에큐메니컬적이든 상관없이 하나님께서는 모두를 통해 자신의 선교와 뜻을 이루어가심을 인정하기에 이르렀다.

그런데 여기서 지적할 수밖에 없는 것은 한국교회 목회가 추구하는 교회론과 성장신학에 관한 부분이다. 왜냐하면 한국교회는 왜곡된 보수적인 복음주의 성장신학을 바탕으로 외적이고 방법론적인 것에 집착했고, 결국, 이것은 대형교회 운동의 병폐로 이어졌기 때문이다. 그래서 필자는 한국적 상황에서 단지 선교적 교회론만 강조하기보다 교회성장신학의 본디 의미를 재이해하면서 동시에 선교적 교회와의 건설적 협력을 유도하는 것이 좀 더 한국적 상황에 적절하다고 판단했다. 그러나 이것이 교회성장 운동은 앞으로 없어져도 되고, 선교적 교회 운동이야말로 올바르다는 뜻이 아니다. 오히려 필자는 두 교회 운동의 건강한 연결과 호혜적 결합을 추구한다. 이 뜻에서 필자가 중시하는 것이 바로 내적 성장과 외적 성장, 내적 변화와 외적 증거의 조화와 균형이다.

사실 두 이론은 내적 성장과 외적 성장, 내적 변화와 외적 증거를 모두 추구한다. 그러나 한국교회에서 선교적 교회론의 일반적 논의는 담론적이며 내적 변화보다 외적 활동에 초점을 두는 경향을 보이고 있다. 이는 자칫 선교적 교회가 내세보다는 현세적인 측면을 더욱더 강조함으로써 창조 세계의 샬롬까지 아우르는 포괄적인 선교 개념을 추구하는 교회야말로 성숙한 성경적 교회라고 인정하는 것처럼 비칠 수 있다. 하지만 이 글에서 알 수 있듯이 선교적 교회론자들은 교회와 선교의 관계를 하나님 나라의 관점에서 이해한다. 오히려 뉴비긴은 교회를 세상을 위한 기능적 도구로만 간주하는 것을 '비관적 환원주의'라고 말한다. 따라서 벤 겔더의 주장처럼 비록 지상의 교회는 이중적 본질을 가지고 있지만, 성경적 근거에 따라 예수 그리스도와 한 몸을 이룬 거룩공동체이기 때문에 교회를 단지 선교를 위한 기능적 도구 정도로만 치부하는 것은 비관적이고 편협한 해석이다.

이런 관점에서 이 글은 교회성장과 선교(또는 통전적 선교)를 인과적 관계가 아닌 '하나님 나라의 성장'을 위한 상호의존적이고 유기적인 관계로 해석한다. 바로 이것이 이 글이 말하고자 하는 통섭적 목회의 원리, 통섭적 교회성장의 초점이다. 이런 논리라면 교회성장학이 말하는 '신성한 실용주의,' '사회과학적 방법론'은 선교적 교회론이 추구하는 '성육신적,' '비판적 상황화'를 위한 수단이 될 수 있지 않을까? 만약 선교적 교회론이 방법론에 지나치게 집착한 과거 교회성장 운동의 역사적 잘못 때문에 이를 계속 간과한다면 선교적 교회론은 그저 담론적 학문으로 남을 수밖에 없다. 따라서 선교적 교회론이 하나님 나라의 본질적 성장을 추구한다면 교회성장학과 좋은 관계를 맺을 필요가 있다. 이런 뜻에서 이 글은 <표 9>를 통해 한눈에 살펴볼 수 있다.

<표 9> 통섭적 목회의 구조

형태	중점	원리	핵심 요소	구체적 적용
모이는 교회	내적 성장 · 내적 변화	소명과 사명의 성육신적 정체성	선교적 리더십	유기성
				사도성
				변혁성
		의존과 변화에 의한 역동성	성령, 예배, 은사 중심적 역동성	성령에 의한 역동적 예배와 삶의 열매
				예전적 사효성과 오감적 예전
				본질 중심적 은사별 기능과 조직
		양육과 번식을 통한 재생산	선교적 훈련과 사역	영성훈련과 제자훈련
				전인적 소그룹
				셀 그룹 개척과 확장
흩어지는 교회	외적 성장 · 외적 증거	복음전도와 삶의 균형을 통한 소통	통전적 소통	삼위일체적 자기 비움
				성육신 신학
				교회론적 통전성
		구분과 연대의 역설적 공존	공존적 지역성	거룩성으로 구분된 대조공동체
				공적·사적 공생의 우리공동체
				화해와 치유의 선교공동체
		초문화와 상황화를 통한 변혁	변혁적 미래 지향성	초월적 사역 (초문화/초연결/정교협력)
				셀프 모니터링 사역 (교육/가정/사회복지)
				후사경 사역 (성서 고고학적 접근)

2. 제언

이 글은 패러다임을 도출한 것이지만, 필자는 VI장 F. 변혁적 미래 지향성에서 실제 목회 현장에 적용할 수 있는 방법론적인 부분에 대해서도 언급했다. 달리 말하면, <표 9>는 통섭적 목회의 전체적인 구조로서 이를 목회적, 교육적, 예배신학적 커리큘럼으로 활용해도 좋다는 말이다. 여기서 핵심 요소는 여섯 가지이고, 구체적인 적용은 세 가지씩으로 모두 열여덟 가지이다. 이를 교회별 상황이나 교회력에 따라 좀더 구체화하여 예배나 모임을 통해 한 달씩 교육한다고 가정하면 모든 과정을 마치는데 1년 반이 걸린다.

예를 들어, 예배 시간을 활용한다고 가정하면, 한 분기는 교회공동체가 함양해야 할 본질적 리더십에 대해 배우면서 소그룹에서는 그 실제적인 부분에 대해 나누고, 주어진 실천 과제를 이행한다면 좀 더 전인적인 소그룹을 형성해 갈 수 있다. 또 한 분기는 지역사회에서 그리스도인이 어떤 존재론적 정체성으로 살아야 하는지를 배우면서 가정, 직장, 학교 등 여러 인간관계에서 실제 자신이 하나님 나라를 구현하면서 생활하는지를 관찰하고 실천함으로써 그리스도인으로서의 사명을 고취해 갈 수 있다. 또 한 분기는 역동적 등가적인 교회가 되기 위한 프로그램으로 성지순례를 통해 성경의 발자취를 밟아보고, 팀의 간증과 보고를 통해서 복음전도에 대한 열정과 선교적 사명감을 고취해 갈 수 있다. 만약 성도들의 바쁜 일상으로 성지순례 참여가 어렵다면 현지 선교사나 기관단체와 온라인으로 연결해 온 성도가 함께 학습하는 것도 좋을 것이다. 단, 그것이 일회적이거나 정기적인 행사처럼 진행된다면 효과는 분명 떨어질 수밖에 없다.

그러니까 현대 목회에서 커리큘럼은 물론 목회의 전 영역이 체계적

이어야 하겠지만, 사역의 탄력성을 잃지 않기 위한 상황적 판단과 리더십은 필요하다. 이런 뜻에서 통섭적 목회는 목회 전반을 프로그램화하고, 기계적이고 획일적으로 이끌어가는 것을 거부한다. 목회는 항상 이해와 소통을 통해 대화하고, 실천적 점검과 성찰로 이어져 공동체 전체를 성숙으로 이끌 수 있어야 한다. 따라서 목회는 경청과 느낌에서 머물지 않고, 전 구성원의 존재와 삶의 방식에 직접 영향을 줄 수 있는 전인적이고 통전적인 것이어야 한다.

다음으로 제언하고 싶은 것은 이 연구 과정을 통해 창안한 '통전사적 궤도,' '통전사적 도식,' '교회론적 통전성'에 대한 현대 선교신학의 학문적 이해와 수용이다. 이에 대해 간략히 언급하면 먼저 통전사적 궤도란, 하나님의 선교적 관점에서 교회성장과 선교(또는 통전적 선교)의 관계를 상호보완적이고 유기적인 관계로 해석해야 한다는 말이다(146-149쪽 참조).

다음으로 통전사적 도식이란, 기존의 수직적, 순서상, 삼각 구도로 이해했던 '하나님-교회-세상,' '하나님-세상-교회'라는 도식을 수평적, 위치상, 원형 구도의 '교회-하나님-세상'으로 해석하는 것이 좀 더 성육신적 의미에 가깝다는 말이다(141-144쪽 참조). 또한, '하나님-교회-세상'의 도식에는 교회를 본질적 공동체로 연단 하시는 하나님의 훈련 방법으로 세상을 도구로 사용하시는 하나님의 일시적인 선교 방향(하나님…세상…교회)을 부연할 필요가 있다. 이는 교회를 사랑하시고, 교회를 통해 구원을 이루어가시는 하나님의 선교로서 구속사적 선교신학에 포함된다(138-141쪽 참조). 이것은 1990년대 이후 감소 추세에 있는 한국교회의 상황에도 부합한다고 필자는 생각한다.

마지막으로, 교회론적 통전성이란, 통전적 선교신학이 가진 한계점으로 외적 차원만이 아니라 통전성의 본디 의미로서 온전성의 의미를 헤아려 내적 차원의 통전성도 함께 강조할 필요가 있다는 뜻이다. 이 뜻에서 교회는 모이는 교회로서의 '내적 통전성'과 흩어지는 교회로서의 '외적 통전성', 곧 교회론적 관점에서 통전성을 해석할 필요가 있다는 의미다(283-288쪽 참조).

글을 마치면서, 어쩌면 현대신학과 현장은 교회론 전쟁에 빠져 있는지도 모른다. 최근 통전적 선교를 위한 선교적 교회의 외부 지향적 연구가 활발하지만, 교회는 하나님의 본성적 신성공동체로서 존재론적 정체성을 잃어서는 안 된다. 그만큼 본질에 대한 재고는 시대와 장소를 불문하고 지나침이 없다. 이런 간절함에서 마지막 염원을 남기며 글을 맺으려고 한다. 한국교회여! 참된 선교적 교회로 돌아가자!

참고문헌

국내 단행본

기독교대한성결교회. 『예배와 예식서』. 서울: 기독교대한성결교회 출판부, 2010.

김균진. 『역사의 예수와 하나님의 나라』. 서울: 연세대학교 출판부, 2010.

김선일. "목회와 전도: 목회를 위한 전도의 신학과 사역." 한국복음주의 실천신학회 편. 『21세기 목회학총론』. 서울: 대서, 2019.

김성욱. 『21세기 기독교전문인 선교신학』. 서울: 이머징북스, 2019.

김현진. 『공동체 신학』. 서울: 예영, 2018.

김성철. 『기독교사회복지론』. 파주: 21세기사, 2017.

김은수. 『현대 선교의 흐름과 주제』. 서울: 대한기독교서회, 2018.

김은혜. "언택트 시대의 관계적 목회 가능성: 콘택트로서 언택트에 대한 신학적 성찰." 포스트코로나와 목회연구학회. 『비대면 시대의 '새로운' 교회를 상상하다』. 서울: 대한기독교서회, 2020.

_____. 『포스트모던 시대의 기독교 윤리문화』. 서울: 대한기독교서회, 2015.

김재진. "몰트만의 삼위일체론의 비판적 이해." 한국조직신학회 편. 『몰트만과 그의 신학: 희망과 희망 사이』. 서울: 한들, 2005.

김창환. "한반도 평화와 화해에 대한 공공신학적 조명." 장신대 신대원 84 동기회. 『4차 산업혁명과 디아스포라 시대의 선교』. 서울: 케노시스, 2019.

김회권. "4차 산업혁명 시대에도 빛을 발하는 기독교 신앙." 장신대 신대원 84 동기회. 『4차 산업혁명과 디아스포라 시대의 선교』. 서울: 케노시스, 2019.

남희수. 『기독교사회복지론』. 서울: CLC, 2013.

문화랑. "목회와 교육." 한국복음주의 실천신학회 편. 『21세기 목회학총론』. 서울: 대서, 2019.

박보경. "통전적 관점의 교회성장과 전도." 한국선교신학회 편. 『선교와 교회성장』. 서울: 한들, 2003.

박홍순. 『지역교회 다문화를 품다』. 서울: 꿈꾸는터, 2013.

성석환. "모두가 행복한 세상을 위한 교회." 포스트코로나와 목회연구학회. 『비대면 시대의 '새로운' 교회를 상상하다』. 서울: 대한기독교서회, 2020.

소강석. 『포스트 코로나 한국교회의 미래』. 서울: 쿰란, 2020.

소기천. "예수의 교회성장론." 한국선교신학회 편.『선교와 교회성장』. 서울: 한들, 2003.

신형섭. "재난과 교육목회, 위기의 한복판에서 혁신의 길을 발견하다." 박경수·이상억· 김정형 책임편집.『재난과 교회: 코로나19 그리고 그 이후를 위한 신학적 성 찰』. 서울: 장로회신학대학교 출판부, 2020.

안승오. "4차 산업혁명과 선교의 방향." 장신대 신대원 84 동기회.『4차 산업혁명과 디 아스포라 시대의 선교』. 서울: 케노시스, 2019.

_____. "교회성장과 예배." 한국선교신학회 편.『선교와 교회성장』. 서울: 한들, 2003.

_____.『건강한 교회성장을 위한 핵심 원리 7가지』. 서울: 대한기독교서회, 2006.

이광희. "영성신학." 복음주의 실천신학회.『복음주의 실천신학개론』. 서울: 세복, 2002.

이상직. "몰트만의 교회론: 하나님의 영광과 세계의 해방을 위한 교회론." 한국조직신 학회 편.『몰트만과 그의 신학: 희망과 희망 사이』. 서울: 한들, 2005.

이상훈.『처치 시프트』. 서울: 워십리더미디어, 2017.

_____. "하나님 백성의 선교적 사명과 책무." 한국선교신학회 편.『선교적 교회론과 한국교회』. 서울: 대한기독교서회, 2015.

이성호. "자연과 공존하는 삶: 코로나19의 생태적 이해와 생명존중 신앙으로 나아가 기." 포스트코로나와 목회연구학회.『비대면 시대의 '새로운' 교회를 상상하 다』. 서울: 대한기독교서회, 2020.

이수환.『선교적 교회성장학』. 서울: 부크크, 2019.

이후천. "교회성장운동의 신학." 한국선교신학회 편.『선교와 교회성장』. 서울: 한들, 2003.

_____."한국적 상황에서 선교적 교회가 갖는 의미." 한국선교신학회 편.『선교적 교 회론과 한국교회』. 서울: 대한기독교서회, 2015.

임성빈. "기독교적 문화관의 형성을 위하여." 문화선교연구원 편.『문화선교의 이론과 실제』. 서울: 예영커뮤니케이션, 2003.

임영효.『사도행전에서의 선교와 교회성장』. 서울: 쿰란, 2001.

전석재.『변화하는 현대선교전략』. 서울: 대한기독교서회, 2014.

정승현. "선교적 교회론의 과거, 현재 그리고 미래." 한국선교신학회 편.『선교적 교회 론과 한국교회』. 서울: 대한기독교서회, 2015.

조용기.『4차원의 영성』. 서울: 교회성장연구소, 2004.

조용훈.『마을공동체와 교회공동체』. 서울: 동연, 2017.

주승민.『초대교회 집중 탐구』. 서울: 이레서원, 2002.

최경환.『공공신학으로 가는 길: 공공신학과 현대 정치철학의 대화』. 고양: 100, 2019.

최동규.『미셔널 처치』. 서울: 대한기독교서회, 2015.

최학선.『건강한 교회를 향한 갈망』. 인천: 아이러브처치, 2019.

최형근. "레슬리 뉴비긴(Lesslie Newbigin)의 선교적 교회론." 한국선교신학회 편.『선
　　　교적 교회론과 한국교회』. 서울: 대한기독교서회, 2015.

＿＿＿. "레슬리 뉴비긴의 선교적 교회론." 레슬리 뉴비긴.『교회란 무엇인가?』. 홍병
　　　룡 역. 서울: IVP, 2010.

한국기독교목회자협의회.『한국 기독교 분석 리포트: 2018 한국인의 종교생활과 의
　　　식조사』. 서울: URD, 2018.

한국복음주의 실천신학회.『복음주의 교회성장학』. 서울: 생명의 말씀사, 2012.

한국선교신학회·세뛰새KOREA 편저.『미셔널처치 바로알고 시작하기』. 서울: 꿈을이
　　　루는사람들, 2020.

한국일. "복음과 문화." 한국선교신학회 편.『선교학개론』. 서울: 한국선교신학회,
　　　2013.

홍기영. "교회성장운동의 역사." 한국선교신학회 편.『선교와 교회성장』. 서울: 한들,
　　　2003.

＿＿＿. "선교적 교회론의 관점에서 본 선교." 한국선교신학회 편.『선교적 교회론과
　　　한국교회』. 서울: 대한기독교서회, 2015.

홍성욱. "평신도 동역화(Partnership)와 교회성장." 한국선교신학회 편.『선교와 교회
　　　성장』. 서울: 한들, 2003.

황병배. "선교와 평신도 리더십 개발." 한국선교신학회 편.『선교학개론』. 서울: 한국선
　　　교신학회, 2013.

황성철. 복음주의 실천신학회 편.『복음주의 실천신학개론』. 서울: 세복, 2002.

번역서

게르하르트 로핑크.『예수는 어떤 공동체를 원했나』. 정한교 역. 칠곡: 분도, 1985.

게르하르트 킷텔·제프리 W. 브라밀리.『신약원어 신학사전』. 요단출판사 번역 위원회
　　　역. 서울: 요단, 1987.

다니엘 L. 밀리오리. 『기독교 조직신학 개론: 이해를 추구하는 신앙』. 신옥수·백충현 역. 서울: 새물결플러스, 2016.

데이비드 J. 보쉬. 『변화하고 있는 선교: 선교 신학의 패러다임 변천』. 김병길·장훈태 역. 서울: CLC, 2010.

데이비드 피치. 『하나님의 임재: 선교적 교회의 7 훈련』. 이후천·황병배·이은주 역. 고양: 올리브나무, 2019.

도널드 맥가브란·윈필드 C. 아안. 『교회 성장의 열 단계』. 오태용 역. 서울: 신망애, 1993.

도널드 맥가브란. 『교회성장 이해』. 최동규 외 4인 역. 서울: 대한기독교서회, 2017.

레너드 스윗. 『교회, 스타벅스에 가다』. 이지혜 역. 서울: DMI, 2009.

레슬리 뉴비긴. 『교회란 무엇인가?』. 홍병룡 역. 서울: IVP, 2010.

──────. 『다원주의 사회에서의 복음』. 홍병룡 역. 서울: IVP, 2007.

로널드 J. 사이더 『복음전도와 사회운동』. 이상원·박원국 역. 서울: CLC, 2013.

로버트 뱅크스. 『바울의 공동체 사상』. 장동수 역. 서울: IVP, 2007.

로저 헤들런드. 『성경적 선교신학』. 송용조 역. 서울: 고려서원, 1990.

리스 브릭맨. 『셀교회와 자연적 교회 성장』. NCD 편집부 역. 성남: NCD, 2004.

리차드 개핀. 『성령 은사론』. 권성수 역. 서울: CLC, 1999.

리차드 포스트. 『영적 훈련과 성장: 성숙한 그리스도인이 되는 길』. 권달천·황을호 역. 서울: 생명의말씀사, 2009.

마이클 프로스트·앨런 허쉬. 『새로운 교회가 온다』. 지성근 역. 서울: 한국기독학생회 출판부, 2016.

마커스 J. 보그. 『그리스도교 신앙을 말하다』. 김태현 역. 서울: 비아, 2014.

브라이언 페이건. 『고고학: 과거로 들어가는 문』. 김문호 역. 서울: 일빛, 1998.

빌 헐. 『온전한 제자도: 제자도의 모든 것을 배우는』. 박규태 역. 서울: 국제제자훈련원, 2009.

세계교회협의회. "선교와 전도: 에큐메니컬적 확언." 세계교회협의회. 『통전적 선교를 위한 신학과 실천』. 김동선 역. 서울: 대한기독교서회, 2007.

스캇 맥나이트. 『예수 왕의 복음』. 박세혁 역. 서울: 새물결플러스, 2017.

아서 글라서. 『성경에 나타난 하나님의 선교』. 임윤택 역. 서울: 생명의 말씀사, 2008.

악셀 호네트. 『물화: 인정이론적 탐구』. 강병호 역. 포천: 나남, 2015.

──────. 『인정투쟁』. 문성훈·이현재 역. 고양: 사월의 책, 2017.

알리스터 맥그라스. 『종교개혁시대의 영성』. 박규태 역. 서울: 좋은씨앗, 2010.

에두아르트 로제. 『신약성서신학』. 박두환 역. 서울: 한국신학연구소, 2002.

에드워드 로제. 『新約聖書背景史』. 박창건 역. 서울: 대한기독교출판사, 1984.

에디 깁스. 『넥스트 처치』. 임신희 역. 서울: 교회성장연구소, 2010.

엘머 타운즈 외 4인. 『교회성장 운동 어떻게 볼 것인가』. 김석원 역. 서울: 부흥과개혁
　　　사, 2009.

엠마누엘 레비나스. 『시간과 타자』. 강영안 역. 서울: 문예출판사, 1996.

웨인 A. 믹스. 『바울의 목회와 도시사회』. 황화자 역. 서울: 한국장로교출판사, 1992.

위르겐 몰트만. 『과학과 지혜: 자연과학과 신학의 대화를 위하여』. 김균진 역 서울: 대
　　　한기독교서회, 2003.

_____. 『성령의 능력 안에 있는 교회』. 박봉랑 외 4인 역. 서울: 한국신학연구소,
　　　1986.

잭 볼스윅·주디 볼스윅. 『크리스천 가정』. 황성철 역. 서울: 두란노, 1995.

제디스 맥그리거. 『사랑의 신학』. 김화영 역. 서울: 대한기독교서회, 2011.

제임스 F. 화이트. 『개신교 예배』. 김석환 역. 서울: CLC, 1997.

제임스 W. 톰슨. 『바울의 교회론』. 이기운 역. 서울: CLC, 2019.

조지 G. 헌터 Ⅲ. 『사도적 교회』. 진석재·정일오 역. 서울: 대서, 2014.

존 드레인. 『초대교회의 생활』. 이중수 역. 서울: 두란노서원, 1991.

존 스토트. 『한 백성: 변하지 않는 교회의 특권 4가지』. 정지영 역. 서울: 아바서원,
　　　2012.

존 웨슬리. 『존 웨슬리 설교 선집(I)』. 이선희 역. 대전: 복음, 2003.

존 지슬러. 『로마서 주석』. 조갑진 역. 서울: CLC, 2002.

존 하워드 요더. 『예수의 정치학』. 신원하·권연경 역. 서울: IVP, 2007.

찰스 H. 크래프트. 『기독교와 문화』. 임윤택·김석환 역. 서울: CLC, 2006.

찰스 벤 엥겐. 『모이는 교회, 흩어지는 교회』. 임윤택 역. 서울: 두란노, 1994.

_____. 『미래의 선교신학』. 박영환 역. 인천: 바울, 2006.

_____. 『하나님의 선교적 교회』. 임윤택 역. 서울: CLC, 2014.

크레이그 벤 겔더. 『교회의 본질』. 최동규 역. 서울: CLC, 2015.

크리스티안 A. 슈바르츠. 『자연적 교회 성장』. 정진우 외 3인 역. 서울: NCD, 2007.

_____. 『자연적 교회성장, 한국교회를 바꾼다』. 박연우 역. 서울: NCD, 2007.

클라우스 베르거. 『신약신학의 역사 1: 일반적 논의와 최초의 팔레스틴 신학을 중심

으로』. 박두환 역. 성남: 민들레책방, 2003.

테오 순더마이어. 『선교신학의 유형과 과제』. 채수일 역. 서울: 대한기독교서회, 1999.

토마스 C. 오든. 『존 웨슬리의 기독교 해설 2: 그리스도와 구원』. 장기영 역. 부천: 웨슬리 르네상스, 2021.

_____. 『존 웨슬리의 기독교 해설 3: 목회신학』. 장여결 역. 부천: 웨슬리 르네상스, 2020.

톰 라이트. 『톰 라이트가 묻고 예수가 답하다』. 윤종석 역. 서울: 두란노, 2013.

_____. 『하나님은 어떻게 왕이 되셨나』. 최현만 역. 평택: 에클레시아북스, 2013.

톰 레이너. 『코로나 이후 목회: 새로운 시대 앞에 선 교회의 전망』. 정성묵 역. 서울: 두란노서원, 2020.

티모시 C. 텐넌트. 『세계 선교학개론: 21세기 삼위일체 선교학, 선교신학』. 홍용표 외 12인 역. 서울: 서로사랑, 2013.

피터 G. 노스하우스. 『리더십 이론과 실제』. 김남현 역. 서울: 경문사, 2019.

피터 버거. 『세속화냐? 탈세속화냐?: 종교의 부흥과 세계 정치』. 김덕영□송재룡 역. 서울: 대한기독교서회, 2002.

피터 와그너. 『교회 성장에 대한 신학적 이해』. 이요한 역. 서울: 성서연구사, 1986.

_____. 『교회성장전략』. 명성훈 역. 서울: 나단, 1992.

_____. 『교회성장학 개론』. 이재범 역. 서울: 솔로몬 말씀사, 1987.

_____. 『성령의 은사와 교회 성장』. 권달천 역. 서울: 생명의 말씀사, 1982.

_____. 『성서적인 교회성장』. 홍철화 역. 서울: 보이스사, 1984.

하워드 A. 스나이더. 『교회 DNA: 우리 시대 교회는 예수 DNA를 가졌는가?』. 최형근 역. 서울: IVP, 2006.

하워드 A. 스나이더. 『새 포도주는 새 부대에』. 이강천 역. 서울: 생명의 말씀사, 1981.

_____. 『하나님의 나라, 교회 그리고 세상』. 박민희 역. 의정부: 드림북, 2007.

허버트 케인. 『선교신학의 성서적 기초』. 이재범 역. 서울: 나단, 1988.

헨리 나우웬. 『예수님의 이름으로: 크리스천 리더십을 생각한다』. 두란노 출판부 역. 서울: 두란노, 1998.

JR 우드워드·댄 화이트 Jr. 『선교적 교회 운동: 선교적-성육신적 공동체의 시작과 성장』. 이후천·황병배·김신애 역. 고양: 올리브나무, 2018.

해외 단행본

Arn, Win, and Charles Arn. *The Master's Plan for Making Disciples: How Every Christian an Effective Witness through an Enabling Church.* Pasadena, CA: Church Growth Press, 1982.

Bar-Tal, Daniel and Bennink, Gemma H. "The Nature of Reconciliation as an Outcome and as a Process," *From Conflict Resolution to Reconciliation.* Edited by Yaacov Bar-Siman-Tov, Oxford: Oxford University Press, 2004.

Blauw, Johannes. *The Missionary Nature of the Church: a Survey of the Biblical Theology of Mission.* Grand Rapids, MI: Wm. B. Eerdmans, 1962.

Boer, Harry R. *Pentecost and Missions.* Grand Rapids, MI: Wm. B. Eerdmans, 1975.

Bruce, F. F. New *Testament History.* Garden City, NY: Doubleday, 1980.

_____. *The Book of Acts.* Grand Rapids, MI: Wm. B. Eerdmans, 1955.

Charmaz, Kathy. *Constructing Grounded Theory: A Practical Guide through Qualitative Analysis.* Thousand Oaks, CA: Sage, 2006.

Costas, Orlando E. Liberating *News: A Theology of Contextual Evangelization.* Grand Rapids, MI: Wm. B. Eerdmans, 1989.

_____. *The Church and Its Mission: A Shattering Critique from the Third World.* Wheaton, Ill: Tyndale House Publishers, 1974.

Coakley, Sarah. Kenosis: Theological Meanings and Gender Connotations. In *the Work of Love: Creation as Kenosis.* Edited by John Polkinghorne. Grand Rapids, MI: Wm. B. Eerdmans, 2001.

Engen, Charles Van. *The Growth of the True Church: An Analysis of the Ecclesiology of Church Growth Theory.* Amsterdam: Rodopi, 1981.

Frost, Michael. *The Road to Missional: Journey to the Center of the Church.* Grand Rapids, MI: Baker Books, 2011.

Gehring, Roger W. *House Church and Mission: The Importance of Household Structures in Early Christianity.* Peabody, Mass: Hendrickson, 2004.

Guinness, Os. *Dining with the Devil: The Megachurch Movement Flirts with Modernity.* Grand Rapids, MI: Baker Books, 1993.

Henry, Carl F. H. *A Plea for Evangelical Demonstration.* Grand Rapids, MI: Baker Books, 1971.

Hooker, M. D. *The Gospel According to Saint Mark.* Peabody, Mass: Hendrickson, 1992.

Hunter III, George G. *The Contagious Congregation: Frontiers in Evangelism and Church Growth.* Nashville: Abingdon Press, 1979.

Kwang sun Suh. *The Korean Minjung in Christ.* Hong Kong: The Christian Conference of Asia, 1991.

Lederach, John Paul. *The Journey toward Reconciliation.* Scottdale, Pennsylvania & Waterloo, Ontario: Herald Press, 1999.

_____. *The Moral Imagination: The Art and Soul of Building Peace.* Oxford: Oxford Universtiy Press, 2005.

Moltmann, Jürgen. *The Crucified God: The Cross of Christ as the Foundation and Criticism of Christian Theology.* Translated by R. A. Wilson and John Bowden. New York: Harper & Row, 1974.

Newbigin, Lesslie. *Foolishness to the Greeks: The Gospel and Western Culture.* Grand Rapids, MI: Wm. B. Eerdmans, 1986.

_____. *Trinitarian Faith and Today's Mission.* Richmond: John Knox Press, 1963.

Ollrog, Wolf-Henning. *Paulus und seine Mitarbeiter: Untersuchung zu Theorie und Praxis der Paulinischen Mission.* Neukirchen-Vluyn: Neukirchener Verlag, 1979.

Rainer, Thom S. *The Book of Church Growth: History, Theology, and Principles.* Nashville: B&H Academic, 1993.

Smith, J. B. *Greek-English Concordance: To the New Testament.* Scottdale, Pa: Herald Press, 1955.

Stackhouse, Max L. *God and Globalization and Grace.* New York: T&T Clark, 2007.

Stetzer, Ed. and David Putman. *Breaking the Missional Code: Your Church Can Become a Missionary in Your Community.* Nashville: B&H Academic, 2006.

Towns, Elmer L. *A Practical Encyclopedia of Evangelicalism and Church Growth.* Ventura, CA: Regal, 1995.

Wagner, C. Peter. *Church Growth: State of the Art.* Wheaton, IL: Tyndale House Publishers, 1986.

_____. Your Church Can Grow. Ventura, CA: Regal Books, 1984.

논문 및 정기간행물

강승일. "구약성서, 고고학, 도상학의 활용과 한계." 「인문사회 21」 제8권 (2017): 377-394.

강아람. "포스트코로나 시대의 '선교적 교회론' 고찰." 「선교신학」 제60집 (2020): 9-42.

계재광. "코로나19 속 뉴노멀 시대 미국의 선교적 교회에 관한 연구." 「신학과 실천」 제74호 (2021): 767-790.

권오훈. "하워드 스나이더(Howard A. Snyder)의 선교적 교회론." 「선교신학」 제36집 (2014): 47-77.

김경은. "화해사역을 위한 화해의 영성." 「신학과 실천」 제36호 (2013): 447-478.

김대옥. "하나님 나라 도래 현실로서 예수가 선포한 희년의 특징 고찰." 「신학사상」 제174집 (2016): 7-44.

김신구. "'선교적 성찬'(Missional Eucharist)의 신학적 구성요소와 예전에 관한 연구: 존 웨슬리(John Wesley)의 성찬신학과 선교신학적 관점에서." 「선교신학」 제61집 (2021): 11-50.

_____. "전염성 질환의 범국가적 사태에 대한 기독공동체의 통전신학적 고찰." 「선교신학」 제60집 (2020): 43-83.

_____. "통전적 선교를 위한 현대교회의 성육신적 모습." 「선교신학」 제57집 (2020): 37-67.

_____. "자연적 교회성장론과 선교적 교회론의 비교·분석을 통한 통합적 성장 원리에 관한 연구." 「선교신학」 제64집 (2021): 65-105.

김영선. "성령 은사의 본질과 속성에 관한 연구." 「한국조직신학논총」 제26집 (2010): 227-255.

김은수. "구약의 선교적 해석과 실제: 오경과 역사서를 중심으로." 「선교신학」 제42집 (2016): 95-116.

_____. "바울의 정체성에 대한 선교적 해석." 「선교신학」 제52집 (2018): 47-73.

_____. "왕의 복음과 선교적 제자도: 마태복음을 중심으로." 「선교신학」 제58집 (2020): 119-147.

김종성. "바울의 칭의론과 하나님의 선교와의 상관관계 연구." 「선교신학」 제49집 (2018): 108-140.

_____. "비판적 상황화 관점에서 본 선교적 교회: 선교적 교회의 자선교신학화를 추

구하며." 「선교신학」 제47집 (2017): 174-206.

_____. "예수 전승에 나타난 하나님 나라에 대한 선교적 이해: Q자료를 중심으로."
「선교신학」 제39집 (2015): 147-180.

김태연. "1910년-2010년 현대 선교의 흐름 평가 -자비량/전문인 선교의 입장에서-."
「신학과 선교」 제36권 (2010): 1-16.

김한옥. "한국교회 소그룹 목회의 실태와 발전 방안." 「신학과 실천」 제12호 (2007):
9-37.

두란노. "로마서 11-16장, 호세아." 「생명의 삶 플러스」 통권 118호 (2018): 42-47.

_____. "사도행전 22-28장, 역대상 1-14장." 「생명의 삶 플러스」 통권 140호 (2018):
60-69.

박보경. "통전적 관점의 교회성장과 전도." 「선교신학」 제7집 (2003): 127-148.

박정열·최상진·허태균. "사회적 범주과정의 심리적 세분화: 내집단 속의 우리와 우리
편." 「한국심리학회지: 일반」 제21집 (2002): 25-44.

박준서. "성서고고학의 성과." 「신학논문총서: 구약신학」 제30권 (2002): 86-91.

방동섭. "사도행전에 나타난 선교적 교회론." 「기독신학저널」 제2권 (2002): 197-219.

보득찌. "자기 비움의 공동체성 구현을 위한 시론: 베트남 사회와 교회에의 적용을 위
하여." 연세대학교 박사학위논문, 2019.

송봉모. "예루살렘 초대교회의 재산 공유적 삶에 대한 논의들." 「신학과 철학」 제6호
(2004): 49-65.

신경규. "선교적 교회론의 과제에 관한 통합적 고찰." 「선교신학」 제39집 (2015): 249-
284.

_____. "전문인 선교: 신학과 전략." 「복음과 선교」 통권 11호 (2009): 1-45.

_____. "통전적 관점에서 본 두 선교신학의 합치성 모색." 「선교와 신학」 제29집
(2012): 195-224.

신현우. "예수의 하나님 나라 선포: 마가복음 1:14-15 연구." 「신약연구」 통권 35호
(2014): 380-404.

안승오. "다시 생각해보는 공적신학." 「선교신학」 제60집 (2020): 221-248.

_____. "통전적 선교신학의 한계점 소고." 「복음과 선교」 제45집 (2019): 45-80.

오방식. "헨리 나우엔에게 있어서의 기도, 공동체, 사역의 관계성 연구." 「장신논단」 제
27권 (2006): 301-333.

이병옥. "영등포교회출신 목회자들의 관점에서 본 방지일의 선교와 목회." 「선교신학」

제57집 (2020): 162-192.

이창호. "기독교의 공적 참여 모형과 신학적 '공동의 기반'의 모색." 「기독교사회윤리」 제31집 (2015): 65-117.

이후천. "선교적 교회론과 한국 교회 선교." 「선교신학」 제43집 (2016): 137-160.

_____. "한국에서 선교적 교회론의 접근방법들에 대한 선교학적 성찰." 「선교와 신학」 제30집 (2012): 49-74.

임희모. "에딘버러 선교사대회와 한국교회의 선교신학 정립: 1910년 에딘버러 세계선교사대회 100주년 기념 2010년 한국 대회 자료집을 중심으로." 「선교신학」 제27집 (2011): 255-284.

장미혜. "인정, 아름다운 우리성(We-ness)을 코딩하다: 상호인정관계의 우리성에 관한 목회신학적 연구." 「목회와 상담」 제34집 (2020): 291-331.

전석재. "소그룹 중심의 전도전략." 「선교신학」 제46집 (2017): 273-295.

정기묵. "4차 산업혁명 시대의 선교." 「선교신학」 제48집 (2017): 265-294.

정보라. "제13발표: 자기수용과 화해에 관한 실천신학적 고찰." 제75회 한국실천신학회 정기학술세미나 (2020): 471-500.

조갑진. "바울의 다메섹 사건에 관한 연구." 「신약논단」 제22권 (2015): 133-178.

조해룡. "공적 제자도를 이루는 생태학적-선교적 교회론: 하워드 스나이더(Howard A. Snyde)의 교회론을 중심으로." 「선교신학」 제43집 (2016): 221-263.

_____. "사도바울의 선교사상에 나타난 삼위일체 하나님과 선교적 공동체 연구." 「복음과 선교」 제49집 (2020): 383-428.

_____. "영국의 GOC와 북미의 GOCN의 선교적 교회 운동의 선교신학적 고찰과 한국 교회 적용에 관한 연구." 「선교신학」 제57집 (2020): 291-326.

조혜경. "하워드 스나이더(Howard A. Snyder)의 선교적 교회와 돌봄 선교." 「선교신학」 제55집 (2019): 334-359.

지경규. "오이코스 교회의 발전." 고신대학교 석사학위논문, 2016.

최동규. "GOCN의 선교적 교회론과 교회성장학적 평가." 「선교신학」 제25집 (2010): 233-263.

_____. "교회성장의 새로운 방향 설정을 위한 시론: 선교적 교회성장의 개념 정립을 위하여." 「선교신학」 제32집 (2013): 235-267.

_____. "교회성장학의 학문적 특성과 실천신학적 평가." 「신학과 실천」 제36호 (2013): 39-64.

_____. "보렌의 선교적 소그룹 관점에서 본 웨슬리의 소그룹." 「선교신학」 제47집
(2017): 281-310.

_____. "올란도 코스타스의 통전적 교회성장론 연구." 「선교신학」 제23집 (2010):
235-260.

_____. "웨슬리의 신학과 사역을 통해서 본 선교적 교회 성장의 원리." 「선교신학」 제
55집 (2019): 398-427.

최무열. "한국교회 초기 선교에 있어서의 사회사업적 접근(의료선교를 중심으로)."
「선교신학」 제5집 (2002): 244-266.

최봉도. "통전적 기독교 교육을 위한 성찰적 방법론으로서의 멘토링." 「한국개혁신학」
통권 32호 (2011): 289-320.

최성일. "구약의 선교." 「선교신학」 제25집 (2010): 9-39.

최승태. "성만찬에 대한 신학적 이해." 「한국조직신학논총」 제27집 (2010): 235-270.

한상인. "新約聖書의 考古學的 硏究." 「신학논문총서: 신약신학」 제4권 (2003): 7-30.

황병배. "효과적인 평신도 훈련과 사역을 위한 제언—이퀴핑 교회(Equipping Church)
를 중심으로." 「선교신학」 제19집 (2008): 273-298.

Nikolajsen, Jeppe Bach. "Beyond Sectarianism: The Missional Church in a Post-
Christendom Society." *Missiology: An International Review* 41/4 (2013): 462-
475.

인터넷 자료

김아영. "한국교회, 코로나 이후 과제는... "성도 간 교제 및 공동체성 강화"." 「국민일
보」 2021년 7월 6일 자

김현진. "헬라어 로마서 12장 원어 성경 주석 강해 설교."

목회데이터 연구소. "가나안 성도(가나안 교인) 비율." 2019년 8월 21일 자

_____. "한국인의 종교 현황, 종교 분포." 2019년 6월 12일 자

이순곤. "젊은 여성층 '비혼주의' 급속 확산…'한국호' 미래 암울." 2021년 7월 13일 자

임보혁. "국내 거주 외국인 250만 시대 "미래 글로벌 리더 키우는 여정에 동반자 될
것." 「국민일보」 2023년 2월 28일 자

최승현. "전국 교단 총 374개, '대한예수교장로회'만 286개." 「뉴스앤조이」 2019년 1
월 2일 자

황인호. "교회교육, 21세기 학생을 18세기 방식으로 가르쳐 MZ세대 소통 채널로 메
        타버스 활용해야." 「국민일보」 2021년 7월 23일 자
통계청. 성/연령/종교별 인구-시군구 (kosis.kr)
_____. 행정구역/성/연령별 종교인구 (kosis.kr)
Multifactor Leadership Questionnaire Psychometric properties of the German
        translation by Jens Rowold. https://www.mindgarden.com/documents/
        MLQGermanPsychometric.pdf
Justin, Martyr, Saint. First Apology. http://logoslibrary.org/justin/apology1/14.html